▲青年时期的乾隆皇帝朝服像

　　乾隆初年，因为刚刚即位，所有国务都需要一个加以熟悉的过程，所以乾隆帝和他父亲当年一样，几乎整天都埋首于堆积如山的文牍奏折之中。

▲乾隆戎装像

　　乾隆帝从未放弃祖辈赖以打天下的军事技能，只要一有空隙，就会在宫门外练习骑射。曾多年随侍其左右的大臣赵翼证实"上（乾隆）最善射"。

▲乾隆出行图

　　在很多民间故事和传说中，乾隆往往被描绘成一个充满奇闻逸事的风流天子。其实现实中的乾隆与此相比有很大出入。

鄂壘扎拉圖之戰

以誠馭詐敵相
輕峈薩繞迴誦
衷生戍己駝營
攜少卒輕帳與
臂阻前程直何
畏由中宵出一
可嘗千眾賊驚
竟得全師連搗
騎鏖軍頂八大
功成
丙戌新春補詠
御筆

▲ 鄂垒扎拉图之战

在皇权的高压之下，皇族之人大多选择了沉溺于享乐之中龟缩不出，他们逐渐被八旗贵族所取代。从兆惠到鄂实、特通额等，皆为贵族出身，他们在血洒西北战场的同时，也验证了新一代八旗贵族已足堪平乱重任。

▲乾隆时期铜版画《平定回疆图》

　　平准平回战争结束后，天山南北重为中央政府所控，中央帝国的军旗又再次飘扬在西域的天空，而此时距唐代都护府失陷已过去了九百多年！

▲乾隆帝元宵行乐图

　　乾隆的业余生活并不如后来人们想象的那样丰富多彩，从青少年时期开始，他就不爱饮酒，也不喜欢轻歌曼舞，生平的爱好就是写诗、游景和收集古董文玩。

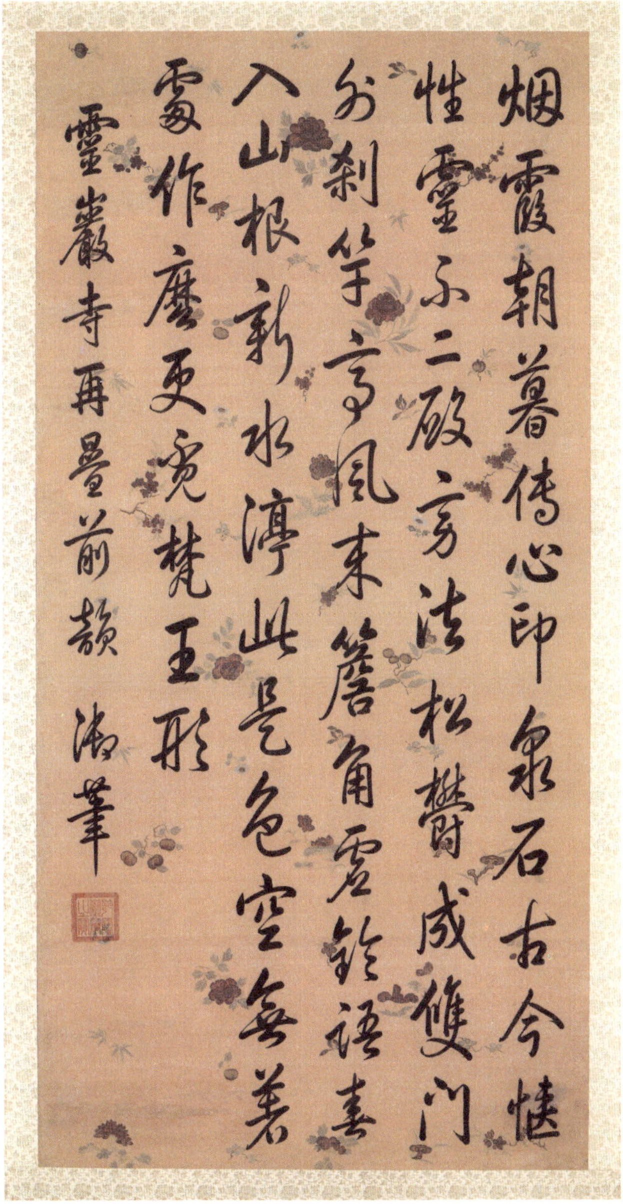

烟霞朝暮传心印象石古今愫

性灵不二旁法松磴成双门

分刹竿亭风来簷角云铃语書

入山根新水溥峋岂色空无著

霭作磨更觉梵王形

灵巖寺再叠前韵　淘筆

▲乾隆登岱题诗

乾隆观荷抚琴图

乾隆观画图

皇后

◀富察皇后

　　富察氏的出现，犹如一道七彩光芒，把弘历从阴霾中带出，在属于他们自己的小小家园里，重新营造了一个温暖柔情的世界。

令妃

◀令妃

　　乾隆在那拉氏死后即不再册立皇后，魏佳氏又是包衣出身，依照皇宫制度，也不可能被立为皇后，但魏佳氏以皇贵妃的身份威望掌管六宫琐事，是拥有真正权力的六宫之主。

▲和珅

　　与传统戏曲中大奸角的丑态形象不同，和珅仪度俊雅、声音清亮，性格也很活跃开朗，即便已经位极人臣，仍常爱用市井俚语来跟同僚们开玩笑。

▲阿桂

　　阿桂性格沉稳端重又不失机敏。据说乾隆曾赐给他一匹马，有一天马脱缰而去，养马的人前来报告，当时阿桂正在看书，只吩咐了两个字："去找。"后来马找回来了，他也仅仅是慢悠悠地说了声："好。"又接着去读他的书了。

▲海兰察

　　海兰察是索伦部人，世居黑龙江，其人武艺高强、膂力惊人。史载某次围猎时有两只猛虎蹿出，海兰察随身仅带了三支箭，结果射出两箭，竟然把两只老虎都射死了，还剩了一支箭没用，"天下传其勇"。

▲福康安

　　福康安虽出自名门望族，且为皇帝内侄，却并非缠绵于绮罗丛中的公子哥。在乾隆的亲自教导训诲下，他自幼熟读兵书，弓马娴熟，在金川的三年，也始终披坚执锐、冲锋陷阵，奋战于最前线，被外界认为颇有早年八旗将士的遗风。

乾　隆　大　皇　帝

TCHIEN LUNG TA WHANG TEE

TCHIEN LUNG, THE GREAT EMPEROR.

▲西方人笔下的乾隆帝

　　乾隆在其他方面都以祖父为表率，唯在西学方面，远不像康熙那样热衷和精通，所以虽然外面的世界日新月异，他在看待西洋问题上却还是过去的老一套。

The Reception of the Diplomatique & his Suite, at the Court of Pekin.

▲马戛尔尼朝见乾隆帝

　　马戛尔尼访华时，在京的欧洲传教士对其在礼仪上的执拗同样不以为然。礼仪问题绝不像它表面所呈现的那样简单，说到底还是中英博弈的继续："天朝"固然自高自大，视它国为藩属，自己为"天下唯一的文明国家"，英国因为自居"世界上最强大的国家"，其实也不比中国人看西方时表现得更为豁达。

乾隆王朝

关河五十州

——作品

中国出版集团　现代出版社

图书在版编目（CIP）数据

乾隆王朝 / 关河五十州著 . -- 北京：现代出版社，
2020.1

ISBN 978-7-5143-8334-8

Ⅰ．①乾…　Ⅱ．①关…　Ⅲ．①乾隆帝（1711－1799）—传记

Ⅳ．① K827＝49

中国版本图书馆 CIP 数据核字（2019）第 283276 号

乾隆王朝

作　　者：关河五十州
责任编辑：张　霆　哈　曼
出版发行：现代出版社
通信地址：北京市安定门外安华里 504 号
邮政编码：100011
电　　话：010-64267325　64245264（兼传真）
网　　址：www.1980xd.com
电子邮箱：xiandai@vip.sina.com
印　　刷：三河市南阳印刷有限公司

开　　本：710mm×1000mm　1/16
印　　张：28.75　　　　　　字　　数：445 千
版　　次：2020 年 1 月第 1 版　　印　　次：2020 年 1 月第 1 次印刷
书　　号：ISBN 978-7-5143-8334-8
定　　价：68.00 元

目录

很奢侈了，哪里谈得上什么金钱银线。

言者无心，听者有意，富察氏回宫后竟然特意搜寻鹿尾巴毛，并用其镶边，做了一个小荷包送给皇帝，以示和他一起不忘满洲本色。乾隆极为欣喜，后来终生都把这个小荷包带在身上。

乾隆多年对傅恒进行观察，知道小伙子素来聪明机警，办事干练，但在连他自己对金川战争都唯恐把握不住的情况下，他其实也在为初次上战场的傅恒悬着心。傅恒从离京出发到居前指挥的实际表现显然让乾隆松了口气，他高兴地说："朕心深为喜悦，相信经略大学士（指傅恒）是个有福的大臣，看情况此次必可大功告成。"

在准噶尔爆发内乱的关键时刻，朝野上下全都在左顾右盼，观望犹豫，能够看到并死死抓住这一机遇不放的，唯乾隆一人，实在要再加一个，便只有赞襄附和的傅恒。如果乾隆当时缺乏足够的权威和魄力，平准战争就极可能泡汤，以致错失机遇，从这一点上来说，乾隆也确比他的同时代人要高出一头。

处于皇权的高压之下，皇族之人大多选择了沉溺于享乐之中龟缩不出，这样一来，前线便不再能够见到皇族的踪迹，他们逐渐被八旗贵族所取代。在清军中，从兆惠到鄂实、特通额等，皆为贵族出身，他们在血洒西北战场的同时，也验证了新一代八旗贵族已足堪平乱重任。

第一章

以父之名

从圆明园到紫禁城，当年有一条近二十里长的石板路，清代官员经常需要沿着它去圆明园早朝和陛见皇帝。那时的早朝多在凌晨五六点，一个官员如果要想赶上早朝，就必须半夜出发，对于一些上了年纪的大臣来说，这实在是件苦差事，皇帝因此特别允许老臣可不出席早朝。

这一天却极为反常，宫廷内侍忽然于半夜里赶到大学士张廷玉等人府上，称皇帝要紧急召见。

什么事这么急？众人心中充满疑惑，却又不敢向内侍打听，只得赶紧起身，匆匆忙忙地向圆明园赶去。到了圆明园，他们才知道皇帝病危，且已经不省人事，进入了弥留状态。

由于事先缺乏心理准备，张廷玉等人当场被惊吓得目瞪口呆。

好在对于这一场面，皇帝本人早有预料，按照他多年前的嘱咐，张廷玉提议取出预存于圆明园的建储密旨，在他的指点下，总管太监很快捧出了黄封一函，内藏皇帝亲笔所写的诏书，主要内容为传位于四皇子弘历。当着众大臣的面，张廷玉在灯下进行宣读，确认了弘历嗣皇帝的帝位。

距张廷玉宣读诏书仅仅一个时辰，老皇帝便猝然离世，弘历捧着亡父的脚失声痛哭，宫中一片哀号。

狸猫换太子

很多年后，已经正式登基的弘历在南巡期间一再探访浙江海宁的隅园，他还按照隅园的式样，对圆明园中的四宜书屋进行改建并重新命名为安澜园，后者位列圆明园四十景，乃园中极具特色的一个建筑群。

隅园是海宁籍大臣陈元龙的私家花园，有人说弘历的生父就是"陈阁老"（陈元龙被授大学士，清代称大学士为阁老），因此，弘历才会对隅园表现出非同一般的兴趣，又由于他经常把宫苑内的四宜书屋误会为海宁隅园，所以便干脆将其改成了自己老家的模样。

那么弘历又是如何进入宫中，成为龙子龙孙的呢？

民间传闻，康熙朝中叶，四皇子、雍亲王胤禛与陈元龙关系很好，有一天，两人都生了一个儿子，胤禛高兴之余，派太监将陈元龙的儿子抱进王府，说是要给他看看。而后过了很长时间，陈元龙才得以将"儿子"抱回，但他却吃惊地发现，"儿子"不仅已被调换，而且从男孩儿变成了女孩儿！

陈元龙情知中计，可是又不敢声张，更不敢直接去向胤禛讨要说法，只得忍气吞声，自认倒霉。

原来胤禛出于争储所需，急着想要儿子，偏偏王妃的肚子不争气，老是生不出儿子。陈元龙以为他们两家双双生子的那天，其实王妃生的仍是女儿，是胤禛不惜用计拿女儿换来了陈家的儿子。还有一种说法，胤禛自己并不知道易子的事，是王妃瞒着胤禛，谎称自己生了儿子，接着又偷偷地进行了调换。

总之，这个所谓的陈家子就是弘历。弘历长大后，对自己的身世也产生了怀疑，遂借南巡之机前往海宁探望陈府，这才解开了身世之谜。据说，弘历在从陈府大门走出后，特意命人将大门加上封条，传谕说："此后除非天子临幸，否则不得轻启此门。"从此之后，陈家的这扇大门便被永远关上了。

这就是被列入"清宫四大疑案"的"狸猫换太子"。不过如清代的诸多秘闻传说一样，它与史实相去甚远，事实上，在弘历出生之前，胤禛已得四子，虽然前三个都不幸夭折，但按叙齿排行老三的弘时已经八岁，比弘历仅小三个月的弘昼也即将出生，而且其时他才三十四岁，正值壮年，完全可以继续生育，实无必要去偷换别人的儿子。

再者，当时胤禛与其他兄弟的争储大战已经相当激烈，偷换他人之子这样的事如果被揭发，政敌们一定会以此作为攻击他的口实，胤禛一向小心谨慎，又何至于愚蠢到这种程度？另据海宁陈氏宗谱记载，陈元龙有一妻二妾，共生一男二女，然而其次女都比弘历要大二十四岁，可知在现实生活中，胤禛根本不可能演出以女换男的调包戏。

从清宫档案的相关记载来看，弘历为胤禛的亲子无疑。他于 1711 年 9 月 25 日出生在雍亲王府，母亲是钮祜禄氏，本为胤禛第五个儿子，排行第四，由于三个哥哥已夭折，实际是胤禛的第二个儿子。此时距胤禛晋升为亲王还不到两年，又正值康熙废而复立太子，然而太子地位依旧岌岌可危之际，包括胤禛在内的不少皇子都想谋取储位，如果胤禛膝下仍仅有一子，不免显得单薄，对他争储不利，因此弘历的出生也确实为他争储增添了砝码。

清代皇室重视教育，弘历六岁就学，自九岁起受业于庶吉士福敏。作为弘历的第一个启蒙老师，福敏性格刚直，教学态度严格认真，弘历对此颇为感念，认为在他"冲龄就儒"时，主要来自福敏的"启迪之力"。弘历自己也聪明伶俐，从小就有过目成诵的能力，到他十三岁以前已"熟读诗书、四子，背诵不遗一字"。

弘历这种超强的记忆力或许来自祖父的隔代遗传。康熙曾经说过，凡是他看过的书，即便有日月间隔，也不会遗忘。到了康熙老年，记忆力虽已有所下降，但他仍准确地知道自己想要查找的内容在某书的某卷某处，指令近侍人员去取，从无差错。

康熙晚年经常住在京城西郊的畅春园，为了让皇子和心腹重臣陪驾方便，他把京西的许多花园赏赐给他们居住，赐给胤禛的便是日后闻名遐迩的圆明园。

圆明园原为一座荒废了的明代私人花园，至清代才重新成为官园，但初期规模仍很小，胤禛受赐后对圆明园做了一些兴建，至康熙末年，园子已经修得很像样子了。圆明园四十景之一的牡丹台（后改名为镂月开云）即修建于这一时期，此台主殿乃香楠木所建，殿顶的两色琉璃瓦砌成图案，从而营造出了金碧辉煌的效果，不过整个景点最吸引人之处却还不是建筑外观，而是殿前台地上的牡丹，也正是通过这些牡丹，弘历得到了与祖父亲近的良机。

康熙素来喜爱牡丹，据说他可以识别出九十种不同品种的牡丹花，1722 年 4 月，恰是牡丹盛开的时节，牡丹台数以千计的牡丹花竞相开放，争奇斗艳，应胤禛之请，康熙四天之中连续两次到牡丹台观花，其间胤禛将时年十二岁的弘历正式引见给了康熙。

祖孙三代，也可以说是跨越时空的三朝天子，就这样神奇地会聚于一堂。康熙一见弘历就喜爱上了这个皇孙，决定即时带回宫中养育，这是弘历少年时代极为重要的一个时刻，后来成为皇帝的弘历专门在牡丹花会的现场立了一块石碑，刻上两次盛会的事迹，以志纪念。

他将来的福分一定会超过我

自弘历入宫，康熙每于政暇之时，经常辅导他学习，教他读书写字。有一次康熙让弘历背诵宋儒周敦颐的名篇《爱莲说》，弘历不仅背得滚瓜烂熟，而且能够融会贯通，解释透彻，康熙非常高兴，夸奖道："这孩子进步神速，已经超过我小时候了。"

弘历随侍宫中，最明显的变化是眼界宽了，所学内容和范围也大大超过之前。骑射向为爱新觉罗氏祖传家法，在皇族之中，贝勒胤禧、庄亲王胤禄均为骑射方面的佼佼者，康熙让弘历向这两个小叔叔学习，其中胤禧教射箭，胤禄教火枪。弘历天资聪颖，学得很快，小小年纪已能驰马挽弓，康熙常常让他给群臣做表演，以此检验他的能力。当弘历引弓施射，接连射中箭靶时，康熙也总是喜不自胜，他的这些神情都无比清晰地印入了弘历的脑海，"持满连中，皇祖必为之色动"。

在清朝崛起和发展的过程中，用火绳枪进行射击的技能日益受到重视，康熙本人就是既擅用弓又能用枪。胤禄负责教弘历使用火枪，他在弘历初次练习时，曾在一百步外缚一只羊让他试射，结果刚学火枪不久的弘历一枪即得以毙羊。康熙知道后很高兴，在去南苑狩猎时，便在南衙门宫门口放了一个较远的靶子，想要亲眼看一看弘历的枪法如何。

靶子越远，火枪中需要装填的火药越多，相应地，火枪也就越重，弘历毕竟年纪太小，抬不动那么重的枪，因药少力弱，弹丸未能直接到达靶子的位置，然而落地后反弹，居然仍打在了靶子上。康熙见状大喜，不但予以口头褒奖，还赐弘历一支"旧准神枪"，后被弘历视为至宝，精心保存了一辈子。

1722 年 5 月 27 日，距弘历入宫不到二十天，康熙从北京出发，前往热河的避暑山庄，举行他一生中最后一次塞外之行，弘历被他带在了身边。

避暑山庄的万壑松风殿南面，有一个鉴始斋，康熙将弘历安排在那里居住，以便祖孙可以随时见面。一天，康熙泛舟山庄，当御舟停泊于晴碧亭下时，他大声招呼弘历，让皇孙上船同游。听到祖父的声音，弘历立刻向岸边跑去，鉴始斋位于山林之上，看到弘历顺着岩壁疾奔，康熙怕他摔倒跌伤，忙连声高呼："不要跑，慢慢走！"

直至弘历登上御舟，康熙才松了口气，关爱之情溢于言表。

随着祖孙之间感情的日益增进，康熙爱屋及乌，对弘历的生母钮祜禄氏也生出了好感。8月31日，胤禛邀皇父赴狮子园进宴。狮子园亦是康熙赏给胤禛的私园，就位于避暑山庄近侧，康熙带着弘历赴宴后，当即指名传见钮祜禄氏。

相传钮祜禄氏的娘家只是承德城里的普通市民，家里连用人都雇不起，十三岁时她随别人到京师，正好宫内选秀，她跟着去看热闹，结果被负责安排的人错当成了秀女，后来当事人发觉自己弄错了，但又唯恐被宫中处分，只得将错就错，令其入末班候选。

清宫选秀，以十人为一列，一列一列轮着来，末班就是最后一列。安排的人把钮祜禄氏排到最后，就是希望走走过场，未料她却被选中了，并被分派至四皇子胤禛的府中。胤禛不好女色，平时与福晋都分房居住，本来钮祜禄氏也绝无机会，偏巧有一年夏天，胤禛染疾，福晋们多不愿意接近，以免被传染，只有钮祜禄氏奉嫡福晋之命，旦夕侍奉于胤禛身边。胤禛病愈后，即将钮祜禄氏留于房中，以后也才生下了弘历。

在真实的史料中，钮祜禄氏的父亲凌柱任四品典仪，虽不是一般老百姓，但在高官多如牛毛的京城之中，也只能算是个名不见经传的中下级官吏，其亲戚近族中亦无显贵或著名人物，可见钮祜禄氏出身寒微这一点是毋庸置疑的。

清初把皇子的侍妾也称为格格，钮祜禄氏自十三岁进入藩邸，身份始终都是格格，自然没有条件与康熙谋面。这次康熙不仅破格召见，而且在端详钮祜禄氏很久后，还连声称赞她"果是有福之人"，这是一个带有标志性的信号，从此以后，钮祜禄氏因为儿子的缘故，在公公、丈夫心目中的地位均得以骤升。

夏去秋来，康熙携弘历离开避暑山庄，赴木兰围场狩猎（称为行围）。行围前，康熙先竖靶子，令弘历为侍臣们进行射箭表演，弘历没给祖父丢脸，左右开弓，连发五箭皆中，使得康熙喜不自胜，大加称赞之余，还赏赐他一件黄马褂作为奖励。

行围本身是勇敢者的游戏，初次参加行围的弘历很快就遭遇了一次险情。在永安葬喀围场，康熙用火枪击中了一头熊，他以为熊已被杀死，便命侍卫领着弘历上前用箭射熊，揣度其用意，应该是想让爱孙唾手可得"初围获熊"的美名。孰料弄巧成拙，受了重伤的熊并没有立刻死亡，就在弘历骑马走上前时，它竟突然立起，向弘历扑去。

面对突发险情，侍卫们慌作一团，弘历则立即拉住了马的缰绳。千钧一发之际，康熙眼疾手快，迅速补上一枪，将熊击毙在地，这才化解了这场危机。

遇险时，虽然弘历可能心里多少也有些发毛，但起码从行动到神情，都表现得沉着冷静，镇定自若。行围结束，康熙心有余悸，指着弘历对妃嫔们说，今天真是太惊险了，如果这孩子早一点儿上马走过去，熊起马惊，会发生什么样的乱子啊！

此后，康熙便禁止弘历直接行围，只允许在帐外不远的地方向胤禧、胤禄学习骑马和使用火枪，与此同时，他也很欣赏弘历的临危不惧，说"此子命极贵重，福将过予"——这孩子的命太贵重了，他将来的福气一定会超过我！

脱颖而出

1722 年 10 月，康熙结束塞外之行，携弘历回到北京。不久，康熙因病去世，临终前他传位于胤禛，次年，胤禛改元雍正，称雍正帝。

雍正即位之初，朝野就有一种传言，认为雍正能被康熙最终确定为皇位继承人，是因为弘历的缘故，甚至有人说康熙原先其实对雍正并不垂青，因钟爱其子，始立其父。朝鲜使臣金野通过翻译打听到，康熙病重时曾对大学士马齐说："第四子雍亲王胤禛最贤，吾死后必立为嗣皇，胤禛第二子有英雄气象，必封为太子。"

倒是弘历自己对此有清醒认识，他觉得祖父不管对他有多喜爱，都是先喜爱父亲才惠及于他的结果，而不是相反。他后来回忆说："皇祖之孙百余人，其中比孙臣（弘历自称）更具聪明才识，更好学博闻，资历也更老甚至已在朝中担当大事者，可谓比比皆是。以孙臣这么小的年纪，又赋性鲁钝，能超出诸孙而得到皇祖的恩宠，难道不是因为皇父受到皇祖的钟爱而兼及于孙臣的缘故吗？"

弘历所说并不完全是谦逊之词。想想看，康熙有这么多的嫡亲皇孙，他们平时又大多随父亲居住于藩邸，兼之康熙日理万机，你要他将所有皇孙的名字一个个叫出来，恐怕都不是一件易事。

就在牡丹花会的前两个月，年近六十九岁的康熙为预祝自己的七十岁生日，曾在乾清宫举办生平第二次千叟宴，弘历也参加了那次宴会，并奉命为与会的老人执爵授饮，但康熙当时显然并没有能够对他留下特别深刻的印象。

正是在雍正的精心安排下，康熙才通过两个月后的牡丹花会真正认识了弘历，也才有了尔后祖孙共同生活达半年之久的缘分。如弘历所言，如果当时康熙不是喜爱雍正，恐怕连牡丹花会都不会参加，自然也谈不上对弘历爱怜有加，乃至携至宫中抚育了。

康熙关怀弘历，最初应该仅为祖孙之间感情的自然流露，而不是出于继统的考虑。毕竟当年被康熙养育于宫中且受其偏爱的孙儿，远非弘历一个，如废太子的第二子弘晳就是这种情况，他受康熙钟爱的程度甚至还超过弘历。当然，在康熙晚年饱受诸子争储困扰的情况下，弘历的陪伴也确实给康熙带来了一些天伦之乐，有利于他与雍正的感情交流，从这一点上来说，至少对雍正继承皇位有益无害。

截至牡丹花会时，雍正共有三子，依次为弘时、弘历、弘昼。弘时是弘历的三哥，他的生母是侧福晋李氏，其地位已相当于嫡长子，但弘时少不更事，不懂得如何保护自己，与八叔允禩（即胤禩，雍正即位后为避其讳，胤均改为允）的关系尤其成为他的致命软肋。

在康熙朝的争储大战中，允禩一度曾是最热门的人选，然而也因此遭到康熙的猜忌和憎恶，弘时却选择了与其接近，这等于是把战火引到了自己身上。康熙末年，康熙分封一部分大龄皇孙，胤祉之子弘晟、胤祺之子弘升均被封为世子，只有弘时没有得到封号。清代皇子满十五岁即可奏请封爵，当时弘时已经十七岁，按理早就到了可受封之年，而且雍正与胤祉、胤祺同为亲王，允祺还是雍正的弟弟，其一无所得的结果只能说明康熙对弘时有看法，认为他不配得到封号。

不单单康熙讨厌胤禩，雍正暗中也将胤禩视为争储路上的绊脚石和最大政敌，弘时不合时宜的举动，可以说把祖父和父亲都双双得罪了。

弘历的生母钮祜禄氏、弘昼的生母耿氏均为没有封号的侍妾（格格），按清初规定，格格的儿子即便长大成人，也领不到任何等级的王公封爵，只是一个闲散宗室，照理很难受到重视，但由于弘时被提前搁置，无形中等于把本该属于他的位置让给了两个弟弟。

弘历和哥哥弘时相差七岁，从年龄到性格、兴趣都有很大差异，而且他们不在一起读书，平时的接触似乎也不多。相比之下，弘历与其五弟弘昼年龄相同，两人从小生活在一起，同吃、同住、同师读书，除弘历被祖父带进宫中的那段时间外，几乎从未分开过。小哥儿俩的关系最为密切，即便弘历入宫，也互相思念着对方，"迹虽两地，心则相通"。

弘历、弘昼同受父亲宠爱，但弘历在资质方面要比弟弟强得多。两人在一起读书，弘历很快就能把所授课程熟记背诵下来，弘昼则较迟钝，功课总是落在后面，以至于到了该散学的时候，功课还尚未做完。这个时候，作为他们共同塾师的福敏就只好对弘历说："弟弟还在书房里，做哥哥的怎好先走？"于是又给弘历增加新功课，以便使兄弟俩能够一起散学。

弘昼自己也承认他的天资不如哥哥："会心有深浅，气力有厚薄，属辞有工拙，未敢同年而语焉。"雍正看在眼里，自然会更偏爱于弘历，用弘昼的话说："吾兄随皇父在藩邸时，朝夕共寝食相同。"

概言之，在牡丹花会前，弘历就已从三兄弟中脱颖而出，正是因为雍正看好他，认为他最有前途和出息，可以在皇父面前为自己加分，才会撇开弘时、弘昼，而只向康熙单独予以引见。

弘历进宫后，以其天分和努力博取了康熙的欢心，雍正如愿以偿地达到目的，心情非常愉悦，弘昼后来证实："皇父（雍正）见之，未尝不喜，皇父闻之，未尝不乐。"

秘密立储

雍正登基后，三个儿子都水涨船高，由亲王之子变成了皇子，他们随皇父由雍亲王府迁入紫禁城，住进了毓庆宫。雍正也开始以皇子的要求来对他们加强教育，除弘历原有的启蒙塾师福敏外，又特旨选任朱轼、蔡世远、张廷玉等人为诸皇子师傅。后来这些师傅中教学时间最长，对弘历影响最大的莫过于朱轼和蔡世远。其时的弘历已有良好的学业基础，正待进一步培育深造，朱、蔡凭借自身深厚的儒家学养功底，不仅赋予弘历以必要的观念、知识和能力，还影响了他的气质性格以及兴趣爱好。弘历终其一生，都只承认福敏、朱轼、蔡世远是他真正的老师，并自称从福敏处"得学之基"，从朱轼处"得学之体"，从蔡世远处"得学之用"。

儒家的经史教育仅仅是皇子教育的一部分内容。皇子时代，弘历和兄弟们每天的日程安排都是这样：天没亮，就要顶着白纱灯进书房，听朱轼等汉学师傅授课或自行研读，一直读到中午，从下午一点至三点起，又有满洲师傅教国语、国书（满语、满文）及骑射，然后至薄暮方能休息。

雍正如此严苛地训练皇子，自然是希望从中产生出符合自己标准的继承人。事实上，皇子们所居住的毓庆宫位于康熙日常理政的乾清宫近旁，当年就是康熙专门为太子胤礽所选的太子宫。

清人称太子宫为"潜龙邸"，意为太子住在府邸时，就已是一条尚未升腾的潜龙，只可惜胤礽这条"潜龙"最终并没有成为真龙，在康熙末年的那场争储大战中，他被康熙两立两废，之后被永远囚禁，成了一具政治僵尸。

取废太子而代之的雍正既是争储大战的胜利者，同时也是亲历者，他本人从内心深处并不愿意自己的子嗣重演骨肉相争的惨剧，因此坐上皇帝宝座不久，便公开宣布了新的建储方法，这就是秘密立储制。按照秘密立储制，雍正将心仪的皇储名单写于密诏之中，密封于锦匣，收存在乾清宫"正大光明"匾额后。

由于皇帝经常不在宫中居住，而是在圆明园安身，为了防止一旦有事，身边没有遗诏，进而导致被指定的储君不好即位的情况发生，雍正又写了一份内容完全相同的密诏，并将其藏于圆明园内。

人们后来知道，被雍正写在密诏上的储君就是弘历，但在当时属于皇家绝密。雍正规定，只有在他死后，臣下才能拆看密诏，他认为这样一来，诸皇子既不知道自己是否为储君，也不知道储君是谁，便可以避免彼此间的争夺及对他这个皇父的不满。可是实际上，密诏是死的，人却是活的，雍正自己虽然对皇储人选严格保密，但在他平时的言谈话语和行为举止中，仍不可避免地会透露出喜怒好恶，接近他的人也会依此对储君人选进行判断和推测，他们得出的第一个结论便是：弘时已问鼎无望！

清宫内务府造办处的"活计档"记载，雍正元年即1723年年初，雍正接连将数珠、砚台等物品赏赐给弘历、弘昼，但却不包括弘时。此后雍正在公开发表谈话，宣布秘密建储时，直言："诸子尚幼，建储一事，必须详加审慎。"这一年弘时二十岁，已经不小了，年纪小的是弘历、弘昼，一个十三岁，一个十二岁，雍正的弦外之音完全可以理解为他根本不考虑立弘时为皇储。

当年是康熙周年忌辰，被雍正遣往代祭的皇子并不是老大弘时，而是老二弘历，翌年再祭，派去祭祀的又是弘历……

弘时像被冷藏了一样，他的兄弟们也都在不同程度上感受到了父亲的这种态度，不得不与其保持距离。弘历那时候写了很多诗文，常常提到和自己一起读书的弟弟，也包括与他年龄相仿的几个小叔叔，但却没有一次提到过弘时。

皇宫中母以子贵，弘时生母李氏在藩邸时就已是侧福晋，但在雍正登基后却仅被封为齐妃，与此同时，弘历生母钮祜禄氏晋为熹妃，弘昼生母耿氏也晋为裕嫔，位分上已与李氏并驾齐驱。

要一个年轻人默默忍受这一切是很难的，随着父子俩矛盾的彻底爆发，弘时被迅速卷入一场后果极为可怕的政治旋涡之中。

大清洗

弘历的祖母乌雅氏一共生了三个儿子，能够长大成人的除了雍正，便只有弘历的叔叔允禵，他也是弘历在出生后唯一见过的嫡亲叔叔。弘历的这个叔叔文武双全，才三十一岁就被任命为抚远大将军，主持西北军务并平定了西藏战乱，康熙称赞他"确系良将""有带兵才能，故令掌生杀重任"。他的不幸在于没有被康熙作为继承人，又与雍正因争夺皇位而成了死对头，结果在雍正初年便被革职囚禁，从此不见天日。

乌雅氏眼睁睁地看着自己的一个亲生儿子被另一个亲生儿子逼得求生不得，求死不能，而自己却又无能为力，其心情之崩溃与绝望可想而知。民间传闻她因反对儿子的所作所为撞铁柱身亡，虽然并非事实，但从史料中透露出的一些信息来看，雍正母子的确不和，乌雅氏病逝亦与此有关。

这只是雍正朝所谓"允禩集团案"的一个开幕序曲。康熙末年，以胤禩为首，胤禟、胤䄉、胤䄉、允祀等人都曾是雍正在争储路上的劲敌，雍正即位后，认为他们依旧严重威胁着自己的皇权，为了巩固权位，便对这些政敌展开了残酷的打击和清洗。允禩等人在雍正初年逐一被囚（只有允祀系在雍正末年被囚），他们的子弟以及与之有关系的宗室、大臣也大批大批地受到牵连，允禩之子弘旺、允禟之子弘晹、允䄉之子弘春、允祀之子弘晟，这些弘历见过或未见过的堂兄弟，都遭到了削爵等处分，其余被关被杀的还有不少。

对于一个国君而言，打击政敌也许是必要的，但如此残酷和六亲不认，大概除了雍正自己，没几个人会赞成。据清史学家孟森考证，"盖世宗（雍正）处兄弟之酷，诸子均不谓然"，意思是看到雍正那样残酷无情地对待允禩等叔伯，他的几个儿子都觉得太过分，当然这其中也包括弘历，只是他们大多不敢当着父亲的面表示反对而已。

1726 年，大清洗进入高潮，允禟、允禩一前一后，均在囚禁中被折磨致死。与允禩关系很好的弘时也又一次惨遭大祸，当年雍正召诸皇子和诸王大臣至乾清宫赋诗，与会诸皇子中仅有弘历、弘昼，时年二十三岁的弘时似乎完全消失了。次年，当这位皇长子再次出现在人们视线里的时候，他被削去宗籍离世的消息已经传得沸沸扬扬。

官书中对弘时的事讳莫如深，雍正朝实录中甚至连他的名字都不载，更不用说述及为何要削籍以及弘时最后如何死亡的细节了，只有皇族族谱即玉牒中用了一句"性情放纵，行事不谨"，简要概括了他得罪的原因。

削去宗籍乃是除处死之外，对皇族成员的最严厉处罚，只有被皇帝认为犯了弥天大罪的人才会受此惩处，在弘时之前，雍正也仅用于允禩、允禟这两位他最痛恨的政敌身上。雍正的儿子本来就不多，弘时是仍然健在的最年长皇子，而且当时已娶妻妾，如果仅仅是"性情放纵，行事不谨"，很难想象会被处分到如此严厉的程度。

值得注意的是，在弘时得罪的同时，他的堂兄弟弘曙、弘升也遭到处分，被双双革去了世子之位。弘曙的父亲允祐、弘升的父亲允祺虽然是雍正的兄弟，但他们并没有参与康熙末年的争储之战中，不算是雍正的政敌，也基本没有被大清洗所波及，所以弘曙、弘升此前在小字辈中地位较高也较稳定，在他们被处分前，很少有人想到会发生这样的事。

官书中同样没有言明弘曙、弘升所犯何罪。联系弘时案，人们认为这绝不是偶然的巧合，而很可能三人是同一案件的共犯。专家推断，弘时在明知继统无望，屡遭父亲冷落和排斥的情况下，心中早就怀有怨气，又为祖母、叔伯、宗室们的遭遇所不平，就免不了形之于色，乃至和雍正发生激烈争吵。弘曙、弘升在小字辈中年龄较大，地位较高，自然责任感也会强一些，加之年少气盛，血气方刚，很可能与弘时有所联系，也跟着一道表示了异议。简单来说，这其实是一次皇室小字辈对雍正暴虐行为的集体抗议，结果惹得雍正大发雷霆，不但将两个侄子革去世子之位，而且不惜把自己的亲生儿子也划入敌对阵营，并做出了至为严厉的处分。

弘时究竟是怎么死的，没有人确切地知道，有说他是被雍正所赐死，还有说是因愤激而自尽，总之境遇极其凄惨。古语"虎毒尚不食子"，康熙朝时争储大战惨烈到那种程度，皇长子胤禔、废太子胤礽劣迹斑斑，几乎把康熙给活活气死，但康熙也只予以圈禁，后来还一度放出了胤礽。弘时至多不过是在某些敏感问题上与雍正意见相左，即或父子真的闹翻，亦罪不至死，雍正行事之冷酷无情实在令人震惊。

就在弘时被逐出毓庆宫并得罪而死的时候，已经十七岁的弘历也搬出了这座颇不吉利的宫殿，不过不是因为卷入政治斗争，而是由雍正"赐成大婚礼"，娶了嫡福晋，不能再与兄弟同住了。

无言之美

在清代皇室，女方的家族背景往往非常重要，甚至可以直接影响其丈夫或子女的前途和命运，弘历的八叔胤禩当初众望所归，但康熙却执意不肯将其列为皇储，理由之一就是胤禩的生母出身微贱。雍正既已密定弘历为太子，其嫡福晋也必然就是未来的皇后，自然更要对此加以慎重考虑，他替弘历挑选的新娘富察氏系满洲镶黄旗人，康熙朝户部尚书米思翰的孙女、察哈尔总管李荣保的女儿，家族的其他成员也多不乏重臣显贵，乃名副其实的满洲望族出身。

富察氏出嫁时十六岁，比弘历小一岁，正值古人所说的"二八芳龄"。美国克利夫兰美术馆收藏着一幅原存于圆明园的图卷，名为"心写治平图"，也称"乾隆帝后妃嫔图卷"。在这幅珍贵的图卷中，就有宫廷画家郎世宁为富察氏所绘的半身肖像，肖像创作的时间与富察氏刚出嫁时相距不超过十年，画中的富察氏年轻端庄，温柔内敛，虽不能说倾国倾城，却有着一种无言之美。

富察氏并不是弘历的第一个妻子，早在雍正初年，他就有了一个姓氏与富察氏相同的侍妾（格格），在大婚之后又先后娶了两位侧福晋和六位格格，加上富察氏，弘历在藩邸时有记载的妻妾共有十人之多，但能与之称得上心心相印并始终得其专宠的只有富察氏一人。

弘历和祖父康熙一样，饱受儒家文化浸润，用他自己的话说，"自幼生长宫中，讲诵二十年，未尝少辍，实一书生也"。他所认定的佳偶标准也因此深受儒家妇德观，特别是史书所载古代后妃嘉言懿行的影响，概言之，能够被他欣赏的女子，除了年轻貌美之外，还必须个性温和，善于体贴他人，能为丈夫分忧解劳和孝敬老人。

富察氏不仅完全符合上述标准，甚至堪称最佳典范。她虽出自名门望族，然而身上并没有一些贵族女子所沾染的骄矜、虚荣、浮华等毛病，性格平和稳重，从来不摆架子，不盛气凌人。生活上，富察氏节俭贤惠，不喜欢浓妆艳抹，也不佩戴金玉珠翠，而仅以通草绒花为饰，与此同时，作为嫡福晋，她把家里安排得井井有条，不需弘历操一点心。弘历的生母钮祜禄氏出身寒微，但富察氏对这个婆婆很尊敬，从侍候她吃饭到陪着说话，可谓无微不至，婆婆生病的时候更是衣不解带地在旁边服侍，直到婆婆病好才离开。

富察氏不仅是能够被世俗社会所认可的好妻子、好媳妇，而且具有丰富的内心世界，是一个集漂亮与能干、聪明与天真、温柔与活泼于一身的女性。出身名门的她从小知书达理，与弘历有共同语言，这且不说，身为大家闺秀，居然还会骑马且马术精湛，可以经常随丈夫外出狩猎。

藩邸时期的弘历除读书外，能够作为娱乐和户外活动的就只有骑射田猎了，对他们夫妇而言，骑射田猎几乎就相当于结伴春秋郊游。每当这个时候，小两口一面跨马扬鞭，一面欣赏周围景色，"驰射平原中，随意娱芳年"，他们的感情也在不知不觉中得到了进一步的融合和升华。

在弘历的童年时代，雍正所有的争储活动都尚处于隐秘状态，宫中因争储而掀起的波澜也不会对他们这些小孩子产生多大影响，他的生活平静安定，十二岁被康熙携入宫中的那段经历，更成为弘历一生中最值得夸耀的幸福时光。十二岁以后，尽管父亲得到了皇位，弘历自己也随之成了皇子，但他却很难说是快乐的，因为一系列的伦常惨变几乎接踵而至：十二岁时，祖父康熙突然病故；十三岁时，祖母乌雅氏郁郁而终；十六岁时，两个叔叔允禩、允禟双双被害；十七岁时，哥哥弘时得罪致死，其余不少叔伯和堂兄弟也都遭到圈禁和严处。

除祖父病故外，其余惨变全都与雍正发起的大清洗有关。看到这么多自己从小就熟悉的亲人遭遇可悲的下场，而且还都出自父亲之手，弘历受刺激和伤害之深可想而知。

尽管弘历从道义和理性上都难以认同父亲的所作所为，但他也不敢重蹈哥哥的覆辙，向父亲进行劝谏，只能在惊骇、迷惑、痛苦、彷徨中默默煎熬。富察氏的出现，犹如一道七彩光芒，把弘历从阴霾中带出，在属于他们自己的小小家园里，重新营造了一个温暖柔情的世界。

自此以后，不管户外如何风雨声大作，少年人总是能做到镇静自若，处之泰然。弘历与富察氏结缘的地方是皇宫内的乾西二所，大婚之后，这里便成了他们的住所，在乾西二所，弘历给他最主要的书房起名为"乐善堂"，他以此为题写了一篇《乐善堂记》，文中写道："余有书屋数间，清爽幽静，山水之趣，琴鹤之玩，时呈于前。菜圃数畦，桃花满林，堪以寓目。"

随遇而安

雍正不仅一手为弘历挑选了嫡福晋，而且乾西二所其实也是由他亲自选定的。在雍正即位后，养心殿已成为新皇的理政中心兼寝宫，乾西二所距养心殿不远，有人认为这与康熙将太子住所放在乾清宫旁的毓庆宫一样，乃是雍正把弘历视为了皇储，希望随时加以督促，以便让他的行为举止符合自己的要求。

外界猜测弘历为皇位继承人的另一个依据，是此时弘历生母钮祜禄氏已被晋封为熹贵妃。与钮祜禄氏曾同为藩邸格格的弘昼生母耿氏，虽然年龄、资格均长于钮祜禄氏，但未能被封为贵妃，弘时的生母李氏受儿子连累，也只被封为齐妃，钮祜禄氏的位分超越二人，仅次于皇后之下，在皇子生母中已独占鳌头。

大家都能够推想到的事，弘历自然也心中有数，但唯其如此，反而更令他有如履薄冰之感。自古皇储不好当，弘历的二伯允礽才一岁多就被康熙册立为皇太子，后来还曾奉旨监国，可允礽活了五十一岁，大部分时间都在做太子，而且最终也仍然没能逃避被废的命运。

假如雍正中途对弘历不满意，则必然要在其他皇子中另择人选。本来弘历除了弘昼外，还有一个弟弟福惠，福惠降生于康熙去世前一年，自幼得到雍正钟爱，还在他七岁时，雍正就忙着给他分配了属下人。可惜福惠没享福的命，八岁就死了，福惠死后，在弘历的兄弟中，能拿来与弘历做比较的，便只有和他年岁相当，基本条件也无太大区别的弘昼了。

雍正登基后第一次到天坛祭天，礼毕召弘历至养心殿，给了他一块祭祀的胙肉吃，却没有赐给弘昼。史家解释此为"承福受胙"的寓意，即有意把江山托付给弘历，弘历自己后来也认定，皇父在祭天时必然已将立他为储君的心愿默告于天，所以只将胙肉赐给他，而不让弘昼分享。不过除了这件事之外，雍正平日里对他们哥儿俩基本都是一碗水端平，没有厚此薄彼的表示，在"活计档"的记录中，凡雍正对皇子有所恩赏，给弘历、弘昼都是一样的，甚至有时弘昼还超过弘历。

雍正这么做，一方面是出于保密的需要，不让别人知道他选定的皇储究竟是谁，以免像康熙朝时一样，提前在皇储周围形成了一个尾大不掉，甚至威胁皇权的势力集团；另一方面也相当于在为原定储君准备替换人选，以便可以随时进行替换。

弘昼比弘历小三个月，论才智学识也不如弘历，但这并不能说明弘历在继统问题上就能稳操胜券，因为归根结底，谁能成为最终的继承人得由老皇帝一个人说了算。弘历对此非常清楚，他能做的便是吸取二伯和哥哥的教训，用儒家内求于己，以适应外部环境的传统办法来对自己进行保护，他给他在乾西二所的两间居室分别取名为"随安室"和"抑斋"，即暗寓了这种随遇而安、谨慎小心的心态。

为了明哲保身，有时候即便加以迎合也是必要的。雍正执政期间最喜欢别人报送祥瑞，私下又爱谈僧道，弘历本来对这一套完全不感兴趣，但为了讨皇父欢心，他还是主动凑上去，创作了《万寿日庆云见苗疆赋》《景陵瑞芝赋》等许多诗篇，不惜笔墨地大书特书"庆云""瑞芝"等所谓祥瑞。

1729年冬天过后，雍正得了一场大病，几乎不治，次年夏天，他召见弘历、弘昼，庄亲王允禄、果亲王允礼以及大学士、内大臣数人，"面谕遗诏大意"，准备正式草拟遗诏。从雍正去世后官方正式公布的遗诏来看，"遗诏大意"应该是透露了指定弘历为皇储的信息，如果是那样的话，就表明自秘密立储以来，弘历的表现已得到雍正的认可，同时也显示从这一年起，不但弘历知道了自己皇太子的身份，高层也有相当一部分人掌握了这一机密。

当年秋天，二十岁的弘历将他所作的诗文挑出一部分，选编了一套文集，命名为《乐善堂文钞》。文集付梓时，他请十四个人作序，弘昼、庄亲王允禄、果亲王允礼以及他的师傅张廷玉等人都在内。这些人异口同声，对弘历都是一片赞扬之词，有的序言甚至使用了"天授之才""上接列圣之心传""进德修业之功"等词汇，几乎就差说弘历是未来的天子了。

作为弘历最主要的潜在竞争者，弘昼不仅在序言中承认弘历曾受皇祖康熙抚爱，具有先天的政治资本，而且还说弘历已得圣贤"经世宰物之方"，自己不敢与哥哥相提并论等，表现得心悦诚服。

弘历虽然在自序中说他之所以刊刻这套文集，是为了实践儒家言行一致的原则，以己言来检讨己行，但其真实目的也远非如此单纯。在文集中，他回顾了"乐善堂"的起名缘由，"盖取大舜乐取于人，以人为善之意"，又多次提及康熙对他的钟爱，回忆康熙曾赐他"长幅一，复赐横幅一、扇一"的往事，着意强调康熙对他"恩宠迥异他人"，而他"得皇祖之泽最深"。

大舜乃上古帝王，弘历自称取法大舜，很容易让人想到，他是要在即将接班的关键时刻，尽快在皇族和朝臣中树立起自己作为未来英明君主的形象。同样，尽管他和康熙的感情确实极其深厚，但这时候刻意把祖孙情挂在嘴边，显然也是醉翁之意不在酒，有着标榜自己，突出其即位正当性的目的和用意。

宽大政治

弘历在青少年时期就喜读历史，选编《乐善堂文钞》前，他写过五十余篇史论，还有许多咏史诗，然而其中没有一篇涉及当前政治，甚至对于作为近期历史的明清史也不多作议论。恰恰在《乐善堂文钞》中，出现了一篇题目为"宽则得众论"的论说，在这篇文章中，作者以评论古代皇帝是非功过的方式，曲折地表达了他的政治态度和倾向。

弘历眼光很高，历代帝王中没几个他瞧得上的，即便赫赫有名的秦始皇、隋文帝亦如此。他为什么瞧不上这二位呢？缘于秦始皇、隋文帝"以褊急为念，以刻薄为务"，虽然都非常勤政，但"亦何益哉"，等到他们一死，朝政马上就乱七八糟了。

虽然"勤政"但失之"褊急刻薄"，恰恰是雍正施政的特点。他自即位起便实施所谓"威严政治"，除先将自己的兄弟及有关的宗族、大臣抓的抓，杀的杀外，后对当初扶他上台的权臣年羹尧、隆科多大开杀戒，继而又借"科甲朋党案"，对科举制度出身的官员进行打击，皇宫和朝中由此人人自危，到处弥漫着一股战战兢兢的恐慌气氛。

在民间，雍正的名声也很糟糕，就在雍正得病的前一年，湖南书生曾静密遣门徒张熙，投书于川陕总督岳钟琪，抨击雍正是暴君，犯有谋父、逼母、弑兄、屠弟等十大罪状，企图策动岳钟琪起兵反清。岳钟琪立即奏报雍正，经过审理，曾静供认其反满思想受到浙江大儒吕留良的影响，但关于雍正的罪状则都来自他所听到的民间传言。

雍正对曾静案的处理方式非常独特，他一方面将已故的吕留良戮尸枭首，另一方面却将曾静的供词、追悔和转而颂扬他的文章汇集到一起，加上他本人处理此案的上谕，编成《大义觉迷录》，并颁布全国进行公开宣讲。

雍正的意图是要把《大义觉迷录》作为一种宣传品，借以反击排满思想，巩固其政权，然而此事客观上却起到了散布"罪状"的作用，弄得连乡间不识字的老头老太太都知道了雍正那些似有若无的劣迹。

雍正素不在乎骂名，否则就不会在大清洗中咄咄逼人，以及把别人咒骂自己的文字当成宣传武器了，为此感到尴尬难堪的恰是他的家人，包括弘历。

秦始皇、隋文帝虽是古代有名的帝王，但传统正流文化一直对他们批评不断，尤其秦始皇更被口诛笔伐，对他们进行褒贬评骘，相对来说没有太大的危险，于是弘历便在《宽则得众论》中借题发挥，拿秦始皇、隋文帝做靶子，进而对"宽大政治"大加赞扬。

何谓"宽大政治"？按照弘历在文中的表述，应该是"宽以待物，包荒纳垢，宥人细故，成己大德"，他认为施政者如果能够如此，"则人亦感其恩而心悦诚服矣"，也就是说，严政可以做到的事，宽政同样可以做到，而且还不致人心不服，民怨沸腾。

"宽大政治"其实是康熙的政纲。童年时代与康熙的那段生活经历，被弘历视为一生中最大的"荣遇"，自那以后，他便将祖父作为自己的崇拜对象，不断加以学习和仿效。随着他和父亲之间在性格、观点方面的差异越来越大，这种学习和仿效也逐渐显露出了其现实意义——在明清以前的帝王中，弘历独重三人，分别是汉文帝、唐太宗、宋仁宗，这三人都可以说是"宽大政治"的倡导者和践行者。

《宽则得众论》属于课业文章，也就是老师交代要完成的作业，弘历在写这篇文章时肯定不是要直接向皇父提意见，而只是其真实思想在无意中的流露，说明他这时候已经在思考，如果自己一旦继位，将执何种政纲了。

就在弘历踌躇满志、跃跃欲试之际，雍正的病却又慢慢好了起来。因为身体和精神都已大不如前，雍正明显增强了培养储君的紧迫感，鄂尔泰等名臣都被派来陪侍皇子读书，与此同时，不知道是不是从《宽则得众论》等文章中闻出了不同的味道，他认为弘历"赋性宽缓"，处事态度过于温和，曾"屡教诫之"。

宝亲王

自雍正病愈后，弘历更加频繁地代父参加各种祭天、祭祖的礼仪活动，然而此前从未涉足其间的弘昼也接到了同样的使命，只是数量和内容都大大少于弘历而已，这似乎意味着，雍正仍会随时以弘昼换下弘历。

考察期继续无限延长，甚至看起来危险系数比原来还高，当事人似乎一不小心就可能跌入悬崖，弘历急忙收敛锋芒。他第一时间向皇父承认错误，"仰承圣训，深用警惕"，之后不再触碰类似《宽则得众论》的文章或观点，其表现一如雍正生病之前，除了绝对服从就是百般孝顺。

对于弟弟弘昼，弘历亦不因他和自己存在事实上的竞争关系而加以憎厌或排斥。弘昼自小受到雍正的溺爱，染上了王族贵胄身上的骄横通病，为人处世常常表现得我行我素，弘历与之相处，总是以礼相让，从不与之计较。

继病中"面谕遗诏大意"，隐隐约约地透露弘历被指定为皇储的信息后，雍正还曾单独将遗诏向鄂尔泰、张廷玉做了说明，并交代说"汝二人外，再无一人知之"。这等于让鄂、张提前拆看了密诏，弘历可能并不知道鄂、张已成为事实上的托孤重臣，但至少明白二人都是皇父身边的宠臣，不能不优礼有加。鄂尔泰奉命经略西北，弘历作诗相赠，将其比作古时名相谢安和裴度，祝他出征后马到成功，"边烽永熄"。张廷玉奉旨返安徽桐城老家，为其父之名入贤良祠举行典礼，弘历同样作诗相赠，推崇备至，称张廷玉是朝廷须臾不可离开的重臣。

包括鄂尔泰、张廷玉在内，弘历和周围多数人的关系都很融洽。师傅们有喜庆必赠诗祝贺，返籍养病则寄诗怀念，就算是对于普通太监，他也非常谨慎，从不轻易触犯，终雍正一朝，像康熙末年那样几乎人人攻讦储君的情况再未出现。

按正常制度，弘历很早就可以奏请封王，但由于他在十三岁时便被雍正秘密立为储君，所以一直没有被封王，弘昼也因此未能得到爵位。1733 年 3 月 22 日，雍正突然决定给弘历、弘昼封王，其中弘历被封为和硕宝亲王，弘昼被封为和硕和亲王。

和硕宝亲王的"宝"有大宝也就是玉玺的意思，日后人们将它与雍正登基时的赐胙联系起来，解读为是雍正对弘历储君地位的进一步确认。至于雍正为何会突然想起给弘历封王，据他去世后官方所公布的遗诏披露，是为了使弘历"谙习政事，以增广识见"，以便将来能够挑起管理国家事务的重担。

"国之大事，在祀与戎"，中国历代朝廷都把祭祀和军事视为头等大事。封王之前，弘历主要埋首于学业，"问安视膳之余，耳目心思一用之于学"，封王之后，他被允许了解和参与边疆军事。

雍正末年，对西北准噶尔用兵以及平定苗疆叛乱最为棘手，弘历都奉旨参与了进去，但为了不致引起皇父的疑忌，他只是按照谕旨办事，雍正让干什么就干什么，不敢越雷池一步，和大臣们之间除办理必要事务外，亦很少来往。

至雍正晚年，两项棘手的边疆军务都没有能够得到彻底解决。前者劳师远征，几乎耗去国库帑银的一半，结果却屡吃败仗，雍正只得主动议和。后者也难见明显成效，以致与之直接相关的鄂尔泰被迫引咎辞去了伯爵、大学士。

就在雍正穷思竭虑，与诸臣商量该如何善后时，1735 年 10 月 5 日，突遭疾病袭击。起先，他并未在意，只以为是偶感不适，仍在圆明园继续办公，在接下来的两天里，也"听政如常"，但第三天晚上，其病情开始像过山车一样急剧恶化。

雍正在他头脑尚保持清醒的时候，令弘历、弘昼在病榻前侍奉，即便到他去世前，也让弘历、弘昼以其名义一同急召大臣们入园。从表面上，外界看不出他对两个皇子有任何厚此薄彼的特殊表示，也不知道他是不是曾对密旨中的密储人选及内容进行过修改。

直到圆明园的密旨被找出，张廷玉当场宣读之后，雍正于十三年前埋下的那个秘密才得以完全揭开，同时也让人们证实了一点，那就是老皇帝生前从未有过更改密旨的举动，表明他在这十三年来对弘历都是满意的。

10月7日深夜，雍正的遗体被连夜送回紫禁城，安放于乾清宫。雍正生前说过，建储密旨有两份，除圆明园的一份外，乾清宫"正大光明"匾额后还藏有一份。移灵回宫的弘历等人进入乾清宫后，第二份密旨被取出与第一份对照，结果完全相同，弘历的名分地位问题就此再无任何争议。

看着密旨上父亲当年亲自书写的御笔，弘历百感交集，再次伏地痛哭。对这位事实上的新皇而言，曾经充满危机感的一段竞跑终于结束了，尽管前面还有更远更难的旅程在等待着他。

紧要之事

清初的几个皇帝在继位之初都曾险象万生，从弘历的曾祖父顺治、祖父康熙，再到他的父亲雍正莫不如此，前者是跟亲王长辈、权臣斗，后者是跟兄弟们斗，其间刀光剑影、喋血萧墙的场面屡屡上演，足以令旁观者不寒而栗。弘历则不再需要经受这些折腾，由于密储制度的设计、竞争者的减少变弱以及自身已长大成人，整个权力交接过程十分平稳，未起一点波澜。

雍正去世当晚，根据他五年前重病时对后事所做的预安排，弘历宣布由庄亲王允禄、果亲王允礼、大学士鄂尔泰、张廷玉四人为辅政大臣。

鉴于康熙晚年对儿子们放松管束，使得诸子跋扈结党，揽权纷争的教训，雍正生前对弘历、弘昼的限制非常严格，即便长大后也不允许他们自建藩府、拥有属官，并禁止结交外官和过问外事。弘历本身也谨小慎微，这导致他原先认识和了解的高级官员极少，在这种情况下，他自然要更多地倚重于辅臣，因此次日即发布谕旨，提出按雍正所嘱，将鄂尔泰、张廷玉配享太庙一事写入即将发布的雍正遗诏。

对于中国古代的官吏而言，配享太庙乃是至高无上的荣誉，也是一种超出常格的做法。五年前雍正确曾表示自己一旦死后，将让鄂尔泰、张廷玉配享太庙，但这一政治待遇能否实现，其实还得看新皇的态度，弘历宣布写入遗诏，就等于是对此做了最权威的兑现保证。鄂、张闻之喜不自胜，在"屡行固辞"，假意谦让一番后，终究还是感激涕零地接受下来。

鄂、张乃老牌官僚，焉能不知弘历为什么要加恩于他们，同时他们也没有理由不懂得如何进退。雍正预安排中设定的"辅政"一词最早用于康熙初年，当时康熙年仅八岁，现在弘历已经二十四岁，鄂、张等人感到再用这个词对嗣皇帝不尊重，且容易让人想起昔日专横跋扈的权臣鳌拜，对他们自身不利，因此两天后，二人就上奏弘历，要求将"辅政"改成雍正居丧期间曾用过的"总理事务"。

弘历当即允准，将辅政机构改称"总理事务处"，并降旨规定："凡宫门一切陈奏，先告知总理事务王大臣，再行进呈。"

四位总理事务王大臣都是雍正生前的亲信重臣，对先皇感情很深，如今弘历又格外加恩，使得他们更加卖力。

在护送雍正遗体回宫的当夜，张廷玉只睡了一个时辰，一整天连水都没顾得上喝一口，鄂尔泰在禁中接连忙了七个昼夜才回家。为了保证雍正遗体和弘历的人身安全，允礼将禁紫城各门钥匙要到手中，亲自掌管并派专人对乾清门的出入人等进行管理。

1735 年 10 月 17 日，弘历即帝位于太和殿，改次年年号为乾隆元年，至此，这位乾隆皇帝正式代替他的父亲，成为天下新的主宰。

雍正去世时，西北和西南的两项边疆要务都未能处理完，乾隆在忙于料理丧事的同时，明确表示："目前紧要之事，无过于西北两路及苗疆用兵。"

准噶尔是崛起于西北的一支蒙古部落，当时称准噶尔汗国，其首领称为汗，主要据于新疆北路。准噶尔人"生性强悍，世为中国之患"，从早期的噶尔丹到后来的策妄阿拉布坦、策零，准噶尔汗皆为能征善战兼野心勃勃之辈，令清廷十分头疼。

雍正生前与策零基本打成平手，双方已进行过边界谈判，但由于在分界线上存在异议，谈判没有成功。鉴于历史上常有内忧启致外患的先例，乾隆一面飞谕西北两路统帅停止撤军，固守边界，一面连派得力大臣赶赴北路军营，以防准噶尔趁机进犯。

未几，策零派人送来书信，并遣回了先前作战时被俘的两名清军。虽然策零做出了这一希望继续议和的姿态，但乾隆认为不能轻信，还应加强防守，在此基础上，如果对方确有和谈诚意，自然最好，如果是以和谈做幌子，实质却是要发动大规模进攻，那么也不用过分害怕。因为准噶尔是草原游牧部落，需要用皮毛向中原换取他们所需的茶、布等，一旦发现无法攻破清军防线，而贸易又被切断，用不了数年，他们自个就会垮掉。

话虽是这么说，但乾隆心里其实也在打鼓。"数年"的含义不是一两年、两三年，而至少得是四五年，雍正朝的对准战争耗费巨大，已令国库存银急剧下降，在这种情况下，再让数万清军在前线坐守这么长时间，仅仅部队钱粮的筹措就是一个难题。

要不先让前线部队在边防上待个两三年，然后撤兵，坐看准噶尔自动崩溃？也不行。准噶尔这种部落越是面临经济崩溃的危险，越会不顾一切地对外进行掠夺，到时倘若准军偷偷越过阿尔泰山，对清廷疆域内的漠北等游牧区进行侵扰，而朝廷的戍边部队又不能及时赶到，则失去安全感的漠北人必然会因此离心离德。

乾隆思前想后，决断不下。总理事务王大臣们随后进行讨论，大家建议折中处理，即前线总体撤兵，但在贮粮较多的边境城池分别留驻部分兵力以加强防守。

就在这时，策零派使进京呈送表文，除坚持原先主张的分界线外，他还以给双方多留空闲之地为由，要求漠北部落内徙。乾隆一针见血地指出策零缺乏和谈诚意，只是为了想要进行贸易才故作姿态，他让使节带话给策零："如果能同意皇考（雍正）所定分界线，可遣使再来谈判，不然，就不用再派人来京了！"

在断然拒绝策零无理主张的同时，乾隆接受王大臣们的建议，宣布从西北撤兵，只在鄂尔坤、乌里雅苏台等处留驻必要兵力，这样既可向准部展示自己的和谈诚意，也能应付准军袭扰等不时之需。

策零由于连年战争，自身的人畜伤亡也很大，恢复双边贸易，以资喘息的心情迫切，见状只得放弃原来的非分要求，同意再次派使节进京谈判。

走马换将

雍正去世前，清廷实际处于两线作战、同被牵制的困境，与西北对准噶尔部用兵相比，西南的"苗疆用兵"也一点儿都不轻松。

自元明以来，西南少数民族地区聚居区普遍都实行土司制度，土司拥有大量世袭土地，并强迫土民为其农奴，耕田纳赋当差，俨然成了一个个"国中之国"。到了清代，在雍正支持下，鄂尔泰实行大规模的改土归流政策，将土司予以罢撤，转由中央派流官直接进行治理。

改土归流要动的是土司的"奶酪"，土司们自然不会买账，鄂尔泰以武力为后盾，剿抚并行，这才使改土归流得以推行开来。然而由于西南局势复杂，改土归流在各地执行的情况都不太一样，在贵州台拱、上下九股、古州一带地方，改土归流实施的最晚，彼时鄂尔泰已经奉命入朝，继任官员把改土归流看得过于简单容易，除了添设流官、派驻军队以外，未做更深入的调研和部署，致使当地歼余的土司势力仍然很大，从而造成了后患。

雍正末年，看到新派的流官在征粮中作威作福，欺压苗民，土司们趁机以"出有苗王"相号召，煽动苗民围攻官兵、破坏驿站，进而向附近各州县发动进攻。在不长的时间里，叛乱便以燎原之势迅速向贵州全省蔓延，造成了"逆氛四起，奔救不遑，驿路阻塞，省城戒严"的紧张局势。

为了平息叛乱，雍正从各省调兵三万余人进剿，同时成立办理苗疆事务处，任命当时还是皇子的乾隆以及鄂尔泰、张廷玉等人为办理苗疆事务王大臣，特命刑部尚书张照为抚定苗疆大臣，直接赴苗疆指挥平叛。令人感到沮丧的是，花了这么大的力气，前线却陷入了"以汤止沸，沸愈不止"的怪圈，中央政府因而处于极为被动的局面，朝中群情汹汹，对改土归流政策进行指责的论调甚嚣尘上。在这种情况下，连将改土归流视为自己一大功业的雍正也产生了动摇，他在与乾隆及其他王大臣商议时，叹息自己对苗疆"从前原不应料理""以安民之心，而成害民之举"，表示等叛乱平定后可以考虑"弃置"，也就是将当地的改土归流重新倒退至土司制度。

办理苗疆事务是乾隆生平第一次处理政务，尽管他除了遵旨办事，并没有多少可发挥的空间，但也已通过观察和思考拥有了自己的主见，"其中情形原委，尤所熟悉"。对于雍正所津津乐道的改土归流，他内心深处并不认为有多大必要，甚至把它看作不应当进行的坏事，问题在于事情走到这一步，已经只能向前，不能后退——雍正在世时若说放弃改土归流，那是一回事，他上了台再放弃，就是另外一回事了。试问若不硬着头皮将战争继续打下去，不就等于承认雍正弄错了吗？朝廷和父亲的颜面何存？

乾隆能做的就是走马换将，迅速撤换前方主帅，他将办事不力的抚定苗疆大臣张照从前线召回，另以湖广总督张广泗代之，此后又授张广泗为节制诸军的七省经略，并明确宣布："自扬威将军哈元生、副将军董芳以下，俱听张广泗节制调遣。"

张广泗系汉军镶红旗人，最初只是个捐纳出身的知府，后得鄂尔泰赏识和重用，成为改土归流进程的急先锋。在此过程中，他从一个知府不到一年时间就升为巡抚，继而再升总督，虽然有鄂尔泰着意推荐和提拔的因素，但张广泗自身也确实才能突出，尤其在"开辟苗疆"方面，其功绩甚至超过鄂尔泰，史书上中说"新疆（苗疆）辟土，张之力居多"。乾隆用这位治苗专家来替换张照，可谓知人善任，也说明相比于雍正，他对苗疆用兵失败的症结所在看得更为清楚和透彻。

张广泗奉命赴黔后，首先经过调查，将他所了解到的前线情况，包括将帅不和、指挥失当等问题，向乾隆做了详细奏报。原来张照是鄂尔泰的政敌，他到贵州后不专心进剿，却囿于门户之见，一面上书密奏"改土归流非策"，一面策动扬威将军哈元生一同上书弹劾鄂尔泰。哈元生系由鄂尔泰一手提拔，对此不予理会，张照又转而支持副将军董芳，从中制造矛盾，挑动将领们之间的不和。

张照虽为前方主帅，但缺乏军事才能，不懂得集中全力破敌，部署上"分兵分地"，致使几万大军在数月之间往返调动，劳而无功。具体率军平叛的哈元生等人也没比张照高明出多少，他们为了保护自己的戍防地不被攻破，明明手里有一万人，肯派出去攻剿的部队不过一两千人，这一两千人"东奔西救，顾此失彼"，完全无济于事。更糟糕的是，这帮人还不懂政治策略，平叛时不分降从，一律剿杀，苗民为此奔走相告，就算是原来打算降的也不肯降了，有很多人甚至先把自己的妻女杀掉，再回过头来与官军拼个你死我活。

乾隆看完奏报后，立即降旨将张照、董芳等人革职拿问，革去哈元生所授的扬威将军，暂留贵州提督职，交张广泗差遣，并由张广泗兼任贵州巡抚，等于将该省的军政大权都集中到了他一人身上。

成竹在胸

早在开辟苗疆之初，主事管员就存在着策略上的分歧。时任镇远知府的方显力主对苗民招抚，认为实在不行才能用兵，用兵之后也还要"抚"，而且应重抚轻剿。他的这套策略一开始确有效果，不过由于过分注重招抚，最终又全都沦于失败。与方显不同，鄂尔泰视苗民为不通教化的蛮夷，主张如果苗民敢于抗拒官兵，就通过武治使其归顺，甚至还说："但恐今日不杀少，日后将杀多，反是罪过。"

张广泗虽与鄂尔泰有特殊关系，也很敬重鄂尔泰，然而他对主抚、主剿都不赞成，所制定的策略是"剿抚并重"，即给予剿、抚同等重要的地位，具体来说就是先招抚，如果不从，则绝不姑息，同时剿过之后，也允许对方请降。

鄂尔泰当时是云贵广西总督，开辟苗疆名义上的最高指挥官，但他的衙署在云南，来贵州较远，也很少来贵州，于是便授全权于张广泗，让他独立负责苗疆事务。至张广泗离开贵州，调任外省时，苗疆施政已经成绩斐然，"剿抚并重"也被外界认为取得了成功，孰料多年之后，他和鄂尔泰所取得的这些成绩却差点儿因叛乱而被扫地以净。

在张广泗回黔前，叛乱已延续达半年之久。明清按社会发展程度的差异，将苗民分为生苗和熟苗，在清廷以往的印象里，比较强悍和容易滋事的多为生苗，但在这次叛乱中，熟苗也大量加入进来，其范围除传统的苗疆区外，还波及了周围很多所谓的"内地"州县。张广泗回黔后坐镇于镇远府，此处距离叛乱中心地区较远，但也已朝不保夕，岌岌可危，他在奏折中报告说："生熟逆苗互相煽惑，凶焰炽张，几乎有不可扑灭之势。"

张广泗能够通过经营苗疆成为封疆大吏，绝非偶然，他既有"鄂尔泰式"的精明干练，同时对贵州民情地形也非常熟悉。叛乱始发地古州位于贵州苗疆的腹心区域，张广泗做过黎平知府，黎平距古州较近，这给他了解苗疆提供了有利的条件，之后他又借口去贵阳，以重金贿赂苗民，冒着生命危险对古州苗区进行了侦察。

古州有一处名为诸葛营五丈台的制高点，乃三国时诸葛孔明留下的古迹，苗人传说在孔明登台之后，便无人能登，登则头疼。张广泗到即登台观察，苗人见状大惊，以为张广泗要指挥部队打他们，于是聚众于山下，用土炮对其进行恫吓。张广泗索性在山上夜宿，半夜趁大雾沿山背下山。苗人见他突然出现在山下，不知所以，"惊以为神"。有人用刀割他所穿的绣袍，借以试探，张广泗不但不为所动，还笑着指指自己的胸口说："此处不错，为什么不割这里呢？"苗人为其胆略所慑服，从此便任其走动而不再加以怀疑。

古州侦察期间，张广泗"密记其道里远近、山川险阻、形势、屯储、战守之地"，有这样的底子，加上又有雍正朝开辟苗疆的成功经验，张广泗此番对平定叛乱可谓成竹在胸。根据对苗区和苗情的了解，他将分化瓦解的手法与"剿抚并重"结合起来，先抚熟苗，"责以擒献凶首，缴纳器械，阻戳生苗，不许放入内地"，继而集结大军于镇远，分三路同时对苗军所活动的生苗村寨发动猛攻。

张照在贵州指挥的时候，官军互不配合，各自为战，苗军则避实击虚，声东击西，现在反过来，缺乏统一指挥的苗军成了被官军各个击破的对象，所部屡战失利，损失惨重。

在难以抵挡清军进攻的情况下，苗军被迫躲进了一个叫牛皮大箐的山区，此处林深树密，地势险要，且终年被雨雾笼罩，连靠近那里的苗民走进去有时都摸不清方向。张广泗见牛皮大箐易守难攻，便兵分八路，对进入山区的苗军进行包围和封锁，以防止其突围和逃逸。

牛皮大箐虽利于苗军隐蔽和打击官军，但山中缺乏粮食，无法长久坚持，因此在被围十余天后，很快就陷入了给养殆尽的窘境。张广泗趁机率官兵披荆斩棘，入山进行搜剿，在此期间，他采用了"以苗攻苗"（也称"以苗弱苗"）的办法，从苗军内部予以攻破。这一套路在苗军日暮途穷之际显得相当有效，据张广泗说，传令之初，只是一个地方的苗人举报另一个地方的苗人，接着是邻近苗寨之间的揭发，最后发展到同寨的人都互相检举和擒捉，即便亲属亦不放过，"每寨多献至数十人及百余人不等"。

牛皮大箐一役最后以苗军全军覆灭而告终，此役结束后，张广泗对之前参加过起义的所有熟苗村寨进行回剿，除"胁从"叛乱的苗寨大部分得到赦免外，其余八百余座苗寨皆被捣毁。

在不到一年的时间里，苗疆叛乱被张广泗彻底平定，他本人因功授贵州总督兼巡抚，世袭三等轻车都尉。这是乾隆继位后所取得的首次军事胜利，其遣将调兵的能力，以及和乃祖康熙一样注重后勤的特点，都在此次战事中得到了充分的体现。张广泗围困牛皮大箐时，曾要求拨银八十万两，乾隆让户部立即拨出一百万两，攻下牛皮大箐后，又专拨六十万白银用于善后，并告诉张广泗"朕不惜费也"。特别值得一提的是，鉴于贵州瘴气弥漫，在充分保证前线军需供应的同时，乾隆特命将大内专用的驱瘴药物运至军前，发给官兵，用以鼓舞士气。

苗疆平乱对当地苗民而言是一次空前的浩劫，苗民死亡人数之多、苗寨破坏之大，都是史无前例的，连张广泗也承认："（苗疆）统计现存户口，较之从前未能及半。"乾隆对此深有感触，为了稳定苗疆，他宣布永远免除苗疆钱粮，"将古州等处新设钱粮，尽行豁免，永不征收"，苗民之间若发生诉讼，也不再需要照搬内地，而是可以遵照苗民自己的习惯解决，"俱照苗例完结，不必绳以官法"。

宽严相济

乾隆登基当天，鄂尔泰曾奏请回避御名，将"弘历"一词律改成"宏历"。乾隆不以为然，认为历代虽然都讲究避讳，但所谓避讳不过是"文字末节，无关于大义"，没必要太当回事。他指示，今后如果谁碰到要写"弘历"，都不必加以避讳，实在有臣工名字与他相同，不避讳又觉得于心不安，也不妨进行变通处理，"上一字着少写一点（弘缺末笔），下一字将中间禾书写为木（历作歷）"。

御名问题显示出新皇要按照自己的一套来行政了。就在乾隆登基前，清廷向全国颁布了雍正遗诏，其中收录了雍正五年前病中的"面谕遗诏大意"以及密旨诏书的主要内容，但有一部分却不是雍正的原话或原意，而是乾隆以父之名，自己加上去的！

皇子时代的乾隆虽然口口声声说将来要遵奉雍正教诲，继续维护严政路线，可实际上那只是为了自保所做的掩饰，如今父死子继，终于为他理想中的政治方案迎来了付诸实施的契机。另外，雍正尸骨未寒，乾隆也并不愿意伤害亡父及其所留下的亲信大臣们的感情，如果政局因此出现任何不安定的征兆更非其所愿，为此，他着实动了一番脑筋，让已经瞑目的父亲代自己发表政纲，是他当时能够想出的最佳办法。

经过精心构思和运笔，官方遗诏中的雍正摇身一变，成了宽严相济政治的倡导者，其观点为宽、严都是君主必要的施政手段，两者互相补充，交相为用。他之所以要大力推行"威严政治"，也并不是主观上非要这么做不可，而是看到一段时间里"人心浇漓，官吏营私"，为了"整饬人心风俗"，才不得不改宽政为严政。

有了这样一番铺垫后，再让雍正代言宽政也就不让人觉得突兀了。"雍正"在遗嘱中说，严政本来就是不得已的暂时办法，如今人心已知戒惧，继承者应负责把他执政期间的严政重新改为宽政。

借助于雍正遗诏，乾隆把自己的政纲定位于宽严相济政治，在讲话中提出："治天下之道，贵在其中，故宽则纠之以猛，猛则济之以宽。"他还将父祖的政治特点及其利弊做了对比分析，指出各朝施政都是形势使然，既不是随意采取的政策，也不是出自当政者个人的好恶。康熙时"与民休息"，晚年却"多有宽纵之弊"，雍正时就不得不下猛药"整顿积习"，但这又导致"多有严刻之弊"，于是到他乾隆当政，就不能不用宽仁政策来予以纠正了。

允禩案是雍正王朝最有代表性的头号大案，也是皇族内部关系紧张的源头，乾隆早在青少年时期对该案受害者的遭遇就已暗暗地深表同情。1735年11月8日，他发表讲话，将宗室内部的"亲亲睦族"上升到治国之道的高度，训斥十四叔允禵之子弘春、三伯允祉之子弘景"不孝不悌"，原因是两人看到父兄被削爵囚禁，不但不悲伤，反而看起来还很高兴。乾隆认为弘春、弘景等人"互相排挤，不知向善"，正是这些不肖之徒把皇族风气给搞坏了。

显然这是乾隆在为平反允禩案制造舆论，但由于不能损害雍正的形象，所以只能把小字辈推出来当典型。讲话结束后，他便静待有人上奏，好宣布重审允禩案，孰料十多天过去了，朝堂之上仍没有一个人提到允禩案，更别说要求对此案进行重审乃至翻案了。

说奇怪也不奇怪，允禩案由雍正亲自处理，且主犯允禩、允禟死去多年，已经是盖棺论定，即便乾隆自己，遇到雍正的责任问题也还得绕着走，更遑论他人。

见得不到响应，乾隆只得退而求其次，从受株连被消除宗籍的堂兄弟们身上寻找突破口。11 月 21 日，他在谕旨中表示，允䄉、允禟固然罪有应得，但其子孙皆为康熙血脉，若使其永失皇室尊严、待遇，一如庶民，惩罚显得过重，所以应让他们复归宗室。他谕令九卿议奏此事，并且说："当初办理此事，乃诸王大臣再三固请，实非我皇考本意。"暗示众人在讨论时可以不用顾忌先皇，大胆提出自己的意见。

乾隆的话固然没错，当初监禁致死允䄉、允禟，以及将其子孙削除宗籍，确系"诸王大臣再三固请"，可如果不是雍正授意乃至命令，又岂会出现这一局面？此事尽人皆知，现在乾隆说要对允䄉、允禟的子孙从宽处理，这当然没问题，但究竟从宽到什么程度，才能够既使新皇满意，又让先皇的面子上过得去，则谁都心中无数。

清代皇族成员腰上都会系一条带颜色的带子，血缘近的系黄带子，称"黄带"，血缘远的系红带子，称"红带"，红带所享有的特权较黄带少，而且无法染指宗室爵位。复归宗室必然要重赐带子，九卿商量来商量去，有人说要赐黄带，但马上又有人觉得过于从宽，应赐红带，就这样"旋议旋改"，游移不定，致使讨论了一个月也未有结果。

球重新踢到乾隆脚下，乾隆解决此类问题相当果断，用一个前朝先例便一锤定音地结束了争议。

平反

这是发生在康熙朝的事例。康熙晚年增修玉牒，将从前被革宗室子弟莽古尔泰、德克赖、阿济格等人重新收入，当时赐的是红带子。

乾隆认为祖父的这一做法可资效仿，下旨将允䄉、允禟的子孙循例"给予红带，收入玉牒"。同样的操作手法也被他用在了对三哥弘时的平反上，一方面他基本保留了原先对弘时"性情放纵，行事不谨"的判词，仅加上"年少无知"一词，对雍正"特加严惩，以教导朕兄弟等，使知儆戒"的正当性仍予以承认；另一方面则说弘时已故去多年，他顾念兄弟情谊，因此决定予以从宽处理。根据乾隆的旨意，总理事务王大臣恢复了弘时的宗籍，将其重新收入玉牒。

乾隆在雍正朝被夺爵圈禁的叔伯，尚有三伯允祉、十叔允䄉、十四叔允禵。允祉在乾隆即位时就已经死了，乾隆下诏将允祉收入玉牒并赐复爵位，对允䄉、允禵也要求"酌量宽宥"，准备等待时机成熟便予以赦免。

"啃骨头"的环节解决之后，相比之下，其他的事就好办多了。在允禩案中遭到迫害的阿灵阿、阿尔松阿、揆叙等人被逐一恢复名誉，就连在年羹尧、隆科多两案中被株连人员也都得到了不同程度的从宽赦免，其间遭革职的知县、守备以上文武官员均被允准"酌量降等录用"。

雍正当政时为打击科甲朋党和清查亏空，往往二话不说就下令罢斥、废免、监禁和抄家，乾隆根据情况，对涉案官员能起用的就起用，能释放的就释放。

在"科甲朋党案"中被罢官监禁的原直隶总督李绂、左都御史蔡珽，以及流放充军的浙江道御史谢济世，均被赦免放出，李绂、谢济世还得以重新起用，李绂授户部侍郎，谢济世复补江南道御史。原云南巡抚杨名时并非朋党中人，但雍正在世时认定他是科甲官员的精神领袖，故意罢他的官，罚修洱海，后又借故将其革职，乾隆将其征召回京，任命他为礼部尚书兼国子监祭酒。

在雍正朝的官场，清查亏空曾是极为可怖的一件事，凡被认为对亏空有责任的官员，会被一追到底，轻者免职罢官，重者抄家籍没，甚至一度连官员的亲属都要被抄家，民间因此给雍正起了一个"抄家皇帝"的绰号。乾隆即位后从根本改变了这种严厉追比的政策，他发布恩诏，对涉及其中的文武官员俱加宽免和任用，"一应着追银两，暂停追比"，理由是这些官员虽然都不同程度地造成了亏空，但亏空本身并非贪污受贿所致，而且他们也都是一些能吏，"尚有可用之才"。

乾隆热心于平反前朝积案，自然是缘于乃父政治过猛，必须以宽进行纠正，但他原来所认识和了解的官员太少，急需用人，也是一个不容忽视的因素。

乾隆在其登基之初就将师傅朱轼召回京师，以大学士身份协同办理总理事务，无奈朱轼年事已高，不久就病死了，这使得他不得不频频加恩于犯罪或有过错误的前朝官员，以便经过试用后组织自己熟悉和信赖的执政班底。在雍正朝与准噶尔的战争中，内侍卫大臣傅尔丹、参赞大臣陈泰、川陕总督岳钟琪被认为对军事失败负有不可推卸的责任，三人都被逮捕下狱，乾隆认为傅、陈"祖父俱有功勋"，岳钟琪平青海有功，谕令将他们全部释放回家。

对于雍正年间的政治积案，乾隆唯一不仅不赦免，还加重处罚的只有"曾静案"。当年雍正将吕留良戮尸枭首，但免罪释放了曾静及其门徒张熙，让他们分别到全国各地宣讲《大义觉迷录》，这种宣传当然有一定效果，但其负面效应却是大面积地扩散了雍正的"罪状"。乾隆还没即位前就觉得很难堪，现在自然不能再容忍下去，他下令立即秘密逮杀曾静、张熙，同时命各地停止宣讲《大义觉迷录》，所有颁发原书，概行收缴销毁，今后再有私藏该书者，其性质将与隐匿反清著述等同，属灭门大罪。

雍正在释放曾静门徒时，曾做出保证："即朕之子孙亦不得以其诋毁朕躬而穷诛戮之。"乾隆对雍正的形象竭力维护，但对乃父的这一保证他却是非撕毁不可，给出的理由似是而非：吕留良是康熙朝的人，诽谤的是我祖父，所以我父亲杀了吕留良；曾静、张熙攻击的是我父亲本人，所以我父亲放了他；如今我作为我父亲的儿子，不能不效仿父亲的做法，正二人之罪，所以对他们的宽大也就只能到雍正朝为止了。

只可意会不可言传

一朝天子一朝规矩，雍正朝时流行的讲祥瑞、崇佛教、宣传乐善好施和路不拾遗，如今都成了过去时。有些人还没能及时转过弯来，在乾隆元年即 1736 年的殿试中，某试卷被考官拟为第一，上面称颂乾隆行"耕耤之典"。

"耕耤"专指帝王亲耕田地的礼仪，乾隆当时尚未举行此礼，这名士子如此说法，其实和报祥瑞差不多，不过是想对皇上说几句奉承话，讨他高兴而已。孰料乾隆审阅后，马上说："朕未曾耕耤，可置第二。"

因为没认清形势，把话讲过了头，士子本来已经到手的状元就这样不翼而飞了。

禁报祥瑞之类对于乾隆来说，还只能算是小事，政策更新才是大事。雍正生前力倡改革，所谓"雍正改元，政治一新"，在改革中推出了一系列新政策，其中也确有许多需要调整，如报垦荒地。

雍正在位时倡导垦荒，但他急于求成，喜欢追求立竿见影的效果，不少地方官员便对此加以迎合，以少报多，甚至将熟田也报作垦荒地，结果造成了名为开荒，实则加赋的恶果。位列雍正朝"四大宠臣"之一的河南巡抚田文镜更是如此，有一年河南发生大水灾，百姓背井离乡，他竟然仍隐匿不报，说河南虽被水淹，但实际并没成灾。田文镜死后，其继任者王士俊延续了他的政策，将报垦数作为本省地方官考绩标准，报多超迁，报少申饬，搞得民怨沸腾。

乾隆即位后，大学士朱轼等人对此进行了揭发。乾隆很受震动，亲自派人专门调查开垦一事，同时发布上谕，一面命令各地官员据实申报历年虚垦数字，承诺只要据实申报，便豁免相应赋税，一面警告说如有人再蹈旧习，一经查出，必定从重处分，绝不姑息。

仅仅一个月后，王士俊便因"借垦地之虚名，而成累名之实害"被解职，表明乾隆在这方面说到做到，绝非虚张声势。

由于报垦荒地被认为是前朝败政，不久乾隆干脆接受朱轼的建议，下令停止丈地与报垦。虽然他一再强调，更新政策只是出于形势的需要，乃因应之变，但也很容易让人感觉到，这是对前朝的某种否定，尤其在雍正朝混得如鱼得水的官吏更会抱有类似想法。王士俊被解任河南后，以兵部侍郎衔署理四川巡抚，他在呈递给乾隆的密折中说，现在有一股翻案风，似乎所有条陈都热衷于否定前朝政治，甚至还有人当众扬言，只需对雍正时的事进行翻案，便是好条陈，"传之天下，甚骇听闻"。

乾隆对王士俊的密折非常敏感，对廷臣说："他（王士俊）指责群臣翻案，其实就是指责朕在翻案。"既然乾隆已经更改雍正朝的多项政策，说他在翻案，亦未尝不可，但这本身是只可意会不可言传的东西，如果都让外界挑明了，他乾隆还怎么当孝子？

盛怒之下，乾隆立即将王士俊作为奸邪小人处理，下令将其逮捕回京，判为斩监候（后来下诏释放，削职为民），对于诸王大臣九卿没有及时参奏王士俊，他也表示很是不满。

乾隆的政策更新并非盲目。他一即位就指斥过改土归流，然而随着苗疆之乱被平定，又继续维持了改土归流的成果，表明他事实上已同意改流政策。与之相似的还有火耗归公以及养廉银制度，乾隆一度处于认识不清晰和吃不透、拿不准的状态，后经讨论，认识到这是不可改易的办法，便完全改变了态度，决定继续维持，不做变动。

雍正后期设立了军机处，乾隆即位初期曾将之废弃，不过这是可以理解的，因为当时设立了总理事务处，在重大事务上乾隆可以同总理事务王大臣商讨，自然就可以不设军机处了。等到乾隆的孝期已满，允禄等人奏请免除总理事务，乾隆表示同意，下令裁撤孝期内设置的总理处，但考虑到西北两路军务尚未完竣，仍有事务须特召交办，所以决定重新恢复军机处，并指定鄂尔泰、张廷玉等人进入军机处办事。

还有一些雍正朝的制度，如密折、秘密建储、摊丁入亩等，乾隆基本上从一开始就接受了。这些制度与改土归流、火耗归公、军机处等性质相同，都是雍正的基本政策和功业所在，史学家因此认为，乾隆虽然"政尚宽大"，但只是补救前朝的偏差，实际乾隆政治与雍正政治之间有如父子的血缘，天生就存在融合和继承的关系，二者不能脱离也无法脱离。

第二章

不差钱

当初雍正一即位，便将自己原住的雍亲王府升为"雍和宫"。十三年后，乾隆称帝，鄂尔泰、张廷玉提出，应沿袭雍正做法，将乾隆所住的乾西二所升为"宫"，他们同时建议按"舜能继承尧，重其文德之光华"之意，将其命名为"重华宫"，显然这是在恭维皇子时期的乾隆就已起到了舜协助尧帝式的作用。乾隆先是嘴上客气了一番，随即便以照规矩办事的态度坦然接受，这样紫禁城中除毓庆宫外，又拥有了第二座太子宫。

古代礼制规定，帝王去世，太子继位需服丧三年，实际是二十七个月，但由于皇帝无法不理政，所以又把服丧期改成了二十七天，二十七个月只算作孝期。乾隆在服丧期满后，从重华宫移居养心殿，以后便是孝期，孝期内不穿丧服，可以正常理政，不过仍需心存哀悼之意，故而在此期间，乾隆一直都住在养心殿，没有到宫外走动。

乾隆二年即 1737 年年初，雍正被安葬于易州泰陵，次年 1 月 23 日，乾隆的孝期已满，自此可以像父亲一样经常驻跸于圆明园了。乾隆即位前就在圆明园住过，园内有一间他的书房，与重华宫的乐善堂同名，也叫乐善堂，此外他还曾随侍雍正游园，在乾隆早期的诗作中，就记录了当时园中百花盛开，官员和侍卫们夹道欢迎他们父子的情景。

乾隆毫不掩饰对圆明园的喜爱，自他移居园内起，便着手扩建园林，与此同时，他的帝国也像这座皇家御园一样，在他的经营下沿着盛世道路继续前行。

再也兜不住火了

勤政是清代康、雍、乾三代君主的共同特点。乾隆每天起得很早，他起来上朝，在军机处值班的官员必须第一时间赶往上朝地点随侍，其办法是听鞭炮声：自乾隆出寝宫起，每过一道门就要放一声鞭炮，听到鞭炮声由远渐近，便知道皇帝快要到了。

当值班官员听到鞭炮声渐近时，天都还黑着，要等点着的蜡烛消耗寸许，才会迎来天明。军机处共有十余人值班，五六天轮一早班，已经觉得非常辛苦，乾隆却是天天如此。

按照上朝的朝仪，应该是大臣们都到齐了，皇帝才出来见他们，但乾隆起得实在太早，当时能够使用的多为先朝老臣，雍正生前甚至特许他们可不出席早朝，这些人因此养成了习惯，早上比年轻皇帝还起得晚，经常出现的情况是，乾隆让太监们去看了好几次，大臣们才得以聚齐。乾隆当然很不高兴，可碍于众臣皆为老资格的长者，不好当众发火，于是只得用引经据典、旁敲侧击的办法来进行提醒。

大臣们早朝迟到，到各衙门办公自然去得更晚。有一次，乾隆天刚亮就起身批阅送来的奏章，批完后他突然想起几天前曾让部院大臣们推荐督抚、尚书和侍郎人选，有些事情尚需当面探讨，为此便派太监通知大臣们来见。此时已是上午八九点钟，但乾隆耐着性子等了好一会儿，居然一个大臣都没露面。

六部官署在紫禁城外，尚书们来晚尚可以推说走路费了时间，内阁大学士的办公地点就在紫禁城内，本应招之即来，乾隆问太监怎么回事，太监报告说大学士们当天其实根本就没来紫禁城办公。

这下乾隆可再也兜不住火了，他当场勃然大怒，命令立刻把大臣们统统找来。在后者姗姗来迟后，他非常愤怒地训斥道："所谓每日入署办事，原来都是粉饰之辞！你们身为大臣，本应用早朝勤政的道理来对朕进行进谏劝导，如今却自己先偷起懒来，世上有这样的道理吗？"大臣们被训得面面相觑，哑口无言。

从早朝开始，乾隆一天的绝大多数时间都要用在处理政务上，不是批阅奏折，就是接见官员和与大臣们议事。这还只是平常的作息，如果有战事、河工、赈灾、祀典等重要政务插进来，更是忙得不可开交，有时半夜三更接到紧急奏报，身为皇帝也要马上披衣起床进行处理，待军机大臣闻讯赶到值宿处时，乾隆往往已经看完奏报，与值班官员讨论了很久。

乾隆处理政务很精细，从中央到地方，从宫室内部到一县甚至一村、一乡，凡涉及有疑问的地方，他都务必要亲自调查、过问和决断。

乾隆元年夏天，天气酷热，满人来自关外，都特别怕热，乾隆生前甚至还患有严重的畏暑症。乾隆当然也难受，但他当时尚在孝期之内，不好搬到京外去住。六部大臣担心皇帝在这种情况下过于烦劳，于是就在奏闻时只奏闻他们认为重要的事，引见官员时也只引见他们认为重要的人，而准备将次要的人、事，留待秋后再说。

乾隆知道后很不满意，谕令大臣们说："朕办理天下事务，寒暑有所不避，岂肯自图晏安。"他指示六部大臣不管天气有多炎热，都不要故意拖延人、事的办理，"可照常奏事引见，不必有意减少"。

乾隆的业余生活并不如后来人们想象的那样丰富多彩，从青少年时期开始，他就不爱饮酒，也不喜欢轻歌曼舞，生平的爱好就是写诗、游景和收集古董文玩。乾隆初年，因为刚刚即位，所有国务都需要一个加以熟悉的过程，所以他连诗都写得很少，也不经常出外巡游，和他父亲当年一样，几乎整天都埋首于堆积如山的文牍奏折之中。

《心写治平图》中的乾隆肖像画创作于乾隆元年，画中的乾隆冷静而充满自信，恰为同时期其心态和精神面貌的真实写照。顺治、康熙即位时都尚年幼，雍正即位时则已经四十多岁，而乾隆即位时为二十五岁，正值年富力强、精力旺盛的黄金年龄，加上自幼接受骑射锻炼，身强体健，因而尽管事务繁杂，但他依旧保持着极高的处理效率。

至乾隆元年以前，绝大多数雍正年间的政治积案就都被乾隆处理完毕，所有涉案人员，上至皇族成员，下至政府大吏、八旗将领、降革官员、士民文人，能平反的平反，能释放的都释放了。1737年，乾隆谕令将十叔允䄉、十四叔允禵予以释放，并"赐予公爵空衔，不必食俸，仍令在家居住"。

重审积案和更新政策，使得原先紧张的社会气氛得以缓解，仅以"博学鸿词"科的举办就能看出民心的变化。此科本是康熙笼络和安抚明朝遗民，以及振兴文教的一项创举，雍正曾特谕内外大臣荐举博学鸿词，表示自己要御试录用，但却未有下文。

乾隆继位后让各地加紧办理，三个月后，各省推荐上来一百多人，比康熙朝还多几十人。这一雍正生前未能办成的事由此再见重光，乾隆亲自主持考试，从各省推荐的士人中挑选了十五人，其中名列一等，被授翰林院编修的刘纶、杭世骏等后来都成了乾隆朝名臣。

藏富于民

乾隆从雍正手里继承的，是一份可能会使所有帝王都感到钦羡的基业，其时国内秩序稳定，财政充裕，库藏丰足。要知道，在中国古代历史上，陷于库中无钱、有上顿没下顿窘境的皇帝可是不少，乾隆根本不用像他们那样苦哈哈地过日子，基本上想用就拿得出来，遇到苗疆平乱一类的战事，掏银子时也不用皱着眉头。

康熙晚年，国库其实已经空虚，能给乾隆攒下这么丰厚的家当，还得说是雍正的功劳，但有一利必有一弊，雍正在忙于积累财富的同时，也给老百姓增加了不少负担，民间认为雍正"刻薄寡恩"，对他缺乏好印象并非没有缘由。

乾隆在调查虚报垦田时就很清楚，虽然虚报有助于增加政府的财政收入，但这样的收入多增加一分，老百姓对政府的怨恨则必然增长十分。反之，如果把它拿掉，看似政府的收入好像有所减少，但老百姓日子好过了，社会才会更稳定，国家的富裕也才会更有保障。

在财富观上，乾隆与祖父康熙达成了一致。康熙信奉"蠲租一事乃古今第一仁政"，执政期间不断减免应收钱粮，后来更宣布"滋生人丁，永不加赋"。乾隆则提出"藏富于民"，他说钱本来就是用来流通的，财散民聚，与其聚之于上，不如散之于下。

由于过去官员虚报垦田，造成了许多地方百姓无地交粮、负担加重的情况，乾隆在决定停止丈地与报垦后，即派人对此进行调查，凡查明情况属实，相关钱粮一律予以豁免。

与虚报垦田相类似，雍正朝的地方督抚大员为追求政绩，常常打着"小民自愿"和兴修水利的幌子，在正常赋税之外，按田亩加派银两，称为派捐，还有人在正常的关税杂税外巧立名目，随意滥征。乾隆认为地方官这么做，表面好像节省了国帑，增加了国库收入，但实际暗中加赋于百姓，根本不可取，于是谕令"永行停止"。

乾隆"藏富于民"的一个重要特点是不仅不占百姓便宜，而且给百姓以实惠。雍正查钱粮亏空查得极严，官欠者固然要抄家赔偿，民欠者也要每年加征，直到赔完为止。这些民欠从康熙朝就开始，多数已达十年以上，到乾隆继位时，仅山东一省就欠银三百万两，民欠者要偿还非常困难。乾隆远比他祖父、父亲大度，他觉得这些民欠是否能够偿还，对现时的政府财政没有根本影响，但对每一个具体的民欠者而言，却关系一家老小的吃喝乃至生存问题，于是上台后即下恩诏，将康、雍两朝所欠粮赋全部清零，一笔勾销。

乾隆手里有钱，暂时不用考虑怎么省，只要想着怎么花，除像康熙一样经常大规模地蠲免田赋丁税外，国库中相当一部分钱都被他用于赈灾。

乾隆把赈灾视为地方大吏的第一要务，是"为督抚者第一应戒讳灾之念"，雍正朝有些官吏如田文镜拍皇上马屁，明明治下发生大的灾荒也加以隐瞒，乾隆则绝不允许。某年夏天，山西巡抚石麟在奏折中说本省当年风调雨顺，庄稼长势喜人，预示又是丰收之年。乾隆一调查，山西一直干旱，刚刚才下了点儿雨，他很生气，在朱批中直截了当地痛斥石麟说："八月初一始得雨，你说庄稼长势喜人，是想故意欺瞒朕吗？由此可见你们的所谓年成奏报，根本不足为凭！"

确证某地发生灾害后，乾隆的反应与别人都不太一样，他是宁肯地方官报灾报得严重一点，为此哪怕拿出比实际多得多的赈灾钱粮也心甘情愿。有一回，军机大臣宣示官吏罪名，有"滥赈"一语，乾隆见了很恼火，说："此语虽小，却是不用心的误写，朕不会接受，也不忍心接受。如果赈灾的费用也要故意核减，乃至治人以罪，后世的人会怎么看待这件事？朕又成了一个什么样的君主？"

乾隆认为"滥赈"这样的词不能出现在官方的罪名上，否则会令地方官在上报灾情时心存畏忌，不敢或不肯如实报告。他也从不因某地发生灾情而怪罪于地方官，但对匿灾不报者必从重处分，有的官员不舍得多花钱粮赈灾还会遭到他的申斥，乃至被罢官降职。

山西有一年发生旱灾，巡抚阿思哈不肯动用库帑，却让当地绅衿捐银备赈。乾隆知道后，对阿思哈居然做出这样的事和说出这样的话感到十分震惊：你让地方上的富人捐钱，他们能拿出几个钱，况且就算富人也是受灾户，怎么好再让他们捐？国家在赈灾上重者数百万两，少亦数十万两，从来不吝花钱，哪里用得着你胡说八道？

乾隆下令对阿思哈严加议处，绅衿已经捐出的银两也全部予以发还，听其自行处理，不久他又发出谕令"阿思哈不胜巡抚之任，着来京候旨"，把这个悭吝鬼的乌纱帽给摘掉了。

与康熙、雍正两朝相比，乾隆朝赈务的规模和耗用银米数都大大超过前两朝，而且在赈济灾荒方面逐渐形成了一套严密的制度和方法：碰到水涝旱灾，政府按例必定要拨出大量赈银和粮米用于赈济，灾情紧急时，地方官有权便宜行事，在不必等候部批的情况下，即可先行动用库存钱粮。

乾隆的施政大受欢迎，其本人也威望大增，连在华的朝鲜使者都知道"雍正有苛刻之名，乾隆行宽大之政"。史书记载，在朝廷"罢开垦、停捐纳、重农桑、汰僧尼"的诏令接连下达之后，"万民欢悦，颂声如雷"，苏州一带更流传开一首民谣，其中唱道："乾隆宝，增寿考，乾隆钱，万万年。"

造化弄人

中国古代以农立国，康熙、雍正对农事都十分关切，乾隆亦不例外，当时各省都要向朝廷及时上报雨泽、收成、粮价，偶尔奏报迟了，他都要降旨询问，催促该省督抚尽快复奏。可恰恰就在乾隆登基之初的那两年里，北方一直久旱不雨，他在安排发帑运粮，办理赈务的同时，深感自己运气实在太差，发出了"十年九忧旱"的慨叹，整天想着的都是如何求老天赶紧下雨。

后宫之中最了解乾隆心思的，莫过于昔日的嫡福晋、如今的一国之母富察氏。当看到乾隆为久旱不雨将影响农事而坐卧不宁，自认"人穷力已竭"时，富察氏并不只是空言安慰，本人也会跟着暗暗着急，有时久旱逢雨，乾隆大为高兴，"通宵喜听波声注"，她也喜出望外，好像得到了一件天赐的礼物一样。

乾隆与富察氏伉俪情深，乾隆一俟孝期已满，即将她册立为皇后，并在册立大典中称赞富察氏"钟祥勋族，秉教名宗"。富察氏居于中宫之位后，不仅善待其余嫔妃，把后宫治理得井井有条，同时还能孝敬太后，使得乾隆可以心无旁骛地专心处理朝堂政务。

对于乾隆，皇后也关心体贴，知疼知热。有一次乾隆身上长了个疖子，太医叮嘱得一百天才能痊愈，在此期间必须让人每天换药，富察氏怕宫女在换药时因手重不小心弄疼乾隆，便亲自给乾隆换药，为了方便天天换药，又搬到乾隆寝宫的外屋居住，直到百天后乾隆身体痊愈，才返回自己的寝宫。

和后宫中常见的邀宠不同，富察氏是真心能和丈夫想到一起去，彼此间可以做到感同身受，休戚与共。乾隆每天要处理的政务非常多，碰到棘手的事情，有时难免心浮气躁，富察氏虽然从不打听政事，但她很善于体察和照顾乾隆的心情，每当这个时候，总是温言软语地找机会和乾隆说话，以平抚他的情绪。

在嫁给乾隆三年后，富察氏给丈夫生了一个儿子，由公公雍正亲自取名为永琏。永琏序齿（皇子按年龄大小排序）第二，乾隆爱富察氏而及永琏，在他眼里，二阿哥从小"聪明贵重，气宇不凡"，完全可以成为未来的皇位继承人。

从顺治、康熙、雍正到乾隆自己，均为庶出，也就是都非皇后之子，康熙倒是曾立皇后所生的嫡长子为皇太子，这就是乾隆的二伯允礽，可允礽最终还是被废掉了。乾隆钟爱富察氏母子，他不管之前有多么不成功，还是想让嫡子承继大统，为了更加名正言顺，他特地解释说，雍正之所以给永琏赐名，就是有让永琏日后承接神器的深意。

乾隆自己是秘密立储法的产物，从他的体验来说，他并不觉得这是一种公平的办法，对此存有保留意见。不过允礽被废的教训还是让他认识到，太子毕竟年纪太小，价值观尚未形成，这个时候如果急于明着册封，可能会让太子"恃贵骄矜"，周围的人也会"谄媚奉迎"，时间一长，"至于失德，甚至有窥伺动摇之者"的情况将难以避免。

经过考虑，乾隆决定先以秘密立储为权宜之计，等到时机成熟，再明立储贰。乾隆元年，他在养心殿西暖阁召见群臣，宣布效法雍正，采用秘密立储法，随后便写下密旨，由太监放入锦匣，收存于乾清宫"正大光明"匾额后，他同时宣谕说，等将来皇子长大了，"识见扩充，志气坚定，万无骄贵引诱之习"，就将布告天下，明确其储君之位。

乾隆在密旨中所写的储君名字，就是永琏，自此以后，乾隆一心想的都是如何加强对永琏的教育引导，不让他像允礽那样滋生恶习，但他却没有料到，造化弄人，有一天命运居然会以另外一种方式破坏他的计划。

1738 年 11 月 23 日，九岁的永琏突患重病，当天就不幸去世。乾隆悲痛万分，他告诉诸王大臣，永琏就是密定皇储，"虽未行册立之礼，朕已命为皇太子矣"，接着下谕辍朝五日，将密谕内容公布于众，并以皇太子的规格为永琏隆重举丧。

永琏之死给乾隆夫妇造成了极大打击，他们原本幸福美满的家庭生活也因此被蒙上了一层阴影。富察氏为了安慰丈夫，和乾隆在一起时都不忘聊东聊西，千方百计地转移其情绪，但也不过是故作坚强而已。事实上，丧子之痛对皇后的健康造成了严重伤害，富察氏从前马术那么好，说明并非孱弱女子，然而在经历此次丧子之痛后，她便形销骨立，身体越来越差了。

乾隆也同样遗恨难消，甚至直到四十多年后，仍无法忘却当年这痛心的一幕。当他一次次回忆起永琏"为人端重醇良"，自己按先父之法，将其名字写入密旨，可永琏却"禀命不融，未几薨逝"时，给人感觉，就仿佛那是命运重重抽打在他身上的皮鞭。

禁忌

在痛失爱子的同时，乾隆也面临着家族内部其他方面亲情的考验。乾隆兄弟共有十人，除去夭折和早亡的外，至乾隆登基时，他一共还有两个弟弟，一个是和他同龄的五弟弘昼，另一个是年仅两岁的十弟弘曕。弘昼与乾隆自小在深宫中朝夕相处，关系最为亲密，但他从小性格骄横，在乾隆做了皇帝之后，不但不收敛，还倚仗御弟身份，时时处处摆出一副盛气凌人的架势，他和军机大臣讷亲闹意见，竟然当场拔拳相向，弄得满朝文武对他都很畏惧。

乾隆继位后，把雍正藩邸的私产都给了弘昼。在王公宗室中，弘昼成了首屈一指的豪富，但他还不满足，又想把雍和宫要过去，并让大学士鄂尔泰代其奏请。虽然雍和宫已是空宅，然而毕竟是雍正的故居、乾隆的出生地，对于这样两代帝王的龙飞之所，乾隆认为不宜赐给皇室作为王府，于是断然拒绝了弘昼的要求。鉴于雍正生前有将藩邸旧居改为庙宇的愿望，他降旨将雍和宫改建成喇嘛庙，赐予喇嘛礼佛诵经。

弘昼做出过分之举不是一次两次。有一回乾隆命他和自己一起在圆明园正大光明殿监督八旗子弟考试，考试进行到下午三点至五点仍未结束，乾隆一直都没吃饭，弘昼便请他先行退朝就食。很多八旗子弟习性顽劣，不像汉人士子那么胆小规矩，乾隆担心他一走，这些家伙就会乘机作弊，因此迟迟未退席。弘昼见状认为是乾隆不信任他，当即使起性子，对乾隆说："你难道连我也不相信，怕我被士子们买通了吗？"

即便是亲兄弟，对着皇帝说出这样的话，也是极不恭敬，甚至带有挑衅意味，乾隆虽未露不悦之色，但一句话没说就默默地退朝离开了。

过后有人提醒弘昼，责备他太不注意检点："你说的那些话是一个为人臣者应该说的吗？"弘昼也感到了后怕，次日即向乾隆请罪。其实乾隆那天心里是非常不高兴的，他之所以什么话都没说，是怕在那种情境下兄弟俩会因此顶撞起来，而他为了维护皇帝的尊严和权威，势必要就此对弘昼进行严厉惩罚，到时就算他想网开一面都不行了。见弘昼上门请罪，他才谆谆告诫道：

"昨天，如果朕答复你一句，你就该粉身碎骨了！你虽然出言莽撞，但朕知道你存心是好的，是出于兄弟友爱，所以早已经原谅了你，不过今后还是要谨慎，不要再说这种话了。"

乾隆很在乎兄弟情谊，不管弟弟们如何让他不省心，仍对之优待如初。只要一有空闲时间，他就会把弘昼、弘瞻叫来吃饭，席间让他们陪着自己一起赋诗唱和，但另外，他也绝不允许弟弟们干预朝政，这一禁忌不光针对他的兄弟，所有皇亲国戚皆如此。

在清王室内部，自努尔哈赤创业以来，因宗室亲贵参与政权而导致的流血争端、祸变层出不穷，康熙、雍正两朝都有意识地对亲贵势力进行打压。不过即便严厉如雍正，一边清除和自己对立的兄弟，一边也还得重用一些亲近自己的弟弟，乾隆的十三叔允祥因为从小与雍正关系亲密，最得倚重，被任命为军机大臣，庄亲王允禄、果亲王允礼也都参与了机务。

雍正末年，平郡王福彭又被提拔在军机处行走。福彭比乾隆大三岁，乃努尔哈赤的八世孙，出自清代世袭罔替的"铁帽子王"家族，他的平郡王就是世袭爵位。福彭幼年便聪明过人，因此被康熙看中，带入宫中和乾隆等人一起养育，等到雍正当政，便将他选入内廷，陪同皇子们一起读书。雍正对福彭甚为器重，福彭在被提拔为军机处行走时，是当时军机处最年轻的一位大臣，后来清军与准噶尔作战失利，前线紧急，雍正任命年仅二十五岁的福彭为定边大将军，派他前去进行指挥和整顿，更是显示出对他的信赖。

乾隆和福彭同窗六载，堪称莫逆之交。乾隆在皇子时代选编《乐善堂文钞》，其中不少文章都是赠给福彭的诗文，乾隆在诗文中称福彭"虽年少而器识深沉，谦卑自牧，娴学问，通事理"，看得出对这位挚友也极为赏识和推重。雍正死后，乾隆立即召福彭回京，让他参加总理事务处，为协力总理，地位仅在允禄、允礼之下，而居于鄂尔泰、张廷玉、讷亲之上。

然而两年后，在总理事务处裁撤，军机处得以恢复时，允禄、允礼、福彭居然无一进入军机处。军机处起初虽为处理军务所设，但实际上它不仅处理军务，而是办理国家一切重要政务，所以早已取代内阁，成为权力核心部门。在乾隆时期，一个王大臣如果进不了军机处，也就等于被置于了权力中枢之外。

小集团

允禄、允礼分别是乾隆的十六叔和十七叔，两人实际能力都很有限，当然话又说回来，如果他们能力突出，也就不会只在康熙末年的争储大战做旁观者了，随之而来的是极可能在雍正朝的大清洗中就被清除掉。二人既受命辅政，乾隆刚上台时又无人可用，于是新皇只能将就，待到时局稳定再让他们走路，这是可以理解的，福彭则不同，他才德兼优，乃宗室中的佼佼者，又与乾隆是同窗至好，为什么乾隆也不给他机会呢？

原因是乾隆已经下定决心从他开始，彻底根绝宗室预政之弊。他要想将允禄、允礼劝退，就只能画一条线，把亲王宗室都一律排除出军机处，换句话说，福彭其实是乾隆初年政治改革的牺牲品。

福彭后来虽曾管理正黄、正白旗事务，但那都是不重要的闲差，他一生中也再未能涉及重大政务。福彭在四十一岁时病逝，乾隆特派大皇子携茶酒往奠，并为之辍朝两日，这一特殊恩礼足以说明乾隆当初不重用福彭，绝不是对他心存芥蒂或福彭本身犯了什么错，而是为了顾全大局，不得不如此。

同样是被摒弃于核心权力层之外，庄亲王允禄则不甘心就此闲置。允禄、允礼地位特殊，乾隆对他们非常尊敬，虽然不允许进军机处，但给予了极高礼遇，二人被分赐食亲王双禄，除升殿朝贺、典礼等重大场合外，便殿燕见，可不必行君臣叩拜礼。以往在撰写王、贝勒、贝子册文时，皇帝的叔叔都写作"尔"，乾隆说这不符合我敬长之意，特别指令翰林院在行文时将"尔"改成"叔"。

1738 年，允礼去世，允禄的地位更加突出，而且他还担任着议政大臣、理藩院尚书、管理内务府事务等职，是当时唯一在朝任职的宗室重臣，这些都成为允禄在宗室王公中进行标榜和收买人心的资本。

乾隆一向认为允禄没什么本事，"王乃一庸碌之辈"，且不在军机处掌权，料想不会对皇权造成太大的威胁，所以起初尚持包容态度，但是他很快就发现轻视不得——仅靠允禄一人也许掀不起大风浪，可是如果再加上奔走和聚集于他周围的皇族，那就不一样了。

上述皇族子弟的核心是弘晳。弘晳乃乾隆的二伯、废太子允礽的嫡子，当年只有特别颖慧的皇室子弟才能被康熙养育于宫中，数量极少，弘晳就是其中一个。弘晳被皇祖养育宫中的时间比乾隆还早，当时外界就猜测康熙可能会因弘晳之故，恢复允礽的太子之位。当然最后人们的猜测并没能变成现实，康熙无复立允礽之意，转而选择了雍正。

允礽被废得早，与雍正的关系尚可，他们之间还没有达到像允禩、允禟那样你死我活的地步，加上弘晳很识时务，看到雍正上台，立即竭诚拥戴，所以雍正对其父子采取了怀柔政策，登基之初即封弘晳为郡王，在允礽病死后，又追封允礽为和硕理亲王，并让弘晳承袭了这一爵位。

对于他们父子与皇位失之交臂，弘晳表面认命，内心却耿耿于怀。乾隆在初政时期，一方面平反旧案，重新给予宗室优厚待遇；另一方面在处理宗室关系方面态度谦让，这反过来让弘晳觉得有机可乘，便不再像原来那样老实了，他开始公然以旧日东宫嫡子自居。

雍正继位被民间认为来路不正，弘晳的父亲则曾是名正言顺的皇太子。弘晳与乾隆属于同一代人，与康熙的关系又都很深，乾隆固然可以拿祖孙情作为政治资本，弘晳当然也可以，这使他隐然成了乾隆的竞争者。

弘晳之外，尚有弘升、弘昌、弘晈、弘普等几个重要角色喜欢兴风作浪，其中弘升是乾隆的五叔允祺之子，弘昌、弘晈是乾隆的十三叔允祥之子，弘普是允禄之子。弘升、弘昌都是乾隆新政的直接受惠者，弘升在雍正朝时因事被削去世子并被圈禁，乾隆即位后将他释放，加恩授其以都统，命他管理火器营。弘昌从小不服管教，到处惹是生非，其父怕他在外闯祸，甚至不得不自行奏请将他圈禁在家，直到允祥死后才解除圈禁，乾隆一即位便将其加封为贝勒。

施恩起到了反效果，这些乾隆的堂兄弟把允禄作为后台，以允禄、弘晳为双核心，"暗中结党，往来诡秘"，已俨然成了一个政治小集团。乾隆发现后，对于是否要采取措施，一度也产生过犹豫，曾幻想过他们能够自行悔悟，慢慢解散，但经过两年的观察，发现他们依然固结，宗室贵族中的离心倾向渐趋严重，这才担心忧虑起来，"恐将来日甚一日，渐有尾大不掉之势"。

1739 年 9 月，乾隆过生日，众人进献礼物，弘晳进献的是鹅黄肩舆一乘。在中国古代，黄色向为皇家专用颜色，黄色肩舆相当于皇帝专用肩舆，弘晳把只有皇帝才能用的东西进献给皇帝，本来也谈不上有什么不妥，但乾隆却说弘晳居心叵测：你为什么要单送这个给我？我要是不收，你是不是打算留着自己用？

乾隆的话也算是"欲加之罪，何患无辞"，光靠这种捕风捉影的办法实难治弘晳以大罪，但说明皇帝已下决心要取缔允禄、弘晳集团了。次月，乾隆首先对被他认为不知感恩，却"暗中结党，巧为经营"的火器营都统弘升动手，以"挑动事端，使我宗室不睦"的罪名将其逮捕，交宗人府审问。此后又经过一个月的调查，将允禄、弘晳、弘升、弘昌、弘晈、弘普等人结党的情况予以公开揭露，调查中还发现允禄曾将官物私自换与弘晳，乾隆于是下令革去允禄的亲王双俸及议政大臣、理藩院尚书等职务，同时分别革去弘晳、弘昌、弘普的爵位。

事情到这里还没有完，有人突然告发弘晳。宗人府不敢怠慢，连忙进行追查，不查不知道，原来皇帝对弘晳居心叵测的指责并非无中生有，这小子竟然真的把自己当成了乾隆的竞争者。

担心完全变成现实

告发者就来自弘晳自己的王府，告发者检举说有一个擅长邪术的巫师，自称能让祖师显灵，弘晳信以为真，曾邀其来府中作法。宗人府顺藤摸瓜，逮捕了这个名叫安泰的巫师，安泰在审讯中供认，弘晳曾通过他向"显灵的祖师"询问几个问题：

"准噶尔能否打到北京？天下是否会太平？皇帝有多少寿命？将来我还能升腾吗？"

自康熙起，准噶尔就是大清在边疆的大敌，雍正时与准噶尔作战打了败仗，准噶尔甚至又像当年元灭金那样，大举南下直捣京师之势，弄得雍正有段时间不得不准备修长城加以防御。弘晳显然对此印象深刻，他问准噶尔能否打到北京，又问天下是否会太平，活脱脱一副唯恐天下不乱和企图浑水摸鱼的心态。

与前两个问题相比，后面两个问题更为露骨：皇帝年纪轻轻，问皇帝还能活几岁，无异于在咒皇帝快死；亲王是爵位中的第一等，弘晳还想往上升，那就只有帝位能满足他了。

宗人府还查出，弘晳仿照国家制度，在其府内设置了会计、掌仪等司。雍正朝时，雍正虽曾特许弘晳王府的体制和服饰可超过一般王公，但弘晳既然都已经表露了不臣之心，他的这些做法自然也就被赋予了不同的含义，后世有人甚至直接将他和允禄等人的行为称为"流产的宫廷政变"。

乾隆的担心完全变成现实，震惊之余，立即降谕称弘晳之罪较当初的允禩、允禵更重，下令永远圈禁，本人和其子孙照允禩、允禵之孙例，革去宗室，给予红带。对允禄、弘晳集团其他成员的惩罚也随之升级，允禄因以"遇事模棱两可"的态度为弘晳充当了保护伞，再遭乾隆痛斥，弘升所受处分则与弘晳等同，为革职永远圈禁。几个小字辈皇族里面，只有弘晈的情况稍好一些，保留了原有的郡王爵位，但被永远停支俸禄。

乾隆实施新政后，宗室势力一度出现的死灰复燃迹象至此烟消云散。在这次打击中，作为核心之一的允禄也仅保住了亲王爵位，吓得老头子战战兢兢，从此再不敢过问政治，将主要精力都放在了研究数学、乐律上，后来成了古音乐名家。其他宗室成员也大多被迫远离政治，以书画诗赋自娱，如弘晈养菊花、制扇子，当时名气都不小。

弘晳暗暗期盼着准噶尔能打到北京，但这已经变得不可能了。1740年年初，经过长达四年的谈判，准噶尔完全接受清廷提出的条件，同意以阿尔泰山作为双方边界。

准噶尔愿意回到谈判桌上来，是因为乾隆对战、讲和都有充分准备，准噶尔要战的话没有任何好处，只能选择和，而和谈之所以能够取得成功，又与乾隆策略得当有着很大关系。

在雍正晚年的清准战争中，清军遭遇惨败，非常被动，幸亏漠北蒙古王公、和硕额驸（驸马）策棱率部取得光显寺大捷，战局才为之扭转，也才为清准和议奠定基础。当时准噶尔遣使请和，策棱奉召来京，与王大臣等人进行商议，乾隆参加了讨论，"亲聆运筹"，这使他对于策棱的作用有着充分认识，即位不久即手谕策棱："皇考（雍正）曾谕朕，所有军务，以后就全靠你了！"

谈判过程中，乾隆屡次征求策棱的意见，策棱频频奉旨赴京，"准噶尔惮其（策棱）威重"，即便要求暂时得不到满足，也不敢轻易宣布谈判破裂。

乾隆亲自把握谈判的大方向，其间有刚有柔，既坚持原则也不乏灵活。将阿尔泰山划为边界，乃雍正生前的谈判条件，乾隆以此为底线，哪怕冒着谈判可能破裂的危险，也绝不让步，在其他方面则表现出一定的弹性，如同意在恢复与准噶尔的贸易时，增加其参与贸易的实际人数，又如虽然边防关卡不撤，但承诺绝不筑城设兵，仅每年派哨兵几十人巡察边界。

清准边界谈判的成功意味着，雍正晚年花费五年时间损兵折将，耗费巨额钱粮都没有达成的目标，终于由他的后继者代为实现了，自此清廷不必再耗费巨大人力、物力，用于防范准噶尔的骚扰，西北边境也由此迎来了久违的安宁。

乾隆非常高兴，特意在圆明园"山高水长楼"外设大蒙古包宴请准部使团成员。他本来身体强健，很少有生病的时候，但那些天因身体过于疲惫，患了伤风感冒，整天咳嗽不止。御史上奏折劝他注意静养，不必凡事亲力亲为，乾隆很不高兴地训斥说：暑去寒来，气候变化，人不适应而生病乃寻常之事，帝王也是常人，生病不能避免，怎么能因为一生病就丢开政务呢？"错缪已甚"，你的观点实在是没什么道理。

玩平衡

乾隆摈斥宗室贵族，并不代表他对大臣们就感到满意。这些大臣多数为雍正时代军机处的旧人，乾隆在新政中大幅修改雍正的政策，他们虽不敢公开对此表示非议，但心里不得劲，做事就不会那么积极主动，乾隆使用起来很难称得上得心应手。更让他不满和引起警觉的是，大臣们久居要津，为维护个人私利，或相互援引，或相互排斥，编织出了一张张盘根错节的权力关系网，连身为皇帝的他，都不得不煞费苦心地在中间进行周旋。

雍正朝有"四大宠臣"之说，分别是鄂尔泰、张廷玉、李卫、田文镜，四人同为雍正的股肱心腹，深得雍正的信任和倚重。李、田大多数时间都在封疆大吏任上，且田文镜在乾隆登基前就已去世，对雍正末年至乾隆初年政局造成影响的，主要是鄂尔泰、张廷玉。

张廷玉比鄂尔泰大八岁，资历也比鄂尔泰要老，在康熙末年时已官至侍郎，其时鄂尔泰仅为内务府员外郎，后来军机处创立，张廷玉是首批军机大臣，列名仅次于雍正最信赖的兄弟允祥。张廷玉的子弟也多为达官显职，由于他是汉官，聚集在其周围的官员以汉九卿和汉督抚为主，势力集中于内阁六部。

鄂尔泰原先一直在地方上任职，稍晚才得以进入军机处，但他凭借在西南推行改土归流之功，后来居上，不出几年名气就超越了张廷玉。鄂尔泰同样满门显宦，子侄多半为总督巡抚，他是满人，聚集在其周围的官员以地方满人督抚为主，当然也有部分在京汉官。

从雍正末年起，朝廷上就已形成鄂尔泰与张廷玉两党的分野，"鄂尔泰、张廷玉素不相得，两家亦各有私人"，他们各树门户，广植党羽，争权夺利，势若水火。雍正去世前，因苗疆事起，雍正颇有怪罪鄂尔泰措置不善之意，鄂党一时失势，张党占了上风，被雍正派去苗疆指挥平叛的刑部尚书张照即为张党成员。张照到贵州后根本就不把精力放在平叛上，却致力于搜集鄂尔泰的种种罪状，向雍正告发，欲全盘推翻改土归流政策，这其实就是鄂、张党争的极端表现。

这个时候正好雍正去世，乾隆即位，经过调查了解，他对改土归流持事实上的肯定态度，并斥责张照"浮躁妄行"，下令将其逮捕下狱。之后鄂尔泰上奏，提出要严惩张照，乾隆看出他有意报复，不仅未听从他的意见，反而还赦免了张照，命张照在武英殿修书处行走，后又任命他为吏部大臣。对于这件事，乾隆后来回顾说："鄂尔泰欲置伊（指张照）于死地，朕若听其言，张照岂获生全？"

康熙、乾隆祖孙俩都喜欢历史，但乾隆在即位前不敢对近期历史也就是明清历史多加议论，直到即位后才得以畅所欲言。在明史方面，康熙认为朋党相争是导致明朝灭亡的关键因素，乾隆亦持相似看法："明季科目，官官相护，甚至分门植党，偾事误公，恶习牢不可破，乃朕所深恶而痛斥者。"

研究历史是为了给治政找依据，乾隆拿明史与现实做对照，使他对官僚拉帮结派、党同伐异的行为深恶痛绝，也由此对鄂尔泰、张廷玉结党深为厌恶和不满。问题是鄂、张身为满汉大臣的领袖人物，在乾隆羽毛未丰时，还少不了他们的支持，而且二人又是乾隆皇子时的总师傅，有训诲之劳，情面不能马上撕破。在这种情况下，乾隆采取的对策是沿用自康熙起就屡试不爽的帝王心术，在两党之间玩平衡，通过小心翼翼的操纵驾驭，不让其中一派完全压倒另一派。

张照在贵州时状告鄂尔泰，乾隆在其密折上批示："鄂尔泰之功过，将来事竣之后自有定论。"实际他当时还没有赞成改土归流，对张照提供的关于鄂尔泰的罪状也并未否定，但却故意表现得不置可否，处处留有余地。

此后张照被证明不能胜任苗疆平叛重任，乾隆马上以张广泗替代，并再三强调："朕决不遥制，一切唯张广泗是问"。这是因为他知道张广泗不但具备平叛的能力，而且其本身即为鄂党骨干，与鄂尔泰的关系非同一般。苗疆叛乱令鄂尔泰受责，张广泗亦受牵连，派他去贵州实有戴罪立功的意味，张广泗也必然只能破釜沉舟，使出浑身解数竭力平叛。

鄂尔泰上奏要求严惩张照，看似只针对张照一人，其实是在给张党吃瘪，鄂党得势的情况下，鄂党欲对张党穷追猛打乃至制造大狱的信号，一旦得逞，鄂党便会立刻在朝中形成压倒性优势。这种局面对皇帝是极为不利的，所以乾隆才要保全张照，他日后追论此事时说："张照为张廷玉所喜而鄂尔泰所恶，张广泗为鄂尔泰所喜而张廷玉所恶，朕不是不知道，但朕既不能使其一胜一败，也不能使之两败俱伤，朕对此自有权衡……"

岂能听之任之

清代皇帝都有不同程度的重满轻汉倾向，乾隆个人袒护满族官员的态度更为明显，乾隆一朝，在上层官僚机构中，满员占多数，汉员占少数，即便满汉同官，实权也掌握在满员手中。这对鄂、张两党的力量对比造成了直接影响，在多数情况下，总是鄂党占上风，张党居下风。

与此同时，鄂、张性格也大不相同，鄂尔泰豁达骄倨，我行我素，张廷玉则为人素来小心谨慎，遇事谦退。乾隆有一次心血来潮，提议恢复古代帝王敬礼耆老之意，向老臣授予"三老五更"的荣誉称号，张廷玉、鄂尔泰俱有资格坐"三老"之位，但张廷玉以"典礼隆重，名实难副"为由表示反对，而鄂尔泰模棱两可，俨然以耆老自命，乾隆评价道："鄂尔泰固好虚誉而近于骄者，张廷玉则擅自谨而近于懦者。"

大臣黄廷桂受乾隆器重，欲拔擢为巡抚，但鄂尔泰与黄不和，便趁乾隆出巡未归之机，先发制人，以黄廷桂"滥举非人"为由，将其降二级调用。乾隆回京了解此事后非常生气，明确指出这是与黄廷桂不和的人在对他找碴儿治罪，"此等居心行事，乃竟出于朕信任之头等大臣（指鄂尔泰），让朕都感到惭愧，你们究竟把朕看成什么样的主子啦？"随即下令对鄂尔泰予以警告处分，并撤销其在黄廷桂案中所做的处理，"黄廷桂系无干之人，不必处分"。

在乾隆初政期间，虽然他对鄂尔泰、张廷玉特别是鄂尔泰不时进行告诫提醒，但总的来说还是以优容包涵为主。随着宗室被乾隆先行摈斥，允礼去世，允禄也因结党被罢黜，鄂尔泰、张廷玉的势力得以继续膨胀，两大朋党对峙的局面正式形成。乾隆注意到，朝野相当一部分大臣纷纷投靠于鄂尔泰、张廷玉门下，非此即彼，"满洲则思依附鄂尔泰，汉人则思依附张廷玉，不独微末之员，即侍郎尚书中亦所不免"。他一再发动众人集思广益，为朝廷献计献策，廷臣们能不说就不说，能少说就少说，但只要一涉及人事任免及两党利益等的问题，便都立刻睁大眼睛，你争我夺，锱铢必较。

由于朝中的党派关系错综复杂，连乾隆本人也遭到误解，有些人怀疑他任免官员和奖惩大臣，不是取自鄂尔泰的态度，就是听取了张廷玉的意见，为此乾隆只好改变原意，以免给外界造成他受人左右的印象。

张照的例子就是这样。张照虽是张党成员，又在苗疆平叛中获罪，但本人极富才华，尤其写得一手好字，是清代"馆阁体"书法的代表。喜爱艺术的乾隆很赏识张照，有一次刑部侍郎出缺，便打算把这个职位授给张照，可是当时鄂尔泰未曾入值，而张廷玉正好在旁边，乾隆担心别人说张照系张廷玉所推荐，便不得不改用了他人。

同时代还有一个与张照齐名的书法家，名叫励宗万，张照是南方人，励宗万是北方人，所以被称为"南张北励"，乾隆对他也极为欣赏。励宗万原任刑部侍郎，因为收受贿赂，被人举报，乾隆觉得他操守固然不佳，不过如果负责皇家图书，则是人尽其才，便对他进行了职务调整，撤职降为武英殿修书处行走。举报励宗万贿赂的人并非张廷玉或张党成员，但外界却认为励宗万是被张廷玉所参劾，故而不得皇帝重用。

鄂尔泰的能量尚在张廷玉之上。蒙古亲王、额驸策棱应召到京城商议准噶尔议和的事，当着乾隆的面说起某某年老，建议召其回京，哪些官员尽忠效力，其中特别是某某建议补为随印侍读等。乾隆听后有似曾相识的感觉，仔细一想，鄂尔泰曾对他说过同样的话，于是判断这些话都是鄂尔泰教策棱说的，他把鄂尔泰找来，问是不是这样。虽然鄂尔泰矢口否认，但乾隆并没有因此打消疑虑，他认为如果是鄂尔泰事前跟策棱交代要这么说，固然不应该，然而就算鄂尔泰没向策棱透露半个字，以策棱这样连皇帝都倍加倚重的王公亲贵，居然还要靠揣摩鄂尔泰的意旨来说话，并以此讨好鄂尔泰，那就更可怕了。

在乾隆处理政务的养心殿西暖阁，悬挂着一幅雍正亲书的对联："唯以一人治天下，岂为天下奉一人。"正如这副对联所言，皇帝一个人治天下就够了，容不得任何人与其分享权力，朋党势力迅速扩张，必然意味着君权旁落，岂能听之任之？至 1740 年，经过一番内修外治，乾隆的威望不断提高，根基也逐渐牢固，在国内稳定、边疆安宁的条件下，他开始寻找机会有意识地对两党进行裁抑。

又能好到哪里去

1740 年 4 月，河南巡抚雅尔图上奏称，河南百姓大多怨恨他的前任田文镜，因此请求将其从本省贤良祠中撤出。乾隆趁机发表谈话，说鄂尔泰、田文镜、李卫都是雍正生前所最称许的人物，他先前已同意将李卫放入京师贤良祠（李卫于两年前病逝于直隶总督任上），雅尔图上奏是想以此及彼，借请求将田文镜撤出贤良祠，间接劝他不应将李卫入祠。做了这么一个解释之后，乾隆表示当年雍正已经同意田文镜入祠，如今要撤出，等于在翻案，所以这件事就算了。

田文镜不应撤，当然李卫也就不用撤了，但乾隆话里话外却已经向外界传递出一个信息，即他对田文镜、李卫都不以为然，只是父亲雍正认可，才不得不给个面子而已。

评述田文镜乃至李卫并非乾隆谈话的关键，他紧接着就谈到了鄂尔泰，说在他看来，其实田文镜比不上李卫，李卫又比不上鄂尔泰。这话听上去好像是在表扬鄂尔泰，然而如果联系前文，则不亚于是在奚落鄂尔泰：既然田文镜、李卫都很一般，死了入祀贤良祠都极其勉强，那么，就算你鄂尔泰比他们要强上一些，又能好到哪里去呢？

贬鄂尔泰的同时，乾隆也没有忘记张廷玉，他以劝谕臣下不要逢迎结党为借口，用闪烁其词、旁敲侧击的方式对二人发出警告，说："从来臣工之弊，莫大于逢迎揣度，大学士鄂尔泰、张廷玉，乃皇考（雍正）简选任用的大臣，为朕所倚重信任，朕自然会考虑如何保护他们，想来他们也不敢存有党援庇护的念头。"

那些依附于鄂、张的大臣也都得到告诫，"如果今后还要继续依附逢迎，日积月累，其实是害了他们（指鄂尔泰、张廷玉）"。

谈话一结束，乾隆就对涉嫌互相祖护朋比的礼部侍郎方苞等官员分别予以惩处，方苞等人无论官职还是罪责都不大，他这么做显然是要杀鸡给猴看，为裁抑鄂、张二党制造声势。

1741 年 7 月，在乾隆的带动下，都察院左都御史刘统勋上疏，直言张廷玉家族势力过盛。张廷玉系安徽桐城人，刘统勋指出桐城有张、姚两大望族，姚氏与张氏为世代姻亲，如今张氏在朝中当官者有十九人，姚氏有十人，"外间舆论动云，桐城张、姚两姓，占却半部缙绅"。

刘统勋建议对张廷玉家族加以限制，"今三年内，非特旨擢进，概停升转"。乾隆立即表示赞同，将刘统勋的奏折当众宣读，并要求张廷玉本着闻过则喜的态度予以接受。

张廷玉一看势头不对，哪里还敢说半个不字，当即便诚惶诚恐地接受下来，以后也更加注意尽量少抛头露面。

乾隆对张氏子弟不光不给升官，也不给爵。清代以军功立国，向有汉文臣不封公、侯、伯之例，乾隆初年为示优礼老臣，乾隆曾破格加恩，赐张廷玉以伯爵，并准许由其子张若霭承袭。当年年底，在张廷玉请将伯爵衔由张若霭承袭时，乾隆却自食其言，收回成命，不准张若霭承袭，只允许张廷玉本人当到老死为止。

张廷玉原本在民间的名气很大，连朝鲜使臣都知道他"负天下众望"，士民"皆以为张阁老在，天下无事云"，在遭遇这一连串的打击后，其家族势力和个人影响力都遭到严重削弱。

鄂、张两党一向争斗激烈，见张党不招皇帝待见，鄂党马上乘势而上，鄂尔泰的门生、御史仲永檀就大臣收受红包案，对步军统领鄂善提出参劾。

原来京城有个富户俞某，他死后其女婿为争夺家产，通过担任内阁学士的亲戚，邀请朝中九卿前往吊唁，其条件是凡参加吊唁的官员都送一红包，鄂善也参加而且收受了数额不小的红包。鄂善本身并非张党成员，但鄂党项庄舞剑，意在沛公，他们指控鄂善，重点是要暴露其他大臣——吊唁俞某的官员以张党大臣居多，甚至张廷玉本人都送了帖！

大臣们为了拿到红包，竟然不顾脸面，趋之若鹜地跑去给老百姓吊唁，这在京城无疑是个特大丑闻，如果朝廷认真对待，势成大狱，与之牵连最多的张党必彻底垮台，从而造成鄂党独大的局面。乾隆显然并不愿意看到这种局面，他既要对两党进行裁抑，但在时机未至之时，还要继续保持派别间的力量均势，以收相互牵制之效，这叫作"既不使一成一败，亦不使两败俱伤"。正因如此，他在处理时，便只赐首犯鄂善自尽，其余均从宽开脱，张廷玉等人送帖吊唁的事也以"查询明白，全属子虚"不了了之。

仲永檀还不点名地参劾了张廷玉，并以御史吴士功泄密案作为证据。吴士功为张廷玉门生，他曾上密奏弹劾尚书史贻直，史贻直与鄂尔泰交好，此弹劾显然含有两党互斗的性质，乾隆的反应是留中不发，也就是把吴士功的密奏留在宫禁中，既不交议也不批答。

未料外界很快就知道了密奏内容，仲永檀认为泄密必出自吴士功，但很可能吴士功只是充当了"权要"（暗指张廷玉）的耳目，他同时指出这一泄密案的后果很严重，"是权要有耳目，朝廷将不复有耳目矣"。与处理大臣收受红包案相仿，乾隆仍旧对此采取了避重就轻的方式，说吴士功等人究竟有没有泄密，暂时先不追究，如果他们不知悔改，继续出现泄密的事，将来再一并从重处分。

作茧自缚

鄂党拼命攻击张党，其实自己屁股也不干净，说张党泄密，他们泄密更厉害，正如乾隆所指出的："鄂尔泰缜密之处，不如张廷玉。"

仲永檀在大臣收受红包案和吴士功泄密案中得了便宜，因奏劾得实而得以升任左副都御史。这厮打小报告打上了瘾，又把靶子对准鄂党死敌、刚刚以刑部尚书兼领乐部的张照，参劾张照在主持乐部事务时，"以九卿之尊，亲操戏鼓"。

从张照参劾的内容来看，仲永檀应该没有亲眼看到张照穿着官袍，"咚咚咚"地敲打戏鼓的情景，十有八九是从旁人口中得到的消息。大概就是因此，此番参劾未能成功。

之后的某一天，擅打小报告的仲永檀突然被朝廷革职拿问，起因是有人揭发他与鄂尔泰长子鄂容安串通泄密，陷害异己。

根据较权威的清代笔记所述，张照被仲永檀参劾，令其对仲永檀恨之入骨，于是揭发他"泄禁中语"，若情况属实，此君真可谓作茧自缚了。仲永檀号称敢言，先前就泄密一事连张廷玉都要参劾，不料揭开面具，他自己却是这般模样，乾隆岂会不感到愤怒，他下令将鄂容安也一并革职逮捕，交允禄、张廷玉等王大臣查问。

从揭发者提供的信息以及仲永檀的供词来看，仲永檀与鄂容安平时关系密切，往来频繁，在仲永檀上奏折之前，两人常在一起商量对策，启奏以后，也会再次聚谋，"明系结党营私，纠参不睦之人"。这些都已足以给仲永檀、鄂容安定罪，但乾隆的关注点不限于此，他还试图顺藤摸瓜，查出仲永檀是否与鄂尔泰串通，受其指挥介入政争。

张党大臣在仲永檀所参两案中差点被逼得走投无路，对其恨之入骨，这个时候自然只会落井下石，他们乘机要求刑讯仲永檀、鄂容安，并逮问鄂尔泰。不料到了紧要关头，乾隆却又忽然改变主意，称仲永檀、鄂容安"俱系三品大臣"，不可动刑，同时宣布结案。

除仲永檀已病死于狱中外，涉案的鄂尔泰父子都得到了从宽处理，鄂容安仅令退出南书房（鄂容安原在上书房行走），鄂尔泰也只交部议处，最后被削去所有加级记录，抵降二级，从宽留任。

乾隆在处理意见中训斥鄂尔泰识人不当，居然看不出仲永檀这样的门生有多差劲，又不能教育好儿子，所以才要把他交部议处，"以示薄罚"。对于为什么匆匆结案，乾隆的解释是，鄂尔泰乃先皇遗留大臣，他实在不忍心以此事再深究下去，如若深究，不但鄂尔泰个人承受不起那么大的罪名，而且国家也会少一个能办事的大臣，甚为可惜。

除了这些，乾隆当然还有不便说出口的理由。仲永檀案若继续闹下去，将使鄂党崩解，张党独大，这是乾隆要竭力避免的，所以他才会采取几乎和仲永檀所参两案一样的处理方式，大事化小，小事化了。

乾隆在摒弃宗室，削除鄂、张两党的同时，也在提拔新进，以形成自己的一套班子。他刚刚登基时，满朝文武都是老臣，用他自己的话说，"在朝诸臣，皆年长于予"，在这些老臣中，年纪最轻的是讷亲，被乾隆看中并委以破格重用的也是此人。

讷亲出身名门望族，祖父遏必隆乃康熙初期的四大辅臣之一，姑姑是康熙的皇后，雍正朝时他由笔帖式（清代执掌文书档案的官员）袭公爵，被授为散秩大臣，雍正晚年很赏识讷亲，"以为少年大臣中可以望其有成者"，遂将其纳入了军机处。作为雍正时军机处的旧人，讷亲与鄂尔泰、张廷玉同时承受顾命，但年轻位卑，此后则受到乾隆的特别宠信，"受恩十三年，在近臣中无出其右者"。

讷亲如此受宠，不免会引起同僚们的羡慕嫉妒恨。都察院左都御史刘统勋上疏，说讷亲一人兼管吏户两部，恐怕会因精神疲惫而贻误公务，又说他年纪轻轻，却权势过盛，暗示讷亲极可能"开贿赂之门，窃威福之柄"。事实上，讷亲不仅精明能干，勇于任事，"料事每与上合"，而且越是权势日隆，越是廉洁自持，他甚至在自家门口拴了条藏獒，想要贿赂他的人连他家门口都不敢靠近，以致讷亲府邸"初无车马之迹"。

乾隆了解讷亲，所以刘统勋的奏疏并未动摇他对讷亲的信任和倚重。从当时的明文档案来看，虽然鄂尔泰、张廷玉等仍处于军机处领班、内阁首辅的地位，但真正被假以事权，办理日常事务的是讷亲。军机章京赵翼曾说："（乾隆）初年，唯讷公亲一人承旨。"面承谕旨，本为首席军机大臣所司，说明此时的讷亲已超越鄂、张，虽无首辅之名，却已有首辅之实。

大兴土木

在国家政权日益巩固以及对政务驾轻就熟的情况下，乾隆不必再整天埋首公文和事务，终于可以腾出精力从事其他活动了。他即位之初诗作极少，每年只有几十首诗，如今则逐渐增多，年均写诗已经达到数百篇。

除了写诗，乾隆还频繁地外出巡幸以及兴建土木工程，前者主要包括木兰秋狝、巡游各地、热河避暑等，后者最为瞩目的则是扩建圆明园。

在中国古代，大兴土木向来都被视为劳民伤财的弊政，乾隆刚开始对圆明园进行扩建时，即有言官力谏停工。1740 年，西部发生严重水灾，左佥都御史刘藻趁机上疏，以"为天地惜物力，为国家培元气"为由，请求对圆明园扩建工程"可停者酌停之，必不可停者酌减之"。

乾隆辩解说："圆明园乃临时驻跸之地，现仍依照皇考（雍正）旧规，并未别有营造，以蹈土木繁兴之戒。"可是他也没法把正在进行中的工程全都赖得干干净净，只得承认自己"一时游览之娱，不能自克"。

这时乾隆正在倡导励精图治，不好开罪言官，所以他内心虽然听不进言官的规劝，但表面上还得表扬对方，称刘藻"此语深获朕心"，同时承诺不再启动任何新的园林工程，圆明园的所有扩建工程也将随之中止。

乾隆话犹在耳，圆明园扩建及其他土木营建却不仅没有停止或减少，反而更加频繁。乾隆为此不惜找出了各种借口，如鸿慈永祜（也称安佑宫），此为圆明园内规模最大、规格最高的一组建筑，花费总计超过六十万两白银，乾隆的解释就是鸿慈永祜乃专供祖宗的家庙，要孝敬父祖，就不能不建。与之相应，在鸿慈永祜完工后，乾隆也确实经常前去探视，鸿慈永祜里有康熙、雍正的遗像和牌位，到了清明节等祭祀祖先的节日，他也会站在遗像和牌位前，亲自主持祭祖仪式。

1744 年，距刘藻上疏四年之后，圆明园本园的扩建已经全部完工，乾隆从中选出四十个景点，正式命为"圆明园四十景"，并亲自在相应画册上为每个景点都题写了一首诗。

作为一个兼具艺术家气质的皇帝，乾隆对宫殿园林有着强烈的爱好和极高的鉴赏力，即便他明知大兴土木与儒家所提倡的节俭价值观背道而驰，也当众做出了承诺，到头来还是难以抵挡自己内心的这种欲望和追求。

另外，现实状况其实也允许和支持乾隆这么做。与很多朝代经济困难不同，乾隆朝在多数情况下都财政充盈，并不存在因君主缺乏"俭德"而导致民不聊生的问题。比如，西部发生水灾，乾隆除照例拿出大量钱粮，用以赈济灾荒外，还会减轻当地的赋税以及兴修水利、扶贫济困、倡导文教等。在这方面，他所花的钱财往往超过土木工程几十倍，可以说以前皇帝该做能做的他都做了，而且做得更多、更好，即便这样，财政仍不短绌，用于土木营建依旧绰绰有余，这样一来，乾隆自然就不会面临太大的道德和经济压力。

除了"伤财"，历朝历代将大兴土木视之为苛政的另一个重要原因，便是"劳民"。在清以前，一直到明代，宫殿园林所需物料有不少都来自摊派勒索，工匠的权利也都不得保证，为皇室营建宫殿园林大多数时候都是无偿的，"人人上不得奉养父母，下不得欢喜抚子"。明代营建凤阳，工匠因不堪忍受甚而发生暴动，朱元璋为此杀了许多工匠。

乾隆营建的工程用料皆由官府制造或在市场购买，工匠也都按日计酬，且酬金较高。从这一点上来说，虽然乾隆朝的大兴土木也免不了要骚扰民间，但与以前那种弄得民怨沸腾的情况已经大不相同。

实际上，乾隆即位后不单单是扩建圆明园，还大规模改扩建了紫禁城、中南海、北海，直至坛庙房舍、道路桥梁、城垣兵营。为配合改扩建，他又浚治了北京内外的湖泊河流，其规模之大、涉及面之广以及耗帑之多，为历代所不及。与此同时，因为不差钱，乾隆在营建时往往不惜工本，只求工程质量的精致坚固，这使得凡他所营建的工程，论用工之精和艺术水平之高，均为历朝之冠。瑞典学者喜仁龙在 20 世纪早期访问中国时，对北京城墙进行了实地勘查，发现乾隆时烧造的城砖精坚厚大，相比之下，前朝的城砖都显得既薄又小，他得出的结论是："乾隆时代的城垣修筑得最为精心和坚固。"

北京为千年古都，历代均有营建，但以乾隆用力为最多，贡献也最大。北京城里城外几乎所有重要的建筑物、园林名胜，都在乾隆时经过重新扩充、修缮乃至新建，这座城市已深深打上了他的印记，以至于直到今天，人们只要一谈到老北京，便总是无法完全撇开乾隆和他的时代。

持家过日子

中国历史上恪守"俭德"的皇帝颇有一些，如乾隆的孙子道光，正餐之外，甚至连一碗片儿汤都舍不得喝，衣服也要打补丁，可是节俭不等于精明——道光让御膳房按菜谱做片儿汤，内务府居然报出了一次性六万两制作费以及每年一万五千两维护费的惊人账单，更令人诧异的是，他居然也相信并且容忍，解决的办法只是决定自己不喝汤而已。

乾隆虽然和道光一样长于深宫，但比他的孙子不知道要精明多少，别说近在眼前的内务府，就是各地外官想要在他面前打马虎眼，玩弄"巨资制作片儿汤"之类的把戏，也绝不是一件易事。

陕甘总督勒尔谨以给皇帝送礼为名，每年收受皋兰知县提供的置办银两三千两，但他给乾隆送的礼，在乾隆看来，"不过值银数百两"，而且乾隆迅速推断出，勒尔谨不可能只向皋兰知县要钱，他严厉地斥问勒尔谨："你借此名色，皋兰一县就收两三千两，其余州县自然多有帮办。"

乾隆认为勒尔谨打着凑钱给皇帝买礼物的旗号，却从中渔利，结果皇帝本人没得到多少像样的礼物不说，还被他败坏了名声，因此极为恼火。后来轰动全国的甘肃冒赈案爆发，众罪合一，勒尔谨终被赐死。

同样自作聪明的还有云南总督恒文。清代云南以盛产黄金闻名，恒文打算购买黄金，用以制成金手炉，作为给皇帝的贡品，他把买黄金的任务交给各府州县，但只提供有限经费，如市面上黄金一两换十四两银子，他只给十两。

不是恒文公务繁忙疏忽了或不懂行情，实际他还是想和勒尔谨一样收"一箭双雕"之效，即既讨好皇帝，又借此机会对下属进行勒索。各府州县的官员不敢不从，但也不肯自掏腰包，便把负担转嫁给商民，结果激起了矛盾。参与此事的云南巡抚郭一裕一看不好，赶紧抢先揭发恒文。乾隆马上派专案组去云南调查，由于该案已经在当地引起民愤，在确证案情属实后，他立赐恒文自尽，其他与此事有关的官员，包括郭一裕在内，上自云南巡抚、按察使、布政使，下至各府州县，近六十名官员全都受到了处罚。

道光极度节俭，终其一生，也没有从事大的营建，但老百姓该交的赋税一分都没有少，甚至比以前更多。这位"守财奴皇帝"也没能真正攒下钱来，在他执政期间，政府财源非但没有变得充盈，反而日渐衰竭，由此可见，皇帝和普通老百姓持家过日子其实是一个道理，勤俭节约有时未必是美德，关键还是看钱怎么用以及能不能继续挣到钱。

乾隆从事各种土木营建，本身就兼有散财分资的性质，即便主要用于皇帝居住和赏玩的宫殿园林，其中不少也都仿照同时期的水利等工程，实行"以工代赈"，雇募灾民进行施工。当时受雇宫廷的给值较高，壮工每工给值八分，瓦、木、石、裱等工每工给值一钱五分以上，雇值都高于民间，已足以使灾民糊口，因此应雇者趋之若鹜。

乾隆也绝不是光吃父祖的老本，只会散财不会聚财。古代赋税主要来源于农业，乾隆对于劝农重耕的热情自不必说，单是把他执政期间那些察看农情、盼雨望晴的诗作归类在一起，便是一份相当完整的乾隆朝农业资料。此外，受时代局限，虽然乾隆并没有能够脱离重农抑商的窠臼，但他对作为第二产业的采矿业则相对开明。

明末朝臣竟言矿利，皇帝派太监四处征收矿税，造成虐民暴政，这是导致明朝灭亡的一个重要原因。清初吸取教训，对各地采矿加以限制，康熙、雍正尤甚，他们认为矿业与衣食住行没有直接关联，矿工聚集在一起也容易生事，所以反对开矿。康雍两朝，凡偷偷采矿的满汉官民，不是解部枷责，就是发边疆充军。敢于谏言开矿的大臣，除被严旨切责外，也往往会被交部察议，给予处分。

严格的"矿禁"政策致使各地矿业处于极度萎缩状态，清代铸钱需要用铜，康熙时铸钱便只能依赖于从日本进口铜，有一段时间因日本限制铜的出口数量，甚至造成了铜荒。雍正为了铸钱所需，才允许在云南开铜矿，但云南每年出铜最多时也只有两三百万斤，长此以往，导致出现了钱贵银贱的问题（银主要来自进口）。

乾隆喜欢大手大脚地花钱，他也从不讳言"利"，认为"义"和"利"不能截然分开，光讲"义"不讲"利"，并不符合孔孟等儒家先圣的原意。在他看来，采矿即如此，"所谓利物者，以百姓之资财，谋百姓之衣食"，这项产业既可解决百姓的生计，又能增加国家税收，何乐而不为？

从乾隆初年起，乾隆对除金银业外的铜、煤等矿业，都先后下旨予以许可，要求只是必须妥善办理，兴利除弊。受乾隆宽松政策的影响以及经济利益的刺激，官方和民间都纷纷投身于采矿业，矿业出现突破性发展，"一百年的增长率大大超过了此前的两千年"，云南每年出铜上升到八九百万斤，最多可达一千三百万斤。

随着矿税逐渐成为一项重要的财政收入，坦然"言利"的乾隆对采矿的态度也更加积极主动，经常鼓励臣下寻找矿源。就算对于许可范围之外的金银矿，他实际上也不完全予以禁止，如有一年当他听说蒙古阿拉善王的游牧区内有金矿时，便曾直接谕令阿拉善王与陕甘总督勒尔谨联合勘查，规划开采。

征讨

乾隆的祖父康熙一生打了很多胜仗，是名副其实的"功夫皇帝"，但他推崇仁政，主张不得已才使用武力，而且用兵是为了去兵，作战是为了去战。或许是受到祖父影响，乾隆早在皇子时期便流露出相同的思想倾向，所谓"军行十万壮男儿，各各归家勤耕稼"，即位后他更是屡次发出"佳兵不祥"的谕诫，不愿轻动干戈。

乾隆初年，整个王朝基本呈现出四方无事，偃武止戈的局面，战争极少，直到乾隆十年即 1745 年，才爆发了瞻对之役。

瞻对位于四川西部雅砻江上游的群山之中，乃藏族聚居地，分为上下中三个瞻对，称为"三瞻"，各二十余寨。瞻对是内地通往西藏的要道，战略地位相当重要，清军入关后，朝廷为了争取当地人的支持，对原有的土司、土舍（土司的属官）制度概予承认，即便雍正朝推行改土归流，也没有对他们造成影响。

瞻对民风彪悍，一些势力强大的土司长期拒向政府交纳贡赋，这倒也罢了，最麻烦的是当地以劫掠为荣，劫夺之风极为盛行，甚至还有赖此为生者，称为"夹坝"。

雍正八年，因瞻对"纠党行劫"，雍正派土汉兵一万两千人前往征剿，情况一度有所好转，但自乾隆初年起，瞻对抢劫川藏商旅的活动死灰复燃，而且更加频繁和猖獗，连过路人和驻藏官兵都不能幸免。1744 年，一队换防返川的驻藏官兵在经过瞻对时，遭下瞻对的土司滚班所放"夹坝"肆意劫掠，所携骆驼、军器、行李被抢得一干二净。

由于沿途安全得不到保障，此后政府不得不专门拨出部队，为赴藏上任的驻藏大臣傅清提供护送保护。乾隆批示让四川方面追究赃盗，要求对土司"示之以威而革其心"，并说如果此事得不到解决，"将来川省无宁岁矣"。

瞻对四面环山，地形险恶，攻击不易，四川方面接旨后也未敢贸然用兵。鉴于官兵被抢地点属里塘土司管辖，四川巡抚纪山首先檄饬里塘土司，想通过他们与瞻对交涉，但这一办法未能成功，瞻对土司只肯交出赃物数件，而拒绝查献"夹坝"首恶。软的不行，川陕总督庆复就来硬的，调动土汉兵八千进迫瞻对，试图胁迫土司们交出凶犯，结果对方仍然不予理会。

庆复、纪山无计可施，只得正式请求朝廷发兵征讨。乾隆一开始并不想大动干戈，就怕兵连祸结，劳师糜饷，可是眼看交涉和示威都无效，事情已成僵局，又不能坐视不理——瞻对劫官兵抢武器，最后弄得连堂堂封疆大吏都无安全感，"尚须拨兵护送，甚不成体统"。这已不单单是打了朝廷的脸，实际也让川藏交通陷于半瘫痪状态，严重影响到了中央政府对当地和西藏的管辖治理。

为了促使皇帝下决心征讨，庆复、纪山都强调瞻对终属弹丸之地，无力抗拒大军，朝廷只需派少数兵力进剿，就能在最短时间内令其畏威慑服，从而以较小代价获得最佳战果。乾隆被说得怦然心动，但也不忘小心翼翼地加以告诫："看来有不得不如此之势，然而部署时还是要周密妥当，以期一劳永逸。"

1745年5月29日，乾隆批准议政王大臣会议决定，指令派遣汉土官兵一万两千进剿瞻对，同时为之调拨军需银米五十万。

除去雍正遗留的苗疆平叛，瞻对之役是乾隆执政以来第一次决策用兵。他登基后虽然尽量避战争而远之，但从未放弃祖辈赖以打天下的军事技能，只要一有空隙，就会在宫门外练习骑射。曾多年随侍其左右的大臣赵翼证实"上（乾隆）最善射"，以他亲眼所见，乾隆每次都会以三轮作为他练习射箭的标准，每一轮发三箭，一共九箭，常见的情况是其中六七箭都能准确射中靶心。

清代笔记也记载，有一年秋天，乾隆当众习射，发二十箭，十九箭都射中了靶心。侍从诸臣无不为之心悦诚服，有人用诗将这一情景记录下来，乾隆很是高兴，当即应其韵作诗，并命将诗作刻于墙壁之上。

雍正在位时因害怕政敌在京城捣乱，轻易不敢离开北京，也没有举行过木兰秋狝。乾隆则以皇祖为榜样，待内部政权稍一稳定，便举行了木兰秋狝，并使之成为每年的常规。木兰秋狝寓习武于打猎，本质上是八旗军的实战训练，即乾隆所谓的

"整饬戎兵",这一活动和乾隆自身从不荒疏骑射一样,都说明了他对武功的高度重视。

当年康熙曾经在南方平原上与吴三桂等三藩搏战,曾经挥师渡海,越过远洋波涛统一台湾,也曾经在黑龙江的冰天雪地中迫使俄罗斯止步,甚至还亲自挂帅领兵,在草原上与准噶尔骑兵相驰逐。这些都是乾隆从小到大耳熟能详的丰功伟绩,在他的内心深处,其实也有和皇祖一样建功立业的冲动,按照他最初的想法,瞻对地窄人寡,大军一到,必不堪一击,取胜难度肯定无法和康熙那时相比,但也正好可以先拿它来做个开门红。

雷声大雨点小

乾隆期盼着前线尽快传来捷报,最好是大军刚刚开到山下,土司们就畏怯而降,从而达到"不战而屈人之兵"的目的。一个月后,传来的不是捷报,却是瞻对土司公然发兵抵抗的消息,与此同时,清军则雷声大雨点小,大部队迟迟无法到达前线,也未能占领瞻对的任何一个要隘。

乾隆获悉很是不悦,他认为正是由于部队行程过慢,才打草惊蛇,影响了对瞻对土司的震慑效果。他指责前线将领部署不周,严重失策:"自古兵贵神速,现在你们大举进攻的日期尚未确定下来,就已有敌兵阻挡,善用兵者是这样做的吗?"

其实前线将领们也是有苦说不出。瞻对处于高寒地区,地远山险,冰雪载途,清军此前又从没有在这种地形和气候条件下作战的经验和准备,以致无论运兵还是转饷都极为困难,不是一个号令,马上就能到达前线并发动进攻的。

1745年7月,在乾隆的一再催促下,清军的各项准备工作终于大致就绪,随后便分三路向瞻对发起进攻。面对大军压境的紧张形势,当地土司势力迅速发生分化,上瞻对土司肯朱等率先向清军献寨投诚,一开始清军的仗也打得比较顺利,尤其是中南两路,接连破五十余寨,夺卡六处。

乾隆进剿瞻对的最初目标,只是让土司交出"夹坝"之人及所掠财物,前线战事的顺利进展让他开始想到,既然已经动兵,为什么不干脆一劳永逸,永绝后患呢?

"朕以为，如果他们（指瞻对土司）诚心悔过，朕可以赦免死罪，不过仍应趁此机会将他们迁至别处，从而使得他们不能控制当地，这才是永逸之计。"

乾隆的设想固然是好，但这世上从来就没有十全十美的好事，按照朝廷开出的新价码，瞻对土司不仅要擒贼献赃，还得并地迁入，他们岂能乐意？本来可以促使土司势力进一步分化的良机转瞬即逝，自此，非但相对强傲的下瞻对土司班滚继续凭借险要地势，对进剿清军进行极其顽强的抵抗，就连原先表示愿意投诚的上瞻对土舍四郎也改变主意，和班滚联合起来共同对抗清军。

瞻对碉卡林立，有的在山顶，有的在山腰，但无一例外都处于险要地势，且墙垣坚固，致使清军难以发挥其优势，每破一碉、每取一寨都要付出很大代价。参加这次进剿的清军数量虽说不少，然而来源不一，又未加整顿，各路将领之间互不协作，其内部也都军纪不严，号令不一。仗打得顺时这些问题尚能遮掩，一旦不顺，便纷纷暴露出来，南路军有数千名番兵甚至因带兵官生病先归，导致无人统率而各自散去。

从9月以后，前线进展变得极度迟缓。指挥作战的四川提督李质粹及部分将领却谎报军情，夸大战绩，川陕总督庆复希图借进剿之机建功立业，获得封赏，在明知实情的前提下，仍照样乃至添油加醋一番予以上报，于是乾隆接到的奏折不是昨日杀敌若干，就是今日克碉几座，实际上这些战绩多属虚假，里面根本没几句实话。

当然做假也非易事，说一句谎话，往往就要编造十句谎话来弥补。瞻对之役未发动前，乾隆君臣预计只需用兵八千（实际出兵还多了四千），拨帑五十万，截至1746年2月，战斗已经打了八个月，其间因屡报兵力不足，前线部队逐渐增至两万人，耗帑总计达到百余万两。

庆复、李质粹既然不停地奏报清军得胜战况，势必得解释一下他们为什么迟迟不能拿下"贼酋"班滚所居的如郎寨，克尽全功。为了给皇帝一个交代，庆复在再次报告"大捷"时，便按照李质粹的说法，称班滚在河西请求宽恕饶命，并让他的母亲到李质粹营求降，只是李质粹考虑到，南路军刚刚因番兵散去而被迫暂停进兵，所以已令班滚之母先行返回其寨。

李质粹以为自己把谎编得很圆，谁知正是这一自鸣得意的招数让他露了马脚。乾隆看完奏折，认为李质粹布置失宜，他指出如果班滚真的到了自己求饶，其母又亲出为其叩求的地步，说明班滚已经山穷水尽，清军应该扣住其母，然后乘势直捣如郎，立擒班滚，"何得令伊母回巢"？

在乾隆看来，番兵散去不能成为李质粹停止进兵的理由，因为南路军缺兵，完全可以第一时间从中北两路或别处调兵填补接应。他强调李质粹"全无调遣"，指示庆复"不可不亲身前往，以善其后"。

自瞻对战事开始以来，庆复一直在省城纸上谈兵，做些照抄和粉饰报告的表面文章，接到乾隆的圣旨后，他只好离开成都，赶赴前线。轮到自己督阵，这个老官僚意识到已没法再隐瞒下去，为了自保，一到前线，就将他所掌握的情况具实向乾隆报告。

过河的卒子难回头

一边是纷至沓来的"捷报"，一边是战事拖延没有最终结果，乾隆其实早就疑窦丛生，但他多少还抱有一点侥幸心理，认为清军离大功告成可能也仅一步之遥。收到庆复发来的奏折，他才知道，在这么长的时间里，前线原来竟毫无起色，官兵"将弁气沮，士卒离心"，而敌人却"贼势日张，夹坝四出"。

从庆复揭发的情况来看，所谓班滚母子请降一事本不存在，三路清军中的中北两路因雪阻难进，早已停止进兵，一直都在靠"虚张声势，所报不实"混日子。南路军虽保持着进攻的威势，奈何中北两路一停，敌兵全都集中到南路进行抵抗，加上番兵散去，使得他们兵势单薄，遂也只能一同停下来看风景。

获悉实情，乾隆极为震怒，但碍于前方仍需用人，他又不能把将领们都一撸到底，最后折中处理的结果是：对李质粹严加申饬；免去中路军指挥官的头衔，仍令其带原领兵效力；北路军指挥官姑免处分，以观后效。

稳笃笃的"开门红"居然成了将要砸在手里的泥糊浆，乾隆心情之沮丧可想而知。"在朕想来，瞻对不过处于一隅的小丑罢了，就算完全控制了那里，也没有把它改为郡县的道理。"

然而就是这样一个乾隆眼中貌不惊人，连作为郡县都无资格的"一隅小丑"，却弄得他进退两难，尴尬不已，这让他忍不住埋怨当初极力怂恿他出兵的庆复等人：

"瞻对之役，朕本无兴兵之志，都是你们这些守土之臣，认为只要用兵就可一劳永逸，现在永逸未必，而一劳已太劳矣。"

眼看瞻对一役短期内还不能结束，乾隆后悔极了，"岂有为一隅而虚糜数百万之帑之理乎！"庆复遭皇帝埋怨，生怕停战后乾隆再找他算账，对其严加责罚，于是一咬牙一跺脚，力主继续进兵，并且信誓旦旦地保证三个月内就可取胜，到时必能擒杀班滚。

乾隆虽急于寻找台阶休兵息战，但过河的卒子难回头，已经摆开的阵势不是想中止就能马上中止的，庆复的主张他愿意也好，不愿意也罢，都只能暂且表示同意，为此他十分感慨地说："不过剿捕一么么小丑，致调兵万余，动帑百万，而班滚尚抗拒我兵。今事已如此，务将匪拿获，平定该处土地方可。"

为扭转战局，乾隆除对前线增兵、增饷外，又派遣内大臣班第、努三等至军督阵。在他的严令督促下，自1746年3月以后，清军加强了进攻，前方战事开始真正出现转机，瞻对的各碉卡、山寨被相继攻克。

6月1日，班第获悉，班滚所居的如郎寨被攻克，但当次日他和李质粹到达如郎时，却得知班滚已携家逃走。这时一个叫汪结的土司向班第报告，说班滚可能逃往了泥日寨，班第、李质粹遂追至泥日寨，将该寨大小碉楼四十余座全部予以烧毁。嗣后官兵四处查访，当地土人都说班滚已被烧死，庆复下令撤兵，同时上奏："瞻对已平，贼首歼灭。"

历时近一年的瞻对之役总算结束了，庆复因平定瞻对有功，被加封为太子太保，其他人也得以从优议叙。不过班滚之死却仍被质疑，朝中大臣大多认为班滚并没有死，只是都不敢向乾隆明言，"文武皆知班滚尚在，而无一人敢少露声息"。

乾隆比一般大臣都更精明，纵使大臣们不说，他也已对庆复的奏报产生了怀疑。他认为班滚是"众酋头目"，瞻对土司的核心，即便危急之际，也未必就甘于坐以待毙——你们放火时，难道他不会跑？

退一步说，就算班滚真的被烧死了，像他这样的人物，也不太可能被烧成灰烬或被烧得不可辨认。实际情况是，火焚泥日寨后，清军一直都没有能够找到班滚的尸体，说他被烧死，均为当地土人所言，而土人们可能并不愿意说出班滚的真实下落。

　　瞻对能够与官军对抗这么久，与班滚关系极大，换言之，班滚不死，就说明瞻对尚未能够彻底平定。庆复深知其中利害，面对乾隆的质疑，他坚称班滚已被烧死，并以灰烬中发现的班滚所用鸟枪（火绳枪）、铜碗为证。

　　乾隆见状不再公开提及此事，但心中的问号并未因此消除，也始终没有放弃暗中派人查访，不过直到第二年大金川战事爆发，他才终于有机会获得了他想要的真相。

第三章

大风暴

川西北少数民族杂居，瞻对并非个例，与其邻近的金川同样令朝廷为之头疼。

大小金川是大渡河上游的两条支流，此处系嘉绒藏族聚居地，由于历史的演变，聚居地内逐步形成了十八个较大的部落联盟，统称为"嘉绒十八土司"。在十八土司中，大金川土司势力最强，经常对附近土司进行攻掠，侵占对方的土地，抢夺其财物。1745 年也就是乾隆发起瞻对之役的这一年，大金川土司莎罗奔公然袭取小金川，生擒小金川土司泽旺并夺走了他的印信。

在西南地方，土司间这种相互吞并、仇杀的现象非常普遍，朝廷既无能力也没必要一一进行军事干预，有时为了不让土司们联合起来对抗中央政府，甚至还实行所谓"以番治番、以蛮攻蛮"的政策，但反过来说，如果听任个别土司通过兼并而独大，则上述政策就又失去了意义。如今莎罗奔一骑绝尘，已对川西北其他土司造成严重威胁，究竟要不要对他兴师问罪，便值得为政者再三斟酌了。

乾隆君臣最初的态度是暂不理会，这主要是因为当时瞻对之役正处于胶着状态，朝廷抽不出精力来对大金川进行干涉。后来瞻对之役好不容易结束，大家又都觉得需要喘口气，因此川陕总督庆复、四川巡抚纪山均主张不派兵介入，仅檄谕劝和。庆复在上奏中说："大金川地势极为险要，运粮无路，且此事系土司内部相互骚扰，并非侵犯内地。"乾隆表示同意，批道："瞻对甫完功，佳兵不祥（好战不吉利），卿之所见很有道理。"

这绝不只是巧合

在朝廷的极力劝谕和压力下，莎罗奔被迫释放泽旺，交还印信，但其扩张之心不死，1747 年 2 月，又继续发兵攻打周围土司。即便在这种情况下，乾隆仍无意出兵，他降谕纪山："小小攻杀，事出偶然，即当任其自行消释，不必遽兴问罪之师。"纪山接到的指示是尽量居中调解缓和，大事化小，小事化了，除非已影响到政府所设入藏台站的军书联络，否则绝不可以轻举妄动。

庆复、纪山等人一面奉旨劝解，一面调兵到各个镇营塘汛，用以加强驻防兵力，保护内地和驿路的安全。莎罗奔气焰嚣张，对政府的劝解阳奉阴违，当年3月，他派兵攻打明正土司的罗密、章谷，土民纷纷望风逃避，坐汛把总李进廷不能抵御，被迫退保吕里。

乾隆闻报大受震动，他突然意识到大金川事件可能跟瞻对有关——你瞧，它们不但地点邻近，而且时间上也相接，瞻对刚刚平定，大金川就步其后尘，这绝不只是巧合！

在乾隆看来，瞻对土司班滚的生不见人，死不见尸，直接造成瞻对之役只能草率完局，以致无法对川西北的其他土司起到示威作用，更不用说使其望风慑服了，所以大金川才会如此我行我素，胆大妄为，"金川之蠢动，实是见班滚横行不法，故相率效尤。"他更加怀疑班滚其实根本没有死，很可能已经逃脱，甚至潜往大金川，勾结和怂恿莎罗奔对朝廷进行挑衅。

事实虽与乾隆所想略有出入，但也大致不差。尽管瞻对战役只是一次小型战争，但耗时那么长，用力那么大，收效却又那么小，清军的怯懦与惯有的粉饰可谓暴露无遗，而这也正是大金川敢于蔑视和对抗清军的直接原因。乾隆对此恨恨不已，"前事不减，更贻厉害"，坚持不向大金川发兵的态度亦随之发生动摇。

在川西，由大金川触发的军事冲突还在不断加剧，莎罗奔出兵攻打清军驻防的霍耳、章谷，其锋芒已直指地方政府。地方官员劝止既不可能，退让亦不甘心，加以弹压便成为唯一选择，纪山派副将张兴率兵前去干预，不料反被莎罗奔所败，千总向朝选等六千兵马猝遭埋伏，向朝选当场阵亡。莎罗奔占领章谷后，乘胜突进，游击罗于朝带兵抵御，又被击伤。

莎罗奔在击败清军的同时，还私立名号，"自称为王"，扬言要带兵进占打箭炉，公开发动叛乱，至此，大金川事件不但让清军连受挫败，还狠狠打了朝廷的脸。乾隆再也按捺不住，4月30日，他连降两道谕旨，第一道谕旨是调庆复回京，任张广泗为川陕总督，第二道谕旨便是宣布派兵进剿大金川，他指示张广泗即速赴川，与庆复、纪山"一同商酌进兵，迅速剿灭"。

张广泗是乾隆登基后第一个加以使用且获得成功的将才。在平定苗疆叛乱一役中，其他人都顾此失彼，毫无办法，只有张广泗从容应对，调度有方，当时人称"时黔督为张广泗，固以知名著称于世"，乾隆对张广泗也极为赏识，表示"西南保障，实卿堪当"，并评价"在督、抚中娴熟军旅无出张广泗之右者"。

盛誉之下，张广泗不免飘飘然，早在瞻对之役时，他就曾经向乾隆请求去瞻对参与"筹画"，乾隆没有答应，倒不是说他不合适，而是当时战事已快要结束，觉得没有必要。现在的情况，则是乾隆认为攻打瞻对的战略目的未能达到，"不足以震慑诸番之心，是以金酋（大金川）效尤，渐加肆横"，而庆复要对此负最大责任，所以才把他调回京师，以张广泗接替。

清人将藏族称为"番蛮"，在乾隆看来，他们与苗族等少数民族没有多大区别，"大抵番蛮与苗性相似"，因此相信可"以治苗之法治蛮"。张广泗本人也踌躇满志，视川西的大金川与苗寨相仿，以为只要自己出马，必能所向披靡。

1747 年 5 月 21 日，张广泗衔命自贵州启程，驰赴四川。在他抵川之前，受莎罗奔裹胁参与叛乱的小金川土司泽旺已闻风投诚，这使得张广泗可以集中兵力对付大金川，无疑是个好兆头。

大金川共有两个主要据点，一为勒乌围，由莎罗奔亲自把守；二为刮耳崖，由莎罗奔的侄儿郎卡把守，两个据点皆地势险要，周围坚碉林立。凭借以往用兵和治理苗疆的经验，张广泗确定要拿下大金川，势必分路进攻，这时供他调遣的土汉官兵共有两万余人，大金川军只有七八千人，在数量上清军是大金川军的好几倍，但清军都是参加过瞻对之役的部队，实际战斗力很差，自信心也不足，一听说要与"地险人众，数倍瞻对"的大金川军作战，不是逡巡观望，就是逃匿潜藏。

张广泗为使进攻更有把握，他征得乾隆的同意，通过陆续从邻省增调兵力，使前线部队增加到了三万余人，这样即便不算原有人马，仅增调的生力军就已足以与大金川军一搏。

当年 8 月，清军按计划分兵七路，从西南两个方向同时对大金川发起大举进攻。在张广泗的督率下，官兵奋勇争先，经过一个月的进攻，各路军距离大金川主要据点远的二三十里，近的仅十余里。

看到似乎不久就能大功告成，张广泗喜滋滋地向乾隆报告："诸业就绪，酋首不日可以殄灭。"乾隆闻报，也认为张广泗此次一定可以速胜，于是很高兴地回应道："从来兵贵神速，名将折冲，未有不以师老重费为戒者。"

令他俩都没想到的是，在9月以后，各路军不约而同地都进入了"瓶颈"期，"不得寸进"，几乎未能取得任何进展，与此同时，部队伤亡却剧增，官兵死伤多达千人，参将蔡允甫在与大金川军交锋时，因抵敌不住，竟至弃炮溃逃，可谓丢尽了官军的脸面。

攻一碉难于克一城

乾隆、张广泗以为可以用处理苗疆的方法处理金川，用对付苗军的办法对付大金川的藏军，殊不知二者之间差别很大。

当时的金川虽已属于中央王朝版图的一部分，但"仍同化外"，与内地联系很少，此处藏民从土司到一般部众，历来都信仰西藏原始宗教即本教，金川境内特别是大金川地区分布着众多规模不一的本教寺庙，大金川的历任首领也都是本教大巫师。战争期间，本教寺庙的教徒都积极配合土司抗击清军，大金川土司也以保护本教为号召，对部众进行动员和组织，因此当清军攻入其核心区域时，便常常会出现全民皆兵、共同对抗的情形。换句话说，与清军作战的远不止张广泗估算的那七八千大金川军，而近乎于所有大金川的成年男子。大金川民俗尚武，男子自十二岁以上便腰插短刀，成年后大多精于拼刺之术，这使大金川在抵抗时显得极为顽强，清军很难占到便宜。

张广泗在平定苗疆叛乱时，只有牛皮大箐才让他感到地势特别险要，大金川却是"所见尺寸皆山，陡峻无比"，土民又长于修筑防御工事，能以石筑碉楼，称为"战碉"。大金川全境凡隘口处遍布此类战碉，"累石如小城"，它们的形状有点像中原的佛塔，通常都有二三十米高，最高的甚至达到五十多米，四周筑有小孔，可供瞭望和射击。

瞻对之役时，清军已经跟碉楼打过交道，也总结出了一些攻碉之法，如挖地道，埋地雷予以爆破，又如挖墙孔，用火炮向内射击，此外还可以断其水道，坐以困之。清军在最初的一个月里曾攻下几百个战碉，但大金川核心区域内的地势更险，战碉也比外围更多更坚固，最主要的还是这些攻碉之法其实并不难防范，早在上一年清军进攻瞻对时，它们就已暴露并被莎罗奔提前掌握。在清军发起大举进攻之前，莎罗奔便做了准备，或于碉外掘壕，或于碉内积水，或为战碉加筑护墙，这使得清军无法在短时间内再靠挖地道、挖墙孔和截断水道取胜。

火炮乃攻坚利器，但清军所携带的子母炮、劈山炮等火炮均为轻型炮，"仅可御敌，不足攻碉"。四川巡抚纪山制造的劈山大炮有九节三百斤，却中看不中用，轰击战碉时，即便击中其护墙或腰腹部位，战碉依旧屹然不动，唯独击中碉顶，才可掀去数块石头，有时运气好了虽也能将碉顶击穿，并使大金川军为之震恐，然而他们很快又能将残破的地方修补如故。张广泗从军带兵以来，还从未遇到过如此坚固的防御设施，真可谓一碉当关，万夫莫开，这让他忍不住慨叹："攻一碉难于克一城！"

在一开始不了解敌情的情况下，张广泗一度显得过于轻敌，严重低估了大金川军的实力，此时才发现对方非寻常"小丑"可比，亦非"以治苗之法"所能荡平，但他又没有根据当地地理特点及时改弦易辙，另思良策，而是头疼医头，脚疼医脚，继续坚持分路进兵，同时也仍将主要兵力用于攻打战碉。

随征的士兵善于攀登碉寨，张广泗便组织士兵登碉下击，不料大金川军预先在碉顶挖了小孔，只要士兵一登上碉顶，他们就会在孔内放枪，士兵们无法站立，纷纷坠下。

张广泗见攻坚不成，便改用火攻，他指挥士兵砍伐柴薪，同时砍巨木做挡牌，使负薪士兵以挡牌为掩护向战碉前进，以便将柴薪堆至碉下举火焚烧。可是大金川夏秋阴雨连绵，冬春冰雪覆盖，火攻很难奏效，而且纵使有挡牌遮挡，进攻部队接近战碉的风险依旧很大。在这种情况下，总兵马良柱禀请张广泗制备火箭五千支，用以焚毁碉内所积贮的粮食，奈何碉房由石砌而成，就算火箭射入碉内，火势亦无法蔓延。

乾隆得知火攻效果不佳，急得直叹气，批评道："不知用兵之道，何必专仗火攻？"他不明白在苗疆用兵时怎么打怎么有的张广泗，为什么突然之间变得如此笨拙，以致远在京城，都能想象得到他那种徒呼奈何、无计可施的表情。

张广泗的战法不奏效，乾隆也想到有可能是其麾下的绿营不行，开始考虑以精锐的京旗兵替换无能的绿旗兵（绿营），"朕意兴师已久，尚未奏凯，绿旗兵丁不足取胜，与其日久而师老，不如送京师旗兵之精锐，一以当十，汰绿旗之闲冗，以省无用之费。"另一个方案是将大金川划归西藏管辖，"受达赖喇嘛化导"，实在不行，再责成驻藏大臣调兵进行弹压。

乾隆把两个方案都传达给了张广泗，质询他的意见。对张广泗而言，无论是乾隆提出的哪一种方案，都显露着对他信心的动摇，这让他难以接受，为此他拟订了新的作战计划，向乾隆报告："拟于九月中，亲往督率指示进攻，务于九、十两月内进取贼巢（此处月份均指农历）。"

错失战机

大金川战场有一处高峻山梁，名为昔岭，站在昔岭的山顶上往下看，可以看到莎罗奔的大据点勒乌围，而从昔岭山顶一直往下，还可以直接到达另一大据点，即由莎罗奔的侄儿郎卡把守的刮耳崖，二者之间距离非常之近。张广泗计划亲率两千贵州土兵和一千四川土兵占领昔岭，然后进攻刮耳崖，这样莎罗奔和郎卡都势必要从外围据点返回保护老巢，清军便可以乘势先把外围据点拿下，再直接进取两个大据点。

张广泗将进攻昔岭的具体时间定在九月初九，九月初九是重阳节，有人认为他选这个进攻日期寓有重阳登高之意。乾隆对此作战计划表示同意，但就在张广泗准备进攻昔岭的前夕，因南路总兵许应虎驾驭不善，原已招抚的金川头目恩错突然复叛，带领大金川军阻截清军粮运并包围了许应虎。张广泗只得亲自率部前去救援，其间往返半月有余，致使错失战机，进攻昔岭的计划也随之落空。张广泗本人对此很是沮丧，向乾隆承认："此番用兵迟滞，实缘地势奇险而限于才力。"

"竭臣之愚，绝不敢一时稍懈"，张广泗一方面不得不自承才力有限，另一方面也并不甘心就此罢手，他把破局的希望重新寄托于攻坚之上。军中攻坚的子母炮、劈山炮以及纪山造的九节劈山大炮威力都不够，需重新制造五六百斤的大铁炮，而由于现场缺乏材料和工匠，只能赴成都赶铸大铁炮，张广泗认定大铁炮一旦铸就，必能攻下战碉，于是上奏乾隆："一俟兵到炮成，各路进攻，臣料之不出明年二三月（农历），克擒此贼不难也。"

乾隆早在以张广泗替换庆复时，就把大金川的扩张骚扰行为与瞻对土司班滚的潜逃联系在了一起，因此特地叮嘱张广泗在金川密访班滚的下落。张广泗莅川之初忙于兵事，没有时间顾及此事，后来多次遭到皇帝的责问，他有意用瞻对一案替自己掩饰，同时两次作战计划付诸实施前，也都有充足的组织查访时间，这才使得他对此事格外热心起来。

真是不查不知道，一查吓一跳，原来瞻对之役时，清军为了尽快结束胶着状态，竟瞒着乾隆，与班滚达成了秘密交易，那个曾向兵部尚书班第汇报，说班滚可能逃往泥日寨的土司汪结更是充当了中介人的角色。

当初原川陕总督庆复在被乾隆逼着赶到前线后，曾献一计，说可以让汪结作保，令班滚的异母弟弟俄木丁撤守如郎寨，并擒献班滚。乾隆皇帝觉得此计不错，便点头同意了，实际此事却被操作成了另外一副情形：俄木丁方面答应暂时放弃如郎寨，但条件是放班滚逃脱，清军方面在要求班滚"三年内不可出头"的前提下，同意以后仍将如郎寨交给班滚。

一名涉案官兵交代，"汪结做中，班滚的兄弟俄木丁投降了，叫班滚逃往别处去。"清军虽报称打了大胜仗，也曾经过如郎寨，但并未真正予以控制，接着汪结又有意把班第的视线引向泥日寨，待清军将这座无关紧要的寨子焚了之后，他们便顺理成章地捏称班滚已被烧死。事后，汪结封为里塘土司，俄木丁也被封为下瞻对土司。

在张广泗将查访的案情向乾隆进行报告后，乾隆被气得够呛："汪结就是一个阴险狡诈的小人！他一边假装帮我们出力，一边却又卖人情给班滚，此乃番蛮两边获利之术，庆复中计而不自知，将来对他必须有一番处置才行。"

除庆复得稍后才能加以处分外，此时汪结也正以新任里塘土司的身份随征金川，乾隆怕消息泄露致其逃走或生出其他变故，因而又耐住性子交代张广泗："现汪结就在军中，查案时尤其需要对他高度保密，不可以透露一点风声，从而令他生疑，当然追查班滚踪迹一事，更不能交给他。"

看到触动了皇帝，张广泗查案更加起劲。1747年11月，张广泗上报新案情，据他报告，班滚逃脱后并没有遵守"三年内不可出头"的承诺，如今不但照旧盘踞于如郎寨，还攻打上瞻对土司肯朱，以对其首先向清军献寨投诚进行报复。此外，汪结一直与班滚暗中遣使往来，暗通消息，游击罗于朝系秘密交易的直接经办者，为了不让案情暴露，也对此案进行多方掩饰。

乾隆获悉立即指示张广泗，告诉他目前应专注金川，待金川事竣，即移师如郎，擒获班滚，但汪结与罗于朝既私通班滚，应赶快调赴军营一一讯明。汪结、罗于朝很快便双双被捕，汪结在受审时交代，他曾将班滚并未被烧死以及藏于何处的消息，禀告总兵宋宗璋，宋宗璋听后又愁又怕，叹一口气说："如今叫我有何办法？"

从征金川的将士有相当大一部分都参与过瞻对之役，在罗于朝、宋宗璋被相继供出后，乾隆担心会使前方官兵产生惊恐情绪，不利于作战，所以特谕张广泗，要他以稳定军心为前提，把握时机，慎重处理好瞻对一案。实际上，张广泗自己的注意力这时也已从查案中转移出来，因为大铁炮已经铸成并且从成都运到了前线。

越打越急

按照预定的作战计划，张广泗又督率各路官兵对大金川发起进攻。新铸成的大炮自然是此次进攻的主角，但其效果却与大家的期望相去甚远：轰大的战碉，只轰塌一角；轰小的战碉，也不过将其击去半截，战碉并没有倒掉。

除用新炮攻碉外，张广泗还把旧有手段拿出来重新加以使用，如从地道用火药轰战碉、掘水道围困等。虽然他用这些办法也取得了一些战果，然而始终无法从根本上解决问题，连乾隆看了奏报，都觉得张广泗已接近于黔驴技穷，说他"亦可谓殚乃心力矣"。

张广泗越打越急，越急越失水准，其用兵时只知道分，不知道合，清军整体上对大金川军有着压倒性的数量优势，但到局部就不同了，往往大金川军还更占优势，这就是所谓的"兵分力单，自形其弱"。到具体作战时，张广泗不能对土汉兵一律看待，总是以土兵当前，汉兵随后，土兵可能爬山比汉兵快，野战特别是用枪炮时则未必厉害，他们与敌人交锋时很容易溃败，土兵一垮，常常会把汉兵也给一同带到沟里去。

张广泗在军事保密方面也做得很差。他到金川后，留用了小金川土舍良尔吉及其老乡云南昆明人王秋，以这两人为进军向导兼幕客，但他们其实都是莎罗奔布置的耳目，军中稍有动静就会向莎罗奔暗通消息，以致清军的每次军事行动都为敌人预先得知，自然很难达到出奇制胜的效果。

仗打得不行，张广泗在治军方面原先就存在一些问题，如御下过严、赏少罚多以及徇庇贵州官兵等，便自然而然地被随之放大，出征将士对他很是不满，作战情绪也明显受到影响，战场上出现了"将士怯懦，兵心涣散，土番因此观望"的现象，张广泗原先计划二三月间攻克敌巢，活捉莎罗奔的设想也再次化为泡影。此时，四川巡抚纪山向乾隆报告，川西北天气早寒，进入九月（农历）后，嘉绒地区连降大雪，已是"冰雪严凝"，乾隆只好传谕张广泗，让他在官兵"艰于取捷"的情况下，暂时移师向阳平旷之地，稍事休息，待来年春天天气暖和时再战。

就在清军屯兵不进之际，已拥有与清军主力部队直接交手经验的莎罗奔反倒变得越来越活跃，其间他以逸待劳，利用雨雪、大雾天气，不断向各路驻守清军发动偷袭，清军"应接不暇，不能制敌，而反为敌所制"。1747 年 12 月 30 日，大金川军乘夜切断山梁窄径，修砌石卡，由山上掷石放枪，将由清军副将张兴率领的马邦军营予以围困，这就是马邦战役。

张广泗之前因援救南路总兵许应虎，结果导致第一次进攻计划落空，为此他大骂许应虎"有勇无谋，性又急躁"，这次张兴同样需要解围，张广泗干脆来了个置之不理。总兵马良柱等请他调兵支援，被张广泗斥为悖谬，张兴也屡次向张广泗请援，张广泗依旧不发援兵，还说张兴庸懦无能。

张广泗坐视不救，使得围困马邦的大金川军更加有恃无恐，他们在山梁上安设木架，通过机关向清军发射石块，这种"石炮"的实战效果不比清军的火炮差，打得清军相率奔逃，以致有不少人自相践踏、坠崖而死。

清军在马邦被困日久，无法突围，最后粮食也吃光了，部队绝粮七日，士卒全都又饥又困，已基本失去了战斗力。张兴被逼无奈，只得以金银向大金川军买路，莎罗奔假意应允，实际却设伏以待。

1748 年 1 月 14 日，张兴命官兵收拾行装出营，跟随藏兵沿山梁内前行，他们先被引至沟底，然后便遭到大金川军的四面合围。当时隔着一条河本有可以接应他们的兵马，为参将郎建业、游击孟臣等率领的河东部队，有九百多人，但由于一水相隔，也只能眼巴巴地看着他们被包围。几天后，大金川军命被围清军交出武器，武器一交出，清军即遭到屠杀，除三百余名兵丁已先一步奔逃过河外，包括副将张兴、游击陈礼在内的五六百名官兵全部被杀，无一幸免。

张广泗在新攻势前期多少还有一些战果，但马邦战役的惨败把它们统统抵消掉了，自金川之役开始以来，"未有丧败若此之甚者"。作为三军主帅，张广泗对此负有不可推卸的责任，但他事后向乾隆报告时，却全部都委过于张兴"昏懦无能"，仅假惺惺地表示要承担所谓"不能早为觉察"之罪，请求乾隆将他"勒部严加议处"。乾隆看了奏折，当然不能因为这个就治他的罪，只能表示："偏将失利，主将咎无可辞，但若能全局取胜，中间稍有挫折，尚可原谅。"

客星见离宫

多年前秘密皇储永琏的早夭，曾让乾隆及皇后富察氏痛彻心扉，失去爱子的富察氏健康状况则大不如前，虽得乾隆爱宠，但很久都没有能够再怀孕，直到生下永琮。

永琮是富察氏的第二个儿子，在皇子中排第七，永琮和他的哥哥永琏一样聪明、漂亮，深得乾隆的喜爱，他和富察氏的家庭生活也因此再次焕发出光彩和活力。两人秋天同去塞外行围，乾隆兴之所至，对富察氏谈起关外旧俗，说当年祖先创业艰辛，衣袖的边缘能用鹿尾巴毛做点装饰，就已经很奢侈了，哪里谈得上什么金钱银线。

言者无心，听者有意，富察氏回宫后竟然特意搜寻鹿尾巴毛，并用其镶边，做了一个小荷包送给皇帝，以示和他一起不忘满洲本色。乾隆极为欣喜，后来终生都把这个小荷包带在身上。

在马邦兵败后不久，永琮因出痘突然夭折。出痘是用种痘法来防治天花的一种医学手段，清初天花曾肆虐于皇宫，顺治就死于天花，康熙本人也差点为此送命，于是从康熙朝起，皇子种痘防天花便作为制度被正式确立下来。

出痘是一个危险的过程，当年乾隆的二伯、废太子允礽出痘时，正值平定三藩之乱的紧张时刻，但康熙为护理太子，竟然连续十二天没有批阅奏章。永琮出痘时，乾隆当然也是该做的措施一样不少，指望能够为他提供一个绝对安全的环境，可是这些都无济于事，最终这个孩子还是成了不幸者。

1748 年 1 月 29 日，当天是除夕，就在千家万户庆祝团圆，其乐融融的时候，皇宫内却是一片死寂，尚不满两周岁的永琮永远闭上了眼睛。乾隆悲恸不已，伤心之余，他向诸王大臣们透露，其实他心中早已将永琮列为皇储，只是没有像永琏那样写入密旨而已。

永琏的丧仪享受的是皇太子规格，永琮未被正式列为秘密皇储，又是幼儿，无法与永琏相提并论，况且清代夭折的皇子很多，也从未是皇后所生，就追封为太子的先例，但乾隆仍以抚慰皇后为由，破例赐永琮为"悼敏皇子"，命礼部从优办理一切丧仪，并要求规格必须超过其他皇子。

永琏、永琮两个嫡子的相继夭折，对乾隆的精神打击异常沉重。他自认即位以来敬天勤民，并未有得罪天地祖宗的地方，不明白为什么上天对他如此无情，他开始怀疑是否是因自己坚持要立嫡子为储君，违背了嫡子不能继统的"家法"，所以才遭到祖宗谴责，致有此难。

在宣布处理永琮丧事的上谕中，乾隆认为自己要对此负责："我朝自定鼎中原以来，历代皇帝都非正嫡继统，似此竟成家法，而朕怀有私心，必欲以嫡子继统，做先人所没有做过的事情，获先人所不能获得的福分，这是朕的过错！"

乾隆已经够伤心痛苦了，但作为永琏、永琮的亲生母亲，时年已经三十六岁、中年丧子的富察氏比他更甚，"乃诞育佳儿，再遭夭折，殊难为怀"。永琏早夭时，富察氏尚能故作坚强，对乾隆进行安慰，永琮一死，她的精神支柱完全坍塌，从此便一病不起。

乾隆原有一个仿效祖父康熙，东巡齐鲁的计划，一年前就已昭示全国。永琮夭亡后，距离拟议中的东巡起銮已仅有一个月的时间，在不出事的情况下，富察氏肯定要随驾，现在出了事，已准备一年之久的东巡既不能随意取消，乾隆自己也有心带富察氏出京散散心，以缓解丧子之痛，但见她体质孱弱，形销骨立，又怕她路上吃不消，一时颇难决断。恰在此时，钦天监奏陈："客星见离宫，占属中宫有眚。"

在中国古星象学中，离宫是指天空的六颗星星，"客星见离宫"是说一颗新星出现在了这六颗星中间，在钦天监的占星家们看来，此为异常天象，他们占卜的结果是"中宫有眚"，也就是预示着中宫皇后将面临灾祸。

雍正朝时看重祥瑞，乾隆不像他老子那样迷信，对祥瑞一类的东西嗤之以鼻，所以钦天监才敢具实以报，但乾隆听了心里同样七上八下。为了掩饰自己的不安情绪，他只好把"中宫有眚"解释为"皇后新丧爱子"，希望噩运能够不从永琏、永琮延伸到他们的母亲身上。

让乾隆感到既高兴又庆幸的是，十几天后，据钦天监报告，那个来历不明的"客星"已完全消失无踪，与此同时，在御医们的悉心调理下，富察氏的病情也日见起色，给人感觉，似乎不久就能痊愈。

人在饱受摧残后，对命运之神往往都会更生敬畏之心。身体有所好转的富察氏非常虔诚地告诉乾隆，她在病中时常梦见碧霞元君在召唤她，而她已经许下心愿，病好后一定要亲自到泰山还愿。

碧霞元君是传说中泰山的神女，民间俗称"泰山奶奶"，据说还主生儿育女，富察氏接连痛失爱子，在病中时常梦见神女是完全可以理解的。泰山顶上有供奉碧霞元君的碧霞宫，瞻礼碧霞宫本来也在东巡日程中，这让乾隆终于打定主意带富察氏随行东巡，不但如此，他还决定自己也要到碧霞宫拈香，以便为皇后祈福。

1748年3月2日，是钦天监遵旨择定的良辰吉日，乾隆携富察氏从京师启銮，踏上了东巡之旅。他没有想到的是，这一天会成为他一辈子的遗恨，他把身边这个心爱的女人带向了远方，却再也没有能够把她带回来。

纯粹的吞金兽

马邦兵败后，张广泗对自己用兵方面的问题仍无深刻反思和调整。前线的清军若集中在一起，是大金川军的好几倍，但张广泗认为大金川的战碉太多，地势太险，只能分路进攻，同时还需处处加以防范，因此部队不敷分配，必须再增兵一万。除了奏请增兵，他又继续向乾隆伸手要炮，照他的看法，新炮攻碉效果不彰，同样也是因为重炮数量不够，如果战碉前能排列三十尊五六百斤的大铁炮，一齐轰击，就不信战碉还能立得住，为此还需再造七八十尊至一百尊新炮。

张广泗预计，只要他的条件得到满足，新增之兵和新造之炮在三个月内都可陆续到营，届时勒乌围、刮耳崖周围的冰雪已经融化，正好可发起新的攻势。他上奏乾隆时，提出了分十路进攻大金川的新计划，并保证可以夏秋之间结束战争。

清代的战争与土木建设不同，后者终究带有拉动经济、以工养赈等性质，以一种方式花出去的钱，其实完全可以用另外一种方式再赚回来的，战争却是纯粹的"吞金兽"，而且消耗钱粮的速度极其惊人，正所谓"炮声一响，黄金万两"。雍正在执政期间用六年时间好不容易才使户部存银增加至五千万两，清准战争一起，不过才四年光景，就将这个数字缩水到了不足三千万两。

乾隆即位后，正常情况下，每年到了年底，户部存银都可维持在三千余万两，比他父亲去世时的情况还能好上一些，但前提也是不能有大的战争和意外。金川战争前，适值乾隆下令普免天下钱粮一年，那一年让朝廷一下子少收了数千万两白银，又值江南水灾赈济，户部存银只出不进，需用过多，一下子便紧张起来。两年后金川战争爆发，其间前线部队"日需米面五百石"，当时由成都一带运米至军，每石运价高达二十五两，因此单是军食一项每天耗银数以万计，再除去官兵俸饷、公共开支等各项经费，当年户部存银"惟余二百余万，实不足水旱兵革之用"，虽然朝廷在此期间实行开捐，张广泗也动用了自己的养廉银，然而都不足以解决问题。

至张广泗请兵时，军营缺粮已久，总兵马良柱部甚至不得不煮铠甲弓弩，以上面的皮革和弦筋为食，只是张广泗一直讳而不言，将乾隆蒙在了鼓里。当然对于政府财政已经颇为拮据这一点，乾隆还是清楚的，张广泗此番请兵铸炮（增兵一万，铸炮一百尊），不算铸炮费用，光军饷就得增加一百万两，这对政府财政而言，无疑又是一个很重的负担。

虽然明知压力不小，但为了能够尽快结束战争，乾隆仍硬着头皮批准了张广泗的请求及其作战计划，并勉励张广泗不要受到马邦战役失利的影响，争取尽快奏捷："偶一胜败，固不足凭，惟以剿灭之日为定。"

张广泗接到圣旨后，命令各路官兵严守所驻阵地，不得"轻退"，严防敌军偷袭，但也可乘隙进攻大金川。按照他的设想，这样既可保护粮运，又能使士兵得到休息，待三个月后大军集结，就能一鼓作气攻下大金川老巢。

莎罗奔在张广泗军营有内线，知道清军正在等待后援，以便组织更大攻势，遂继马邦战役后继续反守为攻，不断对清军尤其是参将郎建业部驻扎的据点发动进攻。马邦战役之前，张兴部在河西，郎建业部在河东，本成掎角之势，由于河西部队已被击溃，河东部队完全孤立，河边一处哨卡只有八十名士兵驻守，当他们面临五六百大金川军进攻时，便与对方私自讲和，随其渡河而去了。

此后战场形势越来越糟糕，大金川军通过实施夜袭，夺取了郎建业所建的七处哨所，游击孟臣带兵助阵，当场战败身亡。郎建业见势不好，连忙率部撤退，结果他只顾自己逃命，却把驻守山梁的守备徐克猷给抛在了一边，幸亏徐克猷自己熟悉路径，带兵翻越雪山，且战且退，才终于撤到了安全区域。

由于大金川军攻势猛烈，自身又粮饷断绝，总兵马良柱只得率五千兵马紧急撤离前线，致使大炮及军装、帐房等辎重被遗弃甚多，之前所夺得的碉寨也被敌军重新占领。

新的溃败表明张广泗对前线的指挥已近于失控。张广泗气急败坏，弹劾马良柱"气阻志馁""怯懦无能"，马良柱因此被逮京治罪，不过他的运气倒还不错，在乾隆得知马部当时已经断粮，不得已才只能撤退后，随即对他予以了谅解和特赦，使他又得以重上前线效力。

大金川军虽然暂时得胜，但在张广泗之前发动的几次大规模进攻中，他们也遭到了很大损失。想到清军新的大规模攻势终将启动，莎罗奔"心亦惧"，于是便屡派头人到张广泗军营乞降，并释放了一些被俘的清军官兵。

张广泗将对方的乞降请求统统拒之门外，理由是清军已有半年时间进攻受阻，近期又屡吃败仗，按常理莎罗奔应该得意嚣张才对，为何会突然低头认输呢？他认为，"蛮夷"过去就反复无常，屡抚屡叛，毫无信义，请求招安不过是其缓兵之计，"实非本心"。

张广泗推测，经过这半年来的反复攻击，大金川的藏军兵力至少减半，加上田地荒芜，粮食不济，"势在穷迫"，也就是说快要抵挡不住了。在给乾隆的奏折中，他再次保证"务期剿除凶逆，不灭不已"，而且不会重蹈瞻对之役的覆辙，"绝不似瞻对烧毁罢兵"。

乾隆读了张广泗的上奏，认为他说得很有道理，遂表态予以支持："此番官兵云集，正当犁庭扫穴，痛绝根株，断无以纳款受降，草率了局之理。"

人事调整

面对前线告捷的一拖再拖以及一连串的军事失利，乾隆虽对张广泗并未完全丧失信心，但也不能不对其指挥才能有所怀疑。前线部队主要由各省汉兵和土兵组成，在乾隆看来，他们对朝廷的忠诚度很难与八旗兵相比，"本非世受国恩，为我心膂"，在师久无功的阴沉气氛下，他们会不会反戈一击？这同样令乾隆为之惴惴不安。

恰在此时，兵部尚书班第密奏乾隆，指出张广泗在接连受挫的情况下，焦躁愤懑，力图挽回战局，且他对藏区不熟悉，部队士气也很低落。

班第正衔命为前线筹运粮食，查勘进入川西的粮道，他的报告自非无中生有，也进一步对乾隆的担忧加以佐证。

"张广泗才猷素着，而独力支持恐难。"乾隆不得不考虑接受班第"增兵不如选将"的建议，用以增强前方的军事力量。在选将人选上，班第主张起用废将岳钟琪，认为岳钟琪在雍正朝曾进兵西藏及青海等处，屡立大功，"向为众番信服"，而且他还担任过四川提督、四川总督，熟悉四川藏区，可以协助张广泗攻打大金川。

岳钟琪在清准战争时，因军机失误遭到弹劾而被逮捕下狱，乾隆正是知道他是前朝名将，人才难得，所以上台后便加恩将其释放。岳钟琪被释后返回四川故里，一直赋闲在家，如今若加以起复，可谓人尽其才，但问题在于岳钟琪与张广泗其实是老相识——当年弹劾岳的人正是张！

乾隆意识到岳、张之间存有私怨，共事的话可能不和，乾隆颇有顾虑，为此特地征求张广泗的意见。张广泗在复疏中转弯抹角地对岳钟琪进行贬低，说岳钟琪虽是将门之子，身上却有纨绔习气，为人色厉内荏，言大才疏，处事刚愎自用，"错误不肯悛改，闻贼警则茫无所措"。

因为是皇帝要起用，张广泗也不敢将岳钟琪贬得太过分，那样会显得皇帝很没眼光，所以也不得不承认岳钟琪"久在戎行，遇事风生，颇有见解"，但他反对任命岳钟琪为大将军，仅同意用以提督。

乾隆一方面必须顾及张广泗的态度，另一方面他执政后未实际使用过岳钟琪，对其才能缺乏实际了解，遂接受张广泗的意见，任命岳钟琪为四川提督。另一名废将傅尔丹也同时被起用，以内大臣衔与岳钟琪一起至军助战。

金川与西藏毗邻，又同为藏区，前线刚刚陷入僵局时，乾隆就曾提出将金川划归西藏管辖的方案，现在他仍设想一旦平定金川，便将其划归西藏，以达到金川"永远宁谧，不致劳动官军"的目的。班第在雍正朝时办理过西藏事务，对西藏甚为熟悉，乾隆据此指示班第暂停查勘粮道，也留驻军中佐助张广泗。班第接旨后，觉得自己无论见识还是声望都难以影响张广泗，他建议再派遣一名"能谙练机宜，识见在张广泗之上"的重臣前往料理。

依班第所提重臣标准来看，鄂尔泰倒是基本符合，他是张广泗的伯乐和前上司，当初在开辟苗疆时两人的配合堪称完美，但鄂尔泰三年前就已病亡。退一步说，就算鄂尔泰还活着，乾隆也未必肯下决心用他，在鄂尔泰死前的那几年，乾隆对他就已经很不待见了，鄂尔泰死后，他的侄子、广西巡抚鄂昌请求将其入祭广西名宦祠，就被乾隆毫不客气地打了回票。

与鄂尔泰齐名的另一个前朝重臣张廷玉也一样受到乾隆冷落，他们的地位已被后进的讷亲完全取代。讷亲年纪轻，又具有敏捷、清介的特点，乾隆用得很顺手，鄂尔泰一死，即命其接任鄂尔泰的首席军机大臣一职，对他极为宠信。

经过斟酌，乾隆认为讷亲是经略金川的最佳人选，"其威略足以慑服张广泗，而军中将士亦必振刷归向，上下一心，从前被玩之习，可以改观，成克期进攻之效"，于是决定命讷亲为经略大臣，赴金川军营总理一切军务。

在乾隆的这次人事调整中，傅尔丹、班第对于前方作战而言，其实并没有太大影响，起作用的主要是岳钟琪、讷亲。岳钟琪当年尽管已经六十三岁，但宝刀未老，尤其他统率过金川藏军，在金川有很高的威信和声望，乾隆起用他无疑是明智之举，然而将讷亲派往前线视师却是一个重大失误，由于用人不当，不久以后清军就为此付出了沉重的代价。

半生成永诀

在着手对前线人事进行调整时，乾隆尚在东巡的路途之上。在到达行程中预定的泰山前，适逢皇后富察氏三十七岁生日，清代皇后诞辰之日称为千秋令节，皇后诞辰寿宴称为千秋宴，乾隆立即下令在御幄就地设宴，为富察氏庆祝千秋令节。按照规定，随行的王爷大臣一律都要穿蟒袍补服，福晋、公主、命妇也要为皇后献上祝福，整个宴席喜气洋洋，只是谁都不会料到，这竟是皇后最后一次过生日了。

来到泰山脚下后，一大早乾隆先去岱岳庙致祭，随即会同富察氏，服侍着随巡的皇太后，从岱岳庙出发登山。那一天，富察氏的精神显得出奇的好，脸上泛出久已不见的红晕，完全看不出是刚刚大病初愈的样子。

泰山有一系列著名景观可以参观，乾隆夫妇先前最为在意的碧霞宫乃是最后一站，在碧霞宫，乾隆亲自拈香，为皇后祈福，之后两人久久盘桓于其中，不愿离去。次日，乾隆又早早起床，与皇后一起服侍着皇太后登日观峰看日出，一家人就像平民一样，尽情享受着属于他们的幸福时光。

泰山行程结束，一行人前往济南，途中下了一场雪，这场雪来得很不是时候，身体实际上仍极其虚弱的富察氏经受不住随雪而至的寒冷袭击，很快便病倒了，乾隆赶紧下令停止赶路，就近在济南府驻跸，以便让她调养身体。

经过几天休息与调治，富察氏的病情大有好转，按计划东巡将结束，大家需要回銮返京了，但因担心皇后无法承受路途中的乏累，乾隆迟迟都没有返程的意思。随行人员大多归心似箭，可又不敢进谏，富察氏便自己出面，以不能贻误国家重务相劝，一再促请乾隆迅快北返。乾隆沉吟再三，见皇后的健康状况的确有了逐渐痊愈的迹象，这才下令启驾回銮。

行程设计上，乾隆一行需先到德州，之后弃车登舟，走运河从水路回京。从济南到德州有四日行程，路上很是颠簸，但看上去富察氏的病势还算平稳，这让乾隆稍感宽心，认为皇后可能已经度过了危险期。1748 年 4 月 8 日，中午时分，皇后和皇太后先行登上停泊在运河岸边的御舟，在她们泛舟之际，乾隆则去了德州月城（建在城门外的小城，又叫瓮城）下的船只泊岸处。

当天日落前，突然从御舟中传来了皇后病情复发的消息。乾隆闻讯即刻登舟探视，此时富察氏的病势已经急剧恶化，显然，匆忙回京很可能是导致其再次病倒的一个重要因素。乾隆悔恨交加，但却已回天无力，至黄昏时分，富察氏进入弥留之际，生命的能量开始一点点地从这具曾经鲜活无比的躯体中散逸，到了深夜，还没等看到第二天晨曦的到来，她就永远停止了呼吸。

乾隆强忍悲痛，亲自前往皇太后御舟奏闻噩耗，当他和皇太后再次赶到富察氏所乘的青雀舫时，皇三女固伦和敬公主已经扑倒在母亲怀中，号哭不止。富察氏共生两子两女，两子和长女都早早夭亡，次女固伦和敬公主是她留在世上的唯一骨肉，公主痛哭的一幕令乾隆和太后触景生情，当场潸然泪下。

"恩情廿二载，内治十三年"，在乾隆执政的第十三年，他与富察氏二十二年的感情生活戛然而止。次日，当看到青雀舫中物是人非的景象时，悲痛如奔腾的潮水般又一次向乾隆袭来，让他难以自持，只是看到公主哀戚不已，为了安抚她，作为父亲的乾隆才不得不努力控制住自己的情绪，但到最后，仍难掩心中的无尽伤痛。在他当天为亡妻所写的挽诗中，可谓句句泣血，其中既有"半生成永诀，一见定何时"的苦苦追索，更有"不堪重忆旧，掷笔黯神伤"的椎心痛楚。

带着富察氏的灵柩，乾隆兼程返京。他认为青雀舫保留着妻子最后的体温，竟然命令把青雀舫也一同运进皇宫，这道御旨在执行者看来几近疯狂，因为青雀舫体积很大，而城门相对狭窄，负责官员把城门都拆毁了，还是运不进来。乾隆不肯罢休，为此甚至想把城门楼也拆掉，后来还是工部尚书海望想了一个办法，他命人在城墙垛口上搭起木架，上设木轨，木轨上铺满鲜菜叶，使之润滑，又雇千余名人工推扶拉拽，费尽力气，才终于将船运进了城内。

乾隆初年，皇贵妃高佳氏去世，乾隆定其谥号为"慧贤"。当时富察氏在旁边曾说："将来有一天如果我去世，希望能得到'孝贤'二字，不知行不行？"乾隆牢牢记在了心里，如今便按照其生前愿望，在富察氏的谥号中用了"孝贤"二字。

乾隆为孝贤皇后举行了盛大丧仪，宣布辍朝九日，诸王以下文武官员持服穿孝二十七天，斋宿二十七天，百日后才准剃头，外省文武官员从奉到谕旨之日起，摘除冠上的红缨，齐集公所，哭临三天。

即使是一般军民，也必须摘冠缨七天，在此期间，停止音乐嫁娶。古代国母丧仪大多隆重，但像这样令天下臣民一律为国母故世而服丧的，自清代开国以来尚属空前。

小题大做

孝贤皇后富察氏自与乾隆结为夫妻起，就成了乾隆精神世界中牢不可分的一部分。命运硬生生将其强行剥离，让乾隆的内心瞬间千疮百孔，鲜血淋漓，他开始变得暴躁易怒，为人处世一反常态，他身边的人及其朝臣也因此接二连三地遭到处罚。

乾隆带富察氏的灵柩返京时，皇长子永璜以大阿哥身份迎丧，永璜时年虽然已经二十一岁，但还不太懂事，对相应程序也不熟悉，又因为不是自己的生母，对于富察氏的去世，他也没有表现出乾隆所希望看到的哀伤神情。如果这种事发生在过去，乾隆可能不会太计较，但现在却难以容忍，没过几天就指责永璜："遇此大事，大阿哥竟茫然无措，于孝道礼仪，未克尽处甚多。"

十四岁的皇三子永璋与永璜同为年龄最大的皇子（皇次子为夭折的永琏），永璋一度曾让乾隆对其产生好感，并寄予希望，但他也同样因对富察氏去世表现得不够哀痛，而令乾隆非常失望。乾隆除对永璜、永璋予以公开训饬外，又将永璜的师傅、谙达（也是皇子的老师，身份低于师傅）予以处分，其中和亲王弘昼、大学士来保、侍郎鄂容安被各罚俸三年，其他师傅、谙达被各罚俸一年。

富察氏去世一个月后，乾隆阅看翰林院所制的皇后册文，发现其中误将汉文的"皇妣"译成了满文的"先太后"，不由勃然大怒，斥责说："从来翻译有这样翻的吗？这不是无心之过，也非文意不通可比！"

管理翰林院的是刑部尚书阿克敦，之前阿克敦刚被解除协办大学士的兼职，乾隆认定阿克敦是对此有意见，"心怀怨望"才有意为之，遂将其交刑部治罪。

看到皇帝动怒，刑部的其他官员只好加重对阿克敦的处分，拟了一个"绞监候"上报，谁料乾隆仍不满意，责备刑部徇私枉法，故意宽纵。刑部因而被全堂问罪，从署理满尚书、汉尚书，到几个侍郎，均遭革职留任处分，阿克敦则照"大不敬"议罪，判处斩监候，秋后处决（后得赦）。

乾隆如此小题大做，上纲上线，吓得官员们全都不知所措，但这仅仅是开了个头，此后又有大批官僚被卷进了因皇后丧葬而掀起的大风暴之中。

1748年6月，乾隆认为工部制作的皇后册宝"甚属粗鄙"，他像对待刑部一样，将工部全堂问罪，对其中两个侍郎分别给予降三级和降四级的处分，其他尚书、侍郎虽被从宽留任，但也留下了处分记录。

光禄寺负责置备皇后灵前的祭品，乾隆说他们办事草率，所用的饽饽、桌子"俱不洁净鲜明"，也就是不够干净夺目，于是光禄寺的主要官员，从寺卿到少卿被一律降级调用。

礼部负责册谥皇后，也由于礼仪上出现了小小纰漏而被揪住不放，乾隆斥责他们"诸凡事务，每办理糊涂"，下令将满汉尚书降两级留任，对其他堂官亦给予了程度不等的处罚。

这股几乎可以说是吹毛求疵的贬革之风并不仅限于京城。在为皇后治丧期间，外省官员纷纷呈表向乾隆请安，并要求晋京叩谒皇后梓宫，而且所有表章都用了"衔哀泣血，五中如裂""哀痛惨烈，伏地呼抢"之类的夸张语言来描述他们的心情。当然也有官员没有呈表，因为外省官员不是京官，众人皆各有职守，没有可能亦无必要来京服丧行礼，作为一种大家都能心领神会的表面文章，以往的惯例就是悉听尊便，愿意请安的就请安，愿意装样子的就装样子，对不想这么做的人，皇帝也不会在意，甚至过去有人向他请安，还被乾隆骂了一顿，说你那地方都发生灾荒了，为什么不赶紧去赈灾，而把力气用在这种无用之事上？

这次乾隆也很清楚请安表章并非"出于中心之诚"，可他却突然顶真起来，对那些未奏请来京的官员横加指责和挑剔，尤其是满员，更遭其痛斥，说你们平时深沐皇恩，见皇后出如此大事，自然应当哭着喊着赶紧来京奔丧，怎么还能装作漠不相关，坐在家里当没事人？就算你们怕触犯"外廷不得干预宫闱之事"的禁忌，难道就不会想一想，你们的皇帝我既已遭遇如此重大变故，就不应该赶紧来京看看我，以尽君臣之谊吗？

清代至乾隆朝，君主集权已发展到登峰造极的地步，在这种制度下，不管对错反正都是皇帝一个人说了算，下面的人连辩驳的机会都没有。乾隆一言既出，各省满员，从督抚、将军、提督到都统、总兵，凡是没有奏请赴京的，全部被各降两级或销去军功记录，前后受此处分的满族文武大员达五十三人之多。

乾隆即位后以宽严相济政治相号召，实际奉行的是其祖父康熙的宽大政治，在他理政的前十三年，在处分大臣时也确实十分谨慎，事先恐怕谁都想不到他会仅仅因为皇后丧葬这样的事，就突然鸡蛋里挑骨头，株连这么多人，处分又如此之重。措手不及之下，官员们个个心惊胆战，而乾隆原先的"宽大"形象也在一夜之间被完全颠覆。

就在这种极其诡异的政治气氛中，军机处首席、经略大臣讷亲奉旨出京，意气风发地踏上了前往金川战场的行程。

束手无策

1748 年 6 月 28 日，讷亲到达张广泗所驻扎的小金川美诺官寨（官寨是土司署所的称呼），未几两人即先后赶到昔岭前线进行指挥。

讷亲出身显贵，且少年得志，仕途一帆风顺，助长了其倨骄之气，由此为人处世都颇为刚愎苛严。据说在他兼管吏户两部事务时，凡督抚题奏中主张从宽者，部复往往改为从严，凡主张从严者，部复从来不改从宽。虽然讷亲此举常常被人们批评为严苛不近人情，但在他所擅长的行政领域，无论宽一点还是严一点，他都能够驾驭得住，问题在于战争跟行政不一样，而讷亲又与张廷玉相仿，本质上是个文官，在指挥战争的实际经验和能力方面，与已故的鄂尔泰相去甚远，照搬京城那一套的结果，只是让他与错误离得更近一些罢了。

史称讷亲"自恃其才，蔑视广泗"，此时前线清军虽已达四万人之多，但保护粮运就需要上万人，张广泗十路并进的方案则令兵力更加分散，各路将领都觉得兵不够，彼此间也无法形成有效配合。讷亲至军后，既未对当时敌我两方面的情况作周密调查，也不对张广泗的分路进兵方案进行必要更动，而是专横武断地撇开张广泗，限令全军三天内攻取刮耳崖，"将士有谏者，动以军法从事，三军震惧"。

7 月 8 日起，署总兵任举、副将唐开中、参将买国良带兵步步为营，分三路由昔岭进取刮耳崖。买国良首先率部到达大金川军所驻的木城附近，对方发现后立即予以夹攻，木城内矢石如雨，枪炮交加，清军三面受敌，难以招架，买国良当场中弹阵亡。几天后，清军再次发动进攻，又遭失败，任举中伏战死，唐开中身负重伤。任举才勇过人，在乾隆初年的一次兵变中，他曾单枪匹马地召集少数士兵，一举击溃变兵，深为朝廷所倚重，乃乾隆初年的一员名将。乾隆对他的死深为痛惜，阅疏后"实觉不忍，为之泪下"。

清军在昔岭一线虽损失惨重，但仍进展甚微，岳钟琪等指挥的其余各路因兵力不足、天气恶劣等原因也同样没有什么进展，至此，"军中夺气"，被张广泗信誓旦旦地认为可稳操胜券的十路进攻又一次以失败而告终。

讷亲在战场上的倨傲本无实力可作为支撑，前方一失利，他就像泄了气的皮球一般，只得"仍倚张广泗办贼"。乾隆也指示他说，你虽为经略大臣，但只宜持其大纲，至于带兵作战，仍当责成张广泗。

可是张广泗却没那么好说话，他是为讷亲所取代之人，岂肯为其全力谋划，以成对方之功？讷亲一改刚愎专断和盛气凌人的架势，回过头来与之商量军务，他却诸事推诿附和，"凡讷亲种种失宜，无一语相告，见其必败，讪笑非议，备极险忮"。

讷亲只好自己想辙，自进攻失利后，他不但不敢再轻言进攻，而且主张仿效敌方筑碉建卡，美其名曰"以碉逼碉，以卡逼卡"。按照他的逻辑，大金川军因险筑碉，藏匿其内，所以才能以少御众，以逸待劳，清军不如把这个优势学过来，同时还可以借此显示自身不消灭对方就绝不收兵的意志。讷亲还说，守碉用不了多少人，这样可以节省出更多兵力投入进攻，不失为"与敌共险"的上策。

在金川战争中，大金川军为守方，清军为攻方，大金川军筑碉建卡是为了阻止清军的前进，清军攻碉是为了扫除前进的障碍，其实讷亲的筑碉策对攻碉毫无帮助，甚至可以说连守株待兔都不如。

况且清军要在金川筑碉也不是件容易的事，无论人力还是财力都不允许，筑好之后的守碉更不像讷亲所想的那样简单，"守碉势须留兵，多则馈运难继，少则单弱可虑"。张广泗老于戎行，对此岂能不知，但在讷亲提出后，却不但不予以纠正，反而随声附和，与讷亲会衔向乾隆具奏。

乾隆接到讷亲的奏报后，苦苦思考了一个晚上，认为这一策略不妥，除了混淆攻守之势、难以筑碉守碉外，他还想到在平定大金川后，那座地方仍得归土民所有，清军费尽气力修筑的碉卡也要由其控制，将来万一又有什么风吹草动，无异于是自己给自己找麻烦。

在筑碉策被否定后，讷亲更加束手无策，平时不敢自出一令，临战则避于帐房之中，遥为指示。他与张广泗"将相不和"的传闻也早已成为军中公开的秘密，班第、傅尔丹、岳钟琪等人被夹在中间，多数时候都只能观望不前，"未发一谋，未出一策"。

乾隆发现讷亲难有作为，便希望能在他稍获胜利的情况下将其召回，以保全其脸面。御史王显绪建议"以番攻番"，即让讷亲宣谕各土司，命他们率所司土兵为前导进攻大金川军，有能破巢擒敌者，即赏赐以大金川的土地民户。乾隆让讷亲、张广泗、岳钟琪讨论，看这个办法行不行，三人都说大金川战碉林立，连拥有新造大铁炮的清军都无可奈何，土司兵又怎么攻得破，而且他们与大金川藏军同属一宗，自然不肯花死力气，稍遇难克之处，即会不肯向前，非得用重赏方能驱使。

王显绪乃老臣王柔之子，王柔曾在湖南任职，对苗寨情形也很熟悉，有一年贵州苗民起而造反，张广泗派兵弹压都压不住，还是王柔出马才得以搞定。在"以番攻番"碰壁的情况下，乾隆便让王显绪征询其父有无破敌良策，令人啼笑皆非的是，王柔献上的"良策"居然是邀请终南山道士用五雷法术以击碉……

剃头案

转眼皇后之丧已满百日，乾隆追忆前尘往事，写下了著名的《述悲赋》，以寄托哀思："信人生之如梦兮，了万世之皆虚，呜呼！悲莫悲兮生离别，失内位兮孰予随！"

乾隆越是对亡妻念念不忘，其心灵的创痛越是难以愈合，随之也越喜欢抓住皇后丧葬中的一些细枝末节兴师问罪，不依不饶。皇长子永璜、皇三子永璋先前因没有表露出足够的哀伤，已遭斥责和处罚，按说就可以翻篇了，可谁知乾隆竟又拿出来说事，而且口气比之前更加严厉。他说永璜所为不堪入目："父母同去山东，最后只有父亲一个人回銮至京，做儿子的只要有一点孝心，他该多么悲痛啊，可是大阿哥却全然不介意，让他迎丧，他就当是平时当差，没有丝毫哀伤思慕的意思。"

永璋也同样被描述成一个毫无知识和教养的不孝之子，乾隆愤愤地训斥他俩："你们都是朕所生的儿子，怎得如此不识大体，朕都为你们感到羞愧，还有什么话可说呢！"

乾隆的雷霆之怒一发而不可收，先是对永璜、永璋说你们如此不孝，我恨不得杀掉你们，只是碍于父子之情才没有动手，但今后你们若不知追悔，不安分度日，就休怪我不客气。继而他又从"人子之道"转向立储继统，断然宣布永璜、永璋绝不可承继大统，大臣中如有人具奏要立他们为太子，"朕必将伊立行正法，断不宽贷。"怕别人不相信，他还对天发誓："朕为人君，在寻常小事上尚且不食言，在此等大事上就更不会食言。"

自两个嫡子相继夭亡后，乾隆并没有准备立新的储君，永璜、永璋年纪尚小，也从未有争夺储位的言行。乾隆的这些想法真不知都从何处得来，只能说这时候的他因为心情过于悲恸，已无法用正常心理来加以推断了。

乾隆曾降旨要求在皇后百日丧期内，文武官员一律不准剃发，这本是满族旧习，也就是所谓的"祖制"，但大清会典律例中并无明确规定，不要说汉官，就是满员对此也都不太清楚。十三年前乾隆为父亲雍正办丧事，也说丧期内不能剃发，许多官员都未在意，丧期内就剃了发，当时朝廷并未追究，所以等到孝贤皇后丧葬，一开始不放在心上的亦大有人在，奉天锦州知府金文淳便被揭发在百日内剃了头，乾隆当即下令交刑部治罪，欲予以处斩。

刑部尚书盛安替金文淳求情，说："金文淳是个小官，不识国制，而且他请示了长官后才剃了发，情有可恕。"乾隆怒道："你是来为金文淳游说的吗？"盛安很有勇气，他毫不畏惧，当面反驳说："臣作为司寇，只是尽职罢了，并不认识金文淳是何许人也，如果臣必须因逢迎君主而枉法，怎么能让天下的司法公平呢？"

乾隆气得暴跳如雷，立命侍卫拿下盛安，以"曲意徇私，市恩邀誉"为由，将其处以斩监候，而金文淳则判以斩立决。

不久，剃头案中又出现了江南河道总督周学健及其下属的名字，周学健在孝贤皇后二十七天的丧期一结束就剃了头，下属官员全部在百日内剃头。乾隆闻报后说："文淳（金文淳）已拟斩决，岂知督抚中有周学健，则无怪于文淳。"就是说既然连督抚都涉案，金文淳不过是个小官，倒可以原谅了，于是他下令赦免盛安，金文淳由斩立决改为发配直隶修城赎罪。

乾隆的怒气转移到了周学健身上，他大骂周学健"丧心悖逆"，不仅自己违制，还令所属官弁同时效尤，"上下成风，深可骇异"。自古法不责众，周学健的下属官员很多，若一一处理，江南河道系统就要瘫痪了，乾隆只得采取杀一儆百的办法，下令将周学健逮捕治罪，江南总督尹继善明知此事，有意隐瞒，也遭到斥责，并被革职留任。周学健起初得到的处分是和金文淳相仿，即革职发配直隶修城赎罪，但后来发现周学健还有私下收受贿赂的行为，乾隆遂按贪赃罪赐令其自尽。

周学健是违制的第一个大官僚，但却不是唯一一个。湖广总督塞楞额、湖南巡抚杨锡绂、湖北巡抚彭树葵也在其中，而且如同周学健那里一样，有三名大吏带头，两省文武官员无一例外，全都跟着剃了头。按照周案的处理原则，乾隆也只拿三名督抚开刀，塞楞额是旗人，乾隆对旗人违制特别敏感，曾说旗人违制，即便可宽免也绝不宽免，他怒骂塞楞额"丧心病狂，实非意想所及"，令其自尽，杨锡绂、彭树葵革职。

在皇后死后的半年时间里，因丧葬掀起的政治风暴震动朝野，大臣们或被贬、或降革、或罚俸、或赐死，形成了前所未有的大案，但乾隆并没打算止步，金川军营成为他即将出手整肃的下一个目标。

窘境

乾隆本以为对清军指挥层予以加强后，会使金川战役尽快打开局面，不料情况反而更糟。据被俘的大金川头人招供，这时大金川军已被消灭或瘟死了一半，仅剩三四千人，粮食也严重不足，"刮耳崖所积，不过四五月之粮"，但就算是这样，大金川军依旧应付裕如，而清军却智勇皆困，已陷入"进不能前，退不能守"的窘境。

乾隆不得不考虑派索伦营前去助阵。索伦营最早成名于康熙朝，当时康熙为对付俄罗斯的扩张，在东北编组"新满洲"，从黑龙江的索伦部中征调士兵出征。索伦兵精于骑射，骁勇善战，在两次雅克萨战役中，都有他们冲锋陷阵的身影，朝廷特赐"索伦劲旅"予以褒奖，此后索伦兵便成为关外最精锐的八旗武装，几乎每征必遣，每战必先，一直到雍正朝的清准战争，出征的八旗共分三营，其中满蒙各一营，索伦兵与之并列，可单立一营。

乾隆曾征询张广泗，是否要以京旗兵替换绿旗兵，被张广泗拒绝。索伦营之战斗力不亚于京旗，但讷亲得知皇帝的意思后，仍像张广泗一样给予了否定的答复。

在复奏中，讷亲告诉乾隆，大金川的地势并不利于骑兵驰骋，箭弩在破碉攻卡时也无太大用处。他还分析说，在金川战场，攻一座战碉通常需一两百名士兵在前，数百名士兵继后，两边又必须埋伏数百名士兵，索伦兵固然勇猛无畏，但如果命索伦兵在前，而以绿旗土兵继后，则绿旗土兵依旧会迟疑不前，单刀突进的索伦兵可就吃亏了。可是若将绿旗土兵全都替换下去，战场上需要的索伦兵数量又太多，包括索伦兵在内的八旗军军饷都高于绿营，浩繁的军费会让政府难以承受。

既然索伦营无法调用，乾隆便问讷亲有何破敌良策，讷亲先是提出增调三万土汉兵，次年大举进攻，但之后却又主张只留兵万人，据守要害，待两三年后有机可乘，再行攻取。

如此自相矛盾的奏疏，足见讷亲方寸已乱，胸中全无谋略定见。乾隆又好气又好笑，当即批复道："你身为经略大臣，居然自己都拿不定主意，还要让朕在千里之外替你定夺，有这样打仗的吗？……你不如明白点把心里话说出来，就说臣力已竭，现在就只想着怎么逃回来，以保全自己的身家性命！"

讷亲在上疏中还告了张广泗一状，列举了他分路太多、驭下不公以及不能和衷共济、专务欺饰等问题。乾隆对这些情况其实都已有所掌握，然而眼看讷亲萎靡沮丧，无能无为，他也只能如此交代："朕亦闻其如此，但金川军务终究要依赖他（指张广泗）去筹办，现在就先不要说这些了。"

乾隆还对张广泗保留着一丝希望，尽管连他自己也不明白，为什么与苗疆用兵时期相比，张广泗会判若两人，"张广泗向在苗疆，甚有经济，此番不知何故，每致差谬。"

在前线指挥层中，岳钟琪是除张广泗之外最懂军事的将领，他的意见自然比讷亲更专业也更具体。他认为刮耳崖虽系大金川军要地，但地险碉多，攻取不易，相比之下，进出勒乌围的道路较多，尤其有两个地方并不险峻，因此建议张广泗改变分兵策略，集中各路兵力，直捣勒乌围，"勒乌围一破，四路自溃"。应该说这是一个打破当时僵局的良策，也显示岳钟琪这员老将确有其独到之处，但张广泗却以"不便更宜"为由置于一旁。

除了用兵不得要领外，俨然已成张广泗幕中高参的良尔吉、王秋一直暗通莎罗奔，导致清军动静悉为大金川军所知。岳钟琪发现后坚请将二人斩首，然而张广泗不仅对他们依旧坚信不疑，而且居然还倚良尔吉为心腹，让他在军中领兵。

良尔吉与莎罗奔的关系在当地不是什么了不得的秘密，见张广泗这么信任良尔吉，当地土司即便倾向于清廷，也不敢为清军出力，都唯恐被莎罗奔知道后遭其报复。与此同时，良尔吉所部的土兵也很不可靠，他们看到敌人竟然不放枪弹，与汉兵配合作战时"不惟无用，且须防范"。

岳钟琪被重新起用后，急于靠战功翻身，前线"兵老志竭，株守半截，无尺寸功"的状况令他极为不满和沮丧，加上本来就与张广泗有嫌隙，见劝谏无效，便也紧随讷亲，用密奏的方式向乾隆状告张广泗。

岳钟琪的奏疏令乾隆更加烦闷，只得一边降谕讷亲调查落实，一边以无可奈何的心态督促和关注着前方动态。那些日子里，他每天寝食难安，不知道用什么办法才能迅速了局，他甚至幻想不惜使用重金，诱使大金川土民将莎罗奔直接缚送军营，或采用大臣提出的所谓离间计，以促使土司内部分裂，然而这些策略终究都只是纸上谈兵，到了现实中立刻变成了吹弹即破的泡沫。

送命符

为了向皇帝交差，讷亲、张广泗组织了新一轮军事行动。1748 年 9 月 19 日，在对预定敌阵地屡攻不下的情况下，清军改攻喇底二道山梁，他们分左右两路进兵，当右路军到达沟口时，数十名藏兵从山梁上呐喊着俯冲下来，右路军有三千之众，相当于可以一百个打人家一个，却被吓得当场抱头鼠窜，逃回途中因拥挤自相践踏，又徒然增加了不少损伤。

尽管对前线清军战斗力之差已有充分认识和心理准备，也知道"汉兵素有不战自溃之名"，但当战报传至北京时，乾隆仍备感震惊。在他看来，清军即便不能够像他所希望的那样以一当十，也不至于三千人被数十人吓得闻声远遁，"实出情理之外，闻之殊骇听闻"。

在此之前，乾隆对讷亲、张广泗或多或少都还抱有幻想，至此已完全失望，10月 31 日，他以光用奏折说不清楚，得当面商讨为由，降旨命讷亲、张广泗驰驿来京，"面议机宜"，张广泗的川陕总督印由傅尔丹暂行护理，所有进讨事宜，则由傅尔丹会同岳钟琪相机行动，实际上是变相解除了讷、张的职务和兵权。

乾隆降旨后不到十天，又接到前线战败奏报，这次藏兵也不过才二三十人，却趁土汉官兵熟睡之际，通过乔装改扮对马奈军营实施夜袭，最后不仅成功地杀伤兵丁、抢去大炮，还使清军已据卡隘尽失。乾隆阅后气愤至极，认为是清军平时毫无纪律，把打仗视同儿戏才会出现这种情况。

"大金川自用兵以来，连吃败仗，大概多半不是因为纪律太严，而是过于松散懈怠造成的。总的来说，就是军纪不够严明，以致无一人称职，这岂是朕所能料想得到的！"

事实上，自张广泗奉旨赴川，对大金川发动首次大规模攻势起，金川战争持续了近一年半时间，耗资几及两千万两白银，已接近于雍正朝打了四年的清准战争所用军费。可是不但对付不了一个区区土司，还频频闹出笑话和丑闻，别说乾隆正因皇后之死而抑郁无比，就算没有这事，他恐怕也无法忍受。讷亲、张广泗到京后，乾隆并没有和两人就金川战事"面议机宜"，而是严厉痛斥他们在金川的种种失误，同时还决定对两人进行惩办。

首先遭殃的是张广泗，他被以"玩兵养寇，贻误军机"罪革职，随即交刑部问罪。乾隆亲自出马，在中南海瀛台审问张广泗，就调度失当、偏袒黔籍将领、信用奸细等一一对其进行指责，张广泗不肯承认自己有罪，你说他多少，他驳回多少。

乾隆在大庭广众之下丢了面子，不由勃然大怒，竟下令对张广泗"批颊"，也就是当众打他的耳光。仅仅几天后，张广泗便以"狡诈欺妄，有心误国，情恶重大"，被斩首于北京菜市口。

讷亲告发张广泗，本也有将失败责任全部推到对方头上的意图，但他最终却并没有能够因此而脱身。乾隆说张广泗是"刚愎小人"，而讷亲则是"阴柔小人"，指责他贪图安逸，不亲临前线指挥打仗，只是一味想着如何迁移时日，一闻召回之旨，即如同得了活命符一般。

你要活命符，我现在就给你一张到阎王殿报到的送命符！乾隆以"退缩偷安，老师糜饷"罪，下令将讷亲革职押往北路军营，不久即将其在营门处斩，用来砍下讷亲头颅的那把屠刀，正是"遏必隆刀"，也就是其祖父遏必隆所留下的腰刀！

瞻对战争是金川战争的前奏和诱因，瞻对案与金川战争案紧密相连，因此此案也可以作为金川战争案的一部分。还在讷亲、张广泗被惩办前，已调京任职的庆复、原四川提督李质粹、总兵宋宗璋等涉案人员皆已遭到逮捕。庆复除了对放走班滚负有责任外，还被揭露出曾与李质粹等人上下串通，对班滚儿子及其所居住的碉楼进行保护，从而使得班滚无所忌惮，连"三年内不可出头"的约定都不肯遵守，在瞻对肆意招摇，对金川战争产生了直接的负面影响。

经过审讯，李质粹、宋宗璋被双双处斩。本来庆复也要被砍头，但因他出身显赫，乃康熙舅舅佟国维的儿子，乾隆念其祖先为勋戚故旧，才加恩赐自尽，给了他一个全尸。

在1748年以前，被处死的大吏只有一个，即红包案首犯、步军统领鄂善。乾隆当时"垂泪谕之，令其自尽"，后来他自己还觉得不忍心，说："降旨之后，心中戚戚，不能自释，如人身之失手足也。"

从1748年起，以金川战争案、皇后丧葬案为标志，军政两界突然刮起一股贬黜、杀戮大吏和高级将领的风潮。一年之内，周学健、塞楞额、讷亲、张广泗、庆复、李质粹等人被相继诛杀或令其自尽，其中有大学士，有总督，有巡抚，有提督，每一个人的职务和身份都与鄂善不相上下。其余被贬革者更是不计其数，仅丧葬案就处分了大员一百多人，外界为之瞠目结舌，乾隆初年一度相对平静的宦海也就此被搅得天旋地转，沸沸扬扬。

一纸空文

一般认为，乾隆是因为痛失爱妻，情绪极度恶劣，才会骤然对官吏们采取极端严厉的措施。从他对皇子的态度来看，这种情况是客观存在的，但史学家从吏治的角度出发，认为还应该透过表面现象，揭示其更深一层的原因和动机。

乾隆即位之初，虽以宽仁相济政治相标榜，实际是以康熙的宽大政治替代了雍正的威严政治。乾隆这么做，本身就带有巩固帝位，树立权威的目的，甚至有人说他之所以要变异雍正的政策，其中一个重要原因是故意要与乃父唱反调，以便得到朝野的支持。虽然这种说法有些过于夸张，但博取宽仁之名，以捞取政治资本，也确实是乾隆最初施政的特点，不然也就不会矫情到"含泪斩马谡"了。这一点连驻华的朝鲜使者都有所洞察，他们评论认为"雍正有苛刻之名，乾隆行宽大之政"，又说乾隆"政令皆出要誉"。

康熙的宽大政治有政清刑简、缓和矛盾的效果，但也会带来副作用，后者在康熙晚年时表现得尤为明显。乾隆沿用祖父的政策，可谓既享其利亦承其弊，如他即位后为纠正雍正的过于苛严，对旧有的钱粮亏空予以了宽免，结果时间一长，见皇帝好说话，控制不紧，也没有什么跟进的惩罚措施，贪污腐化滋长的现象便又露出了苗头，新的钱粮亏空案不断发生，朝鲜使者对此洞若观火，说乾隆"政令无大疵，或以柔弱为病"。

最初亏空案暴露得还不多，数额也不大，一般都在数百两至千两之间，所以乾隆还不是太在意，但就在1746年，也就是瞻对战争结束的那一年，仅奉天（今辽宁省沈阳市）就一连发生了五起亏空案，这才让乾隆真正重视起来。当年，他特派讷亲南下巡视，结果发现不光奉天，其他省的亏空问题也很严重，究其原因，他不得不承认与自己施行的政策有关："（亏空案当事者的）主管上司见朕办理诸事，往往从宽，就以为可以放纵恣肆了。"

懒政、惰政、人浮于事也让乾隆为之烦恼困惑。他刚即位时，由于对各省官员都不熟悉，曾要求督抚们时时向他反映所属官员的资料和动态，以便他能够在"秉公甄别"后加以挑选录用，可是所有的督抚都只陈奏了一次，从此便没有了下文。

一直到执政的第七年，吏治状况仍无根本改观。乾隆批评各省的官员考评制度已成"一纸空文"，督抚们对贤员不行举荐，对劣员不予纠察，在举荐时仅凭个人喜好，"只将教职及佐杂微员草草填注，以充其数"。

一次，云南巡抚向朝廷推荐他手下的一个道台，所用考语是"老成持重"，乾隆复查此道台的记录，却发现前任巡抚给的评语是"年老体衰"，再看新任巡抚对其他属员的评语，也都是有优无劣，尽说好话。可想而知，这样的评语对选任人才毫无用处。

又有一次，乾隆看到台湾某道员的评语，上面说这位道员"年力强壮，居心诚朴，才具明白，办事切实"。如果乾隆先前不了解不熟悉也就罢，但关键是他还见过此人，在他看来，此君虽然有些小聪明，但为人谈不上诚实，办事也不麻利，绝对算不上干练，甚至其年龄和精力也没有任何优势，与"年力强壮"不符。

地方上如此，京城状况亦然。很多京官是优是劣，究竟是年富力强、精力充沛还是老朽无能、得过且过，其实一眼就能看出来，但他们的上司却虚应故事，即便明知某些人不合格也装聋作哑。因为怕得罪人，各部门就把考评的责任推给吏部，吏部又推给九卿，最后那些含糊其词的考评竟能一路报到御前，等于把皮球都踢给了皇帝一个人。

乾隆不是没有想到吏治会出问题，他一开始便意识到，如果官员们误以为他一意宽纵，事态就可能会朝着相反的方向发展，这是他最为担心之处。为此，他曾发出警告，称假使宽政真的导致百弊丛生，他绝不会姑息和坐视不理，"将来有不得不严之势，恐非汝等大员及天下臣民之福"。

在乾隆七八年以后，灾荒频仍，社会动荡，抢米抗粮事件不一而足，至乾隆十一年即1746年，各地抗粮闹赈事件更是激增，天灾虽是直接起因，但细究又总能发现"人祸"在其中作怪。乾隆很是不安，责怪官员们说："你们这样懈怠废弛，盗贼活动的势头怎么可能平息得下来？"

为了整顿日益废弛的官场，乾隆不知不觉加重了对官吏的惩治。在早期处理亏空案时，一般他仅对亏空的当事人予以革职和追究，基本不涉及其上司，从1746年的奉天亏空案起，不仅涉案的三名官员被处以死罪，由于案件发生于前任府尹霍备任上，霍备本人也被责令革职，发往伊犁军台效力。

你把皇帝当什么人了

自奉天亏空案开始，乾隆朝的执政已出现了由宽到严转变的趋势和迹象，但这还不是根本改变。在发现宽大政治过程中所产生的流弊后，乾隆显然更倾向于将自己的政纲定位于宽仁相济，因此屡屡强调宽猛结合、刚柔并济的所谓"中"，若用西方历史学家的说法，就是他企图"在过于仁慈的祖父和过于严厉的父亲之间寻找出一条中庸之道"。

既能得祖父之名，又可如父亲一般求实，这自然是好，可惜世上从来就没有如此完美的选项。1748年2月，也就是乾隆东巡的前一个月，江苏沛县、萧县再次发生流民抢劫店铺的求赈事件，同时福建也爆发了被称为"老官斋教案"的起义，这显然是吏治继续滑坡、社会矛盾激化的某种征兆。军界状况同样令乾隆忧心忡忡，官场侵贪和军营怯懦素来都是一对亲兄弟，在瞻对战争中就暴露出的怯懦腐败、疲玩不振之风，到了金川战争不但没有丝毫起色，反而变本加厉，这正是前线陷入僵局的一个重要原因。

乾隆的摇摆式执政已走到了死胡同，皇后的去世正好给他提供了以发泄情绪为名，将施政彻底由宽变猛的契机。这对一众官吏尤其前朝旧人和老臣而言，自然不是什么福音，在皇后丧葬案、金川战争案中被处决的塞楞额、张广泗、庆复、李质粹等人，都是雍正遗留下来的老臣，讷亲虽然在乾隆初年的权臣中年纪最轻，一度也最得乾隆宠幸，然而他其实也是由雍正选拔上来的。

鄂尔泰去世后，昔日两大前朝元老，只剩下了张廷玉。尽管鄂尔泰这个政敌已经不在，但由于不受乾隆青睐，张廷玉在朝中也并不得意，乾隆东巡前夕，他曾以"年近八旬，请得荣归故里"为由乞休，未得准许，只得继续留在京中，结果正好撞上这场突如其来的政治大风暴。当年冬至，翰林院撰拟皇后祭文，用了"泉台"二字，乾隆吹毛求疵，认为这两个字不够尊贵，用于常人尚可，但不宜用于皇后。他指责以张廷玉为首的翰林院官员"全不留心检点，草率塞责，殊失敬理之义"，下令全部罚俸一年。

与其他在两案中被惩处的大吏相比，张廷玉所受处分可谓不值一提，可即便如此，还是让老头子吓破了胆，于是他再次向乾隆恳请并获准以"原官致仕"。

名利场进去困难，退出更不易。按照雍正遗诏，张廷玉身后可配享太庙，清代异姓大臣配享太庙者共十二人，张廷玉是其中唯一的汉人。鄂党对此一直很不服气，此时鄂尔泰虽死，鄂党势力却并没有即刻散去，鄂党成员、大学士史贻直多次向乾隆进言，称张廷玉并无功德，不应配享。张廷玉得知后，唯恐乾隆真的被史贻直鼓动，遂进宫陛见乾隆，"免冠呜咽，请一辞以为券"，也就是让乾隆给他写一个诏书，保证不取消他的配享资格。乾隆对他这种近乎要挟的请求颇感不快，但还是同意照此办理。

皇帝破例施恩，按例次日张廷玉应亲自进宫谢恩，但他因年老天寒，选择了派儿子代往。张廷玉的这一做法在他看其实只是一个小小疏忽，但在乾隆看来，却是无情无义，不敬君上的表现——我"施与特恩"，满足了你所有的要求和条件，你却过河拆桥，从此视我为陌路，连见一面都不愿意了，你把皇帝当什么人了！

当天下午，乾隆即命军机大臣汪由敦传写谕旨，令张廷玉明白回奏。汪由敦是张廷玉的门生，张党成员，他赶紧派人到张府传信，让张廷玉有所准备。张廷玉大惊失色，惊慌失措之下做了一个极其愚蠢的举动，即皇帝命他明白回奏的谕旨尚未送到张府，他就慌慌张张地跑到宫中请罪。乾隆一看，就知道是汪由敦泄露了消息，想到自己打击朋党十余年，然而朋党积习犹存，他当即大发雷霆，将张廷玉痛骂一顿，其后又降旨将他赐予张廷玉的伯爵削去，以示惩罚。

就在张廷玉心惊胆战，丧魂落魄，只想早点远离京城这一是非之地，回乡过安稳日子的时候，皇长子永璜突然病逝。永璜在皇后丧葬案中遭到乾隆的严重鞭挞，被剥夺了继位资格，之后便郁郁寡欢，染病去世时与皇后案仅仅相隔一年。

乾隆虽然不喜欢永璜，但他毕竟是长子，又生下了皇长孙绵德，所以感到很是哀伤。张廷玉做过永璜的师傅，当然必须参加丧礼，但他归乡心切，刚过初祭，即奏请启程，此举再次触怒了乾隆，痛责张廷玉："漠然无情居然到这种地步，你还有良心吗？"

这时正好蒙古亲王、额驸策棱去世。策棱也是配享太庙的功臣，乾隆便借题发挥，说有资格配享太庙的不是开国功臣，就应该是征战沙场的名将，鄂尔泰能够配享本来都属过优，但他尚有开苗疆之功，你张廷玉毫无建树，又对朝廷没有忠心，凭什么还能配享？

随后乾隆便以大学士九卿议奏的名义，修改雍正遗诏，罢张廷玉身后配享（在张廷玉死后，乾隆才以眷念老臣的名义，仍令配享太庙）。

张廷玉竹篮打水一场空，灰溜溜地回了老家，但在老家也不得安生，又因牵扯其他案件而遭到问罪，以往三代皇帝给予他的赏赐被全部追缴。经过这次问罪，张党被完全击垮，门生故吏各寻出路，连张党骨干、张廷玉门生的吴士功也投奔了史贻直。

曾几何时，在张、鄂两党过往的大战中，吴士功、史贻直还各为其主，彼此激烈厮杀过一番呢，可见物故星散，时代真的变了！

第四章

分水岭

乾隆中期对军政两界的整肃，毫无疑问加快了廷臣的换班和权力交替。一批新进的年轻人迅速崭露头角，为首者是富察氏的弟弟、乾隆的妻舅傅恒。

与大多数满族官员一样，傅恒不是靠科举出道，自然无科甲头衔，他进入仕途的第一个角色是侍卫，而且还是蓝翎侍卫。清代侍卫分为很多等级，蓝翎侍卫在其中是比较低的，属于正六品的小官，但富察氏弟弟的身份成了傅恒在官场上的登云梯，仅仅两年之后，他就被授为总管内务府大臣，负责管理圆明园事务。

乾隆登基后最为宠信的大臣是讷亲，其次便是傅恒，他自己也说："自御极以来，第一受恩者无过讷亲，其次莫如傅恒。"在乾隆的提点下，傅恒历任户部侍郎、军机处行走等，直至成为正一品的领侍卫大臣。

富察氏临死前把弟弟托付给乾隆，请他予以照顾，这又进一步提升了傅恒在乾隆心目中的地位。富察氏一死，乾隆就升傅恒为太子太保，授协办大学士。

金川战争初始，傅恒曾主动请缨，愿赴前线效力，但当时适遇富察氏新丧，乾隆考虑他不便释服即戎，且老练也不及讷亲，没有立即应允。等到讷亲、张广泗被先后罢撤，乾隆才决定正式启用这位自己悉心培养的后备中坚力量，遂命傅恒暂管川陕总督印，授经略将军，统领一切军务，同时将其由协办大学士升大学士，随即又定为保和殿大学士兼户部尚书。

出征

傅恒受命于危难之际，此时的他还只是一位不满二十七岁的青年，从无带兵打仗的经历和经验。为了确保他能旗开得胜，马到成功，不致重蹈讷亲之覆辙，乾隆尽可能地调动各方面资源，做了精心准备。

讷亲在被罢撤前，提议增调三万土汉兵，乾隆在此基础上又加了五千，陆续从各地调拨三万五千官兵开赴金川前线。张广泗、讷亲居前指挥时，乾隆先后向他们建议调拨京旗或索伦营助阵，都被两人打了回票，此番乾隆自己做主，从调拨的人马中删去了土兵这一选项，全部代之以八旗和绿营，其中索伦兵和京旗兵共五千人，西安、四川的满洲驻防兵三千人。陕甘绿营自平定三藩之乱起就以战斗力强著称，所以乾隆特地从陕甘两省抽了一万五千绿旗兵，其他绿旗兵则从云贵、两湖调拨。

金川战争离不开火炮，乾隆让傅恒直接从京城挑选，傅恒奏准各带"威远将军""制胜将军"两门。"威远将军"是中国首批仿造出的榴弹炮之一，康熙朝时清军进兵西藏，曾凭此炮得胜，"制胜将军"造型威武，在康熙亲征噶尔丹的战役中也立下过战功，它们都是当时能够提供给清军最优良的火炮。除此之外，乾隆还降旨整修了从京师通往成都的四十八个驿站，以及从成都至金川军营的马步二十四塘（"塘"指较为狭小的防区，专供传送文报、巡更查夜），以期交通顺畅，便于运兵和传递军情。

乾隆认为，金川用兵历时已近两年，始终都无法取得成功，"咎在主帅"，乃讷亲、张广泗或措置失当，毫无谋略，或畏缩不前，不亲自督阵所致，同时也有号令不明、赏罚不明的因素。出于提高前方士气，确保傅恒用兵无阻，将士用命的目的，他从户部库银和各省拨银四百万两以供军需，并不吝赏格，从内务府拿出十万两白银，加上花翎二十、蓝翎五十，给傅恒作为嘉奖军前立功将士之用。

乾隆出手大方，却无法掩盖政府财政已相当吃紧的现实。他在向傅恒交底时也很坦白地告诉对方，户部存银只剩下两千七百余万两，倘金川战争继续久拖不决，而偏偏内地又有造反起义等意外事件发生，这点钱是根本不够用的，所以他要傅恒必须保证在四月初（农历）就结束用兵，否则就班师回朝，无论胜败。

退路要留，但乾隆对傅恒出征仍充满信心，认为"此任非傅恒不能胜，此功非傅恒不能成"。1748年12月21日，他在重华宫赐宴傅恒，次日是傅恒启程的日子，他按照满族出征传统，至堂子（清朝皇帝祭神之处）行祭告礼，在堂子大门处亲祭吉尔丹旗、八旗护军旗，接着在东长安门外布置帷帐，向傅恒赐酒，命他在御道前上马。皇子及大学士来保也都奉命为傅恒壮行，一直将他送至京城郊外的良乡，时人谓之"命将之典，实近代之所罕觏者"。

傅恒受此礼遇，在途中就上疏表示："此番必须成功，若不能殄灭丑类，臣实无颜见众人。"他知道前方军情急如星火，路上不敢有丝毫瞻顾迟疑，每天都披着星星踏上行程，太阳快下山了还不肯解鞍扎营休息，最远的一天走了两百五六十里。

古代入蜀不易，有"蜀道之难，难于上青天"之说，从成都前往军营的那段，道路险峻兼遇雪冰滑，随行的十几匹马都坠入了山涧，傅恒便下马步行，一连走了七十里，部队士气因此深受鼓舞。

凭借勤恳奋发的精神和态度，傅恒大得乾隆的赞赏，刚刚抵达四川，他就收到嘉奖令，由太子太保晋衔太保，加军功三级。明清以太师、太傅、太保为三公，乃廷臣所能获得的最高荣誉头衔，傅恒年不过三十，出师尚未立功，便骤然晋至三公之位，如此恩典实在出人意料，不仅满朝文武感到疑惑，就连傅恒本人也诚惶诚恐，赶紧上疏力辞。

皇帝的不世之恩显示了对傅恒寄望之殷切，傅恒的辞呈自然未得批准。傅恒百感交集，对他来说，此时也唯有肝脑涂地，效命疆场，才能报答于万一。1749 年 2 月 7 日，他一到金川军营，即密令总兵马良柱以迎接经略将军为名，将良尔吉调出土兵营伍，在当面宣布罪状后，将其斩首示众，其余如王秋等内奸也都分别遭到逮捕并被处死。

在诛杀内奸，消除隐患后，傅恒即赴前沿的卡撒军营视察地形。他发现整个战场的面积并不大，战碉也没有想象中那么宏伟，可为什么投入这么多兵力，用一两年时间都不能奏功呢？

经过与岳钟琪、傅尔丹、马良柱等人探讨，又一一对照分析讷亲、张广泗的用兵记录，傅恒了解到了不少原先他并不掌握的内情。

健锐营

回过头来看，金川战争开始时，清军其实有过一蹴而就的机会。在张广泗尚未抵川前，马良柱曾一度拿下小金川、丹噶，直逼大金川，其时清军兵锋甚锐，而大金川的内部防御相对还不足，大金川军为此人心浮动，"贼众四散"。

及至张广泗抵川，若能及时增兵进攻，直捣大金川巢穴并不困难。可惜的是张广泗、庆复忙于交卸，对此无暇顾及，莎罗奔、郎卡则乘此机会，从容布置，"尽据险要，增碉备御"，这才出现了其后坚碉林立，无论如何都攻不进去的局面。

讷亲刚到时死打硬拼，稍一受挫又灰心丧气，把军务全部推给了张广泗，所以一直是张广泗的打法在前线起作用。张广泗专攻碉卡，这在傅恒看来，实属下策，因为清军的枪炮充其量也就只能对战碉的石头外壁予以破坏，很难伤及碉内的藏兵，藏兵却能以暗击明，弹不虚发地对碉外冲锋的清军予以杀伤，是故"我唯攻石，而贼实攻人"。

据岳钟琪反映，由于张广泗最初没有想到砍巨木做挡牌，官兵甚至都只能在毫无掩护的情况下肉搏冲锋，每攻一碉，多的死伤不下数百人，少的也不下百十人，而平均每百名受伤官兵中，竟有数十人身带四五处伤。几场仗打下来，官兵无不见碉而怯，就是后来有了挡牌，大家也都不敢往前冲了。

一方面是攻一碉难于克一城，另一方面是大金川的战碉极多。此地什么都可能缺，就是不缺石头，土民筑碉可就地取材，且这里的男女老少都非常擅长筑碉，若有需要，不过数日就可筑成一批，即便战碉在激战中被枪炮破坏，他们也能在短时间内随缺随补。

傅恒注意到，单以卡撒而言，其左右山梁即有战碉三百余座，以半月或十天得碉一座计算，必须数年才能予以全部攻克。每座战碉里其实只有几个藏兵，每座关卡的防御兵力也仅十余人，最低估计这时大金川军还有三千人，按平均每一百名清兵敌一名藏兵计算，清军至少也得投入二十万兵力才可以功得圆满。无怪傅恒会发出感叹："如此旷日持久，老师糜饷之策，而讷亲、张广泗尚以为得计，臣真不知道他们是怎么想的！"

在掌握实情的基础上，傅恒听取岳钟琪等人的建议，提出了"锐师深入，直捣贼巢"的作战方案，即从卡撒出发，尽量避开战碉，直捣大金川据点。

相关形势分析及作战方案都由傅恒写成奏折，汇报给乾隆。乾隆阅后，深为赞赏，认为傅恒对敌情的分析超出其同僚，"筹划精详，思虑周到，识见高远"。

乾隆多年对傅恒进行观察，知道小伙子素来聪明机警，办事干练，但在连他自己对金川战争都唯恐把握不住的情况下，他其实也在为初次上战场的傅恒悬着心。傅恒从离京出发到居前指挥的实际表现显然让乾隆松了口气，他高兴地说："朕心深为喜悦，相信经略大学士（指傅恒）是个有福的大臣，看情况此次必可大功告成。"

在向乾隆发出奏折后，不等回复，傅恒即按照既定方案下令出兵大金川。由于大金川军在各个隘口都设有碉卡，清军不可能完全避开，所以沿途的攻碉之战仍在所难免。傅恒在指挥攻碉时，不仅把他从京城带来的"威远将军""制胜将军"等火炮全都调了上去，而且还动用了乾隆一手训练的云梯兵。

自金川用兵以来，当地崎岖险峻的地形以及极难攻取的战碉，已经给乾隆留下了深刻的印象。乾隆经常拜读历代清朝皇帝留下的实录，从中吸取经验，在翻阅皇太极实录时，他发现当年清军攻打明城堡，多靠云梯取胜，这让他受到启发，认为同样可以用此法攻打战碉。

乾隆让人制造了一批云梯，命禁军进行秘密演练和研究，接着在香山建立训练基地，由大金川藏军俘虏和从金川招募的工匠仿造金川碉楼，共建碉楼六千多座，又从京旗中挑选云梯兵，组建了日后被正式定名为健锐营的特种部队，专门在香山基地"操演云梯"，进行登山攻碉战术的训练。

金川战事结束后，健锐营建制被完整保存下来，限于经费所限，清廷对八旗军的扩编一向持非常谨慎的态度，由此可知，云梯兵在此次攻碉作战中确实发挥了重要作用。从此以后，健锐营便成为八旗军中一个固定的新兵种，其常规编制保持在两千人左右，仅香山基地就建造了健锐营营房三千五百间，因为健锐营最早源自云梯兵，且基地位于香山，所以也称健锐云梯营、飞虎健锐云梯营、香山健锐营。

傅恒抵川的第二个月，关于他亲自督帅攻下数座险碉，前线一改往昔窘境的奏报即递达京城。在奏报中傅恒还表示要继续亲任其难，直捣敌军巢穴，于四月间（农历）奏捷，可是让傅恒没有想到的是，皇帝收到奏报后下达给他的密谕，却是即刻收兵，班师回朝。

算账

乾隆原先虽然知道大金川地险碉固，易守难攻，但并不清楚究竟有多困难，尤其讷亲、张广泗掌军时对他隐瞒了士兵伤亡等很多情况，使他总以为只要再稍加把劲，就能迅速拿下，直到看了傅恒的奏报，他才明白自己以前严重低估了敌情，大金川绝非旦夕可下。

傅恒出师时，乾隆叮嘱他需在四月（农历）结束战役，那是他的一个估计，认为户部存银只能维持那么长时间，而战争胜利也一定不用等待太久，现在看来是形势估计错误，过于乐观了。乾隆认为到时傅恒已经不太可能取胜，如果大军又像以前一样受阻甚而吃败仗，则朝廷就连小捷之后体面收场的机会都没有了。

乾隆再一算账，金川战争打到现在，已耗去近两千万两白银，这让他叫苦不迭："金川小丑，初不意靡费如此物力，两年之间，所用几及二千万。"这一期间，负责办理军需的四川布政使高越给他送来一笔明细账，称从金川战事重启到次年五月（农历）止，前线需米二十五万石，加上其他一应所需，总共约需银两八百七十余万，也就是说，如果继续打下去的话，"近两千万"就得变成"近三千万"，而且打赢的可能性还小得可怜。

不单单是财政困难，由于金川前线的大量军粮都取给予四川，直接造成成都米价飞涨，高越在奏折中也提到"成都米价昂贵，民食艰难"，请求动用政府储备粮调节米价，赈济民众。

四川省因战争而"物力虚耗"，因"物力虚耗"而米价飞涨，又因米价飞涨而民怨沸腾，泸州道台衙门前曾发现一张公示，上面"皆大逆不道之言"。虽然高越对此吞吞吐吐，未敢全部如实陈奏，但乾隆已经基本掌握了这些情况，联想到同一时期江南各地粮价上涨和抢米风潮的此起彼伏，他深感忧虑：江南向为富庶之地，抢米事件仍不可避免，四川相对而言乃偏僻省份，金川战争又发生在该省，不是更容易滋生意外事端吗？

看完高越奏折的当天，乾隆就表现出了对打这场战争的悔意，说："朕早知如此，就连此番调遣（指派傅恒率师出征）都没必要。"在给傅恒的密谕中，他让傅恒从速罢兵，并要求"此旨至日，傅恒着即驰驿还朝"。

傅恒那边刚刚才开张，却突然接到皇帝要予以召回的密旨，这个弯委实很难转得过来——不是说四月（农历）罢兵吗，现在才正月啊，我又没有吃败仗，为什么要急着催我回去？

所谓"将在外，君命有所不受"，血气方刚、雄心勃勃的傅恒坚持取胜才能班师。他在复奏中说，以前不能成功是因为策略错误，现在已经弃专攻碉卡而选择直捣其穴，眼看胜利在望，如果就这样轻率地班师还朝，大金川军的气焰会更加嚣张，"功在垂成，弃之可惜"。

　　瞻对战争草草收兵，造成许多不利后果，乾隆对此一直耿耿于怀，他也很怕金川战争重蹈瞻对的覆辙，傅恒的话让他无法反驳，于是只好一边公开宣布："今朕已洞悉形势，决定收局。"一边松口答应傅恒可以在四月底五月初（农历）收兵，说到时或许还可以凭借一两场胜仗，迫使莎罗奔投降。

　　乾隆对傅恒松口，却并未能够将他自己说服。在乾隆眼中，大金川只是一个"得其地不足耕，得其人不足使"的所谓"化外之地"，别说胜利极其渺茫，就算胜利了，中央政府能够予以完全控制，又有多大的意义和价值呢？答应将战争再拖上几个月的代价，是加重财政危机和随时可能发生不测事变，这笔账乾隆怎么算都觉得不合算。

　　古时将死者的周年祭称为"小祥"，正好傅恒的姐姐富察氏的"小祥"就要到了，乾隆便借此名义，把从不预政的皇太后搬出来，以皇太后的口吻劝谕傅恒，"经略大学士此行，原为国家出力，非为一己成名"，并以"大学士理应奔赴行礼"为由，命傅恒于二月初旬（农历）启程返京。

　　为了让傅恒理解自己的用意和一片苦心，次日乾隆又亲自降谕，十分恳切地对傅恒说，大金川军占据地利优势，清军绝对没有全胜的希望，"朕思之甚熟，看之甚透，上一年办理实属错误，现及早收局，相信今后一定可以否极泰来"。

　　经过反复谕令和一番苦口婆心的劝导，1749 年 3 月 6 日（农历正月十八日），乾隆正式颁旨，召傅恒班师还朝，"其纳降善后事宜交四川总督策楞办理"。此前他特地援引当年康熙一征噶尔丹时班师的事例，要傅恒予以效法，即该班师的时候还是得班师，而不要只顾及自己的脸面和功业。

受降

　　在决定罢兵前，乾隆曾说傅恒是个有福的大臣，必能大功告成，这句话其实并没有说错。就在傅恒踌躇再三、左右为难的时候，大金川方面率先支撑不住了，莎罗奔两次派人到清军军营求降，急于退场的清廷非常幸运地迎来了借以转圜的绝佳机会。

大家都认为傅恒吉人天佑，是个福将，但傅恒自己对就此收场却还表现得心有不甘。在接见来使时，他坚持要莎罗奔、郎卡叔侄"亲缚赴辕"，实际上是企图趁其求降之际，予以逮捕后"还朝献俘"。

获悉傅恒居然有这种意图，乾隆唯恐鸡飞蛋打，连忙予以制止，要求傅恒务必抓住机会，"昭布殊恩，网开三面"。

在这种情况下，傅恒只好同意莎罗奔求降，但他仍担心对方缺乏诚意，只是在使用缓兵之计，稍后又会推翻协议，卷土重来。同样，莎罗奔、郎卡也有清军是否在诱其入套，实际不会遵守协议的疑虑。

雍正朝时，大金川军跟随岳钟琪进藏平叛立功，当时曾被朝廷授予大金川安抚司印。基于这种历史关系，莎罗奔便通过其他土司，请求岳钟琪能够出面与他们商定纳降事宜，以增强双方的互信。

经傅恒批准，岳钟琪带随从四五十人直入勒乌围。清代笔记中对这段故事的记载极富戏剧性，说岳钟琪在看到莎罗奔后，特意放松马的缰绳，缓行到他面前，笑着对他说："你们还认识我吗？"

"果然是我岳公啊！"莎罗奔吃惊地叫道，当下便伏地请降。

在清史学家萧一山所著的清代通史里，亦有相似描述："莎罗奔在西藏之役中隶于岳钟琪麾下，到这个时候为止，其余威仍震于大金川，故莎罗奔才会到军前乞降。岳钟琪以轻骑径抵其巢，莎罗奔等人皆大喜，悉听其约束。"

按照这些记述，大金川求降的功劳似乎都可以归到岳钟琪名下，但岳钟琪并非刚到前线，要是莎罗奔仅仅因为他才求降，也就不用等到现在了。另外，岳钟琪与莎罗奔昔为故人，久别重逢后倍觉亲切的画面固然温馨感人，却与史实不符。因为大金川的首领实际是本教大巫师，莎罗奔并非人名，而只是对其本教大巫师身份的一种称呼，雍正时随岳钟琪入藏出征的前任莎罗奔在好几年前就死了，现任莎罗奔未必认识或见过岳钟琪。

尽管如此，可以肯定的是，岳钟琪在大金川的声望以及他本人对藏民风俗的熟悉，一定也为他获得莎罗奔等人的信任创造了有利条件。莎罗奔迎接岳钟琪时非常恭敬，在把他迎入帐中后，亲自把敬客的酥油茶捧到他面前，岳钟琪二话不说，接过碗来一饮而尽，随后便宣布皇帝圣旨，"示以德威，宥以不死"。众人为之欢呼并当场头顶九乘之经，立誓决不再叛，继而又杀牛设宴，邀请岳钟琪留宿于勒乌围。

那天晚上，岳钟琪解衣熟睡，一如在自己家里一样，莎罗奔见此情景完全放下心来。次日，岳钟琪至莎罗奔等人念经的经堂，要莎罗奔、郎卡于佛前礼誓，以表诚意。两人均照做不误，这使岳钟琪心里也有了底，回去后即禀告傅恒。

1749 年 3 月 22 日（农历二月初五），双方议定的受降日，莎罗奔、郎卡在寨门外除道设坛，率教徒、头目多人，焚香顶戴，鼓乐齐奏地来到傅恒军营。岳钟琪亲自引领他们进入军营，按程序，岳钟琪要自己先进大帐向傅恒跪拜报告，接着再喊莎罗奔叔侄入内。这位莎罗奔显然没有随清军出征的经历，对清军内部的上下等级不了解，他和郎卡都以为岳钟琪已是清军中大帅级别的人物，只有别人向他跪拜，没有他向别人跪拜的道理，现在见岳钟琪居然对傅恒毕恭毕敬，不由大为吃惊，出帐后就对手下们说："我们平日视岳爷爷（岳钟琪）为天上神祇，傅公是什么人，岳爷爷竟也要拜他？天朝大臣，原来是这样不可估量的啊！"

当天傅恒代表中央政府接受莎罗奔的投降条件，将其赦免，仍为大金川土司。莎罗奔表示感激，誓言从此接受清廷的约束，永不再侵犯邻近土司，同时进献古佛一尊、银万两。

傅恒收下古佛，婉拒了银子。在岳钟琪的建议下，乾隆决定不再将剩余军粮运回内地，而是多数赏给跟随清军打仗的小金川土司及土民，以作抚恤，其余则留作驻防军队的供给。

在大金川受降后，瞻对土司班滚的求降请求也得到乾隆的批准，班滚保证约束部众，杜绝"夹坝"，只要朝廷有所差遣，一定"倍竭报效"。一度令乾隆为之头疼不已的金川、瞻对问题终于较为体面地解决了，尤其金川，号称"兵不血刃，一平金川"。乾隆仿效康熙平定沙漠、雍正平定青海后御制碑文例，特地亲撰《平定金川文》并勒石于太学，以垂示永远，金川战争也因此被纳入了乾隆所谓的"十全武功"。

战后论功行赏，岳钟琪得以恢复雍正朝被削去的三等公爵，加太子太保，原来获罪时要求补罚的赔银七十万两，也被全数豁免。傅恒作为三军统帅，乃金川战争中当仁不让的第一功臣，被晋封为一等忠勇公，从此以后，他不仅完全取代讷亲，成为清代历史上最年轻的宰辅，而且一直备受荣宠，在他活着的时候，朝中再未有任何一个人能够动摇或威胁其地位。

敲响了警钟

在施政风格上，乾隆越来越像他那已去世十多年的父亲，在某些方面，比起雍正，他的严猛甚至有过之而无不及。

清代死刑案必须由三法司审决，皇帝最后决定，所谓"威权生杀之柄，惟上执之"。皇帝每年会用一段时间集中阅看案卷，研究案情，如认可犯人应判死刑，便在其名字上以朱笔打勾，称为"勾决"，其余归入"缓决"，留待次年再议，"勾决"者即行处决，但"缓决"者实际就已由死刑变为了长期监禁，所以也称"老缓"。

乾隆初年，不少罪犯都沾了宽大的光，成了"老缓"，然而从1749年起，看到社会出现动荡，抗租抢粮、命盗叛逆案件不断增多，乾隆开始反复强调"安良必先除暴，容恶适足养奸"。在复核死刑时，他一反从前的做法，改手下留情为大笔勾决，连那些乾隆初年的"老缓"也被拖出来，重新改成了勾决处死。

皇后丧葬案、金川战争案是乾隆对于官吏态度的分水岭，在此前后，官场上侵蚀贪污、结党营私问题的日益严重，军营中怯懦腐败之风的盛行，都让乾隆增强了必须对吏治和军纪加以整顿的认识。过去，官犯常入"缓决"，原因是官官相护，审理部门有意对其进行袒护，皇帝稍不注意，就容易让他们蒙混过关。乾隆既知其弊，1749年当年即对被列入"缓决"的官犯进行清查，结果竟查出十八个重大案件，其中贪赃枉法者有之，受贿诬良者有之，草菅人命者有之，弃城失地者亦有之，这些人涉及军政两界，按实情本来都不能作为"缓决"处理。乾隆全部予以重新勾决，并要求今后官犯必须另列清单请旨，他将一律亲自定夺，最后把关。

在严刑峻法、整饬吏治的同时，作为引发社会秩序紧张的源头，米价的持续上涨也给乾隆敲响了警钟。著名幕僚汪辉祖是浙江萧山人，萧山亦受米价猛涨之困，据汪辉祖回忆，在他还只有十几岁的时候，一斗米的价格多在九十文到一百文，有时标价一百二十文，就觉得很贵了，但到乾隆十三年（1748），一斗米价已平均涨到一百六十文。汪辉祖了解到，由于米价上涨过快，很多地方的家庭无力购买粮食，甚至把草根树皮都吃光了，只能吃一种叫作"观音粉"的东西。"观音粉"本质上是一种风化了的石头，虽可用于勉强充饥，然而难以消化，常有吃了"观音粉"被活活胀死的人。

乾隆极为焦虑，专门颁谕发动各地督抚进行讨论，对米价持续上涨的原因进行分析。

清代为防止粮荒，在州县设立有常平仓，乾隆即位后对此很重视，加之国库财力充裕，所以常平仓存粮增加很快，一度达到四千四百万石，比雍正时翻了一番。部分官员认为，正是由于政府对粮食的大量购存触发了粮价上涨，安徽巡抚纳敏在上疏中说，米贵的原因在于州县采买过多，以致"米谷在官者多，在民者少多"。乾隆听取这一建议，决定减少政府对粮食的采购，降低常平仓库存。

常平仓本身对于调节米价和抗灾备荒都不可或缺，金川战争后期成都米价上涨，用来缓解危机的政府储备粮就来自常平仓，因此不管怎么减少粮食采购，都仍须把仓储量维持在一定水平，而且就算常平仓存粮达到最高峰时，也只占当年年产粮食的四分之一，说直接影响有，但还不至于造成全国粮食的连年涨价。

人口激增是讨论中被反复提出和强调的一个话题。事实上，古代中国的人口数字一直不是很高，截至明代晚期，始终在六千万人上下（也有专家认为明代晚期的中国人口实际应在一亿人以上）。清初因刚刚经历长期战乱，人口也很少，康熙末年统计只有两千多万人，但到乾隆六年（1741）冬，人口统计已达到一亿四千多万人，整整增加了六倍有余，超过了历史上的最高峰值，且由于统计方法不完善等原因，这一数字还低于实际人口。

海外学者将人口激增称为18世纪中国社会最引人注目的特点。人多了，理所当然要消耗更多的粮食，据清代官书记载，康熙朝的全国耕地面积为六亿亩，雍正朝为七亿亩，乾隆即位之初抵制虚报垦田现象，但也直接导致各地官员对于垦荒的态度趋于消极，垦田数字增长甚为缓慢。在乾隆执政的前四年，平均每年仅增土地六万亩，远低于同时期人口增长速度，当时农业生产技术和效率尚未取得重大突破，在如此僧多粥少的情况下，粮价又焉不涨？

从官员们发表的见解来看，多数人都发现了粮食涨价与人口激增之间的紧密关系，两江总督尹继善说："米价日贵，由于户口繁滋。"他的意见代表了大家的普遍看法，就连一些主张限制政府采买的官员也承认"粮贵固由户口繁滋"。

在中国古代，人口繁滋是太平盛世的一个重要标志，若不是发生战乱，政府似乎也没有什么控制人口迅速增长的有效手段。或许正是碍于这个原因，乾隆表面上对人口问题采取了回避的态度，但他在施政中的反思和调整却异常积极——鉴于奖励垦荒仍是增加耕地面积的最实际也最有效措施，他对报垦的态度发生改变，原来奖励耕垦的一套办法因此首先得到恢复。

白银帝国

明末清初兵荒马乱，战争频仍，不仅原有荒地无人开垦，就连熟田也有很多抛荒，经过顺治、康熙、雍正三朝，便于开垦的荒地大多变成了耕田，至雍正朝时，已没有太大的开发余地，可是雍正又急于劝垦，于是便出现了"以熟作荒"或"以荒作熟"的现象。为避免再次发生前朝流弊，乾隆提出"尽地利而裕民食"，对所有以往被认为不便开垦的废弃土地进行开发，重点指向"山头地角"，并对开垦者"免其升科"，也就是让其享受免税待遇。

弃地开发的一个显著例子是广东。广东向来粮食生产不足，地方官查出高州、雷州、廉州三府尚有七万亩土地可供开垦，于是便奏请招民开垦，同时准备在满一定年限后，再分别按土地等级征税。当时该省的平原耕地都已开垦无遗，剩下来的多为山冈弃地，乾隆得知这七万亩土地亦属此例，当即说垦荒是要解决老百姓的粮食问题，不是为了收税，山冈弃地本就贫瘠，如果再收税，老百姓势必退缩无积极性，即便勉强开垦，过后也会很快将之抛荒。他下令凡愿开垦者一律免征钱粮，同时由地方官给予执照，承认所垦之地世世代代归其所有。

除了山冈弃地，东南沿海还有大片海滩和海岛边地可辟为耕地。继高、雷、廉三州招民开垦后，当地又查出海南岛有可垦弃地两万五千亩，乾隆立即批准按先前的例子，"召令耕种，免其升科，给予执照，永为世业"。

中国虽然疆域辽阔，但山地多，平原少，开发弃地潜力巨大。在乾隆中后期，各省督抚报告的垦荒数字大者二十多万亩，小者仅三十多亩，但无论多寡，多数都会注明是山坡旱地、沿海沙地等，这样的开发方式，使得乾隆年间虽没有那么多的荒地可供利用，但仍能源源不断地继续开垦出新的耕地，许多地方甚至已达到了地无遗利的程度。

中国各省的具体情况相差很大，江苏、浙江即江南一带乃著名的鱼米之乡，本不应该缺粮，然而自明代中叶以后，这里很多耕地改种以桑、棉为代表的经济作物，又要向北方输出大量漕粮，自身所需粮食也就因此出现了缺口，必须从邻省进口予以弥补。乾隆十三年（1748），政府为平抑粮价，用行政手段严禁商人囤积粮食，结果适得其反，反而致使粮食流通的渠道受阻，因此江浙大闹米荒，也就出现了萧山百姓得靠啃"观音粉"充饥的情况。乾隆引以为戒，下谕反省说："看来贸易之事，终不可全以官法行之。"后来有一年，长江中下游受灾，商人们从四川买米，沿江下运，准备到江浙至福建贩卖，四川方面担心本省粮价上涨，遂禁止粮食出境。乾隆得知后严令放行，要求"听其照常转运，无得阻滞"。

按照一些专家的观点，在自行开发弃地和自由流通之外，白银的急剧增加也对稳定乾隆朝中后期的粮食市场，乃至推动整个社会进一步走向繁荣起到了重要作用。

中国古代银产量很少，白银主要靠对外出口瓷器、丝绸、茶叶等产品所取得，江浙两省固因改种桑棉而缺粮，但却都摇身一变，成了"出口创汇"的大户。乾隆朝的国内稳定保证了出口稳定，出口稳定又保证了"创汇"的稳定，一项具有权威性的统计表明，从18世纪50年代到18世纪末，也就是乾隆统治的中后期，中国一共增加了大约两亿七千四百万两墨西哥银圆，堪称"白银帝国"。

白银急剧增加意味着社会购买力的提高。中国人口多，相对耕地面积少，但暹罗（今泰国）、安南（今越南）产米极多，正可补其不足。在乾隆中后期，为鼓励商人从东南亚国家运米进口，政府专门颁布政策，规定凡购米回国在两千石以内者，由督抚分别予以奖励，超过两千石，即可奏请赏给职衔顶戴。在此期间，经常有运米较多的商人获得奖叙，被赏给八品或九品顶戴，东南亚的大米也因此源源不断地流入中国，特别是山多地少，向来缺粮的广东、福建等省。

汪辉祖曾记录家乡萧山1748年的米荒景象，根据他的观察，在此后的十余年中，萧山米价昂贵成为常态，原来一斗米一百六十文已属高价，如今两百文都被认为太便宜。奇怪的是，一百六十文的那一年，饿死的人不少，现在米价涨了这么多，老百姓的日子却反而能过得下去了，"今米常贵，而人尚乐生"。汪辉祖随后又发现，过去只是稻米价格偏高，现在则是物价普遍都高，他从中得出的认识是，各行各业都有钱了，所以纵使米价上涨，大家也都买得起："鱼虾蔬菜无一不贵，故小贩村农俱可糊口。"

在这段时间里，中国农民要比同时期的法国农民吃得好，而且也比较富裕，一般人家受教育程度都较高。与之相应，国库盈余也越来越可观，钱囊也越来越充实，曾几何时，乾隆不敢打仗，也打不起仗，但自金川战争以后，他打仗就再没有缺过钱，战争期间那种令人难熬的财政危机也从此一去不返了。

图谋不轨

瞻对、金川与西藏联系紧密，在瞻对土司班滚被清军围困时，西藏方面曾呈请中央政府予以宽宥，大小金川土司与藏王、达赖、班禅之也声息相通，来往不绝。在金川战争中，乾隆屡屡产生干脆让西藏管理大金川，以打破战争僵局的想法，即缘于此。

金川战争时，乾隆还不到四十岁，虽然已继位十余年，然而作为一国之君，处理问题的经验和能力仍显不足，许多主意都显得急功近利，一厢情愿。事实上，如果西藏和大金川真的联成一气，这对清廷而言是极其不利的，因为西藏地方也一直麻烦不断。清朝定制每两省定总督一人，但唯直隶和四川各设总督，为什么要特设四川总督？就是要严防这些藏族地区联成一气，乃至无法控制！

乾隆本人不是不知道这一利害关系，他不惜血本攻打大金川，除了防止大金川土司坐大外，一个重要原因便是"恐日久金川与西藏联为一气，亦难保其不滋流弊"，后来出尔反尔，不过是方寸大乱之下所出的昏招而已。

金川战争结束后，乾隆立即清醒过来，自此再未提及金川归藏的事，西藏方面也开始代替大金川，成为他需密切关注和警惕的对象。这时在西藏主持行政事务的是藏王珠尔默特那木扎勒（以下简称珠尔默特），此人是前任藏王颇罗鼐的次子，刚刚才从病故的父亲手中接过王位。颇罗鼐生前颇识大体，深得中央政府的信任和倚重，珠尔默特则与之不同。

乾隆和其父祖一样，对西藏事务极为精通，他很早就观察到新任藏王外表恭谨，但"未必能安静奉法",这让他十分担忧。1749年,原四川巡抚纪山出任驻藏大臣,纪山到拉萨的第一个月,珠尔默特连个面都不露,直到月底才出来会见,倨傲不恭和轻视怠慢之意尽显。根据纪山的报告,珠尔默特有疑忌达赖喇嘛之心,而达赖亦无法忍受,两人关系很是紧张。

为避免打草惊蛇,乾隆指示纪山先不要轻举妄动,继续对珠尔默特进行观察和监视,根据其下一步的言行,"或当教育,或当防范"。纪山在设法接近珠尔默特的过程中,将皇帝的指示理解成了单方面地取悦于对方,他非常卑下地与之设誓盟好,在向乾隆具折请安、奏事时,都与珠尔默特一同列名,除此之外,又馈送珠尔默特八抬大轿,时常和珠尔默特一起坐着轿子看戏赴宴,"日在醉乡"。

表面上看,纪山的办法似乎见效了,珠尔默特一改起初的轻慢态度,转而对纪山变得极其恭敬,称之为叔,还跪地请安。消息传到京城,乾隆却并不高兴,他提醒说,珠尔默特前倨后恭,行为甚为可疑,说不定纪山被对方欺蒙亦未可知。

果然,珠尔默特背地里的小动作不断,他先是奏请清廷撤出驻藏部队,继而暗杀长兄,最后发展到聚党两千人谋变。其间,纪山一直被珠尔默特牵着鼻子走,不但没能提前洞悉其计划和图谋,还多次将乾隆关于西藏问题的重要指示泄露给珠尔默特,在给乾隆的密奏中也一个劲地为其开脱。

乾隆远隔千山万水,主要以纪山的报告作为判断和决策的依据,由于无法及时掌握西藏事态发展的真实情况,致使他的步步棋都被珠尔默特走在了前面,几乎已失去对西藏的有力控制。

发现纪山不是珠尔默特的对手,"不但不能慑服其心,更已堕其术中",乾隆急忙进行人事调整,决定由前任驻藏大臣傅清替换纪山,因为怕傅清一个人势单力孤,又加派左都御史拉布敦协同驻藏。

自1750年夏季起,西藏局势急剧恶化,入秋以后,珠尔默特的谋叛行为更是已公开化,他设计将驻藏的四百余汉兵逐回内地,扬言"其余若不知机早回,必尽行诛灭",并行令西藏各地,对塘汛予以封锁,切断沿途军民的交通往来和通信联系。

珠尔默特的父亲颇罗鼐在世时,积极抵御准噶尔的侵扰,珠尔默特出于发动叛乱,割据西藏的险恶用心,反其道而行之,竟与准噶尔暗中联络,让其发兵以为声援。

颇罗鼐的旧部多拥护中央政府，珠尔默特将之视为自己独霸西藏的障碍，"杀害、抄没、黜革者甚多"，对于反对他的达赖喇嘛也伺机予以清除。傅清、拉布敦眼看塘汛文书已禁绝不通，急忙通过密奏飞报乾隆，同时表示他们计划逮捕珠尔默特，为此要求得到便宜行事权，"不待请旨，即行乘机办理"。

乾隆虽对珠尔默特保持着警惕，但始终还抱有侥幸心理，以为只要让珠尔默特"深知天朝德意"，就会安抚住对方。此前傅清、拉布敦曾报告珠尔默特调动藏军、搬运大炮等情况，乾隆尚不相信珠尔默特真的要图谋不轨，在他看来，朝廷已给了珠尔默特父子这么多恩惠和权力，藏军实力也没有发展到足以对抗清廷、割据称王的地步，珠尔默特再利令智昏，又何至于要趋利避害搞叛乱呢？

收到驻藏大臣发来的紧急密奏，乾隆才深感事态严重，知道自己对形势估计有误。他对傅清、拉布敦逮捕珠尔默特的建议表示同意，但认为两人孤悬在藏，轻率冒险，必酿大祸，最保险的办法乃是会同达赖等人商议，找机会擒获珠尔默特，然后再"明正其罪，以申国法"。

由于拉萨至京路途遥远，乾隆意识到已来不及制止傅清、拉布敦的行动，遂在明谕傅清、拉布敦"不可轻动"的同时，飞谕四川总督策楞、提督岳钟琪，让他们预调川兵，一旦闻知西藏出事，便即刻率军出发平叛，另命大臣班第即速进藏替换拉布敦。

山雨欲来风满楼

正如乾隆所料，其诏书未到，驻藏大臣就已发起行动。这时西藏的形势已经是山雨欲来风满楼，一场大规模的武装叛乱迫在眉睫，傅清、拉布敦判断，叛乱很可能会在皇帝指示到来之前就爆发，到时他们和驻藏大臣衙门的人必然难逃一死，更严重的是，如果平叛大军不能即进，珠尔默特割据的图谋也就成功了。他们商量下来，不如先发制人，直接诛杀珠尔默特，虽然结局也是死，但那样的话，叛军群龙无首，政府平叛会相对容易。

西汉时期，朝廷专设了一个远赴西域大宛国征收汗血宝马的官职，名为骏马监，骏马监傅介子得知楼兰国国王经常截杀汉朝商队和使者，立誓要予以惩戒。骏马监官职很小，傅介子的随从不过才两个人，朝廷又给了他十个武士，加上傅介子，一共凑成十三人。

当年的楼兰王做贼心虚，时刻都怕汉廷找他算账，平时重兵护卫，光守卫在他身边的精锐护卫就有数百，十三勇士再勇猛也难以杀进去。傅介子利用楼兰王贪财的特点，以汉天子赏赐财物为名，将其诱至楼兰国的西部边界，之后成功地予以刺杀。

在驻藏汉兵被大部分逐回内地后，傅清、拉布敦即便把驻藏清军全部召集到一块，也仅有百人，想要诛杀珠尔默特，就必须像一千多年前的傅介子一样用计。他们计划宣称乾隆有圣旨到达，召珠尔默特前来接旨，趁其不备一举诛杀，两人断定，珠尔默特越是到这种时候，越要蒙蔽驻藏大臣和清廷，所以不敢不来接旨。

1750年11月11日，接到驻藏大臣的传话，珠尔默特果然奉召来到驻藏大臣衙门。就在他跪下接旨的时候，说时迟那时快，傅清从背后挥刀，砍下了他的首级，同时被杀掉的还有珠尔默特的四五个随从，但其党羽罗卜藏扎什得以跳楼逃脱，随即便率众围攻衙署。

傅清、拉布敦动手前，曾联络珠尔默特的妹夫班第达，允诺只要他协助诛杀珠尔默特，就为其请命，让清廷封其为新任藏王。千钧一发之际，傅清连忙派人向班第达求援，班第达自身的力量不够，又奔告达赖喇嘛，达赖立即率僧众前去衙署救护，然而叛军在一股怒气的支配下，势头正猛，僧众们无法进入叛军的包围圈。不久，衙署终于被叛军攻破，傅清身中三枪，即刻自尽，拉布敦也死于乱刃之下，衙门的文武官员、士兵、商民多数遇难，粮库衙门的八万五千两库银被抢掠一空。

叛军虽然攻下了驻藏大臣衙门，但珠尔默特既死，部队的号召力和凝聚力也就成了昙花一现，罗卜藏扎什等叛乱分子只好四散逃命。达赖喇嘛委托班第达暂时管理藏务，很快就将罗卜藏扎什等人捉拿归案，等到策楞、岳钟琪闻讯，准备带兵入藏时，过半叛军已经落网，所劫库银也追回两万余两。

西藏叛乱能够如此迅速地被平定下去，傅清、拉布敦及其殉难军民当居首功，乾隆下令全部加恩优恤，后又追赠傅清、拉布敦为一等伯，子孙给一等子爵，世袭罔替，还在拉萨及北京为二人建了"双忠祠"。

就像金川战争后一样，每一次出现问题，乾隆都会加以反思，这次他主动承认自己以往对藏王只"加恩"不"裁抑",导致藏王的权力太大,而驻藏大臣却毫无实权,结果才酿成了事端,为此决定废除藏王制。

此前傅清、拉布敦对班第达有让他接任藏王的承诺,班第达本人在平叛中也立了功,事后他便谋求继珠尔默特之位,达赖也上奏请立班第达为藏王。乾隆不同意,表示如果这样做,班第达将成为又一个颇罗鼐,虽然他现在和朝廷很配合,但以后其子袭承王位,极可能还会像珠尔默特一样滋事。

至于傅清、拉布敦所做出的承诺,乾隆认为班第达其实并没有能够协助驻藏大臣平定叛乱,否则这两个人也就不会双双遇害了,甚至叛乱发生后,班第达自己都还是靠达赖喇嘛保护才得以站住脚,"岂可自居其功,承受朕封王之异恩乎"!

在彻底废除藏王制后,乾隆指示以后西藏的日常行政事务由四名噶隆(西藏高级行政官员)集体负责,噶隆由达赖喇嘛任命,涉及向朝廷具奏、兵备驿递等重要事务,则须驻藏大臣会同其中两名噶隆办理,文件上用驻藏大臣的关防印章。

这是一种新的地方政体,其原则就是"达赖喇嘛得以专主,钦差(驻藏大臣)有所操纵,噶隆不致擅权",以往弱势的驻藏大臣在权力方面得到加强,不仅可同达赖喇嘛共治西藏,而且隐隐然还有高出达赖之意。史学家认为,西藏后来能够维持许多年的和平安宁,实与乾隆所确立的这一体制有关。

南巡

乾隆在研究各朝政治时发现,自夏商周以下,延续时间最长的是汉唐宋明,但它们在开国后不过一两代,到第三代、第四代时,国君的理政能力和实际效果往往就会严重下滑。乾隆分析原因,认为不是上苍对这四个朝代不予眷顾,而是其新生代国君大多深居高拱,几乎过着与世隔绝的生活,对民间实情缺乏了解所至。

清朝没有出现汉唐宋明那样的情况。雍正登基后固然很少出京,不过雍正系以藩王入承大统,在四十余年的藩邸生涯中早已能够熟知民情。在这方面与乾隆情形最为相似的是康熙,作为从小长在深宫,无藩王经历的新生代国君,康熙多次巡幸全国各地,这使他能够广泛地接触社会实际,体现在执政实绩上就是不仅不弱于祖宗,甚至还有超越之势。

通过古今对比，乾隆将巡狩视为确保祖宗基业的一大法宝，从其执政初期开始，即效法祖父康熙到各地进行巡幸。终乾隆一朝，除热河避暑和举行木兰秋狝外，他一共八次东巡（最东至泰山、曲阜），六次南巡，五次西巡（最西至五台山），四次赴盛京谒祖陵（位于今辽宁省沈阳市），一次巡幸河南开封、洛阳、嵩山，其他规模相对较小的巡幸活动，像到河北或天津视察河防，到遵化或易州视察东西陵，更是不胜枚举。有人统计他一生的巡幸活动达一百五十次之多，平均每年都要出巡两次以上，如此频繁的巡幸不仅在清朝历史上首屈一指，即在五千年帝王史中亦极为罕见，无怪乎当时出使中国的朝鲜使者在向其国内报告时，会特别提到"（乾隆）皇帝一日不肯留京，出入无常，彼中有'马上朝廷'之谣矣"。

南巡也就是巡幸以江浙为代表的江南，乃乾隆巡幸活动中的一件大事。江南物产丰富，在宋以后渐成全国财赋重地，到了清代，每年所需的数百万石漕粮多半来自江南，同时这里过去是南明政权所在地，反清思想一度较为活跃，必须时加以调整和安抚，故而康熙和乾隆对江南都非常重视，康熙在世时曾六次南巡，乾隆也同样六下江南。乾隆晚年总结说他平生共做了两件大事："一曰西师，一曰南巡"，"西师"是指平定西北边疆，显然，他是将南巡和边疆建功放在了同等重要的位置。

南巡的路途远，时间长，不像东巡、西巡那么容易，乾隆认为应慎重对待，在条件未成熟之前，宜迟不宜速，因此在他登基后的前十五年迟迟未行。在这十五年里，他早期对贵州苗疆用兵取得成功，与准噶尔部息边议和，中期结束瞻对、金川之役，近期使财政状况改观，西藏叛乱得以平定，可以说，所有能够阻碍他前进的暗礁险滩都已被他大致闯了过去。1751 年，进入乾隆执政的第十六年，对于国内国际形势，他自己也感觉满意，说："上年军务告竣，岁值丰登，库帑储备，尽已宽裕。"这意味着乾隆朝逐渐向其巅峰时期迈进，乾隆下江南的时机已然成熟，当年又正值乾隆生母钮祜禄氏也即崇庆皇太后钮祜禄氏六十大寿，按照中国古代历法，六十年一个循环，叫作"花甲"，六十花甲应当隆重庆祝，于是乾隆便决定选择这个时候奉母首举南巡。

乾隆对太后极其孝顺，平时不管怎么忙，"三天一问安，五天一侍膳"总是雷打不动，即便巡幸各地，也一定要以"奉皇太后安舆出巡"为名，带上她同行。康熙曾称赞钮祜禄氏是"有福之人"，钮祜禄氏的"福"不仅在于她有机会可以享福，也有能力享福——老太太身体健康，性情活泼好动，尽管年龄已大，路途遥远，但对于出外旅游从来乐此不疲，得知皇帝要带她前往"上有天堂，下有苏杭"的江南，去那里游览秀丽山川，领略繁华胜景，当下就乐呵呵地答应下来。

乾隆外出巡幸并不意味着可以疏离和忽视政事。这时西藏叛乱已经平定，但尚须进一步善后，南下前，乾隆除安排王大臣在京总理事务外，又颁谕军机大臣，要求在南巡期间，凡西藏、四川的军机文报都应立即递送其巡幸所在之地，沿途督抚也必须根据地方情形，及时部署好驿站和相关人员、马匹，以免文报迟误，贻误大事。

1751年2月8日，在一片升平景象之中，乾隆奉皇太后从北京动身，开始了首次南巡之旅。

皇上赐我一个桃

却说乾隆下江南，这一日行至江苏常州，至当地名刹天宁寺游玩。有人向乾隆打小报告，说天宁寺住持不守清规，于是在住持前来接待时，乾隆就问他："你有几个妻子？"

"两个！"住持出人意料地答道。

乾隆本想揶揄一下对方，却没想到住持居然敢如此直言不讳，不由大为惊异，马上质问他身为和尚，怎么可以娶妻，而且一娶就是两个。

住持不慌不忙，慢条斯理地反问道："夏拥竹夫人，冬怀汤婆子，不正是两个妻子吗？"

竹夫人和汤婆子皆为江南民间用具，前者是一种圆柱形竹制品，夏天抱着睡觉可以消暑，后者是一种扁圆形暖壶，冬天灌入热水可以取暖。住持随手拈来，既做到了有问有答，也没有欺君，同时还回避了关于自己是否不守清规的传言，可算是相当机智。

乾隆听后一笑置之，但他马上又出了一道难题给住持：赐鸡蛋一枚，必须当场吃下鸡蛋并作诗一首。

住持巧答第一个问题，或许可以解释为他事先听到风声后做了准备，乾隆这道题可是临时出的，完全杜绝了"作弊"的可能，而且答题者同样面临两难，即要么服从圣旨，但要自行打破不能吃荤的戒律，要么坚守戒律，但要冒抗旨不遵的罪名。

寺内空气瞬间凝固，僧众们都惊慌失措地看着住持，只见住持微微一笑，手托鸡蛋，徐徐念道："皇上赐我一个桃，既无核来又无毛。老僧带你西天去，免在阳间挨一刀！"言讫，他坦然地吃下了鸡蛋。

乾隆不赐鸡肉一类的荤物而只赐鸡蛋，其巧妙之处就在于鸡蛋究竟是荤物还是素食，原本就很难界定，而住持也紧紧抓住这一点，把鸡蛋描述成了有生命的素食水果（无核无毛的"桃"），从而成功地化解了困境。乾隆看到难不住他，也就只好作罢，据说从此以后，天宁寺的和尚就特许可以吃鸡蛋了。

"住持智答乾隆"是流传于江南民间的一个有趣故事，类似的故事非常之多，它们的共同特点是都与乾隆下江南有关，有些也不乏事实依据。比如，乾隆曾多次到天宁寺拈拜，不仅赐银牌荷包等不少物品给住持，还为寺院御题"龙城象教"（龙城为常州别称，象教指佛教），以乾隆的识人水准，想来即便故事纯属虚构，该寺住持也一定是位聪明过人、智慧超群的高僧。

在这些民间故事和传说中，乾隆往往被描绘成是一个充满奇闻逸事的风流天子。其实现实中的乾隆与此相比有很大出入，他的后妃数量虽然不少，但在清代帝王中也只能排次席，康熙比他还多，最重要的是乾隆并不沉溺女色，感情也非常专一。与此同时，和祖父相仿，乾隆的生活很有节制，他不喜饮酒，所有诗作中从不以"酒"入诗，而且拒绝暴饮暴食，即便举行宴会也一定做到日落而止，绝不举行夜宴。

既然如此，老百姓印象中的"风流天子"又源自何处呢？不能不说，这大抵都与乾隆的南巡之旅有关——乾隆虽不沉湎酒色，但热衷游历山川名胜，虽不留连宴饮，但嗜好咿呀吟诗。江南丰富的山水人文，在充分满足乾隆这些爱好的同时，也为民间关于他的各种"奇闻逸事"提供了取之不尽、用之不竭的创作素材。

镇江是乾隆南巡的必经之所，此处的焦山、金山均为江南名胜，其中焦山乃东汉末名士焦光隐居之处，作为长江中唯一四面环水的岛屿，远看宛如碧玉浮江，金山的金山寺则依山就寺，将山和寺融为一体，以金山为原型的水漫金山等神话故事更是脍炙人口。乾隆兴致勃勃，用整整两天时间徜徉于其间，他为焦山的焦光祠赐匾"山高水长"，在畅游金山和金山寺时，即席作诗："平生不戒游览兴，西浮于洛东观海。"

据说乾隆曾登上金山山顶俯瞰长江，看着看着突然诗兴大发，遂命联句成诗。随侍众臣请皇帝先出首句，乾隆当即朗朗吟道："长江好似砚池波"，在一名大臣随之吟出"举起焦山当墨磨"后，后世戏曲中常见的乾隆朝"忠奸配"，也就是和珅、纪晓岚便双双出场了。

先是和珅见金山的东北角有座孤悬的危塔，触景生情，续云："宝塔七层堪作笔。"接下来原本没纪晓岚什么事，乾隆命随驾的皇子续最后一句，可是皇子抓耳挠腮，横竖想不出什么佳句。正当他愁眉苦脸，沉吟未决之际，站在皇子身边的纪晓岚连忙救急，偷偷地告诉他不如这样接续："青天能写几行多！"

纪晓岚的结句信手拈来，不仅气魄宏伟，而且和前面三句贯通一气，相合了文房四宝（笔墨纸砚），这使得此诗虽然是四人联句，却如同出于一人之手，令乾隆非常满意。

类似的段子成了乾隆南巡传说的最初源头，当然经过重新润色和加工，它们往往会更加富有戏剧性，也更吸引人，如对于和珅、纪晓岚这两个重要角色，创作者除让他们像现实中那样竭尽词臣之责外，还一定会让他们站在各自一正一邪的立场，再彼此暗斗一番。不过不管如何改编，乾隆南巡时对江南景色表现出的由衷喜爱，以及他在脱离紧张刻板的宫廷生活节奏后，那种相对愉悦平和的心态及其氛围总是随处可见，或许也正因此，乾隆下江南的故事才会从一开始就受到人们的欢迎，并在以后的岁月里越传越广。

自信和大方

乾隆南巡并不只是游山玩水这么简单，深入了解民情，融洽与江南士民的关系是他此行的一个重要使命。鉴于整个国家的财政状况在不断好转，乾隆大笔一挥，下令将自乾隆元年以来，江苏、安徽所欠的地丁银全部予以豁免，浙江向来不欠交粮赋，但也免去本年应征地丁银三十万两，以作奖励。

在清代，只有童生试合格，才能成为秀才，从而进入府州县学读书，这也是当时每个士人的进身之始。江南人文荟萃，历年报名参加童生试的人都如过江之鲫，但地方上的招收名额又很有限，换句话说，在江南成为秀才，比其他地方要困难得多，有人考到胡子白都过不了童生试，白发苍苍的"老童生"颇不鲜见。乾隆特命江苏、安徽、浙江三省府州县学扩大招生名额，以后这便成为定例，即乾隆要么不南巡，但凡下江南，必会颁谕当地增收童生。

乾隆南巡，很注意让江南士子感受到特殊优待。原礼部侍郎沈德潜是苏州人，因诗文称雄一时而为江浙士人所推崇，乾隆南巡时他已经退休在家，闻讯特意赶来接驾，乾隆赐他在原籍食俸，也就是在苏州当地继续享受礼部侍郎的在职俸禄。对于其他文人学士，只要像沈德潜一样前来接驾献诗者，都可以参加由乾隆亲自出题的考试，中试者将直接赐给举人、进士头衔并授予官职，这就等于在制度化的科举考试之外，又多给了江南士子一次出人头地的机会。

康熙南巡时三藩之乱刚刚被平息，江南的反清起义仍然此起彼伏，士大夫与朝廷的关系极不融洽，"维稳"实乃康熙南巡的最大动因。至乾隆南巡时，距清军入关已逾百年，清朝代替明朝作为中国历史上又一个正统政权的观念，早已在潜意识里为民众所接受，江南政局也已趋于平稳，在这种新形势下，虽然同样是为了维系民心，笼络南方士大夫和士民，但乾隆的姿态已经显得相当自信和大方。事实上，在此前后，当年那些抗清的著名人物，如史可法、袁崇焕等都得到了乾隆的褒恤或平反，他称赞史可法"支撑残局，力矢孤忠，终蹈一死以殉"，感慨袁崇焕"虽与我朝为敌，但尚能忠于所事……深可悯恻"，甚至明初惨死于靖难之役的方孝孺等人也获得乾隆的高度评价，被认为"无愧名教者""志节凛然如在"。

南巡期间，乾隆不仅像康熙一样，专门绕道江宁，亲自对明太祖朱元璋墓进行祭奠，并在墓前行三跪九叩大礼，而且还遣官祭奠沿途三十里以内的明臣墓，同时赐匾表彰，如为徐达墓赐匾"元勋伟略"，为常遇春赐匾"勇动风云"，为方孝孺墓赐匾"浩气同扶"。

如果说康熙南巡主抓政治，乾隆南巡则更关注经济。在这次乾隆宣布豁免前，江苏欠赋已达到二百二十八万余两，除了其粮赋向来最重外，也与连年遭受水害有很大关联，尤其江淮地区的水灾和浙江的海潮浸灌更让地方上深受其害。

自明清以来，受黄河夺淮的影响，位于淮河下游的洪泽湖经常泛滥成灾，清廷费数十年经营，沿洪泽湖筑成高家堰大堤，以避免湖水冲垮黄河两岸大堤。可是每当洪泽湖水上涨，为了保证高家堰自身的安全，又要打开天然坝也就是泄洪坝，从而导致下游被淹受灾，乾隆南巡时经过淮安，发现城北一带"内外皆水"，情况已经十分严重。

在现场查看高家堰大堤及天然坝后，乾隆质问河臣："设堤是为了保护民众，现在设了堤，民众还是遭受水灾，设了它有什么用？"他立即采取措施，命令永久封闭两个天然坝，另在原有仁、义、礼三座天然坝之外，增建智、信二坝。

泄洪期间，湖水流经天然坝，叫作"过水"。乾隆要求一旦需要泄洪，先开仁、义、礼三坝，只有在三坝的过水水位达到"三尺五寸"时，才能开智、信二坝，以控制水量，使湖水缓慢东泄，确保下游不酿成大灾。

以后几次南巡，乾隆都通过亲身考察和现场指导，对洪泽湖水利工程不断予以改进，淮扬泰盐通等地区因此免受水涝，成为江淮一带的富庶之地。

浙江沿海向来都是以塘堤防御海潮。乾隆第一次、第二次南巡时，海塘工程还不十分重要，所以并未前往海塘阅视，在第三次南巡时，因海潮北趋，海宁的塘工吃紧，他才亲临视察，以便决策，自此，他每次南巡至浙，第一站必赴海宁勘视塘工。值得一提的是，当时的海宁是一座小县城，又地处"海隅僻壤"，条件非常简陋，除了世代官宦的陈家隅园外并无可供皇帝驻跸的地方，所以乾隆四至海宁，每次都住在隅园，他后来通过赐名将隅园改成安澜园，也是从视察塘工的背景出发，寓意海澜平安。

乾隆将"海塘乃越中第一保障"作为经验之谈，他对海塘工程的重视程度可以说超过了他的父祖，有关塘工事宜，无论巨细，都要一一亲自酌定。与此同时，他在兴建海塘工程方面的成绩也最为显著，到他晚年，绵亘数百里的浙江海塘系统最终得以形成，其中多数重要工程均系他在南巡时一手筹划修筑。

浙江海塘对江浙沿海经济的保障作用毋庸置疑，正是这道"海上长城"的捍卫，长江三角洲一带才能成为全国最繁富的经济区。19世纪中叶，由于缺少持续维护，海塘再次失修，灾害加剧，人们睹今思昔，不禁又怀念起六十多年前乾隆所建功绩，有人为此赋诗追念："叹息鱼鳞起石塘（指兴建鱼鳞石塘），当年纯庙（指乾隆）此巡方。"

特大奇案

乾隆的首次南巡达一百二十八天，是六次南巡中时间最长的一次。就在他结束南巡返京后不久，贵州一名地方驿传官员发现了一份可疑文件，由此揭开了一桩轰动全国的特大奇案。

这是一份时任工部尚书孙嘉淦所拟奏疏稿的抄件，孙嘉淦在奏稿中指斥乾隆有"五不可解、十大过"，末尾还有乾隆表示赞同的御批。奏折是官方文件，必须存档保存，一般情况下不能外泄，更不用说这种级别和内容的奏稿了，于是相关情况很快便被上报给云贵总督硕色，又由硕色用密折的方式向乾隆进行报告并将抄件送至北京。

乾隆收到后，一眼就认出所谓的"孙嘉淦奏疏稿"根本不存在。孙嘉淦为康雍乾三朝老臣，以性格耿直、敢于犯颜直谏著称，连雍正都说"朕亦不能不服其胆"，乾隆元年他也曾上疏，劝刚登基的皇帝时时处处都不能自以为是，大概就因为其声名在外，有人才想到要打着他的旗号来做文章。

伪奏稿让乾隆极为恼火，认为文中充斥着"诬谤"与"虚捏"之词，他当即指令对伪奏稿的炮制者和传播者进行追查。在此后的几周里，朝廷又接连收到其他地方发来的许多报告，说当地也出现了相同内容的伪稿抄件，乾隆要求一律严查，"勿令党羽得有漏网"。

在先后发现伪稿的省份中，山东是其中之一，但山东巡抚准泰认为"毋庸深究"，没有立即具奏，结果遭到了革职拿问的处分。其他督抚一看，哪里还敢掉以轻心，都纷纷抛下其他政务，忙不迭地加入追查队伍中来。

至 1751 年年底，一张追查大网已在全国范围内铺开，然而令乾隆自己都感到吃惊和意外的是，伪奏稿的传播范围、牵连人数和破案的难度都大大超过了以往各案：一就传播范围而言，近在京师的学衙，远至西南边疆的土司，都有流传；二牵连者也就是那些因拥有或转抄伪稿而受到指控的人，从各级官吏到乡绅、商人、僧道，无所不包，甚至还有八旗子弟牵涉其中，案发之初三个月，仅四川一省，便已逮捕涉案嫌犯两百八十余人，更别说全国了；三在审讯过程中，各种逼供、诬告、搪塞使得案情更加复杂，但却始终查不出伪稿的作者究竟是谁。

看到追查伪稿案把全国上下弄得一团糟，御史书成等人先后上疏，提出停止查办此案，释放株连人众。乾隆还发火了，大骂书成："你身为满洲世仆，怎么能说出这样丧心病狂的话来？如果那人是在诅咒你的父祖长辈，你会这么冷漠吗？"他下令将书成撤职查办，同时以此案能否侦破关乎国家颜面为由，要求各级官吏继续将主要精力用于对伪稿的追查。

又经过一年多的清查，几乎举国上下都被翻了个底朝天，负责追查的官员们疲于奔命，精疲力竭，但案件仍然毫无头绪。乾隆这下彻底没了主意，只得自己找台阶，授意军机处，将传抄伪稿的江西千总卢鲁生、南昌守备刘时达定为伪稿案主犯，并判卢鲁生凌迟处死，刘时达及卢鲁生之子斩监候。

在卢鲁生被处死后，乾隆宣谕中外，说是主犯已经伏法，其他传抄人犯一概加恩从宽释放，从而在漏洞百出的情况下，草草结束了此案。

除了追查炮制者和传播者，乾隆对所有被发现的抄件都进行了彻底焚毁，即便军机处也没有留档存底，所以虽然伪稿案闹得沸沸扬扬，连街上的脚夫都知道有这样一份被严厉追查的伪稿，但却没有人能讲清楚伪稿的具体内容，后人只能通过追查结果，知道其中至少应包括两点，其一是为金川战争案中被杀的张广泗鸣不平，其二是反对乾隆南巡。不过仅凭这两点，也已经能够推想得出乾隆为什么如此愤怒、激动和惊恐——如果把时间推到金川战争案、皇后丧葬案之前，伪稿案恐怕是不会出现的，更不会有难以计数的传播者以及那么大的传播范围，它的出现恰恰表明，乾隆在改变政策的同时，也悄然改变了他自身的形象。

在政治声誉方面，乾隆似乎已经与他崇敬的祖父渐行渐远，而开始与他曾竭力想拉开距离的父亲有所重叠了，这不是他所愿意看到的。归根结底，乾隆并不真心认同威严政治及其结果，只是情势所迫才走上了这条道路，因此他绝对做不到像雍正那样，就算你给他列十大罪状，说他"谋父""逼母""弑兄""屠弟""贪财""好杀"……他也依然能够脸不变色心不跳地——为自己辩解，然后还自己颁发《大义觉迷录》予以保存，并且到处宣扬。

噤若寒蝉

乾隆追查伪稿期间，常有喜怒无常之举。1752 年，和亲王弘昼与其他几名亲郡王一起奉命盘查仓库，这本来是一桩例行公事，哥儿几个也就没太当回事，盘查的时候马马虎虎，敷衍了事，不料乾隆却突然认真起来，责备他们"未能尽心"，要求宗人府对之议罪。

宗人府既不能不执行皇帝的命令，又不愿与身份显赫的王爷们结怨，于是便拟了轻重两种处分，轻者为罚去各位亲郡王所兼的都统俸禄，重者为直接革除都统。他们把这两种处分上交乾隆，请其任择其一。

宗人府以为此法可以两不得罪，谁知乾隆见了很不高兴，指责宗人府意图从中取巧，目的不纯："你们是受了请托，打算徇顾私情呢，还是想设计陷害？"他命令对负责宗人府的王公严加议处，转而把弘昼等人的案子移交给都察院办理。

看到宗人府的同僚受到处分，都察院的一众官僚吓得战战兢兢，不知道究竟该如何办理，才能让皇帝满意。依据乾隆对宗人府的训诫，皇帝的意思好像是说即使是皇亲国戚，也必须依法处理，而不能徇情包庇，既然如此，他们只得加重处分，向乾隆提交拟革去亲郡王王爵的意见。

以为这下总可以过关了，未料却惹得乾隆更加生气，他认为朝中从来没有王公不犯大罪，就革去其王爵，降为庶民的道理，都察院明明知道，却故意重处，是要避开徇私嫌疑，而把处理的责任推给皇帝。最后，乾隆亲自做出裁决：王爷们罚王俸一年，都察院的官吏一律革职留任。

就像当年的皇后丧葬案一样，乾隆的这些言行固然可能是因心情烦躁而借题发挥，但更可以理解成是他在政治声誉遭到削弱和挑战的情况下，竭力强化和彰显专制皇权的一种应激反应。此案处理后，王公大臣们无不噤若寒蝉，连弘昼这位原本盛气凌人、大大咧咧的御弟也变得格外小心谨慎。他终于明白，那个曾经和他亲密无间，就算做了皇帝，也能当着面使使小性子的哥哥再也回不来了，他的命运完全操纵在对方手里，坐在龙床上的那个人只要发一发脾气，别说革去他的王爵，就是取他的小命也易如反掌。

因为害怕惹祸，弘昼从此尽量不与政务沾边，平时有事没事就拿听戏来打发光阴。他家里养着戏班子，他喜欢自己动手对旧戏的戏文进行改写，然后让戏班唱给客人听，大概他改写的水平实在不咋的，客人们都皱着眉头，掩耳厌听，但他却不以为意，且乐此不疲。

如果听戏改戏也觉得无聊，弘昼就干脆自个儿粉墨登场，演上另一出令人瞠目结舌的好戏。他制作了一套丧礼仪式，让王府的护卫仆从演习，又在院子里陈设各种明器，而他自己则扮演活死人，高坐于明器前，一边吃着祭品，一边看着护卫仆从们供饭哭祭……

伪稿案虽然以卢鲁生被杀而草草收场，但乾隆心里很清楚，卢鲁生充其量不过是无数传播者之一，并非始作俑者，真正的伪稿炮制者并没有被缉获。乾隆属于那种好胜心极强且睚眦必报的人，对于未能揪出"幕后元凶"他始终很不甘心，在他看来，伪稿不可能出自普通百姓之手，作者自身一定也是熟谙朝廷内幕的官僚，而且多半应为曾受到过其打击的失意官僚。

结合伪稿内容进行分析，其中有替张广泗鸣冤之语。张广泗受鄂尔泰赏识而得以飞黄腾达，两人关系深厚，鄂尔泰虽然在张广泗被杀前就已经病死，但鄂党在中央和地方也还有着一定的势力。鄂党官僚熟谙朝廷内幕，也遭到过乾隆的严厉打击，除了他们，谁还会不惜用炮制伪稿的方式来为张广泗鸣冤？

伪稿最早是在贵州被发现的，西南各省又传播最广，这些地方是鄂尔泰、张广泗及其鄂党的老根据地，乾隆绝不相信二者之间纯属巧合，他认定，伪稿案发生前后在西南地区任职的鄂党成员最有可能就是伪稿的炮制者。

范围已经缩得很小了，乾隆反复思考，把目标集中在了胡中藻、鄂昌二人身上。

脑洞大开

胡中藻是鄂尔泰的得意门生，发生伪稿案时先后任广西、湖南学政。鄂昌是鄂尔泰的侄子，任广西巡抚时曾请求将鄂尔泰入祭广西名宦祠，但遭到了乾隆的拒绝，发生伪稿案时任江西巡抚。

胡中藻、鄂昌过往甚密，乾隆认为在鄂党官僚中，他们最具备作案动机和条件，但鉴于上次追查伪稿案兴师动众，弄得鸡飞狗跳，却不仅没有抓到他想要的人，还让更多的人知道了伪稿，这次他决定不露声色地进行秘密调查。

在乾隆的指示下，胡中藻、鄂昌自身以及彼此来往的诗文，再加上与其他人唱和的诗文、往来的字迹，统统被作为"恶迹"，经密封送往京师，以供调查和搜集证据。可是乾隆接连查了两年，也没有从中找到任何与伪稿案直接相关的文字，更不用说确定两人是伪稿案的"元凶"了。

开弓没有回头箭，乾隆干脆抛开伪稿案，从胡中藻所著诗文集《坚磨生诗抄》入手单独立案。他首先就《坚磨生诗抄》的书名问罪，指出"磨"字出于《论语》，进而把"坚磨"解释成《论语》中孔子所说的"磨涅"。

所谓"磨涅"是关于孔子的一个历史典故。当年孔子周游列国，急于施展自己的抱负，正好晋国有个长官派人来请他，此人乃叛逆之臣，孔子的弟子子路劝他不要去，但孔子不想错过这个机会，就对子路说："不曰坚乎？磨而不磷。不曰白乎？涅而不缁。"意思是真正坚硬的东西再磨也磨不破，真正洁白的东西再染也染不黑，他就算去与叛乱者相见，也绝不会与之同流合污。

乾隆将"坚磨"与"磨涅"等同，而"磨涅"指的是叛乱者，这样就把胡中藻推到了一个与自己对立的位置，"胡中藻以此自号，是何居心"？

乾隆自诩书生，一旦脑洞大开，也就没有什么他做不到的了。沿着"磨涅"打开的思路，他先入为主，牵强附会，又在《坚磨生诗抄》中找出了许多"悖逆"的字句，如"一把心肠论浊清"，他说是把"浊"字加在了大清国的国号之上，又如"老佛如今无病病，朝门闻说不开开"，他说是讽刺他怠于政事，"朕每日听政，召见臣工，怎么会朝门不开？"再如"并花已觉单无蒂"，他说是对皇后之死幸灾乐祸，"丧心病狂一至如此"。

胡中藻担任学政，经常要给考生出题，其中有一个经义题是"干三爻不像龙"，乾隆竟然也"考证"出此为胡中藻大逆不道的罪证，理由是他的年号是乾隆，龙与隆同音——"干不像隆"，这分明是在咒骂我不配做皇帝啊！

乾隆下令将胡中藻、鄂昌予以逮捕并解京审讯。鄂昌的罪名是身为满洲世仆，历行巡抚，看到胡中藻的"悖逆诗词"，不但不知愤恨，而且引为同调，与之反复唱和，"实为丧心之尤"。经过进一步审讯，发现鄂昌写有《塞上吟》一首，因其堂弟、鄂尔泰之子鄂容安被派往前线军营，诗中有"奈何奈何"之叹，乾隆对此十分恼怒，认为满洲旧俗，遇到行军打仗，都要踊跃向前，甚至以不能参军为耻，鄂昌却不愿其堂弟从军，实为破坏满人勇敢尚武风气的"败类"。此外，还查出鄂昌曾接受鄂党骨干史贻直贿赂，为其子请托。

在向廷臣公布"胡中藻诗抄案"的案情及其罪状后，乾隆进行了严厉惩治，胡中藻被判斩立决，鄂昌赐自尽，其他与此案有牵连的官员也都遭到问罪，大学士史贻直被削职家居，连已经死了十年之久的鄂尔泰都被以结党罪为名撤出了贤良祠。

伪稿案和胡案一前一后，都以攻讦皇帝而成狱，但伪稿对于乾隆的不满可谓溢于纸上，胡案却并未对乾隆和朝廷表现出任何明显的不满，实际是罗织罪状，锻炼成狱。在胡中藻所谓的罪证中，即便结党一项也显牵强，如他在诗抄里自称"西林第一门"（鄂尔泰的姓氏为西林觉罗氏），其中也有攻击张廷玉、张照等人的诗句，乾隆将前者指斥为"攀缘门户，恬不知耻"，后者指斥为"门户之见，牢不可破"，全部都作为党同伐异的证据。

胡案实因伪稿案而起，乾隆的本意是追查伪稿案的炮制者，结果却有意无意地让鄂党遭了殃。在此之前，以张廷玉为首的张党已经销声匿迹，鄂党也跟着步其后尘，这标志着自雍正朝以来持续二十多年的鄂、张朋党之争最终退出了历史舞台。

根本性翻转

乾隆办胡案，基本可以定性为"葫芦僧断葫芦案"，但他在制造冤假错案的同时，却意外地达到了排除异己势力，强化君主集权的目的，这一点在彭家屏案中再次得到了验证。

彭家屏于乾隆初年历任江西、云南、江苏布政使，在任期间与李卫相结纳，对鄂尔泰、鄂容安父子进行攻讦，隐然已与鄂、张二党鼎足而立。这使得乾隆对他极为反感，不但长期不予升转，而且还时时寻找借口对其进行限制和打击。彭家屏对此"心怀怏怏"，不无怨望，做事也提不起劲头，他的上司、两江总督尹继善因此参奏他"老病不胜繁剧"，乾隆本来就对彭家屏不待见，便顺水推舟，批准彭家屏回家养病。

彭家屏原籍河南夏邑，其家族"拥有厚赀，田连阡陌"，乃夏邑当地的大富豪。

就在乾隆二次南巡之际，彭家屏迎驾徐州，报告去年夏邑受灾很重，然而河南巡抚图勒炳阿却匿灾不报，催征如故。其后又有夏邑人连日遮道告状，乾隆对于赈灾向来较为重视，在查实后即将图勒炳阿革职发往乌里雅苏台效力，但是因为前来告状的都是夏邑人，他又怀疑背后有人指使，而且很可能就是彭家屏，于是便命侍卫对告状者进行审讯。

审讯结果表明确实有人暗中对告状进行指使，不过并不是彭家屏，而是夏邑县生员段昌绪。接着，在对段昌绪家搜查时，出人意料地搜出了一张三藩之乱时吴三桂所发布的檄文——段昌绪都没法推托是别人放在那里陷害他的，因为他本人还在上面浓圈密点，"加评赞赏"。

吴三桂当年发布的反清檄文，自然是"诽谤本朝之言，极其悖逆"，想到三藩之乱已经过去半个多世纪，竟然仍有人敢于传抄和赞赏这样的文字，乾隆很是吃惊。除了严令追问段昌绪究竟抄自何处，考虑到彭家屏同居夏邑，长期在吴三桂过去的老巢云南担任布政使，他还怀疑彭家屏家中也藏有类似的文字，甚至段昌绪的檄文抄件直接就抄自彭家，为此决定将彭家屏召至京城进行审查。

彭家屏到京后，乾隆亲自询问，彭家屏坚决否认家中藏有吴三桂檄文，经再三追问，才承认存有数种明末野史。这几种明末野史就其内容而言，对清廷并无诋毁之词，只是个别内容涉及满洲前身即建州女真，字句稍有违碍，但乾隆上纲上线，认为彭家屏身为大员，却收藏明末野史，乃"灭绝天良"，当即下令革职拿问并抄检其家。

案情至此连续出现根本性翻转，先由地方官办赈不力案变成了段昌绪唆使告状案，继而上升为段昌绪私藏伪檄案，最后又多出了一个彭家屏私藏禁书案。乾隆下令严查，并让图勒炳阿参与办案，要求一定要弄个水落石出。

不久，乾隆分别接到关于两大私藏案的查办报告。段案方面，查到段昌绪的伪檄是由一个叫司存存的人抄给的，司存存抄自司淑信，司淑信得自士绅郭芳寻，但郭芳寻已死，线索也就断掉了。

彭案方面，抄家时并没有找到彭家屏所说的那几部书，经讯问彭家屏之子彭传笏，得知在段案事发后，彭传笏唯恐出事，已将家中存有的明末野史悉行焚毁。不仅如此，由于先前的胡中藻诗抄案系因文字获罪，彭传笏心中害怕，将老父的各种往来书札以及其他可能有问题的书，也都一股脑儿或烧或撕碎丢掉了。图勒炳阿在彭家搜了三天，只搜到一本名为"大彭统记"的彭家族谱。

乾隆对案件进展尤其是彭家的搜查结果不免感到失望，但在他看来，仅就现有掌握的材料，也已足够定罪，遂降谕着段昌绪斩立决，司存存、司淑信及彭家屏父子均判为斩监候，秋后处决。

不久，图勒炳阿再奏，说他看了《大彭统记》，觉得多有狂悖之处。乾隆立命进呈《大彭统记》，他亲自翻阅，果然罪证一抓就是一把：家谱以"大彭统记"命名，想跟"大清"这些国号争锋？家谱将彭氏一姓追溯到黄帝、颛顼时期，你彭家屏身为臣庶，竟自居帝王苗裔，是何居心？家谱里凡遇我乾隆御名，都不缺笔，"足见目无君上，为人类中所不可容"！

乾隆以彭家屏罪上加罪，直接赐令其于狱中自尽，同时他又认为"缉邪之功大，讳灾之罪小"，撤销了对图勒炳阿的处分，仍留原任。

就本质上来说，彭家屏私藏禁书案其实与胡中藻诗抄案并无太大区别，都是乾隆为强化自身威权，有效控制官僚集团所采取的一种极端做法。在它们的立案、查办、处理过程中，事实和真相都已变得不再那么重要，操纵者更多的只是要通过严厉的惩处使百官慑服，让他们知道：普天之下，谁是绝对权威，谁可以在任何时候、任何地点，对任何人生杀予夺！

第五章

千载难逢的好机会

每个当政者都会有他的烦恼和恐惧之处，在遥远的天山南北，那个曾与雍正打成平手的策零汗亦是如此。就在乾隆的爱子、皇七子永琮死于天花的三年前，天花也袭击了准噶尔汗国，境内死于出痘者甚众，包括宰桑（管事官）在内的几名高官均因出痘病故，策零怕得要命，不得不跑到北边的哈萨克边境避痘。

准噶尔内部还有很多势力，平时全靠领袖的个人魅力予以统摄，策零一离开，便有人乘机作乱。策零闻讯只得从避痘处返回伊犁，最后叛乱倒是被镇压下去了，但螳螂捕蝉，黄雀在后，策零终究没能躲过天花的追杀，很快就因出痘而去世了。

蒙古历史上有分封诸子的习惯，据说成吉思汗当年征服欧亚大陆，就是为了分封，其缺陷是使得权力和财富分散，日后汗位不管传给谁，其他王子都有能力进行争夺。准噶尔继承了这一习惯，也同时埋下致命隐患，策零死后，围绕汗位谁属，王子及其拥护者立刻掀起了一场你死我活的纷争。

自以为得计

准噶尔的嫡庶观念深厚，在选择汗王继承人的惯例上，也与汉王朝颇为一致，即有嫡立嫡，无嫡立庶长。策零共有三子一女，长子达尔札序虽为先，却非嫡出，按照策零的生前遗嘱，应由次子纳木扎尔继承汗位。

在策零临死前，十九岁的达尔札已经出家做了喇嘛，此人既有能力也有野心，在策零生病期间，他巴结和笼络了朝中有影响力的几个宰桑，这些官员便打算改变策零的遗嘱，转立达尔札为汗。守卫边界的大宰桑滚布、纳庆等人得知后极力反对，他们认为达尔札的母亲是策零从别人那里强占的女人，达尔札不是策零的"亲骨肉"，而老二纳木扎尔是策零的正妻所生，策零生前也很爱这个嫡子，汗王之位应该归其所有。

达尔札一派自知理屈，只得暂时退出竞争。纳木扎尔虽"以母贵嗣汗位"，但他当时年仅十三岁，尚不算成年人，无法独立处理政事，只能由他的姐姐鄂兰巴雅尔代理诸务。

纳木扎尔贪玩成性，登上汗位后仍不懂事，既然姐姐可替他打理一切，他便整天以屠狗为乐，把王室里搞得乌烟瘴气，与此同时，他又视兄弟如同寇仇，打算予以杀害，后据知晓内幕的人透露，纳木扎尔的"第一步行动就是将其弟置于死地，其次又欲将其兄置于同样命运"。

纳木扎尔的弟弟策妄达什年纪最小，只有七岁，但他却为大、小策零敦多布的部属所拥护。大、小策零敦多布皆为准部名将，他们与策零是叔伯兄弟关系，也正是在他们的拥护下，策零当年才能够坐上汗位，由此可见这一派势力之强。达尔札派同样不容小觑，事实上这一派系虽然在首轮汗位竞争中落败，但一直伺机以待，纳木扎尔的鲁莽之举正好可以为他们的行动提供口实。

鄂兰巴雅尔看在眼里，自然要对纳木扎尔加以规劝和约束，纳木扎尔却听信谗言，怀疑鄂兰巴雅尔欲自立为女汗王，遂将鄂兰巴雅尔连同其丈夫赛音伯勒克拘押了起来。

除鄂兰巴雅尔外，部族会议也对纳木扎尔予以了谏劝。部族会议的主要成员如大宰桑滚布、纳庆等，本来都是纳木扎尔的支持者，若没有他们，纳木扎尔未必能取得汗位，可是纳木扎尔贤愚不辨，忠奸不分，不但对部族会议的意见置若罔闻，甚至还用残酷的手段处死了纳庆等多名宰桑。

在无人再敢直言相告的情况下，纳木扎尔自以为得计，他对异母哥哥达尔札最为忌惮，于是决定以邀请达尔札及其党羽外出行围为圈套，先除掉达尔札，以绝后患。此时许多宰桑及王室成员在对纳木扎尔大失所望之余，已开始考虑拥戴新的汗王，而达尔札正是被他们寄予厚望的人选，获释不久的赛音伯勒克与众人商议，打算将计就计，趁行围将纳木扎尔拿下，另推达尔札为汗王。

孰料隔窗有耳，这一密谋被小策零敦多布之子达什达瓦探悉，达什达瓦是纳木扎尔的弟弟策妄达什一派的，如果要将纳木扎尔换下去，他要拥立的也是策妄达什，而不是达尔札。达什达瓦密告纳木扎尔，提醒他不要上当，纳木扎尔闻讯急忙集结军队，企图抢先一步消灭达尔札及其余反对势力，但他既然已自剪羽翼，又哪里还会是达尔札的对手，双方交锋后，很快落败并被生擒活捉。

达尔札替代纳木扎尔成了新的汗王。纳木扎尔在位时凶狠暴戾，达尔札实际有过之而无不及，他将纳木扎尔剜去双目，与告密的达什达瓦一起予以囚禁，后来又杀了他俩。

达什达瓦继承了其父小策零敦多布的事业，为准噶尔的一大部落，达尔札处死达什达瓦后，即将其部众分赏给其余各部，达什达瓦的属下宰桑萨喇尔不愿服从其指令，遂率部分牧民千余户内迁。这是自清准达成和议后，准噶尔人第一次大规模归附清朝，乾隆对此极为重视，亲自接见萨喇尔，授以散秩大臣之职，对其部众除赏给牲畜等财产外，又编设佐领，仍令萨喇尔负责管理。

早在议和过程中，乾隆对准噶尔的内部情形就非常留心，要求镇守边关的将佐及出使准噶尔的使臣随时注意搜集情报，准噶尔发生内乱后，他对此更加关注。这次萨喇尔来投，他在接见时特地就准噶尔的局势变化向对方进行了解，萨喇尔认为达尔札终为庶出之子，又是"方外之人"，一个喇嘛，即便做了汗王也难以服众，所以现在准噶尔的王子和各部落首领全都觊觎汗位，各不相让，"篡弑得国，谁肯愿为其仆？"同时达尔札妄自尊大，召见臣下时臣下须长跪请命，谈笑间稍不如意就予以杀戮，这使得他的那些老部下也无不对其咬牙切齿，萨喇尔由此得出的结论是达尔札的汗位一定坐不长久，"危亡可立待也"。

三策凌降清

萨喇尔的话并非危言耸听，不仅大、小策零敦多布的后裔抵制和反对达尔札取得汗位，其他贵族即便有些原先是达尔札的支持者，在发现达尔札同样不孚众望后，也迅速改变了态度。

在达尔札的反对派中，地位最高、力量也最强的是大策零敦多布的孙子达瓦齐，他召集辉特部首领阿睦尔撒纳、杜尔伯特部首领达什诺延等人，商议举兵攻打达尔札，并欲立达尔札的幼弟策妄达什为汗王。不料达什诺延内心并不赞同此举，会后就偷偷地派人将密商事宜泄露给了达尔札，策妄达什为此惨遭毒手，达瓦齐、阿睦尔撒纳亦被迫逃离了准噶尔。

达尔札对达瓦齐、阿睦尔撒纳穷追不舍，必欲除之而后快。面对生死存亡的挑战，达瓦齐显得沮丧消沉，"计无所出，日夜涕泣而已"。阿睦尔撒纳为人精明能干，骁勇善战，他鼓励达瓦齐振作起来，与其束手就擒，不如铤而走险，对达尔札进行反击。

阿睦尔撒纳的冒险计划得到采纳，二人率一千五百多名士卒出发，昼伏夜行，在突入伊犁后突然包围了达尔札的营盘。达瓦齐、阿睦尔撒纳的人马并不多，但正如投清的萨喇尔所言，达尔札早已众叛亲离，他的部下们私底下商量，说不能为了一个达尔札就苦了大家，遂自行把达尔札抓起来，献给了达瓦齐。

达瓦齐本就有夺取汗位的野心，到了这个时候，也就毫不客气地杀掉达尔札，自己做了汗王。策零遗下的三个儿子，老二纳木扎尔、老三达瓦齐已先后被杀，现在作为老大的达尔札也自食其果，一个曾目睹这场内讧的维吾尔人向清廷报告："如今策零子孙已是绝了。"

达瓦齐延续了前任汗王达尔札的做法，一上台就对过去拥护达尔札的贵族和部落进行排斥打击，杜尔伯特部首领达什诺延因为曾向达尔札告密而被杀。达瓦齐的所作所为引起杜尔伯特部的愤恨，在达什诺延被杀后，杜尔伯特部由三策凌，即策凌、策凌乌巴什、策凌蒙克统领，他们与其他准噶尔贵族联系，提出要推举小策零敦多布的孙子济勒噶为汗王。

1753年夏，济勒噶在杜尔伯特部的支持下率兵攻打伊犁，达瓦齐抵敌不住，只得逃往自己的旧牧地。他不甘心就此落败，便把老盟友阿睦尔撒纳找来商量对付的办法，阿睦尔撒纳到底老辣，只不过设一计，便轻易诱杀济勒噶，从而使得反对派联盟在汗位争夺战中失去了他们最关键的棋子。

扳回局面的达瓦齐立刻对杜尔伯特部实施报复，杜尔伯特部的大片牧场遭到破坏，将近三千牧民被掳，许多牲畜被达瓦齐占为己有。眼看三部落损失惨重，生计维艰，三策凌召集部众，提出："继续依附准噶尔已不可能，只有归附天朝（指清朝）才是良策。"

当年冬天，三策凌率所属三千多户计一万多人离开游牧地，越过阿尔泰山，经一个多月的跋涉，来到清军边防驻地乌里雅苏台，归附了清朝，这就是历史上有名的三策凌降清事件。

在三策凌降清之前，乾隆对准噶尔的事态发展一直予以密切关注，不过只是冷静观察，并不轻举妄动。在得知策零病故后，他明确表示："乘他们发丧之际发兵征讨，此事朕断不为。"

虽然此后准噶尔"变乱迭起，痘疫流行，死者甚众"的消息不断传来，但乾隆依旧不为所动，他一面指示戍边部队加强侦察和巡防，以免准噶尔侵袭边境乃至内地，一面对因厌倦战乱而前来投奔的准噶尔人，加以妥善安抚。

在三策凌进入清朝境内后，追至边界的准噶尔宰桑玛木特遭到阻止，但仍强行闯入边卡。乾隆闻报甚为恼火，认为边陲重地是彼此都不可逾越的禁区，现在玛木特竟然视若无睹，长驱直入，若听任其自行返回，那么将来更会出入无忌。

在乾隆下严旨要求追剿玛木特时，玛木特其实已经离开边卡，都统达青阿设计派人叫他回来，玛木特不知是计，结果上当遭到诱擒。乾隆知道后反而不高兴了，认为如此做法很不地道，下令将玛木特免罪遣回，并再次强调自己绝不会乘人之危主动攻击准噶尔。

乾隆的冷静处置和公开声明，却并不表示他会一直坐而观之。说起来，准噶尔汗国的建立和崛起都还在清帝国之前，以后两个王朝都发展迅猛，清帝国日渐巩固兴盛，准噶尔也不断向外扩张势力，至噶尔丹企图染指漠北，威胁中原，双方的对决已在所难免。在此期间，康熙三征噶尔丹，雍正也屡集廷议，兴兵征讨，然而由于准噶尔兵强将勇，汗王又具备威望，康、雍即便竭尽全力，亦仅能阻挡其势力，不使其东进而已。

排除万难，统一准部，成为康、雍两朝未完成的夙愿，雍正生前留下了"此贼不灭，天下不安"之谕，指的就是准噶尔。乾隆当然做梦都想完成祖上"积年未成之功"，在他接见萨喇尔时，听到准噶尔内部不安的情形，曾暗暗为之心喜，但那还没能影响到他的最终决策，真正促使他萌生出兵念头的正是三策凌的来归。

全新的思路

康熙初年，漠北蒙古与清王朝之间还只是藩属国与宗主国的关系，漠北部落曾欲归顺清朝，但因为他们与噶尔丹有矛盾，康熙最初不敢轻易接纳，直到后来清准全面爆发战争，才冒险答应他们的请求。与康熙不同，乾隆历来以"天下共主"自居，对周边来附者从不拒之门外，三策凌能够降清，和之前的萨喇尔归附相似，都与乾隆敢于接纳准噶尔逃人的政策密切相关。

由于三策凌是整部归附，其声势和规模前所未有，仍有不少大臣生怕引起边防冲突，建议拒降不纳，乾隆则力排众议，主张受降。鉴于三策凌所部远道来降，生活困难，他下令赏赐大批牲畜粮食，又编旗分设佐领，分别任命策凌、策凌乌巴什为盟长和副盟长。

三策凌刚到边关时，考虑京城溽热，容易传染痘症，乾隆没有安排他们直接来京城，而是谕令至避暑山庄觐见。次年即1754年6月，为接见三策凌，乾隆比往年提前赶往避暑山庄，而在他抵达山庄前，策凌等人已在路旁跪迎圣驾，双方感情非常融洽。

第二天，乾隆在澹泊敬诚殿正式接见三策凌，他封策凌为亲王，策凌乌巴什为郡王，策凌蒙克为贝勒，同来的其余大小首领也都被封官赐爵。从这一天起，三策凌多次受到乾隆的接见，乾隆连续八次在山庄内举行宴会，入夜后又请客人观看烟火和杂技表演。整个避暑山庄灯火通明，乐声大作，自山庄建立起，还从未有过如此热闹的场面，当时供职内廷的意大利画家郎世宁、法国画家王致诚都就此创作了写实性的夜宴图，其盛况可见一斑。

乾隆接见三策凌不光是安抚降人，还需要从他们口中了解准噶尔的实情——古代交通和信息传输都不发达，相对于道听途说和边疆大臣的奏报，面对面的交流更能够获得准确的第一手信息，从而为判断和决策提供可靠依据。

当初萨喇尔只是谈到准噶尔内部对汗位争夺激烈，达尔扎难以坐稳汗王的宝座，而如今三策凌则坦白地告诉乾隆，准噶尔已经发展至人心离散的程度。

如果说萨喇尔、三策凌的先后归附鼓舞了乾隆，那么与三策凌的直接交流则让他大受触动，为了确认三策凌所述情况是否属实，他当即派和硕齐等三名侍卫回京，对达瓦齐派来索还三策凌降众的使者敦多克进行刺探。

和硕齐等人原本都是准噶尔人，他们回京后按照乾隆的指示，分别以看望和闲谈的方式，不露痕迹地向敦多克进行询问，询问结果验证了三策凌的说法，准噶尔果然已乱得不成样子，以致"人心不一，甚属乖离"。

乾隆对准噶尔维持现状的态度由此发生改变。他开始认识到，准噶尔内讧不止，已使其实力大为损耗，对于完成统一大业而言，乃是一个千载难逢的好机会，一旦错过，等到准噶尔安定下来并重新建立起强大政权，必将再次对西北边防构成严重威胁，到时就算能够征讨成功，所要付出的代价和精力也将数倍于现在。

另外，准噶尔之乱使得西北内附人口剧增，安置也变得越来越困难。萨喇尔归附时被安插在了漠南的察哈尔，等到三策凌举族来降，漠南已经安置不下了。漠北虽可以考虑，但当地的游牧地很有限，三策凌去后会产生与漠北部落争夺游牧地的困扰，不仅将造成漠北部落生计窘迫，还可能使已经归附的降众复叛或逃离，朝廷为此大伤脑筋，不得不派人往黑龙江等地勘地，打算实在不行就将三策凌所部安插于彼处。如今乾隆则有了一个全新的思路，那就是通过平定准部，让三策凌部在伊犁分驻游牧。

因为曾说过绝不乘人之危的话，如今突然要改口出兵，乾隆不能不为自己寻找一个合适的借口，这个借口就是准噶尔现任汗王达瓦齐并非策零之子，无权承袭准噶尔汗位。

找到借口之后，乾隆便破天荒地站到彼此对立几十年的宿敌一边，摆出一副路见不平仗义执言的姿态，声称："达瓦齐辜负了策零的大恩，杀绝了他的后代，抢夺了他的基业，朕为他感到不平！"在接见使者敦多克时，他让敦多克把这些指责和罪名都明确无误地传达给达瓦齐。

老渔夫也会翻船

事后来看，持续不断的内讧使准噶尔分崩离析，力量严重削弱，清军不出击便罢，出击的胜率相当之大，这是康雍两朝时都没有出现过的短暂良机，如果从身边错过，确实可能是再也不会有了。只是当局者迷，彼时极少有人能对此看得清楚，当乾隆流露出乘乱兴师，讨伐准噶尔的意图时，几乎遭到大臣们众口一词的反对，仅大学士傅恒一人"不牵于浮论"，对出师平准表示赞同。

在雍正晚年的清准战争中，清军曾惨败于和通绰尔，当时几乎全军覆灭，随征重臣也多数战殁。和通绰尔之战成为大清帝国一个挥之不去的噩梦，虽然事隔已将近三十年，但大臣们依旧余悸尚存，谈虎色变，即便看到准噶尔部众接踵来降，却还是不敢侈谈进军。

达瓦齐上台后，其合法性受到准噶尔人的质疑，据清廷得到的情报称："底下的人都说达瓦齐不是正经主儿，人心离乱的很，里头的喇嘛也都不服。"达瓦齐生怕乾隆趁他根基不稳时来打他，所以表面上对清廷很恭顺，这也在一定程度上造成了乾隆君臣的分歧，大臣们都希望不启边衅，继续维持与准噶尔的和议。

作为和祖父康熙一样深明韬略和具备超人眼光的君主，在感到时机尚未成熟之时，乾隆固然可以不动声色，耐心等待，但在发现火候已到时，就无论如何都按捺不住了。在缺乏朝野支持的情况下，他毅然宣布："天与人归，机不可失，明年拟欲两路进兵，直逼伊犁。"

1754年夏天以后，清廷停止了与准噶尔的双边贸易，乾隆给出的理由仍是达瓦齐"出身不正"——我从前之所以答应与准噶尔通贡贸易，是为了加恩策零，其后纳木扎尔、达尔札相继即位，因为他们是策零的子孙，所以仍照前办理，你达瓦齐乃是以臣仆的身份篡立，我自然就不能再给你加恩了。

准噶尔以游牧经济为主，本身较为脆弱，而经过多年的清准贸易，清朝的货币能够在准噶尔做到畅通无阻，这表明准噶尔在经济上对清朝已有极大的依赖性，停止双边贸易，对清朝来说影响不大，但对准噶尔却是一大重创。

与经济制裁相应，清军戍边部队逐步将边卡向外移设，京城和内地各省军队也开始向西北边境调动，武力平准进入了紧张的筹备阶段，而就在这个时候，准噶尔的内讧却还无中断迹象。

达瓦齐才能、胆识都很有限，依靠阿睦尔撒纳的相助，才得以取得汗位和消灭后来的竞争者济勒噶，他一方面离不开阿睦尔撒纳，每遇急难，必要向其求助；另一方面又忌恨阿睦尔撒纳，担心阿睦尔撒纳权势过大，从而使自己无法控制局面。与此同时，阿睦尔撒纳也不是个善茬儿，他因为一开始势力薄弱，且非准噶尔直系，所以只能依附于达瓦齐，然而一旦翅膀长硬，便恃功自傲，不再把达瓦齐放在眼里。他甚至还派人到伊犁，向达瓦齐提出分辖准噶尔的要求，达瓦齐忍无可忍，断然予以拒绝，并对部众说："不诛阿某（指阿睦尔撒纳），灾祸迟早会降临。"

双方彻底闹掰，势成水火，达瓦齐接二连三地派兵征讨阿睦尔撒纳，阿睦尔撒纳亦不甘示弱，通过向西邻哈萨克求援，通过反击打败达瓦齐，攻入了伊犁地区。达瓦齐一度陷入困境，但随后在回部及部分准噶尔贵族的援助下，又再次具备了与阿睦尔撒纳决战的条件。

经过整顿，达瓦齐率精兵三万直奔额尔齐斯河河源，对阿睦尔撒纳发起凌厉攻势，其骁将玛木特也率八千兵马对阿部实施两面夹攻。阿睦尔撒纳过于轻视达瓦齐，虽有所准备，但没想到对方来势如此凶猛，一时措手不及，难以招架，不仅牧地被占，而且部众伤亡，畜群尽失。

凡人也会发飙，老渔夫也会翻船，阿睦尔撒纳狼狈不堪，只得走三策凌的老路，一边且战且退，一边派人与清军定边左副将军策楞取得联系，表示要归顺清朝。

在当时的准噶尔各支势力中，阿睦尔撒纳是唯一可以和达瓦齐抗衡的实力派，在部众中拥有很强的号召力，他的降附无疑大大削弱了准军力量，增加了清军的胜算。乾隆得报喜出望外，他虽然已经在为出兵平准做准备，但心里多少还有些犹豫和不踏实，至此，其平准的决心才真正坚定不移。

清廷的用兵计划中需要一个熟悉准噶尔高层内幕的人，阿睦尔撒纳完全符合，乾隆因此告诉策楞："阿睦尔撒纳乃最重要之人，他若来降，将对明年进兵大有裨益。"

按照乾隆的指示，参赞大臣乌勒登以行围为名，带兵前往卡伦（也即台站），声援和接应阿睦尔撒纳。已经抵达漠北境内的阿睦尔撒纳随后获准进入卡伦，随其内附的部众达到两万五千人，被暂时安置于乌里雅苏台附近。至此，准噶尔降众总计已不下一万余户，共四万余人，安置问题接踵而至，客观上也使乾隆失去了退路，对他而言，最明智的选择只有一个：出兵西北，一劳永逸！

以准制准

阿睦尔撒纳归顺后，乾隆对军机大臣们交代说，既然阿睦尔撒纳诚心归附朝廷，"即为朕之臣仆"，以后所有关于行军作战的事宜，阿睦尔撒纳都有权与诸军机大臣商酌协办。

阿睦尔撒纳不久前还是准噶尔阵营的核心人物，其以新附之身却能得到乾隆如此恩宠，不可避免地会导致某些文武官员的不满和非议。在乾隆要求对阿睦尔撒纳部众予以特别优待的情况下，前线大臣舒赫德、策楞仍提出不宜让阿睦尔撒纳部众留居于乌里雅苏台附近，理由是乌里雅苏台与准噶尔大路相通，筹备中的粮饷武器、马匹牲畜又都分布于周边，容易泄露明年进兵的秘密。除此之外，他们还主张将阿睦尔撒纳及士兵留在军营候旨，而家属与之分开，另居别地，以免阿部聚而生变。

乾隆闻言很生气，申斥说阿睦尔撒纳部众翻越千山万水，前来归顺，尚不知道最后会被安插在内地哪个地方，就让他们搬来搬去，又要强行对其家庭进行拆离，人家怎么可能不惊疑呢？倘若他们心生怨恨，激成事端，到时又该如何应付？

乾隆否决了舒赫德、策楞的提议，并对二人严加处分，此举充分显示出阿睦尔撒纳在皇帝心目中的地位，这样一来，就算有人不服，也不敢再多嘴多舌了。

大家都知道乾隆重视阿睦尔撒纳，但这却并不说明他对阿睦尔撒纳已经深信不疑。事实上，早在阿睦尔撒纳归顺清朝之前，乾隆就认为阿睦尔撒纳"诡诈反复，不可全信"，他也知道阿睦尔撒纳降清的动机并不单纯，有借清军之力打垮达瓦齐的企图。不过在他看来，这些暂时都不重要了，重要的是他已经认定，阿睦尔撒纳将是这次征准之役中不可或缺的关键人物，若使用得当，必能有事半功倍之效，他对阿睦尔撒纳的极力维护，与其说是信任，毋宁说是策略使然更恰当。

为了早定平准大计，乾隆希望能尽早与阿睦尔撒纳会面，他对大臣们说："朕亦急欲见此人。"阿睦尔撒纳内附之初，乾隆尚在东巡盛京的路上，在从盛京回来后，一主持完冬至节的祭天大典，他即打破历来清代皇帝冬天都要留居北京的惯例，前往避暑山庄接见阿睦尔撒纳。

北京至热河例有六站，乾隆下令六站并作三站行走，其间日夜兼程，每天行程达到一百四十里。在避暑山庄，阿睦尔撒纳一行受到了严肃、隆重的接待，乾隆封阿睦尔撒纳为亲王，其兄班珠尔、妻弟讷默库为郡王，其余大小首领二十多人也都被封以贝勒、贝子、公等。

乾隆聪明好学，在皇子时代就精通满、汉两种语言，为了对准噶尔进行研究，也为了便于和包括准噶尔在内的蒙古人交往，从乾隆八年起，他开始学习蒙古语，不久即能用蒙语自如交谈。

在单独接见阿睦尔撒纳时，乾隆用的就是蒙语，他先向阿睦尔撒纳询问了准噶尔内部变乱的始末，接着便就进兵计划听取意见。阿睦尔撒纳打回老家去的心情确实甚为迫切，所以在阐述意见时也知无不言。原进兵计划中把进兵时间与木兰秋狝的时间重合，彼时正是马匹肥壮有力的时候，便于在塞外作战，但阿睦尔撒纳认为"塞外秋狝，我马肥，彼马亦肥"，他建议提前至春初，因为那个时候准噶尔地区青草未萌，马畜疲乏，不但攻击易于成功，而且由于达瓦齐无力远遁，"可一战擒之，无后患"。

阿睦尔撒纳的建议乃其经验之谈，实际上，从以往中原王朝向游牧民族主动出击的成功案例来看，部队也多会避开秋季，在冬末到春季这段时间进行选择。乾隆欣然采纳了这一建议，决定改变计划，于次年二月（农历）进兵。

择帅命将向来是开战的头等大事，但大臣们几乎没有一个赞成进兵的现状，让乾隆在斟酌人选时深感苦恼。原来处在第一线的大臣如舒赫德、策楞等，都素称勇敢或干练，但在这场即将到来的战争面前却都变得"萎靡懦怯"，措置失当，乾隆根本就不放心再让他们充当前线主将。从打赢平准战争的角度出发，他只能把希望寄托在那些既能征善战又熟悉准噶尔内情的降将身上，阿睦尔撒纳首当其冲地被列为先锋。前准部宰桑、现散秩大臣萨喇尔同时入选，萨喇尔对阿睦尔撒纳颇为了解，他及时进言，认为阿睦尔撒纳在部众中素有威望，完全可以担任进军准部的引路人，"资以前驱，迅扫残孽"。

身负先锋官使命的阿睦尔撒纳热情很高，当着乾隆的面表示"疆场都欣效奔走"，他还请求在出征时统一使用他从准噶尔带来的旧旗帜——乾隆本打算采用上三旗的正黄、镶黄、正白三色，但阿睦尔撒纳指出，准噶尔人不一定认识上三旗，使用准部旧旗，当地军民更易识别，这样便于分化敌众、减少抵抗和招纳降人。乾隆听后特加赞赏，同意"明年进兵时，仍用你们的旧旗"。

通过与阿睦尔撒纳等人的磋商，乾隆最终做出了何时出兵、谁带兵、怎么打的决策。除了出兵时间、主将、旗帜的修订外，他还从"以准制准"的原则出发，改变了以八旗兵为主力的打算，下令裁减原计划中绿旗、漠北喀尔喀兵及炮手的数量，以阿睦尔撒纳等人所率的厄鲁特兵（对漠西卫拉特兵的通称，也包括准噶尔兵）替补。

闽浙总督喀尔吉善主动请命，酌派精悍灵活的福建藤牌兵随征，也未得到乾隆的同意。乾隆认为福建藤牌兵虽好，但只有在南方才能施展所长，到了北方塞外则不如厄鲁特兵，"朕此次即满洲兵亦不多用，仍以新归顺之厄鲁特攻厄鲁特"。

如入无人之境

当时内地通往准噶尔主要有两条路线，北路出乌里雅苏台，西路出巴里坤，均可进入准噶尔境内。乾隆命定北将军班第率两万多人出北路，定西将军永常率一万六千人出西路，但两路主将和打头阵的都是降将，北路为首的是左副将军阿睦尔撒纳，西路为首的是右副将军萨喇尔，由于他们身份特殊，所以出征前乾隆也没有按照惯例举行祭告礼。

1755 年 3 月 24 日，因哈萨克人先行抢掠了达瓦齐辖区，阿睦尔撒纳奉命提前三天由乌里雅苏台拔营，班第紧随其后，与先头部队仅差九天的行程。后续官兵推进速度很快，不久已与先头部队旌旗相望，乾隆得知后却命令班第与阿睦尔撒纳必须酌量隔开数日行程，不得同在一队行进，说："如将军、副将军合并一处，则众人唯知有将军，不复更知有副将军，转置阿睦尔撒纳于无用之地，不足以展其所长。"

乾隆非常清楚阿睦尔撒纳及其他准部降将的独特作用，事实也正是这样，阿睦尔撒纳在进军途中，一路举用准噶尔的旧旗帜，并四处派人宣谕敦促各部前来归顺。准噶尔的连年内战早已使得人心厌乱，身为汗王的达瓦齐又嗜酒好杀，缺乏治理能力，令高官和贵族们都对他非常失望，见阿睦尔撒纳率大批人马重返准噶尔，便纷纷表示情愿归顺。

达瓦齐手下大宰桑噶勒藏多尔济部属众多，势力强大，他早已对达瓦齐不满，达瓦齐连年向他调兵，他都拒不从命，而达瓦齐也无可奈何。接到阿睦尔撒纳的宣谕后，噶勒藏多尔济立即率部投诚，乾隆闻讯十分高兴，他认为连噶勒藏多尔济都痛快来降，说明"平定准噶尔，大功告成必速，此实上天眷佑"。

紧接噶勒藏多尔济之后，又有阿巴噶斯、乌斯木济、哈丹等归降，后者也都是达瓦齐的大宰桑，客观地说，这主要都是阿睦尔撒纳的功劳，若不是依靠他在准噶尔的声望和影响，很难想象一下子会有如此多的人望风而降。

西路军比北路军晚十三天启程，但进展速度也不慢，两路军你追我赶，如入无人之境，更奇特的是，几乎天天都可不战而胜，建功之易让乾隆始料未及。乾隆在欣喜之余，对阿睦尔撒纳在战争中表现出的才干十分欣赏，特赐三千两白银作为奖励，并多次称赞他"办事果断，毫无犹豫""用心周密，动合机宜"。

阿睦尔撒纳的确是为平准战争建立了首功。乾隆听取他的建议，选择春天用兵，让达瓦齐措手不及，达瓦齐尽管心理上对清军来犯并非毫无准备，但始终以为"大军前来，须待明年草青"，此前他把主要精力都用在了对哈萨克的征讨上，直至清军出师一个月后，才如梦初醒，急忙调兵设防，可惜为时已晚，两路清军早已深入其腹地。

1755年6月初，清军按计划会师于距伊犁仅三百里的博罗塔拉河，之后继续向伊犁挺进。伊犁人众亦纷纷迎降，"牵羊携酒迎叩马前"，眼看清军占领伊犁指日可待，乾隆兴奋不已，随手写下诗篇："无战有征安绝域，壶浆箪食迎王师。"

为摆脱清军两路锋线的压力，达瓦齐被迫撤出伊犁，移师伊犁西面的格登山区。清军在没有遇到任何抵抗的情况下便进入了伊犁，在他们宣布此次进兵目的只是惩办首恶达瓦齐，其余概不追问后，当地准噶尔人"无不额手称庆，所在人众，耕牧如常，毫无惊惧"。

虽然退守格登山的达瓦齐仍拥兵万余，但军械不整，马力疲乏，人心离散，只是凭借地势险要做困兽之斗而已。阿睦尔撒纳派宫廷侍卫阿玉锡等二十五人前往侦察，这二十五人都是降清的准噶尔人，他们发现达瓦齐军士气不振，兵无斗志，于是便出其不意地直闯其军营。达瓦齐军早就成了惊弓之鸟，慌乱之下还以为清军发起了总攻，纷纷不战自溃，夺路而逃。二十五名勇士趁势跃马横戈，往来驰逐，竟至大胜，达瓦齐仅率两千余人仓皇遁去，其余辎重及人员皆为阿睦尔撒纳所擒获。

达瓦齐从格登山逃出后，向天山以南奔窜，部众沿途离散，最后仅剩下七十余人。这时随着达瓦齐政权的瓦解，准噶尔对天山南路的控制也随之终结，维吾尔族首领霍集斯将达瓦齐诱擒并献至清营，以示归附之意。同时落网的还有原和硕特部首领罗卜藏丹津，罗卜藏丹津在雍正朝发动青海叛乱，后长期逃匿于准噶尔，雍正在位时多次索要未得，直到此次平准战争才被擒获。

达瓦齐、罗卜藏丹津虽然被押解京师，但都得到了赦宥，尤其达瓦齐身为前准噶尔汗王，战前对清廷也并无恶意，故乾隆给予格外礼遇，封其为亲王，又让他迎娶宗室之女，并入旗籍以及赐第京师。

至此，与清廷长期对峙的准噶尔政权被彻底消灭，清军出师不到三个月，便荡平准噶尔全境，顺利完成了对天山南、北路的征服，从而以最小的代价换来了胜利，尽管这还只是暂时的胜利。

善后

清军出兵准噶尔的前一年八月（农历）中旬，准噶尔军队的士兵夜宿山谷，忽见沙漠中出现火光。在天山南北，各部互相之间进行抢掠乃是常事，准兵怀疑是其他部落聚众前来抢掠，赶快登山眺望，结果看到的却是这样一番奇景：一个穿着华丽整齐的巨人缓缓而行，七八十名侍从秉烛前导，不久侍从们列队分立，巨人正身拱手，向东面礼拜，态度十分恭敬虔诚。

彼时准噶尔已经传出阿睦尔撒纳向清廷请兵征伐的消息，准兵们认定他们所看见的巨人一定是山神，山神向东礼拜，预示着准噶尔将归属于清廷。只是他们还不知道乾隆的生日就在八月（农历），是所谓的万寿节，后来平准战争大功告成，众人才悟到是"天威震叠山灵"，山神在向乾隆皇帝遥遥祝寿呢！

这则故事被纪昀（纪晓岚）记入了他的《阅微草堂笔记》中，故事本身荒诞离奇，经不起推敲，但藏在其背后的社会心理却颇值得玩味：从准噶尔到清朝，战前大家都没有想到战事会结束得如此之快，想来想去，就只能归结为冥冥中的天定了。

其实即便真是天定，说到底也离不开人力。回过头来看，在准噶尔爆发内乱的关键时刻，朝野上下全都在左顾右盼，观望犹豫，能够看到并死死抓住这一机遇不放的，唯乾隆一人，实在要再加一个，便只有赞襄附和的傅恒。如果乾隆当时缺乏足够的权威和魄力，平准战争就极可能泡汤，以致错失机遇，从这一点上来说，乾隆也的确比他同时代的人要高出一头。

对乾隆自己而言，能够一劳永逸地解决祖父、父亲生前都不曾解决的准噶尔问题，当然是一件无与伦比的事功，在他后来自己评定的"十全武功"中，平定准噶尔更被列为首位，足见对此役的看重。

得知清军克复伊犁的当天，乾隆即亲诣畅春园，将此事作为特大喜讯告知崇庆皇太后。待尘埃落定后，他又对与事诸臣论功行赏，班第、萨喇尔各晋一等公，傅恒虽未直接参加平准战争，仍因力赞用兵而被授一等公爵。阿睦尔撒纳原已被封为亲王，无可再加，但为酬其功勋，便再赏食双亲王俸，封其一子为世子。

为了庆祝胜利，乾隆还举行了告祭太庙和献俘礼，并御制平定准噶尔告成太学碑，以昭后世，然而就在朝廷内外喜气洋洋欢庆胜利的时候，一场遍及准噶尔全境的更大规模叛乱却已在酝酿之中。

早在出师平准时，乾隆就预先考虑了善后事宜。准噶尔过去属于漠西蒙古体系，漠西蒙古分为四部，除准噶尔外，尚有和硕特、土尔扈特、杜尔伯特，准噶尔是四部盟长。四部中，准噶尔部众以俗耐劳苦，擅于格斗著称，西北各部畏之如虎，一闻其至，无不奔逃，这使准噶尔横行一世，赫然成为西域霸主。在它的威逼下，和硕特迁至青海，土尔扈特迁至俄罗斯，杜尔伯特及其他各部未迁走人员则被收并，也正是通过这样的内外兼并，壮大起来的准噶尔才得以抗衡清朝数世。

从准噶尔的特殊地理位置和民情出发，乾隆并不打算在平准事定后像内地一样直接设置郡县，他的想法是重新分封四部：土尔扈特迁移后，其旧地已为辉特部所据，阿睦尔撒纳原本就是辉特部首领，可以他为辉特汗，另以策凌为杜尔伯特汗，阿睦尔撒纳之兄班珠尔为和硕特汗，原达瓦齐手下大宰桑噶勒藏多尔济为准噶尔汗。

康熙三征噶尔丹后，对漠北各部实行盟旗制度，从而使得漠北蒙古成为中国北方的塞上雄藩和"移动长城"。乾隆准备沿用这一成功经验，也在漠西蒙古四部中分设八旗，令四汗兼管，四部及八旗的游牧地均各安原处，不得随意迁移。

乾隆欲重封四部，"众建而分其力"，但他的这一安排显然无法满足一个人的胃口，这个人就是阿睦尔撒纳。

别有所图

还在平准大军尚未出发时，阿睦尔撒纳就要求乾隆赏给印文，让他招降从前离散的部众。这件事一度引起了乾隆的警惕。出于平准战争的需要，他虽然同意阿睦尔撒纳可招降原属部下，但拒绝发给印文敕书，以防止其利用自己的名义扩充个人势力，为日后独霸准噶尔积累资本。与此同时，乾隆派额驸、科尔沁亲王色布腾巴勒珠尔与阿睦尔撒纳同行，对其行踪密加防范，并密谕班第等人，要求将阿睦尔撒纳平时的言行"密加查察，据实陈奏"。

根据班第的报告，平准之初，阿睦尔撒纳在行至塔本集赛一带地方时，便开始屯兵不进，而专以收纳降众为务。等到他进入伊犁和达瓦齐的游牧地后，变得更加肆无忌惮，不仅纵容属下四处抢掠，而且将达瓦齐的财产全部据为己有，对于清军清查索取达瓦齐财物的命令，则置若罔闻，百般阻挠。

乾隆对阿睦尔撒纳的看法也在不断变化中，特别是阿睦尔撒纳在进击达瓦齐的过程中屡立战功，使他赢得了乾隆的更多信赖，班第的报告因此没能得到应有重视。乾隆认为阿睦尔撒纳不过是希图自肥，没必要过于苛求，他告诫班第说，准噶尔人生性多疑，千万不要夸大其词且让阿睦尔撒纳发觉，否则对稳定准噶尔的大局没有好处。

乾隆自命善于识人，但这次他却看走了眼。阿睦尔撒纳绝非仅仅贪财好利或不遵纪守法，而是别有所图，他从一开始降清就并非出自真诚，对清军不过是利用而已，目的是取达瓦齐而代之，成为准噶尔新的汗王。

当然阿睦尔撒纳就是再打主意，若外部条件不允许，也很难得逞，恰恰是清军在出兵时遇到的一系列难题以及乾隆自己的失策，给他创造了可乘之机。

自古打仗的常规是"兵行粮随"，乃至有兵马未动粮草先行的说法，从康熙到雍正，但凡与准噶尔作战，都经过长期的筹备，前方供给有充分保障。平准战争不同，乾隆是迅速决断，抓住稍纵即逝的有利时机立即拍板，之前谈不上有什么准备，尔后他又接受阿睦尔撒纳的建议，将出兵时间予以提前，这使得后勤供应问题更加困难。

当时前线既无大军驻扎，自然也就不会有大量粮秣屯贮，粮食料秣只能从后方抢运。往西北前线运粮的费用非常昂贵，以北路粮运为例，从张家口至乌里雅苏台有五千三百余里行程，全靠驼马牛车拉运，每石运费高达九两八钱，与内地每石一两数钱的运费相比，整整高出八倍有余。西路运粮费用更加惊人，仅从内地运至新疆鄯善，就需运费二十两，这还不算从鄯善到伊犁那段遥远路途。虽然清廷的财力状况与金川战争时已不可同日而语，如此昂贵的运费并非负担不起，但时间仓促，粮食的征购与运送都来不及，若仍按照"兵行粮随"的常规行事，仗就不用打了，这也是大臣们反对出兵的重要理由之一。

面对这一棘手难题，乾隆只得抛弃常规，命令每个士兵只带两个月口粮，如果粮食不足，便采取"因粮于敌"的办法，暂时取用于投诚的准噶尔牧民。他还交代说，在向准噶尔牧民征粮时，要登记数目，"将来或换给什物，或补给银两"。

所谓今后换给东西或补给银两，不过是难以兑现的空话，实施过程中就等于是允许清军沿途骚扰抢掠，这不能不引起一些准噶尔牧民对清军的反感和敌视。至于准噶尔上层的贵族和宰桑，有不少其实是出于无奈才归顺了清朝，内心里仍希望有一位强有力的首领能重建汗国，阿睦尔撒纳无形中代表了他们的意志和愿望，这些都使阿睦尔撒纳在准噶尔获得了一定的民心，也助长了他的政治欲望和野心。

乾隆的个性特点中有过于自信的一面，本来敌境筹粮只是在不得已情况下的权宜之计，但见前线进展神速，似乎并没有受到影响，他便自鸣得意，干脆也不急着向前线筹饷运粮了。

阿睦尔撒纳包藏祸心，沿途抢掠牧民，又私自占有了许多马驼牛羊，所以并不叫苦。西路就惨了，萨喇尔前锋军即便尽量节约口粮，到最后也已难以维持。定西将军永常见状，紧急从后队兵丁的口粮中借支十日，运至萨军营营，同时自哈密至乌鲁木齐设立台站，每台拨驼五百只，陆续运粮接济，采用这样的亡羊补牢之法，才勉强帮助部队渡过难关。可是当永常向乾隆汇报，请以筹饷运粮为急务时，却反被乾隆一顿痛斥，说"因粮于敌"在北路那里行得通，为什么你们西路就不行？

乾隆自有如意算盘，彼时清军攻占伊犁已是胜利在望，伊犁为准噶尔的政治经济中心，攻克后预计可以缴获一部分牲畜和粮食。他指示班弟、永常等人，让他们届时收取达瓦齐所有牧畜备用，如果口粮不够，便用茶叶、银两向当地的准噶尔人和回民进行换取。

事实证明，乾隆的这些想法不过是一厢情愿。清军在正式占领伊犁后，才发现准噶尔屡经战祸，并无多少积贮。伊犁河北的尼楚滚曾存放有粮米缎匹等物，但前一年已被哈萨克人洗劫一空，所余马匹牲畜则被达瓦齐运往别的地方，而本地居牧民无论是准噶尔人还是回民，生计都很艰难，远不足以供应大军口粮。

在远隔内地的陌生异域，一旦马不宿饱，士有菜色，军心定会瓦解，士气也必然崩溃。乾隆对此非常清楚，见情况窘迫，只得将两路大军撤出准噶尔，仅在尼楚滚留察哈尔兵三百人、喀尔喀兵二百人，由定北将军班第、右副将军萨喇尔及参赞大臣鄂容安坐镇，用以处理善后。

大军的过早撤离，使清廷无法及时消化军事胜利的成果，也不能对当地局势进行有效弹压，与此同时，乾隆又陶醉在胜利的喜悦之中，放松了对阿睦尔撒纳应有的警惕和戒备，阿睦尔撒纳于是乘虚而入，直至完全露出原形。

先发制人

阿睦尔撒纳对乾隆重封四部的方案不屑一顾。他对班第说，漠西四部与漠北部落不同，若无人进行总体领导，恐怕人心不一，不但不能抵御外敌，还会发生变乱。

阿睦尔撒纳说出这番话，很明显是企图凌驾于众人之上，做四部首领，以便变相成为准噶尔汗，其野心可谓昭然若揭。在他的纵容下，亲信们大造舆论，宣称说乾隆必定得封阿睦尔撒纳为四部总汗，否则，他们这些死党宁可剖腹自尽，也不会因贪生而"别事他人"，到时准噶尔亦不得安宁。

在将舆论散布出去后，阿睦尔撒纳即以准噶尔汗自居，平时生杀自专，并不向班第报告。策零在位时，用兵行令一律以"小红钤记"作为专章，手下私用别的印信便要处斩，阿睦尔撒纳加以模仿，以"小红钤记"代替了清廷颁给他的定边副将军印信。清朝官服以及乾隆御赐的黄带、孔雀翎也都被他弃之不用，除了最早跟随阿睦尔撒纳降清的那批人，准噶尔部众甚至都不知道他内附清廷的事。

准噶尔人信仰藏传佛教，阿睦尔撒纳送白银给喇嘛"熬茶"（即布施），并许诺将来他统辖准噶尔全境时，会更加妥善地照顾他们的生活，喇嘛们于是随声附和，向各部首领宣传阿睦尔撒纳"有统领准噶尔之分"，以争取他们对阿睦尔撒纳当汗王的支持和拥护。在此基础上，阿睦尔撒纳用"小红钤记"行文，以防备哈萨克入侵为借口，从各部抽调了九千精兵。

对外，阿睦尔撒纳也公然越权行事。他派人带兵前往天山南路，对回部进行招抚，还暗示必要时回部须听从他的调遣。在致哈萨克、俄罗斯等国的国书中，阿睦尔撒纳绝口不提降顺清朝，只称自己是带着满兵、蒙古兵来平定准噶尔。哈萨克也对他表示支持，在哈萨克致清廷的国书中，竟有"闻阿睦尔撒纳仍居旧游牧，甚为喜悦，可复睹策零之时"等语。

阿睦尔撒纳心计颇深，他深知班第等人都在对他进行监视和防范，因此竭力进行分化。乾隆当初之所以让额驸、科尔沁亲王色布腾巴勒珠尔与阿睦尔撒纳同行，是考虑到他们同为蒙古人，言语相通，习惯相近，比较好打交道，也不容易引起阿睦尔撒纳的猜疑，但色布腾与班第有矛盾，结果被阿睦尔撒纳发现并加以利用，反将色布腾拉拢了过去。

堕其术中的色布腾暗中同情和支持阿睦尔撒纳，对其事事顺从，同时有意对班第加以阻止，使得班第无力节制阿睦尔撒纳。右副将军萨喇尔按照乾隆的密旨，本来也有防范阿睦尔撒纳的任务，奈何他原来在准噶尔的地位不高，准噶尔人对其不服，在才略地位上非阿睦尔撒纳的对手。

眼看阿睦尔撒纳的言行一天比一天过分，班第既忧虑又着急。参赞大臣鄂容安是鄂尔泰的长子，他向班第慷慨陈词："将在外，我们这些做大臣的，应该在祸患还没有露头的时候就消除它！"

在几年前的西藏平叛中，傅清、拉布敦就像西汉的傅介子一样，不等向乾隆报告，即将藏王珠尔默特予以诛杀。鄂容安主张效仿他们，找机会诛杀阿睦尔撒纳，以除后患，这样即便自己将以身相殉，也一定会得到朝廷的认可和隆重表彰。班第听后却犹豫不决，说："阿睦尔撒纳反叛的迹象终究还未完全显露出来，妄杀藩臣，将惹怒皇上啊！"

班第向来谨慎有余，魄力不足，先斩后奏这样的事根本就不是他敢做的。鄂容安与之相比，虽"尚知大体"，具备破釜沉舟、为国尽忠的勇气，但他又手无缚鸡之力，照乾隆的话说，是一个"颇有汉人习气"的文臣，而且他也不懂蒙古语，缺乏独自诛杀阿睦尔撒纳的条件。

无可奈何之下，班第等人只得纷纷向乾隆密奏告状。乾隆这才意识到事态之严重，确认阿睦尔撒纳"种种不法之处，图据准噶尔，已无疑义"。他当然不会允许天山地区再出现另一个策零，以致平准事业功亏一篑，考虑到若任由阿睦尔撒纳继续勾结同党，蛊惑人心，平叛时将大费周章，他决定先发制人，从速擒拿阿睦尔撒纳。

还在清军占领伊犁之前，乾隆就已命令拟议中的准噶尔四汗于当年秋天，前往热河避暑山庄举行封汗典礼。趁阿睦尔撒纳来热河之际，将其逮捕处理，无疑是个简便易行的办法，不过阿睦尔撒纳为人狡诈多疑，乾隆估计他可能不会来热河，因而向班第下达密旨：以会同防范哈萨克为由，命萨喇尔、鄂容安带领所留官兵，设计将阿睦尔撒纳一举擒获，然后就地正法，以免后患。

如果伊犁驻军不撤，班第当然会毫不犹豫地照旨执行，但他现在手下只掌握五百清兵，其他都是平准战争开始后的新附人员。由于缺乏冒险一试的实力和胆量，他只能奏请乾隆"面加训谕，以折其心"，等于把球又踢还给了皇帝。

乾隆见状，一面指示先处理阿睦尔撒纳，将预定的准部编旗事宜延后，一面派人给阿睦尔撒纳捎去口信，声明对其信任不变，只是还有许多事要与他商量，让他尽快赴热河朝觐，"否则劳朕久待矣"。

1755 年 8 月 6 日，在乾隆和班第的极力催促下，阿睦尔撒纳终于由伊犁启程，前往热河，但他此行并非如清廷所希望的那样是自投罗网，而是有着自己的计划。

牵着鼻子走

班第为人气局狭小，平时就爱在细节上计较来计较去，然而实际办事并不精细。自平准战争开始起，他和鄂容安、萨喇尔屡次参奏阿睦尔撒纳，君臣之间反复讨论对阿睦尔撒纳的处置，照理这些内容均系最高机密，但他却防范不严，让从征的漠北喀尔喀郡王青滚杂卜获悉了部分内容。

漠北在康熙末期才正式划入清朝版图，喀尔喀人在感情上还不像漠南的科尔沁等部落那样与中央贴近。自平准战争发起后，清廷不仅征调相当数量的喀尔喀成年男子从征，而且北路的军情和文书传递也归喀尔喀负责，沿途的台站卡座需要动员和征用许多人马，青滚杂卜承担了其中的不小份额，这让他叫苦不迭。

见阿睦尔撒纳"潜谋叛志"，青滚杂卜便也隐隐然生出二心，两人私下里互相结纳，过往甚密。青滚杂卜探听到任何重要的军营信息，都会悄悄地告诉阿睦尔撒纳，乾隆君臣讨论的部分内容也因而传到了阿睦尔撒纳耳中。

由于青滚杂卜所掌握和泄露的并非奏折密旨中的全部内容，所以阿睦尔撒纳尚不确知乾隆对他的最后处置决心和方案，只是隐约感觉到可能对他不利，与此同时，他对得到乾隆的同意，成为四部总汗也还抱有一定的侥幸心理。

之前乾隆已下诏将额驸色布腾召回皇宫，这是他在得知色布腾不仅未能负起监视阿睦尔撒纳之责，还与班第势同水火之后所采取的一个临时措施。当然无论色布腾还是阿睦尔撒纳都尚不知道乾隆的真实意图，阿睦尔撒纳私下托色布腾就让他总管四部一事向乾隆代奏，两人还约定，如果这一请求能够得到乾隆的同意，阿睦尔撒纳便于七月下旬（农历，相当于阳历的 8 月底 9 月初）入觐。

阿睦尔撒纳对入觐毫无兴趣，他只关心和在意托付色布腾的事情能否被批准。在后者尚未有回音的情况下，还要不要冒险前往热河，让阿睦尔撒纳及其亲信们颇费思量，经过反复研究，他们最后还是决定响应清廷的要求，提前动身，但做好两手准备——路上尽可能迁延时日，等待色布腾方面的消息。若有满意的消息传来，当然是最好，如果相反，则以入觐为名，将在扎布干游牧的余旧部众接应出来，与伊犁地区的准噶尔部众遥相呼应，举事反清。

在阿睦尔撒纳动身时，为防其中途脱逃，班第多留了一个心眼，派漠北喀尔喀亲王额琳沁多尔济与其同行，并暗中命额琳沁予以监视。没有想到的是，阿睦尔撒纳在与蒙古王公拉拢关系时颇有一套，额琳沁居然也与色布腾一样入其彀中，很快就被他牵着鼻子走了。

因为与色布腾有约在先，阿睦尔撒纳一路上格外小心，尽可能迁延慢进。进入 9 月（农历为八月），当入觐队伍行至乌隆古河时，色布腾方面仍未传来任何消息，实际情况是色布腾一回京城，就知道了朝廷准备在避暑山庄逮捕阿睦尔撒纳的计划，哪里还敢再为阿睦尔撒纳代奏。

尽管不知道色布腾回京后的细节，但阿睦尔撒纳也已经明白发生了什么事。乌隆古河邻近扎布干，于是阿睦尔撒纳暗地里召集属下，张幕宴请额琳沁，酒过三巡，他突然站起身对额琳沁说："阿某不是不守臣节，但中国（此处指清廷）轻诺寡信，现在如果我跨入你们境内，就好像被驱入集市的牛羊一样。大丈夫应当自立事业，怎么能延颈待戮呢？"

阿睦尔撒纳让正在喝酒的属下们全都放下酒杯站起来，这些人早有准备，他们扛着鲜亮的旌旗，簇拥着阿睦尔撒纳径直离营。临走时，阿睦尔撒纳解下乾隆所赐的定边左副将军印，掷于额琳沁："你把这个交还给大皇帝就可以了！"说完，头也不回地纵马而去。

额琳沁为人庸碌无能，这个时候本应立刻予以阻止，但他慑于阿睦尔撒纳身兼双亲王之职，且对阿睦尔撒纳有同情之心，竟眼睁睁地看着阿睦尔撒纳扬长而去。直到第二天，他才想起，阿睦尔撒纳其实是在反叛，若任由其逃之夭夭，自己将罪责难逃，不由又悔又急，赶快派人追赶，但阿睦尔撒纳已经踪影皆无。

阿睦尔撒纳离营，是要接应旧部众和号令叛乱，但乾隆针对他可能脱逃的情况，预先也做了部署，一收到额琳沁的报告，即派一千名官兵驰往扎布干，以防阿睦尔撒纳潜取家眷，增加羽翼。不出所料，阿睦尔撒纳果然派其兄班珠尔等人来到扎布干，结果被清军守株待兔，一网打尽。

阿睦尔撒纳在派出班珠尔后，自己与一部分反叛人员会合，对驻守阿尔泰的清军实施了袭击。接下来，他便坐等扎布干方面的消息，但等了好几天也没等到音信，阿睦尔撒纳料知情况有变，只得从阿尔泰移至博尔塔拉，一边打算遥控伊犁地区的部众反叛，一边联络准噶尔各部，以扩大和充实自己的队伍。

无法容忍

在准噶尔地区，阿睦尔撒纳的死党阿巴噶斯、哈丹等人也在与伊犁的众喇嘛联系，准备等阿睦尔撒纳率部前来接应。可是阿睦尔撒纳始终没有露面，阿尔泰方面也静悄悄的，毫无动静，他们按捺不住，派哈丹前往乌隆古河打探，亦未能够打听到阿睦尔撒纳的去向。这个时候他们觉得不能再等下去了，便按原计划行事，率数千人攻打并破坏了伊犁至巴尔库尔的清军台站，驻准清军的后勤支持和通信联络因此完全中断。

清军所在的尼楚滚军营贮存着相当数量供赏赐用的茶叶缎匹，叛军无不对此垂涎三尺，虎视眈眈。1755年9月29日，伊犁宰桑克什木等率五千余人攻打尼楚滚军营，军营当时仅有五百清兵，势单力薄，乾隆急令驻于乌鲁木齐的定西将军永常予以增援。

永常辖西路兵五千八百人，其实除阿睦尔撒纳及党羽外的其他准噶尔领袖正入觊热河，响应叛乱的部落还不多，首领扎木参等所率数千人来到永常军营，声明"俱坚心内向"，请清军予以保护，如果永常把这些力量集中起来，完全可以平叛。可惜永常畏敌如虎，他认为扎木参的话不足信，不但不西进伊犁，反而将军队后撤至穆垒，后又撤至巴里坤，这使平叛失去了最有利的时机，叛军也益加猖獗。

眼看伊犁难以坚守，班第、鄂容安连忙把萨喇尔招来商量脱困之计。萨喇尔已经动摇："阿逆（阿睦尔撒纳）智勇兼备，不可撄其锋，不如答应他的要求，请天子把准噶尔交给他，如此这场大祸就能避免。"

"守土之臣，怎么可以为了保命而把土地白白送给敌人，难道以后不怕受到司法惩处吗？"鄂容安立即表示不同意。

萨喇尔性格较为草率自负，被鄂容安抢白了几句，脸上挂不住，愤愤地抛下一句"竖儒安知兵家事"后，便策马而去。

三个人因性格和立场存在差异，平时就很难做到和衷共济，如今更是吵得不可开交，最后大家决定既不向敌妥协但也不坚守，而是分路突围，其中班第、鄂容安率三百人沿东南方向突围，萨喇尔及其属下百余人向南突围。

伊犁陷落重新引起准噶尔地区的骚动，许多不甘失败和想从中获取渔利的宰桑、贵族、喇嘛、回人闻风附和，对驻准清军发起攻击。萨喇尔突围后被叛军拦截，被俘降于叛军，班第、鄂容安率部撤出两百余里，但仍被克什木部五千之众追上并遭其层层围困，三百人战至仅存六十人，濒临绝境。

落此境地，班第、鄂容安均已扼腕无计，鄂容安颇悔当初没有将阿睦尔撒纳先一步诛杀于伊犁，说："今日只能白白死于此地，于大局却无济于事，有负皇上所托！"

班第也极为懊悔未及时采纳鄂容安的建议，他持剑叹息良久，方才刎颈自尽。鄂容安步其后尘，但他腕力太弱，自个儿抹脖子都难以成功，只好命随从刺其腹而死。在他们自尽后，余下兵丁或力战而亡，或被叛军所杀，无一幸存。

平准大军撤离伊犁不到两个月，准噶尔便又再次陷入混乱之中。对于阿睦尔撒纳这个罪魁祸首，乾隆恨之入骨，在控制阿睦尔撒纳旧部众游牧的扎布干后，便下令将阿睦尔撒纳的家眷解送京城，其部众转移他处，分给漠北喀尔喀人为奴。

前线将领的愚蠢无能和屡失战机也让乾隆无法容忍。永常在撤至巴里坤后托词兵少粮缺，无力平叛，请求"先办理马驼口粮，以利遄行"，其他前线将领和大臣则大多表现得惊慌失措，尚在班第等人生死不明的情况下，负责运送粮饷的陕甘总督刘统勋就轻信谣言，奏请放弃巴里坤，退守哈密。

"阿睦尔撒纳在此时不过一亡命逸贼耳！"乾隆认为臣下们这种怯懦逃跑的行径极其可笑。

一个侥幸逃脱的亡命徒罢了，至于把你们吓成这样吗？他在博罗塔拉一动都不敢动，又怎么能在短时间内鼓动众部，飞越千里来到巴里坤？

此时和伊犁驻将一样，在前线担任领兵之责的大臣一共三个人，除永常、刘统勋外，还有赴巴里坤督理军需的副都统吴达善。乾隆把本来没什么责任的吴达善也拿来陪绑，说前线军心全靠领兵大臣维系，结果一个将军、一个总督、一个都统，不研究如何对敌，却自相惊扰，"舍穆垒而回巴里坤"，现在又提议弃巴里坤而就哈密，军心怎么能不乱？

乾隆降旨，以贻误军机之罪，撤革永常、刘统勋，拿解赴京。永常在解京途中就开始生病，至临潼时痰塞气绝，其实如果他不病死，回京后日子也不会好过。在清初直至乾隆朝，一个满臣若怯懦怕死，便会被皇帝认为是丢弃了祖先尚武好勇的传统和精神，很难予以谅解，甚至就算永常已经因病而死，乾隆一度还怀疑他是畏罪自杀。汉人则不然，刘统勋是汉人，乾隆念他是一介书生，不谙军务，军旅之事非其所长，故特予宽释，不加究责。

为平定叛乱，乾隆决定再组大军进兵准噶尔。为了表示对诚心归降的准部贵族的信任，从而在最大限度上孤立叛军，乾隆正式任命噶勒藏多尔济为准噶尔汗，策凌为杜尔伯特汗，原先留给阿睦尔撒纳及其兄班珠尔的位置分别由沙克都尔曼济、巴雅尔代替，后者一个担任和硕特汗，一个担任辉特汗。在正式任命四汗后，乾隆即通过他们征调所属准噶尔部队，参与对叛军进行讨伐。

风声鹤唳

早在三策凌降清时，准噶尔宰桑玛木特追击三策凌被清军诱擒，获乾隆赦免遣回，他对此心存感激，又觉得达瓦齐难以成事，便主动降清。在第一次平准战役中，阿睦尔撒纳为定边左副将军，他是参赞，因功被封为三等信勇公，赐双眼孔雀翎、四团龙补服。

由于生了病，玛木特战后留在伊犁休养，等到阿睦尔撒纳发动叛乱，他想逃往内地向清军报信，结果落到了阿睦尔撒纳手中。阿睦尔撒纳劝他归降自己："准噶尔与清朝差异极大，你为什么一定要内附清朝呢？不如跟着我，我不会亏待你的。"

玛木特朝阿睦尔撒纳吐了口唾沫，愤然说："天下岂有无君之国？策零后嗣已绝，我不内附清朝还能内附谁？"

玛木特最后情愿慷慨赴死，也不肯跟随阿睦尔撒纳。在准噶尔降将中，玛木特虽然只是个例，但也足以说明，自策零死后，准噶尔内部再无一个人能真正凭借威信和能力镇住全场。阿睦尔撒纳在准噶尔的号召力有限，远不足以笼络各部，在移至博罗塔拉后，不管他怎么四处联络鼓吹，拉拢人马的速度都很慢，其所部一共不过才两千人而已。

面对清军即将大举进击的压力，一些原先被煽惑参与叛乱的人发生了动摇，他们派人向清军联系投降，并释放萨喇尔，奉之以主，转而对驻于博罗塔拉的阿睦尔撒纳发动攻击。此时阿睦尔撒纳好不容易召集到了四千部众，在回部和卓叛军的支持下，力量有所增强。两股力量在伊犁附近相遇，随即爆发激战，萨喇尔一方落败，未能阻止阿睦尔撒纳进入伊犁。

在伊犁保卫战中，萨喇尔未能与班第、鄂容安并肩力战到底，后又降附于准噶尔，大学士陈世倌奏请处以死刑。乾隆考虑萨喇尔最先归附清廷，而且作为准噶尔降将，也不能像对待八旗将领一样严苛要求，换言之，萨喇尔若能像玛木特那样忠于清廷，固然值得表彰，但如果做不到，也很正常。为了给大臣们一个交代，他命萨喇尔在班第等人的灵柩前磕头表示谢罪，之后便予以宽释，并以其率平反部队攻击阿睦尔撒纳之功，授以内大臣之职。

1756 年 2 月，乾隆发起第二次平准战役，这次清军亦分西、北两路夹攻，西路军由定西将军策楞挂帅，为主力军，北路由定边左副将军哈达哈统领，为牵制之师。

基于首次平准战争因为缺粮，进而导致骚扰准噶尔牧民以及仓促撤军等教训，乾隆反复强调："军营粮饷，关系紧要，理应加意办理""军营进剿官兵，所需口粮，甚关紧要"。新任陕甘总督黄廷桂对此贡献巨大，他过去长期在西北担任督抚，彼时就预测到将来清军可能会发动西征，遂"买谷三百万石，分储河东，正为今日"。当时的运粮车主要从民间摊派，老百姓对此大多抱有畏难情绪，黄廷桂见状，便将原先的家家摊派改成十家抽一，即十家中只抽一家携运粮车从征，抽中者由政府给以比平时更高的薪酬，还允许带上自己的钱财物品，沿途可以进行买卖，这样才使应征的老百姓变得踊跃起来。

黄廷桂做事非常认真细心，他看到军马速度普遍不快，又经常出现伤病甚至死亡，知道是因为马的饮食跟不上，因此命令从安西至哈密沿途开池蓄豆，军马一到，一边走一边喂，如此既不耽误行军还能让马吃饱吃好，"奔驰千余里，马益膘壮"。

在第二次平准战役启动后的不到一个月时间，清廷就调动骆驼三千多头，从陕甘向巴里坤赶运粮食一万两千多石，其间运粮不力的官员均被革职治罪，运粮勤勉的官员则立即得到嘉奖和擢升，黄廷桂更是深得乾隆的青睐与重用，"倚任如左右手""恩宠莫与肩比"。

从一开始，乾隆正式任命的准噶尔四汗及其他未叛者就大多随军西进，已叛者也纷纷重新归附。阿睦尔撒纳所部风声鹤唳，偏偏和卓叛军又和准噶尔发生冲突，负气离开了伊犁地区，阿睦尔撒纳狼狈不堪，手忙脚乱地对因内讧而离散的队伍进行整顿。清军进展神速，还没等对方整顿就绪，由参赞大臣玉保所指挥的西路军前锋便已抵达特克勒河。

特克勒河距阿睦尔撒纳的军营仅一日之程，一山之隔。正当玉保准备挥师进击的时候，喀尔喀王公诺尔布的一名属下前来报告，说阿睦尔撒纳在斫冰开道的奔逃途中，被诺尔布等追及并擒获，将送至军营，请等候接收。玉保听后下令停止进兵，同时派人驰报策楞。策楞收到报告后，也下令全军停止前进，又飞书京师，以红旗报捷。

收到这一好消息时，乾隆正在东巡途中，闻讯大喜过望，立即降谕封策楞为一等公，玉保为三等公，并以军务告竣颁诏中外。他本来计划动身前赴曲阜，也因此事而临时改变主意，决定转道易州泰陵。泰陵是雍正的安息之地，乾隆在父亲陵前报告喜讯，对祖先的"默垂庥佑"表示感谢。

大乌龙

乾隆急于平定叛乱的心情大家都看在眼里，各省督抚纷纷具折奏贺。可就在前线部队和朝野上下一致欢庆胜利之际，捷报却被证明只是一个假消息。原来这是阿睦尔撒纳设的缓兵之计，他见己部兵无斗志，人心散乱，料想难抵清军，便派人装扮成诺尔布的属下，让清军上了当。

应该说，阿睦尔撒纳的骗术并不是特别高明，只要玉保派人去诺尔布那里验证一下，即知真伪，但玉保居然就不假思索地相信了，还将这一未经证实的消息径直予以上报。策楞同样也是不审虚实，连想都不一想就转报入京，结果弄出了一个让乾隆啼笑皆非的"大乌龙"。

策楞、玉保中计自然是缘于立功心切，但最主要的还是缺乏进取心。玉保想的是如何可以不战而胜，不劳而获，跟他相比，策楞只是半斤八两，他与玉保的前锋部队也仅隔一日行程，就算是阿睦尔撒纳真的已经被擒，也完全可以赶上前去与玉保会合，可他竟以军营无马为由顿兵不进。在此期间，阿睦尔撒纳乘机逃脱，等到策楞、玉保发现所谓阿睦尔撒纳被追及擒获一事纯属子虚乌有，阿睦尔撒纳已率残部北越库陇癸岭，趋近哈萨克南境。

1756 年 4 月，清军收复伊犁。在阿睦尔撒纳漏网的情况下，收复伊犁的意义已被大打折扣，乾隆坚持"擒贼先擒王"，指示策楞等人"此时所有伊犁应办事宜，尚可稍缓，唯当以追擒逆贼为第一要务"。

策楞等人本应全力追击，将功折罪，但策楞却以"收集流亡，抚慰喇嘛，安插失业贫人"为由，驻守伊犁不动，只传令玉保负责追击。玉保与策楞不和，两人平时就互相钳制，接到命令后玉保勉强追至库陇癸岭便不再深入，仅遣一副都统乌勒登率五十人追击，之后即班师返回，以马匹粮草不济为借口，驻兵不动了。

被推到最前面去的乌勒登一看上司们都是如此，他也有样学样，擅自停止了西进。清军将领的彼此推诿，一误再误，致使阿睦尔撒纳从容远遁，直至到达左哈萨克境内。

哈萨克与准噶尔毗邻，清廷平准，让它有唇亡齿寒之感，故而左哈萨克汗阿布赉对阿睦尔撒纳表示欢迎和支持，还将女儿嫁给了他。乾隆对此嗟叹不已，认为阿睦尔撒纳本已穷途末路，却仍能逃至哈萨克，完全是前线将帅庸懦无能所致。他降旨将策楞、玉保革职，解京治罪，另由达勒党阿接替策楞的定西将军一职，继续向哈萨克追索阿睦尔撒纳。

阿布赉极力庇护阿睦尔撒纳，并替他向乾隆求情，称阿睦尔撒纳"如穷鸟投林，擒献不难，但恳求大皇帝网开一面，饶他一命"。乾隆的态度则十分坚决和强硬，见哈萨克方面不肯交出阿睦尔撒纳，便下令清军直接入境捕捉。

按照乾隆的旨意，达勒党阿出西路，原来就担负牵制任务的哈达哈仍出北路，南北两路清军都进入了左哈萨克境内。阿布赉见状，也决定出兵帮阿睦尔撒纳打仗，两人分路迎击清军，阿睦尔撒纳迎击的是达勒党阿，他在清军的必经之路雅尔拉山周围设置埋伏，尔后派遣少量兵马，将达勒党阿诱进了伏击圈。

达勒党阿虽遭伏击，但仗着兵多势壮，阿睦尔撒纳也没法马上吃掉他。次日，清军大队人马赶到，阿睦尔撒纳就此失去了歼灭被围之敌的机会，不得不与清军激战于山麓。

尽管激战中双方互有损失，然而随着清军援兵不断增加，阿睦尔撒纳终究难以支撑，只得收兵撤退。达勒党阿挥军紧追不舍，当与阿睦尔撒纳相隔只有一座山谷，仅二三里之遥时，情急之下的阿睦尔撒纳故技重施，令一名哈萨克人装扮成阿布赉的部下，来到清军军营，诡称哈萨克人已将阿睦尔撒纳拿下，但须等阿布赉赶到后，才能将其缚献清军，在此之前，请清军暂缓攻击。

令人惊诧的是，达勒党阿竟再蹈策楞、玉保之覆辙，对来人的话信以为真，因为怕进击导致与哈萨克人失和，他便傻乎乎地答应对方之请，下令全军停止追赶，驻军以待。

阿睦尔撒纳趁机又一次金蝉脱壳，与此同时，北路的哈达哈也与阿布赉交上了手，阿布赉恐怕清军大队人马会聚拢过来，很快就撤出了战场，而哈达哈也无心追击，只是听其逸去。

两路大军全都扑空，令乾隆甚为失望，对勒达党阿错失机会尤其扼腕不已，遂下令将其撤革拿京。此时西北地区大雪封山，天气寒冷，马力疲乏，兼之喀尔喀和原先受封的准噶尔地区又先后发生叛乱，乾隆只得将两路大军暂时由北路撤回，同时命定边右副将军兆惠率部移驻伊犁，用以防截哈萨克，但其追剿阿睦尔撒纳的决心始终未变："叛贼一日不获，则伊犁一日不安，边陲之事，一日不靖。"

撤驿之变

抓不到阿睦尔撒纳，使乾隆对阿睦尔撒纳当初的叛逃更加耿耿于怀。

在阿睦尔撒纳叛逃这件事情上，有两位蒙古亲王对此负有不可推卸的责任，其一是额驸、科尔沁亲王色布腾巴勒珠尔，其二就是喀尔喀亲王额琳沁多尔济。

色布腾出身显贵，而且从小就被养在清宫，陪着皇子们读书习武，几乎被乾隆视为半个儿子。正因如此，乾隆才招他为驸马，并将孝贤皇后唯一成活下来的女儿，自己视如掌上明珠的固伦和敬公主嫁给了他。对于这个女婿，乾隆极力予以栽培，从史书记载上看，色布腾在平准之役中似乎没做太多事，但乾隆却赐他亲王双俸，并授予了侍卫大臣的实职。

乾隆授色布腾以密旨，让他在与阿睦尔撒纳同行的过程中对其予以防范，却没想到色布腾不但对阿睦尔撒纳的异心毫无觉察，还与阿睦尔撒纳交好，又是为之说话，又是替他打探消息，直至被召回京，明知朝廷将整肃阿睦尔撒纳，仍未对其予以揭发。乾隆盛怒之下，欲以匿情不报之罪，对色布腾明正典刑，军机大臣、武英殿大学士来保连忙替其求情："愿皇上念孝贤皇后，莫使公主遭嫠独（即成为寡妇）之叹。"

乾隆一旦动怒发火，很少能听得进别人的劝，但孝贤皇后这个字眼是个例外，一想到如果真把色布腾杀了，固伦和敬公主就要守寡，孝贤在天之灵将会为之不安，他便忍不住伤心落泪，再也下不去手了。

色布腾被免去死罪，只削去其爵位，乾隆为此还自己给自己找台阶下，说："色布腾身为额驸，位列藩王，怎么可能与叛逆者同谋呢？朕相信必无如此道理，他不过是年少无知罢了，起初肯定想不到事情会发展到这种地步。"

与色布腾相比，额琳沁的身份和地位一点不差，他是蒙古活佛哲布尊丹巴和大首领土谢图汗的兄弟，在漠北喀尔喀上层社会极有影响，但由于同情阿睦尔撒纳，致使后者逃逸，结果被乾隆毫不留情地赐令自尽，其间哲布尊丹巴亲自出面，请求乾隆赦免其弟，也没有能够得到允许。

除了色布腾、额琳沁外，乾隆还数次给有关官员下达密令，要求将泄密给阿睦尔撒纳的喀尔喀郡王青滚杂卜擒拿治罪，只是顾忌青滚杂卜手中拥有重兵，加上已经处理了额琳沁，出于安定喀尔喀内部形势的需要，乾隆才最终收回了成命。

青滚杂卜早有异志，也害怕清廷对泄密案进行追究，在这种情况下，便带着部属私自返回原游牧区，所属守卡士兵也被其全部召回。随着额琳沁被赐死一事在漠北草原引起震动，青滚杂卜趁机大做文章，以喀尔喀为成吉思汗后裔，例不治罪，更不应处死为由，在喀尔喀各部中传播谣言，煽动叛乱。

在青滚杂卜的煽惑下，一些随军出征的喀尔喀王公纷纷效仿，除撤回所属守卡士兵外，还趁机抢劫了台站财物粮食以及过往客商的布匹、茶叶。清军北路台站从第十台到第二十六台由此全部陷入瘫痪，邮驿不通，准噶尔平叛大军的给养供应亦告断绝，历史上称为"撤驿之变"。

漠北喀尔喀与准噶尔相似，都是比较脆弱的游牧经济，在1755年至1756年也即两次平准战役期间，冬季都特别冷，漠北一带寒气逼人，积雪盈尺，致使喀尔喀人的牲畜大量倒毙，疾病也随之流行蔓延。与此同时，各部落都有成年男子应征参战，毡子、毛皮和其他畜产品也被征用了不少，这对当地的生产生活产生了很大影响，喀尔喀人"皆以连年用兵为累"。

自康熙朝内附以来，喀尔喀一方面受到清廷保护，与中央政府的联系日益密切，另一方面他们与准噶尔虽是宿敌，长期互相攻杀，但毕竟同为蒙古人，都尊崇成吉思汗一个老祖宗。准噶尔的败亡不免使他们有物伤其类、兔死狐悲之感，而战争期间的频繁征调以及额琳沁之死，又严重损害了他们的利益和自尊，青滚杂卜叛乱等于捅破窗户纸，把喀尔喀的不满情绪全都激发了出来。

叛乱发生后，二十三个喀尔喀王公聚集在克鲁伦河畔商量，大家认为青滚杂卜说得没错，"成吉思汗后从无正法之理"，青滚杂卜自然也属此列。活佛哲布尊丹巴因其弟之死亦愤愤不平，对青滚杂卜极予袒护，王公们遂公推哲布尊丹巴为首，召集一万五千人马，向清廷"请求宽恕叛乱者"。

亲笔信

哲布尊丹巴和王公们所摆出的架势，立刻把清廷推入了两难境地：若做出让步，无异于承认了叛乱的合法性，场面将不可收拾，但若坚持平叛，又可能酿成更大的骚乱，甚至导致喀尔喀重新分离出去。

面对严峻形势，乾隆显示出应对危机的超强能力和手腕。他首先给哲布尊丹巴、土谢图汗写信，承认自己政策出现失误，对喀尔喀人的困境了解不够，表示今后将不再一味采取强硬措施，并会按照喀尔喀人参与平准战争的军功予以赏赐，同时他还请哲布尊丹巴着眼大局，劝告喀尔喀王公们继续保持对中央政府的忠诚。

哲布尊丹巴是喀尔喀蒙古的精神领袖，在喀尔喀王公们对究竟何去何从还犹豫不定之际，他的态度可谓举足轻重，也可以这样说，清廷唯有把哲布尊丹巴重新拉到自己一边，才能促使喀尔喀局势真正好转。为此，乾隆在通过种种渠道对哲布尊丹巴抚慰的同时，还动用了自己所掌握的全部人脉资源，从幕后进行斡旋，其中作用最大的就是请青海活佛章嘉三世居中予以调解。

与哲布尊丹巴相似，章嘉对于青海蒙古人来说亦无可替代，两人在藏传佛教界的地位相当，私谊也相当之好。章嘉与乾隆的渊源则可追溯到两人的童年时代，那时七岁的章嘉奉召入宫读书，与还是皇子的乾隆成了同窗。乾隆比章嘉大六岁，登基后对章嘉非常尊崇，举行木兰秋狝，也会让章嘉扈从随行，趁着同赴木兰秋狝的机会，乾隆将喀尔喀的危急形势告知了章嘉，章嘉听后马上宽慰道："皇上勿虑，老僧这就写信以消逆谋。"

当晚，章嘉就给哲布尊丹巴写信，说国家给予我们的恩情深厚，额琳沁被赐死，是因为他自己犯了法，国家不得不按律行事，这也说明国家把蒙古与其内地臣民一样看待，而不是对我们有所猜忌。如果只要是成吉思汗后裔就不能处死，那么朝廷的宗室子弟一旦犯法，该怎么处理，难道也听之任之？

章嘉在信中劝哲布尊丹巴应安守出家人本分，不要随便表露出生气不满的情绪，也尽量不要干预国事。信写完后，他便派他的一个白姓弟子前去送信。

白某知道情况紧急，因此不敢耽搁，每天骑马跑数百里，在最短的时间内赶到喀尔喀，见到了哲布尊丹巴。此时哲布尊丹巴和喀尔喀王公们正在酝酿起兵抗清，他们甚至连起事的日子都定好了，形势已到了一触即发的关头。章嘉派白某送信，是因为白某本身就是一个善于游说的高手，经过他一番深入浅出的分析，哲布尊丹巴大为折服，再读章嘉的亲笔信，便彻底打消了起事的念头。

在此基础上，乾隆又派章嘉率内地大臣、漠南王公等亲赴漠北，与喀尔喀王公及哲布尊丹巴会盟，以坚定其内向之心，并再三申明除青滚杂卜外，其余人都将加恩宽宥。

会盟成为喀尔喀局势的重要转折点。在过往的漠北喀尔喀王公中，已故亲王、额驸策棱最受清廷信任和重用，乃至死后得到了配享太庙的待遇，乾隆即任命其长子成衮扎布为定边左副将军，让他统率清军征讨青滚杂卜。

青滚杂卜在发动叛乱时拥兵万人，其中五千人在草原上放牧，作为掩护部队，另外五千人和他一起屯扎于森林之中，看上去还蛮有点气势，但其实不过是外强中干而已。在失去哲布尊丹巴和王公们的支持后，他很快就现出了原形，在清军的打击下毫无招架之力。

青滚杂卜被擒于中俄边界。据说他当时听说有部队逼近时，还心神不安地骑马迎向对方，直到看清楚来的是清军，才慌忙骑马逃跑，但他的马已经好久没有吃过草料，仅喂杂食，脚上乏力，没法帮助主人摆脱追兵，于是只得束手就擒，后被解送北京处死。

北路形势重新稳定下来，乾隆吸取教训，从此纠正了对喀尔喀的严厉态度，只要一有机会就对有功的喀尔喀王公予以提拔和重用。对于在叛乱时表现暧昧的哲布尊丹巴，乾隆不仅不追究责任，反而尽力拉拢，有意把平叛的功绩记在他的账上，除赏与缎匹外，还将其晋封为"敷教安众大喇嘛"。

当然，安抚归安抚，乾隆也注意到中央政府对漠北喀尔喀的管辖有待加强，作为亡羊补牢的补救措施之一，清廷开始在喀尔喀设置库伦办事大臣，以便逐步将喀尔喀王公手中的权力收归中央。

就在青滚杂卜发动叛乱期间，准噶尔也再次爆发了大规模叛乱，整个准噶尔地区一片大乱，尤为严重的是，大部分准部领袖都被卷入了这场旋涡。乾隆两边应付，真犹如热锅上的蚂蚁一般，青滚杂卜的叛乱被迅速平定，终于让他得以腾出手来，用以全力解决准噶尔问题。

第六章

长箭大炮如雨下

准噶尔自策零死后就一直没有太平过，皇子贵族争夺汗位的内乱、哈萨克的趁火打劫，再加上两次平准战争，使得伊犁千疮百孔，准噶尔人没有吃的，便都跑到驻准清军的军营乞食。可是清军师行万里，粮运维艰，保证自己的口粮已不容易，哪里还能分出来给他们？

乾隆得报后，让臣下考虑是否可以让准噶尔人赴巴里坤自运粮食。督运军粮的陕甘总督黄廷桂答复说，伊犁距巴里坤路途遥远，让准噶尔人自己去巴里坤运粮也不方便，不如向附近蒙古回民求援，从他们手中换取粮食牲畜，以资食用。

实际上，清军千里迢迢运到巴里坤的军粮也很有限，又要供应前线，并没有多余粮食可以用来接济，所谓路途遥远云云，多半只是黄廷桂的托词而已。至于伊犁附近的蒙古回民，他们的处境并不比准噶尔人好上多少，又哪里能够解决得了伊犁的缺粮问题，是故准噶尔人饿死病死者甚多，矛盾也越积越深。

先前乾隆册封准噶尔四汗，实指望抵消阿睦尔撒纳的影响，对准部起到稳定作用，但准噶尔的多数贵族和首领都只是迫于时势才臣服于清廷，他们一直在暗中观察形势，时时准备有所行动。清军屡剿阿睦尔撒纳而徒劳无功，让他们产生了"轻清廷，思反复"之念，青滚杂卜叛乱以及喀尔喀所出现的不稳迹象，则又被他们视为有力奥援，助长了其离心倾向。

杀降

1756 年 11 月，趁着清军大部队撤离，伊犁空虚，阿睦尔撒纳昔日亲信、新封辉特汗巴雅尔等人降而复叛，分兵抢掠，在游牧区杀伤人众，劫夺牲畜，并声言欲进扰巴里坤等处。

为镇压叛乱，驻防伊犁的定边右副将军兆惠授命宁夏将军和起，派他率吐鲁番回兵进攻巴雅尔。不料吐鲁番头人莽噶里克以及一些准部宰桑却勾结巴雅尔，通过设计将清军驼马远调、刺探信息等方式突然动手，将和起围困起来。和起冒着箭雨，徒步与敌人奋力厮杀，直至重伤阵亡。

乾隆让兆惠领兵驻于伊犁，本意并非用于进剿叛军，所以清军总共只有一千五百人，配备给他们的马匹武器也不太多。在这种情况下，乾隆唯恐有失，遂密令兆惠率部撤往巴里坤，同时调拨包括索伦兵在内的四千五百名八旗精锐，前往巴里坤待命应援。

和起被害后，准噶尔全境又陷于平叛战争前的纷乱之中，叛军攻击清军不说，其各部之间亦因争夺牲畜粮食而自相残杀。新封和硕特汗沙克都尔曼济在不堪忍受其他部落劫掠的情况下，率部众向内地迁移，依居于巴里坤附近，此后因为缺粮，他屡次派人探听巴里坤情形，想请清军大营接济粮食。

有一种说法，驻巴里坤大臣雅尔哈善与负责供应军粮的陕甘总督黄廷桂不和，黄廷桂暗地里限制粮食供应，使前线士兵处于饥饿之中，只能采摘野外的青杏叶以食。雅尔哈善连自身粮食都满足不了，当然也无法接济沙克都尔曼济，但又生怕对方因得不到粮食而发生变乱，故而起了杀机。

从史料上看，乾隆将黄廷桂与萧何相提并论，黄廷桂对督运西北粮草极为卖力，最后更因此积劳成疾，咯血而死。黄廷桂即便在重病昏迷期间所说的梦话还是如何安排马驮粮运，前来看望他的文武官吏均为之泣下，由此分析，即便他与雅尔哈善有个人矛盾，也断不至于因私废公，在军粮供应这一性命攸关的大事上做手脚，而且对西北军务始终保持高度关注的乾隆又怎么会对此毫无察觉？

其实乾隆正在巴里坤储粮，军粮不可能短缺，更不可能让士兵去摘野菜叶吃，而乾隆既有过让准噶尔到巴里坤自运粮食的念头，也自然不会将主动内附的准噶尔拒之门外。真实的原因，恐怕还是自巴雅尔叛乱后，从京城到前线，几乎已无人再敢相信准噶尔人归降的诚意了：巴雅尔、沙克都尔曼济都位列曾被认为比较可靠的新封四汗，巴雅尔反叛了，沙克都尔曼济为什么就不会步其后尘？或许请求接济粮食只是一个借口，找机会攻占巴里坤才是其真实目的！

巴里坤是清军自西路进入准噶尔的必经之所，同时也是驻准清军的后卫基地，一旦失守，不仅将阻挡住今后西路军的通道，使清军惯用的两路夹击战术无以逞其计，还等于切断了伊犁方面驻准清军的退路。乾隆自己放心不下，传谕雅尔哈善，让他对沙克都尔曼济进行秘密观察，如其内附的诚意确实可信，则坦怀以待，否则应先发制人，以免成为肘腋之患。

雅尔哈善系文官出身，胆子很小，处于如此敏感纷乱的时期，又哪里敢为沙克都尔曼济的内附诚意打包票。按照他的命令，其手下一位裨将奉命率兵五百人，以迷路借宿为名，进驻沙克都尔曼济营垒。沙克都尔曼济对清军没有防备，还屠羊招待，到了后半夜，大雪纷飞，清军以茄为号，发起突袭，将沙克都尔曼济及其部众四千余人全部屠戮。

相传在清军冲进沙克都尔曼济的毡帐中时，沙克都尔曼济被惊醒，但已无法抵抗。他的妻子不忍心丈夫死于乱刃之下，便赤着身子抱着他，想加以保护，夫妻二人"如两白蛇宛转穹庐中"，结果双双惨死。

雅尔哈善滥杀降人，却以沙克都尔曼济意图叛乱，被其镇压上报朝廷邀功，乾隆信以为真，晋封他为一等伯。天道好还，几年后，雅尔哈善因糜饷失机论斩，乾隆这才知道沙克都尔曼济并未反叛，是被误杀的，为此很是悔恨，认为是自己用人不当所酿成的惨剧。

雅尔哈善杀降在当时带来的一个最严重后果，是加深了准噶尔人对清廷的疑虑和憎恨。新封准噶尔汗噶勒藏多尔济等人相继反叛，至此，新封四汗中除被误杀者外，仅杜尔伯特汗策凌一人尚未背叛清廷，重要贵族和首领几乎全都参与了叛乱。

驻准清军一下子陷入了敌区，就连原被革职逮问的清军统帅策楞、玉保也在押往京城的途中被害。准噶尔各部联合起来，向屯扎于济尔噶朗河的驻准清军发动进攻，清军兵单粮匮，想要按照原计划顺利撤往巴里坤看来极为困难，定边右副将军兆惠一面挑选部将殿后，一面做好了若突围失败，即效法班第、鄂容安自杀殉国的准备。

奇迹

众所周知，在突围战中，后卫通常都处在最重要也最危险的位置，有人甚至被主将点了名，都想找机会退避，但一位都统却向兆惠毛遂自荐，且掀髯笑道："将军不用担心，若让我阿难殿后，可保大家生入玉门。"

这位自称阿难的都统全名叫莽阿难，是一员老将，兆惠颇壮其言，随即安排他率百人殿后。1757年1月14日，兆惠领兵自济尔噶朗河突围，自此以后，莽阿难一直担任后卫任务，置身于箭矢枪弹之下的他一身是胆，勇猛无比，杀敌无数，与其交过手的敌兵都很惧怕莽阿难，称他是"无敌修髯将军"。

次日，兆惠军到达鄂垒扎拉图，叛军大队人马即将追至，兆惠军约有一半人都是步兵，另一半骑兵的马力也很平常，若是凭速度不可能跑得过叛军，兆惠于是下令停止行军，坚拒固守。

兆惠本人不仅精于骑射，而且智勇双全，见叛军疏于设防，便选出精兵，趁夜深人静时潜行出营，对其发起猛袭。叛军措手不及，在仓皇溃逃中，又被兆惠预先埋伏在林中的另一路精兵拦击，此战兆惠军前后共消灭叛军千余人，而自身仅付出阵亡三十余人和百余人负伤的代价。

在转战数十天后，尾追的叛军被越甩越远，兆惠欲屯营让官兵休息，莽阿难提醒说："我军只剩下十天的粮了，但距离边境还有数千里，如果中途粮食吃光了，强敌又追上来，如何御敌？"兆惠认为他说得对，遂传令继续开拔，所部"日驰数百里"，直至抵达乌鲁木齐。

叛军果然一直在紧追不舍，兆惠军前脚刚到乌鲁木齐，叛军后脚也赶到了。兆惠军与叛军连日发生数十次交战，战前兆惠军的口粮已所剩无几，被迫将仅剩不多的瘦驼疲马杀掉作为食物，多数人甚至连鞋袜都穿烂扔掉了，只能赤着脚在大雪泥沼里与敌人作战，然而兆惠仍旧率领官兵们以一当百，使得敌人始终无法凭借数量优势将其完全困住。

在乌鲁木齐，兆惠军伤亡甚重，但终于得以冲出重围。不料当他们撤至特讷格时，却又陷入了叛军的重重包围之中，饥疲不堪的官兵们已经无力再实施突围，只能筑营固守。此时塞外风雪交加，各台站之间声息不通，巴里坤方面都不知道兆惠军已撤到特讷格，所幸兆惠派出报信的两名士兵冒着大风雪找到军营，与大部队取得联系。得知兆惠军被困特讷格，侍卫图伦楚立即率生力军支援，在击破叛军后，为兆惠军解了围。

4月11日，兆惠军返回巴里坤休整，前前后后，他们共经历了近三个月的强行军和浴血苦战，最终能够冲破重重险阻，振旅而还，堪称创造了一个军事奇迹。兆惠是满洲正黄旗人，乃雍正生母乌雅氏的族孙，父亲为都统，妥妥的八旗贵族。之前他参加过金川之役，但仅仅是督办粮运，平准战争初期，也只是在巴里坤负责同样的事务，可以说并不是很显眼，此次突然立此奇功，让认识他的人都为之刮目相看。一直以来深受将帅无能困扰的乾隆更是格外欣喜，当兆惠返回京城时，不仅晋封他为一等伯，还亲自出城迎接，给予了兆惠几乎无人可享的殊荣。

还在兆惠撤回巴里坤之前，乾隆就已调兵遣将，将大军重新集结于巴里坤，准备进行反攻。成衮扎布因熟悉蒙古事务，且有平定青滚杂卜叛乱之功，被授定边将军，其弟车布登扎布为人干练，暂署定边左副将军印务。乾隆预计用三个月时间完成准备，在此期间，兆惠正好撤回，乾隆认为他足堪重任，因而让兆惠亦以定边右副将军的身份参加反攻。

就在清军为反攻积极做着准备时，准噶尔叛军头目们派人从左哈萨克迎回了阿睦尔撒纳，众人在博尔塔拉河畔会盟，共同拥戴阿睦尔撒纳做了准噶尔的总台吉（总首领）。阿睦尔撒纳当初叛清就是为了能够坐上这把交椅，但这把交椅其实并不好坐，惦记着它的还大有人在。在叛军头目中，最为拥戴阿睦尔撒纳的是新封准噶尔汗噶勒藏多尔济，孰料噶勒藏多尔济的侄子扎那噶尔布对总台吉之位也素有野心，他觉得叔叔挡了他的路，便把噶勒藏多尔济杀了，在占有其部众后，堂而皇之地以总台吉身份进驻伊犁。

扎那噶尔布自封总台吉，阿睦尔撒纳也没有下台，两边各自向追随他们的那部分人发号施令，使准噶尔出现了政出多门、互不统属的局面，叛军集团也就此错过了联合起来共同防御清军的良机。

潘多拉魔盒一旦打开，就无法自行关上，接着，扎那噶尔布又被人所杀，阿睦尔撒纳则乘机抢掠他的游牧地。连阿睦尔撒纳都是如此，其他部落更是你抢我，我抢你，你杀我，我杀你。

此时恰逢准噶尔出现自然灾害，人祸加上天灾，导致疾病流行，继策零时期后，天花再度横扫准噶尔，染疾死亡者甚众，幸存者四处逃亡。这个曾以悍勇善战著称的强盛王朝已经是今非昔比，一盘散沙。

长驱直入

1757 年 4 月，乾隆如期发起第三次平准战役，大军仍分两路出击，其中成衮扎布出北路，兆惠出西路。此时随着平准战争进入第三个年头，后勤供应也更加顺畅，主持粮台的陕甘总督黄廷桂将筹备到的大批粮食陆续运至前线，巴里坤、哈密贮粮已达到十一万石，足堪大军食用。

鉴于准噶尔已经全境失陷，清军这次做好了打恶仗的准备，换言之，如果真的要打三四年，也只能奉陪到底，反正军粮供应没有问题，但准噶尔受习惯性的内讧和痘疫所累，其实际力量已变得相当薄弱，清军所受阻力以及推进成本也因此大大降低。兆惠不负所望，出西路后即翻越库陇癸岭，直逼伊犁，叛军据险顽抗，清军八十余名官兵趁晨雾迷漫，一举夺取了险隘，兆惠由此率部长驱直入，再克伊犁。

叛军集团在短时间便以惊人的速度土崩瓦解，清军分路进行追击，巴雅尔很快被兆惠擒获，其他叛军头目或死、或俘、或逃，亦纷纷星散，就连已死的扎那噶尔布，都有人将其首级割下献至清营。

乾隆最为注意的则还是阿睦尔撒纳，还在第二次平准战争被迫收兵时，他就誓言："如阿逆不获，即二年，或十年，或二十年，兵断不止。"此次他又特地谕令："应先擒首贼（阿睦尔撒纳），其他皆可从容办理。"有了这道谕令，兆惠进入准噶尔地区的首要任务，就是追剿和打探阿睦尔撒纳的行踪。

首先发现阿睦尔撒纳的是兆惠军先锋官、参赞大臣富德，双方激战一阵后，阿睦尔撒纳抵敌不住，见没有其他叛军头目前来增援，便收兵撤至博尔塔拉河。这次遭遇战让兆惠确定了阿睦尔撒纳的去向和位置，他马上将进剿重点转向博尔塔拉，但阿睦尔撒纳长年流窜，嗅觉非常敏锐，在清军汇集于博尔塔拉之前，就已提前转移。

不过这次要想甩掉清军就不那么容易了，在清军的持续尾击下，阿睦尔撒纳的属下从近千人减至三百余人，最后只剩下二十多人，阿睦尔撒纳自己也身患疾病，不得不像以前一样逃入哈萨克境内。

在第二次平准战争中，正是左哈萨克汗阿布赉庇护了阿睦尔撒纳，乾隆当时便予以严词警告："尔等若不即将阿逆擒献，明春仍令大兵前来，尽将尔部落剿灭。"

得知阿睦尔撒纳又逃入哈萨克境内，清军不由分说就追了进去，哈萨克军上前阻拦，交战中清侍卫奇彻布中枪阵亡。单方面缉凶一下子有了演变成清哈全面冲突的可能，阿布赉意识到情况严重，一夜之间改变态度，遣使称与清军作战纯属误会："仓猝不知，是以拒战。"他不但表示愿与清廷合作，还主动写表文，遣使入觐，"愿以哈萨克全部归顺"。

哈萨克是中国西北境外的大国，它能对清王朝表示归顺，让乾隆极为高兴，但他也深知哈萨克境内并未四分五裂，阿布赉也像策零一样对其王国具有统摄力，只是慑于清军大兵压境，才不得不前倨后恭而已。考虑到清廷无法像对待准噶尔那样对待哈萨克，能让其不再庇护阿睦尔撒纳已经达到目的，臣服于清更是超出了预想，乾隆宣布不将哈萨克归入中国版图，而仅作为和安南、琉球、暹罗一样的藩属国。

阿睦尔撒纳进入哈萨克后，尚未与阿布赉见过面。当他前去求见时，阿布赉回复说只能第二天见，而且暗中将他们的马匹牧畜控制起来，实际是欲请其擒献清廷。阿睦尔撒纳非常警觉，察觉情况有异，立即抛弃衣物，带着妻子、亲信等徒步逃出哈萨克，沿额尔齐斯河窜入俄国。

俄国一直鼓励和支持阿睦尔撒纳叛乱反清，阿睦尔撒纳先前曾派使团前往圣彼得堡，请俄军对他的叛乱予以协助，当时俄国正忙于对普鲁士的战争，无暇他顾，此事只得作罢。得知阿睦尔撒纳兵败逃入自己境内，俄国当即予以接纳，目的是想继续将他当作染指中国西北的工具使用。

在确信阿睦尔撒纳藏身俄境后，不少大臣都担心乾隆一时意气用事，向俄国用兵，大学士史贻直甚至奏请放弃伊犁，退守玉门关。乾隆听后笑道："都是书生之见，不值得跟你们计较。"他认为平准成果一定要确保，而捉拿阿睦尔撒纳，对于平准又至关重要，因为阿睦尔撒纳"游魂远窜，将来必不能久甘穷困，势必滋生事端"。

虽然觉得大臣们过于杞人忧天，但乾隆也知道俄罗斯的实力非同小可，不宜直接与之发生冲突，因此他采用的是"抚而用之"的办法，即谕令理藩院再三照会俄国，要求通过外交途径引渡阿睦尔撒纳。

俄国人先是诡称阿睦尔撒纳已淹死于额尔齐斯河，在谎言被揭穿后，又继续抵赖否认。直至当年冬天，阿睦尔撒纳自己病死于俄方为他安置的秘密住所，俄国政府觉得不值得为一具无用的僵尸与中国闹翻，这才将阿睦尔撒纳的尸体运至中俄边界恰克图，请中方派人查看。

经过查验，阿睦尔撒纳确死无疑。虽然将尸体解送北京的要求被俄国拒绝，但乾隆也表示已经可以接受："俄罗斯将阿睦尔撒纳之尸解送与否，均可不必深究。"

新疆

自清廷发起平准战争以来，由于准噶尔反复叛乱，清军受到重大损失，班第、鄂容安、策楞、玉保、和起等将帅及重臣都先后战死，其中不少人都是被叛军以投降为名诱杀的，这令乾隆君臣对准噶尔人的信任感丧失殆尽，以致"帝怒于上，将帅怒于下"。

兆惠在从伊犁撤回巴里坤的途中，尝够了众多准噶尔部众降而复叛的苦头，回到巴里坤后即奏请将复叛部众尽行剿灭。乾隆也早已失去耐心，他对前两次平准战役进行检讨，认为准噶尔降众多系畏威降服，实质上"反复狡诈，饰词投顺，旋即生变"，而自己对准噶尔降众过于宽大，这才导致了两次战役都损兵折将，功亏一篑。他预计此次出兵，准噶尔叛军迫于时势必然还会大批投降，但只要清军撤回内地，则又会故态复萌，从而使得平准成果再次毁于一旦，"前事可为明鉴"。

还在第三次平准战争开始前，兆惠等前敌将领便接到谕令，要求严厉处置准噶尔降众，"尽行剿灭，不得更留余孽"。准噶尔各部中真正得以豁免的，只有策凌的杜尔伯特部和达什达瓦之妻所部，前者自归附后一直对清廷表示忠诚，后者在阿睦尔撒纳初叛时即迁至巴里坤，依附于清军。除此之外，其余部落无一例外都有降而复叛的历史，战争开始后，清军对他们进行了大范围剿杀，其杀人之多，超过了一般战争的范围，不但参与叛乱的首领、宰桑及其部属被一律处决，就连已经投降的部众也遭到大量杀戮。

由于害怕就地杀戮会惊动尚在抵抗的部落，从而使得他们更加殊死相抗，清军采取的方式是先将被俘或归降部落头目送至京城，所属部众移往内地，其中丁壮者一过巴里坤就杀，"所余妻女老弱，分赏官兵为奴"。这是赤裸裸的大屠杀，很难让人为之辩驳，就连清廷自己也觉得传出去不好听，在官书中一律都称之为"办理"。

在进行第三次平准战争的当年，准部抵抗军尚分为四支，每支各一两千人，伺机出没，袭击清军。至次年，准部的抵抗终于瓦解，余众分散逃入山谷僻壤及川河流域。兆惠、富德分两路进行合围搜杀，准噶尔人在失去抵抗能力和意志后，已形同刀俎上的鱼肉，据说即便数十至百户的中小部落也都集体放弃了抵抗，清军在屠杀时将壮丁喊出，按次序斩杀，而被害者均"寂无一声，骈首就死"。

从内乱到三次平准战争，准噶尔已饱受兵火及瘟疫的威胁，很多人被迫改变部族身份，背井离乡逃往外地，清军的滥杀更使得准噶尔地区人口锐减，"种类尽矣"。有关资料表明，战前准噶尔有二十余万户，六十余万人口，经此大劫，幸存者仅十分之一，"数千里内遂无一人"。很多年后，诗人龚自珍途经准噶尔，发现"若乌鲁木齐，若伊犁，东路西路，无一庐一帐是阿鲁台（指准噶尔）故种者也"。

准噶尔就这样悲剧性地沦为了一个地理名词，对此结局，准噶尔人似乎也早有不祥的预感，其古老文献中曾记载道："准噶尔在由于善战而闻名的噶尔丹时代过去以后，各地的风水先生经过卜算，预言准噶尔政权不会由于外部因素瓦解，而有可能届时从内部瓦解。"

自明代至清初的四百多年间，准噶尔一直是西陲边患，同时那段历史时期也正值俄罗斯积极东扩，乾隆分封四汗，既是要通过"以准制准""众建而分其力"的办法，消除长期以来的这一边疆大患，同时也有阻碍俄国东扩的用意。需要指出的是，乾隆最初并没有打算将准噶尔归入版图之内，然而局势的演变出乎意料，阿睦尔撒纳反叛把所有计划都打乱了，及至平定叛乱，原有准部首领及部众已被诛戮殆尽。在这种情况下，就算乾隆想分封都不可能了，他也只好放弃初衷，叹息着说："此或上天将以全部卫拉特（指包括准噶尔在内的漠西蒙古）赐我国家耳！"

就在平准战争取得完全胜利的当年，乾隆将天山南北和巴尔喀什湖一带命名为"新疆"，寓意为"故土新归"。根据他的指示，清廷后来在伊犁设置了伊犁将军府，伊犁将军由皇帝直接任命，全面掌管新疆事务，另在部分地区引进了内地郡县制。

为了恢复新疆经济和就地解决驻军口粮，乾隆先后从内地迁去大批移民，与驻军一起进行屯田、屯牧。这一措施颇见成效，不到二十年的时间，屯田已达五十六万多亩，陕甘总督文绶前往视察，从巴里坤走到乌鲁木齐，一路都能看到地肥水饶、商贾云集的兴旺景象。

据文绶说，他在巡查中曾遇到过内地前来当佣工的老百姓，他们也反映新疆地广粮贱，佣工一个月可拿到一二两银的工钱，生活上绰绰有余。虽然文绶所述可能有些夸张，但新疆经济在战乱后得到快速恢复和发展，应该是一个不争的事实。

事与愿违

新疆中部横亘着天山山脉，把全疆自然划分成南北两部分，清代时一般把天山以北称为北路，天山以南称为南路，也即今天俗称的北疆和南疆。北疆主要为准噶尔所据，南疆主要为回部所据，回部是指当时居住于此的维吾尔族，因他们信奉伊斯兰教，而伊斯兰教在中国又被称为回教，故有此名。

明末清初，回部建立了一个名为叶尔羌汗国的王朝，他们的伊斯兰教内部有两个敌对教派，一为黑山派，二为白山派，叶尔羌汗国的末代汗王信用黑山派，赶走了白山派。白山派北上投靠准噶尔，准噶尔当时正值崛起之际，于是趁机南下，灭掉了叶尔羌汗国。

以后南疆又历经政治动荡，两大教派首领纷起割据，各自为政，准噶尔遂再次举兵予以征服，征服后他们转而采取了扶持黑山派的政策，将"多权术，善收人心""欲背准噶尔而自立一国"的白山派首领玛罕木特押到伊犁囚禁起来。玛罕木特在被关押时生了两个儿子，长子叫布拉尼敦，次子叫霍集占，回部称他们为大小和卓（伊斯兰教对其头面人物的称呼，意为掌教）。玛罕木特含恨去世后，准噶尔生怕大小和卓返回南疆后生事，仍将他们继续禁锢于伊犁。

在第一次平准战争末期，准噶尔汗王达瓦齐逃往南疆，为维吾尔族首领霍集斯擒捉并献于清军，霍集斯因而受到清廷信任。霍集斯与黑山派处于对立状态，他向定北将军班第建议说，大小和卓在回部深得人心，如果让他们出面招服维吾尔族部众，南疆必能不战而定。班第深以为然，经乾隆同意，将大小和卓予以释放，随后便派兵护送大和卓布拉尼敦返回故里，而小和卓霍集占则留在伊犁，继续统领当地的维吾尔人。

布拉尼敦返回南疆后，在霍集斯家族和白山派的支持下，很轻易地就击败了黑山派军队，重新掌控南疆。乾隆君臣以为这样一来，和平统一南疆的道路将会变得极其顺利，但事与愿违，大、小和卓及其白山派其实只是想利用清廷之力恢复他们的权势，内心并不情愿将南疆纳入清朝版图，受中央政府管辖。在阿睦尔撒纳发生叛乱时，留在伊犁的小和卓霍集占就"率众助逆"，积极参加了叛乱，中途因为与准噶尔人发生矛盾才率众逃往南疆。

其时定边右副将军兆惠奉命驻守伊犁，发现大、小和卓有叛乱迹象，"布拉尼敦似属恭顺，霍集占素不安分"，他立即上奏朝廷，主张派副都统阿敏道进兵南疆。此时阿睦尔撒纳尚未落网，准噶尔也不稳定，乾隆一方面还腾不出手来处理回部问题，另一方面对和平解决回部尚抱有希冀，因此加以制止，要兆惠首先进行招抚。

正如兆惠先前所观察到的，大、小和卓对于反清的态度本来是不太一样的。小和卓霍集占被认为是反清的"传授经卷之人"，与之相比，大和卓布拉尼敦还算识得利害，对清朝让他获得自由，又帮助他回到南疆也尚心存感激，所以打算"招集回人投顺天朝"。他对霍集占说："我们从前受辱于准噶尔，要不是靠天朝之力，怎么可能复归故土？这种恩情不能忘，再说我们也打不过天朝啊。"

布拉尼敦话一出口，立即遭到霍集占的反驳："你我兄弟二人被准噶尔禁锢了好多年，到今天才得以回归故土，如果听大皇帝（指乾隆）谕旨，你我二人中必定将有一人被召至北京作为人质，那与被准噶尔禁锢有什么区别呢？"

霍集占所言其实根本站不住脚，接受清廷招抚与被准噶尔禁锢完全不同，乾隆亦绝无可能让他们兄弟中的一位去北京充当人质——自古以来，只有拿儿子做人质，哪有拿兄弟做人质的道理？兄弟恰恰是权力的竞争者，被人拿去做人质，形同是帮剩下的那位清除竞争对手，他还求之不得呢，又谈何牵制！

可恰恰是霍集占的这番话把布拉尼敦给吓住了。霍集占接着又趁热打铁，分析说准噶尔已灭，附近也没有其他强邻，正好可以收罗各城，谋求割据，不然将永久受制于人，"我方久被准夷（指准噶尔）所困，今属中国（指清廷），则又为人奴，不如自长一方。"

霍集占野心极大，他既怕参与阿睦尔撒纳叛乱一事受到追究，同时也像准噶尔那些降而复叛的首领一样，被阿睦尔撒纳叛乱所鼓舞，认为清军忙了半天，却还是被耍得团团转，证明并无能力控制西北，这正是他们谋求割据的良机。基于这种认识，他除极力煽动布拉尼敦外，还给对方打气，称南疆地险路远，清军征伐不易，不是说来就能来的，而且就算真的要征伐，也会受部队疲惫、粮运不继之困，最后终将不了了之。

霍集占虽然后来才赴南疆，但权力地位却在乃兄之上，加之能言善辩，使得布拉尼敦最终接受了其蛊惑，决定拒绝招抚，与清朝分庭抗礼。大、小和卓于是一面召集部众，举行独立式，一面传檄各城，要求收拾好鞍马兵器，戒严以待。

黑云压城城欲摧

大、小和卓乃政教合一的首领，在回部的号召力和煽动力很强，在他们下达号令后，叶尔羌、喀什噶尔、和阗等城的数十余万回户都群起响应。当然也有例外，库车城大伯克（南疆对官员的称呼，有大小之分，此处为城主）鄂对深感清军兵力强大，不可轻视，库车在地理位置上是进入南疆腹地的门户，一旦清军征伐南疆，届时库车将首当其冲，第一个倒霉。

鄂对是黑山派信徒，与作为白山派领袖的大、小和卓之间本身就存在隔阂，他思前想后，觉得不能给大、小和卓当炮灰，便带着亲信直奔伊犁投奔清军。

坐镇伊犁的兆惠已经按照乾隆的旨意，任命副都统阿敏道为回部招抚使，准备让他前去南疆执行招抚任务。鄂对的到来及其报告让兆惠更加确信大、小和卓有不轨之心，但他又被另外一个渠道的不实情报所误导，以为大、小和卓慑于兵威，还在首鼠两端，观望形势，尚不敢贸然与清廷决裂，因而"回城地方并无事故，毋庸多带兵前往"。

兆惠让鄂对与阿敏道同行，一道前往南疆对大、小和卓进行劝谕，但只交给他们一百名索伦兵和三千名厄鲁特兵。

当招抚部队行至库车城附近时，突然在路边发现了三具被害者的尸体，鄂对骑马过去一看，竟然都是他的亲属，不由下马大哭。哭完之后，他对阿敏道说："这都是我留在库车城内的家人，如今被杀害，说明霍集占已发现我的行踪并控制了库车。我们只有八旗兵一百人，其他的厄鲁特兵都是新附的，人心不一，焉能与战？我们不能贸然进城，而应该立即报告朝廷，重新部署，这才是万全之策。"

阿敏道对南疆的情况不太了解，觉得鄂对未免草木皆兵，大惊小怪，就没有听从其建议，又继续前往库车城。

不出鄂对所料，正是霍集占杀害了鄂对家人，他在控制库车城后，重新任命了库车城伯克，并增兵加以防守。清军到了库车城下一看，新任伯克克呼岱巴尔不但紧闭城门，拒绝他们入内，还派出一千多人的骑兵出城进行攻击。

阿敏道是蒙古镶红旗人，父亲在康熙朝的征讨噶尔丹之役中立下过军功，阿敏道子袭父职，在平准战争中亦屡建战功。他们这些职业军人来到南疆，最不怵的就是打仗，于是当即挥师掩杀。

清军虽远道而来，却远不像霍集占所认为的那样不堪一战，转眼间，四十余名回军骑兵便人头落地，其余回军赶紧逃回了城内。

阿敏道下令包围库车城，他质问站在城头上的克呼岱巴尔，说你们为何还不归顺"天朝"。克呼岱巴尔给他打马虎眼，回答说我们早就归顺"天朝"了呀，但是准噶尔是我们的仇敌，你现在身边带着这么多厄鲁特兵，我们害怕，不敢开门，更不能放厄鲁特兵入城。

阿敏道本为招抚而来，开战并不是他的本来使命，打一打也只是要给对方一点颜色看看。听了克呼岱巴尔的话后他一琢磨，好像还真是这个理，就说既然你有此顾虑，那我进城就只带八旗兵，不带厄鲁特兵。

这一入城条件被克呼岱巴尔所接受，但却遭到鄂对等人的极力反对，认为太过冒险，如此入城恐有杀身之祸。阿敏道慨然答道："我们的目的是招抚回疆民众，只希望对国家有利，哪里还能考虑那么多呢？"当下便带着一百名索伦兵驰入城内，而鄂对等人则带着另外三千厄鲁特兵火速返回伊犁，向清廷进行报告。

阿敏道率部入城后，克呼岱巴尔即按照霍集占的指令，将他们加以软禁。乾隆闻报降旨让霍集占予以释放，霍集占料定清廷"新得准部，反侧未定"，对此置之不理。

随着准噶尔再次爆发大规模叛乱，霍集占认为"自立国"的时机已到，便准备杀害阿敏道。

克呼岱巴尔其实并非霍集占的心腹，他是维吾尔族首领霍集斯的次子。霍集斯曾请求清廷释放大、小和卓，又帮助大、小和卓消灭黑山派，但霍集占并不真正信任他，而他也觉得南疆叛乱胜算太低，时刻想着要为自己留条后路。在霍集斯的授意之下，克呼岱巴尔向阿敏道透露了霍集占要杀害他们的消息，阿敏道及其手下死中求生，在干掉看守后逃出了库车城，可惜的是他们没能抢到战马，只能步行出逃，最终还是被霍集占所派的部队追上，一百余人全部殉难。

杀害负有招抚使命的重臣及使团成员，是大、小和卓公开进行叛乱的一个标志性信号，霍集占就此自称"巴图尔汗"，以反对"异教徒"为名，正式宣布叛清，一时间，南疆黑云压城城欲摧，大有与清廷全面对抗之势。

获悉阿敏道等人被杀，招抚政策归于失败，乾隆悲愤不已，表示绝不会"忍心于死事之臣，而不为之复仇也"，同时他也绝不允许回部趁清军用兵准噶尔之际分裂割据，进而成为又一个准噶尔。不过此时第三次平准战争才刚刚打响，清军主力正集中于北疆，暂时无力顾及南疆，因而当兆惠、成衮扎布等将领先后上书，要求出兵讨伐大小和卓时，乾隆还是决定："俟平定准噶尔后，再行办理。"

毫无成效

自 1757 年 8 月以后，准噶尔各地的叛乱被陆续平定，阿睦尔撒纳再次外逃，平准战争已经进入扫尾阶段，在这种情况下，驻准清军开始加紧对平回战争进行准备。

乾隆原定兆惠为主帅，当年年底，他命兆惠为定边将军，车布登扎布为副将军，负责率部平定南疆叛乱，但由于平准战争尚未完全结束，北疆还有相当数量的阿睦尔撒纳叛军没有被消灭，兆惠请求彻底解决这部分叛军后，再进军南疆。乾隆准其所请，遂改派兵部尚书雅尔哈善为靖逆将军，统兵对回部进行征讨。

1758 年 2 月，在确证阿睦尔撒纳已死的情况下，乾隆正式下达了进军南疆，讨伐回部叛乱的命令。在上一年的平准战争收尾中，清军大开杀戒，曾令西北风云变色，乾隆在怒气渐渐平息后，也感到如此滥杀不仅有损他和所谓"天朝上国"的声誉，也不太利于今后平叛。为了消除影响，分化敌军营垒，以减轻进军阻力，他在相关谕旨中特地申明，平回与平准不同，矛头只对准霍集占一人，不会株连维吾尔族普通民众，就连大和卓布拉尼敦也可以从宽处理。

按照计划，靖逆将军雅尔哈善将从吐鲁番出发，率一万余人兵进南疆。雅尔哈善是平准战争中沙克都尔曼济杀降案的始作俑者，由于当时乾隆还不知道事情真相，才使他得以通过此案申报战功，并先后被授参赞大臣、兵部尚书等职，直至以靖逆将军的身份挂帅征回。

雅尔哈善是文人出身，其实他不太懂将略兵法，打仗主要靠裨将出策出力。虽然乾隆当时还不知道杀降案的真相，但他对雅尔哈善的弱点并非一无所知，之所以仍以此人为前方主帅，不是因为觉得他很强，而是认定敌人比较弱——"准噶尔等既皆铲除，则回部自可招服"。

清军以往出征，惯用"两路出击、一正一奇"的战术，起初廷臣们也仍建议两路进兵，夹攻回部，正好阿睦尔撒纳叛军已被基本消灭，兆惠也能腾出手来了，以兆惠的能力，自然可当一路。可是乾隆却认为讨伐回部不需要太多人手，同时又觉得如果一军两将，反而会造成掣肘，因此否决了廷臣们的建议，并降旨调兆惠回京，以便商办在伊犁驻军的屯田事务。

库车是清军从吐鲁番进入南疆的必经要隘，在原库车城伯克鄂对的引导下，雅尔哈善率部于当年6月进抵库车城下。城内敌将阿卜都克勒木是霍集占的心腹，指挥一千精锐骑兵及城内部众守城，雅尔哈善在招降无效后，即下令四面围城，予以强攻。

维吾尔族与以游牧为主的蒙古人不同，他们主要以种植小麦等农产品为生，平时都聚居于城堡内，而不是像准噶尔人一样四散游牧。按照雅尔哈善的设想，攻打固定的城池自然要比四处搜捕来得容易多了，大军一到，"自易成功"。殊料城内回兵虽然不多，但阿卜都克勒木守城却颇得古法，而且回兵的火器也不差，喀什噶尔、叶尔羌乃联系中亚的重要商埠，当时流行于中亚的火器大量流入南疆，使得回兵普遍都装备有鸟枪（火绳枪），在清军攻城时，回兵便不断施放鸟枪，城头枪矢如雨，加上库车倚山而筑，地形险要，给清军攻城造成了极大困难。

火炮向为攻坚利器，但库车城虽是土筑城池，却是用红柳枝条、沙土密筑而成，城墙十分坚厚，连"威远将军"大炮都无法摧毁。除"威远将军"外，清军此次所携的"四大神炮"尚为前明所造，那就更不济事了，由于年代久远，炮身已不太坚固，轰击城池时炮身甚至都会自行裂开。

清军连攻两日，结果毫无成效，让雅尔哈善等人大为吃惊。参赞大臣额敏和卓原为吐鲁番的维吾尔贵族，早在康熙末年，他即率众归顺清朝，随征这一年已经六十四岁，老爷子不顾年力已衰，始终奋战不止，即便脸上负伤，亦不肯轻下火线。与雅尔哈善等人不同，他对库车城的易守难攻倒是一点都不感到意外，据他介绍说，从前准噶尔围攻库车，用了整整九个月才得以攻克！

征回第一战

在强攻受挫的情况下，鄂对认为库车乃回部门户，如库车被清军率先攻克，其他城必然人心动荡，因此库车被围，大小和卓不可能不派兵援救，清军正可利用这一点破城。雅尔哈善认为这个主意不错，招来众将商量，大家也都觉得不妨一试。

额敏和卓等人在随征时，都带来了本部的维吾尔族士兵。按照鄂对之计，雅尔哈善从维吾尔族士兵中拨出三百人，让他们更换衣帽旗帜，从阿克苏方向往库车走，一路上扬尘奔驰，作救援库车状。与之相配合，清军安排了哨兵飞报敌兵来援的戏码，并由绿旗兵打着满洲兵、索伦兵的旗帜，前往迎战"援兵"，满洲兵、索伦兵则预先埋伏于要隘，准备等城内守军一出，就伏兵四起，予以截断剿杀。

一开始，见"援军"到来，城内守敌似乎还颇有些心动。清军在城外修建有瞭望塔，可以看到城内在鸣鼓吹角，除步兵登城鼓噪外，骑兵都在西门集合排立，似乎有出城接应"援军"的意思。可是令人失望的是，不管"援兵"如何把大路上搞得尘土飞扬，也不管绿旗兵怎样用鸟枪齐放来百般引诱，守敌一直到最后也没有真正动弹，其间仅仅是点了几次火，作为与"援军"呼应的信号而已。

事后分析，守敌之所以不上当，只有一种可能，即清军对库车的包围很不严密，没有掐断其对外联络线，库车城与其大后方之间的联系一直都是畅通的。"援军"虽然出现在城外，但城内并没有提前接到援兵前来的讯息，故而守敌才会产生怀疑，在经过一番观望判断后终于放弃了出城接应的念头。

尽管诱敌出城之计未能成功，鄂对仍坚持在敌军增援库车上做文章。此时清军已经切断了城内的水源，鄂对对雅尔哈善说，现在既然城内水源已被断绝，守敌势必告急，霍集占绝不会坐视库车不管，守敌不敢出城没关系，我们可以在库车通往外部的道路上部署兵力，歼灭来援之敌。

库车曾经是鄂对的地盘，对库车地理自然极为熟悉，他告诉雅尔哈善，库车城往外主要有三条道路。东南方向清军来的道路上遍布军营及台站，敌援兵不会去自找晦气，在排除这条道路后，便只需控制剩下的两条道路，其一为城北道路，那里虽有高山阻隔，但山上有隘口可以通过；其二为城西道路，此处的鄂根河水深可以行船。

按照鄂对的建议，雅尔哈善分别在库车城北、城西的两条道路上部署重兵，同时下令用石块将山中的隘口封死，并在鄂根河附近设立瞭望塔，以防敌军渗入。其间，清军在封隘口的山中以及城东北都发现过百余名至两百余名的回军，但据判断，他们只是霍集占派来侦查的小股部队，并非援敌主力。

霍集占派来的援敌主力是在近一个月后出现的，不过不是出现在鄂对预计的北面和西面，而是在东面清军来时的道路上，也即鄂对认为援敌最不可能选择的路线。

鉴于援敌已对城北、城西做过事先侦察，出现这种情况，很可能是他们见无机可乘，才不得不剑走偏锋，以希图能够出奇制胜。援敌共有三千余人，领军者是库车守将阿卜都克勒木的弟弟，名叫阿卜都哈里克。

蓝翎侍卫达克塔纳所负责的台站首先发现了敌前哨部队，达克塔纳一边派人向大部队报告情况，一边带着一百八十名绿旗兵上前迎敌。发现清军人数不多，阿卜都哈里克立即派四五百人，分成两路，朝他们直扑过来。达克塔纳知道大部队就在身后，所以并不慌乱，一路边打边退，等他们退至雅哈托和鬐时，领队大臣爱隆阿率清军主力正好赶到。此时，阿卜都哈里克的部队也追到了雅哈托和鬐，并且已经越过戈壁滩上的一条长沟，见清军大队人马开来，便顺势以沟边的土丘作为依托，与清军形成对峙。

清军因为还需要分兵围城，所以主力部队只调来两千四百余人，数量上比回军还少一些，但其战斗力的强悍却足以弥补数量的不足。双方开战后，爱隆阿以绿旗兵、维吾尔兵居中，以满洲兵、索伦兵、蒙古兵为两翼，首先对回军发起攻击。

相对于稍弱的绿旗兵、维吾尔兵，八旗身份的满洲兵、索伦兵、蒙古兵皆为百战精锐，而且擅长分割包围战术，当回军还在与正面的绿旗兵、维吾尔兵交锋时，他们已从两面实施快速合围，将其包围于沟中。

回军军心大乱，士气全无，所有人都拥挤在沟中，如同无头苍蝇一样不知如何是好。清军则居高临下，"四面呼噪，发矢放枪，合围攻击"，后来乾隆看过战报，曾写诗形容当时的战况："长箭大炮如雨下，狂回乱奔气消磨。填沟受杀敢回顾，血流漂杵时无何。"

是役，回军全军覆没，阿卜都哈里克连坐骑都被缴获，仅带着一二十人负伤逃脱，清军方面损失甚微，只阵亡了数人，负伤的也很少。此战缴获了大量战利品，回军火器不错，清军不仅缴获了五百杆普通鸟枪，还获得十杆名为"赞巴拉特"的鸟枪，后者射程可达两三百步远，为普通鸟枪的两倍至三倍。

前方战报送入京城皇宫时已是深夜，乾隆已经睡下，但一听是库车战报，立即披衣起床阅看，看完之后非常高兴，称赞道："是为征回第一战，遂叨天佑威荒遐。"意思是承蒙老天关照，终于取得了平回战争中的首次大捷，这对南疆偏远之地的叛军而言，将是一个有力震慑。

兴奋之余，乾隆下旨对前线有功将领进行了奖励。鄂对因熟悉要隘，预先提出对两条要道进行防范，以及力主围点打援，得到赏银一百两，乾隆明确今后在南疆攻下任何一座城，即首先授命他为该城伯克（后担任阿克苏伯克）。鄂对之外，蓝翎侍卫达克塔纳因诱敌深入之功，跳过三等侍卫，直接提拔为二等侍卫，其余从雅尔哈善至爱隆阿等诸将领也都被各赏御用荷包一个。

压倒性的胜利

雅哈托和肃之战的价值，不光是全歼敌军，还在于从俘虏口中得到了霍集占将亲自来援库车的重要情报。

事实上，就在雅哈托和肃之战当天，霍集占已经率领从各城凑集的三千兵马，抵达距库车只有几十里的地方。就在那里，他们遇到了败逃的阿卜都哈里克，看到阿卜都哈里克被打得如此狼狈，随霍集占出战的部分伯克心慌意乱，都劝霍集占放弃前进，撤回阿克苏。霍集占却不甘心，他派人前去侦察，得知库车城尚未被清军攻破，便决定继续执行解围计划。

次日，天色微明，清兵通过城外的瞭望塔，远远地看到距库车城十里之外，出现了多股敌军援兵。清军对此早已有备，雅尔哈善随即命将领们分路迎击，自己则站在城外的一块高地上观察战况。就在双方激战之际，库车西门忽然打开，从城内冲出数百敌军，欲对其援兵进行接应，雅尔哈善忙率部分兵马迎战，这时一股敌援兵也冲至城下，对清军实施夹击。

清回进行野战，在数量对等或回军还略多的情况下，回军通常都不是清军的对手。霍集占所凑集的各城回兵均系临时征调，还没有经过集中训练，在军心不协、仓促上阵的情况下，更难以与久经战场的清军匹敌，本来是他们夹击清军，但清军却利用娴熟的分割包围战术，反过来将他们切割成了三截。眼看占不到什么便宜，敌援兵及其接应他们的守军赶紧拼死拼活地冲破包围，逃到城里去了。

这一战和前一天的雅哈托和霾之战相似，清军也是用两个小时左右就取得了压倒性的胜利。敌援兵大致可以分成三股，最大的一股约千人，最小的一股约三百人，都被清军基本歼灭，中间一股也就是冲到城下的那一股，约有八百人，因夹击清军失败最后遁入了库车城内。

在清点整理战利品时，清军发现了两面与其他旗帜很不一样的大旗，旗上镌刻着伊斯兰教文字，经辨认，系《古兰经》经文。额敏和卓鉴定之后，断定是霍集占的自用旗帜，因为这种镌刻《古兰经》经文的旗帜，只有大小和卓才能使用。

既然旗都被缴了，人又去了哪里？对战场上的敌军尸体反复翻检，没有找到霍集占，说明霍集占还活着。一名被俘的伯克供认，他曾看到霍集占的肩头上中了一箭，但到底伤得重不重以及之后的下落，他就不清楚了。据此，雅尔哈善等人判断，霍集占应该是侥幸漏网，像阿卜都哈里克一样带伤逃往了阿克苏。

这时候大家都忽略了遁入库车城的那部分敌援兵，更没想到，那部分敌援兵系由霍集占直接率队。原来霍集占与库车城的联络始终没有中断，城内守将阿卜都克勒木预先知道霍集占要亲自来援，才派兵出城接应，混战中，霍集占的左肩确实中了一箭，不过那一箭连他的衣服都没有射穿，所以霍集占并未受伤。

虽然两支救援部队都以惨败告终，自己也被困在了库车城，但霍集占对清军明显高出一筹的作战能力仍无清醒认识，他居然还试图出城打退清军。

就在霍集占入城的第三天，霍集占把城内的一千多回兵集中起来，对清军营垒进行了冲击。清军整天愁的就是这帮人像乌龟一样缩在城里不出来，对手此举可谓正中下怀。

在霍集占受宗教狂热情绪的煽动下，回军一上来气势很足，清军作战老到，并不与之硬拼，而是躲在营垒后施射，只有在回军冲到近前，必须短兵相接时，才用大刀长矛招呼。回军几次猛冲未果，在士气耗尽的情况下，很快就乱了阵脚，开始一窝蜂地向城内败逃。当清军追到城下时，城门中仍拥挤着败兵，因为城头有回军密集施放排枪阻击，清军没法乘势冲入城内，便也朝着人群放枪射箭，又打死打伤了不少回兵。

霍集占组织的反击再次以失败收场，回军当场死了两百余人，而清军只阵亡十一人，伤四十三人。与清军前两次的围点打援不同，此次回军的死伤者多为城内守军，据雅尔哈善向乾隆奏报，那两天"城内昼夜哭声震动"，连城外都能听得到。

失机

反击失败终于让霍集占领教了清军的厉害，至此他便紧闭城门，死活不露头了。清军虽然不知道霍集占就在库车城内，但从当时的形势来看，库车守敌坐困围城，"溃围不得出"，又无其他奥援，若能严密围困，破城只是时间问题。

雅尔哈善先前也曾害怕库车守敌自行突围，或由援兵为之解围，现在既然这两种可能性都被认为已不存在，他也就放下心来，除了口头上让手下加紧攻城外，自己诸事不理，既不想办法如何尽快破城，也懒得去巡视防卫情况，每天只是坐在帐中饮酒下棋。

雅尔哈善的麻痹大意让鄂对感到忧虑，他进言说，古语"困兽犹斗"，敌军困守孤城，粮尽援绝，怎么会坐而待缚呢？必定要趁我不备，冒死突围归巢，此事不可不防。他还特别提醒雅尔哈善，城西鄂根河已到枯水期，水浅处可以徒涉，更便于敌军突围，为此他建议在原有设防基础上，再在库车城北、城西的两条道路上各伏兵一千，以确保库车守敌插翅难逃。

还在雅哈托和霜之战前，雅尔哈善就接受鄂对的建议，在城北、城西道路加强了防守，他认为根本没必要再添兵，也就没把鄂对的话当回事。

一天傍晚，一名索伦兵在库车城下牧马，这名索伦兵是个老兵，观察敏锐，他听到库车城内驼马喧嚣，人声鼎沸，便警觉起来，再仔细一听，骆驼的叫声和平常还不一样，高亢有力，"似负重远行之声"。

城里的骆驼背负重物，将要随人远行？守敌想逃跑！

老兵立刻回营向雅尔哈善报告，雅尔哈善正在帐中饮酒，听后笑道："你不过是个士兵，知道什么呢？"敢情他压根儿不了解骆驼鸣叫等军旅常识，对老兵的话也根本不信，喝退老兵后，又继续饮酒取乐。

当天深夜，霍集占打开西门，以夜色为掩护，率四百骑兵向西突围，正如鄂对所担心的，他们选择了城西鄂根河水浅处这条路线。城西道路由领队大臣、副都统顺德讷负责把守，他的部下、侍卫噶布舒发现城内敌人在逃跑，急忙向顺德讷报告，顺德讷却以天黑难以辨认，不能作战为由，拒绝发兵，竟任由霍集占等人突破防线后徒涉鄂根河。直到天亮后，他才派出百余人追击，然而为时已晚，哪里还能再见到逃敌的踪迹。

霍集占逃脱后，将原本从各城征集的人马予以解散，只带直属人马一百人逃奔老巢叶尔羌。被解散的士兵把他们如何突围的情况扩散开来，很快这一内幕又通过归降清军的回人传到了清军大营。得知那晚逃脱的敌军中就有霍集占，可把雅尔哈善给吓坏了，为推脱责任，他赶紧对顺德讷进行参劾，指责他疏于防守，以致霍集占从其把守的城西道路逃走，过后又不急着追击，"疏脱贼众，违误军令，罪无可逭"。

乾隆接到奏报，又气又急：围城打援把霍集占这个最大的鱼给漏掉了，还漏进了本该围得水泄不通的库车城；霍集占进入库车城，本身是自投罗网，自寻死路之举，可他竟然能够来去自由，到了城下就能入，打开城门就能走；清军就算不在城外提早设防，若发力猛追，也不可能让霍集占如此轻松突围……

在乾隆看来，大和卓布拉尼敦本身态度摇摆，只要霍集占被擒，南疆将不战而定，错过如此大好时机，就意味着平回战争还要耗费更多的时间、资源、人力，死更多的人，这简直得遭天谴！

"此次失机，非寻常可比"，乾隆对雅尔哈善等人极为失望，痛骂顺德讷"怯懦昏愦已极"，同时也斥责雅尔哈善和另一参赞大臣哈宁阿身为前线主要将帅，难辞其咎，为此他下旨将顺德讷、雅尔哈善、哈宁阿一并革职，顺德讷直接降为小兵，雅尔哈善、哈宁阿在接替他们的人选到任之前，在原位争取戴罪立功，否则即按军法严惩。

工部尚书纳木扎勒、户部侍郎三泰随后被分别任命为靖逆将军、参赞大臣，以接替雅尔哈善、哈宁阿。乾隆还想到了兆惠，此时他才得知，兆惠在接获回京谕旨前已准备启程前往南疆，返京之事并未付诸行程，但因领兵不多，难有作为，只能在伊犁等待机会。既然如此，乾隆便顺势命兆惠赶往库车进行协助。

激将法

京城与库车相距遥远，雅尔哈善不会马上接到圣旨，也不知道自己被革职而且可能被治罪的消息，尽管如此，他也早已没有了饮酒下棋的心情，只盼着能赶快打下库车城，以便抵消或减轻自己的责任。

在与将领们商量时，鉴于炮击城池不见成效，提督马得胜建议改用地道攻城，雅尔哈善觉得这个办法可行，便立即让马得胜全权负责。马得胜于是从绿营中挑选擅长挖掘地道的士兵充任掘土兵，在城北一里地外开挖地道，他们计划在掘至城墙根后，用火药填满坑道，进而炸毁城墙。

一般来说，为了不让对方发现以及保护掘地兵的安全，地下作业宜慢不宜快，但雅尔哈善急于成功，严令昼夜挖掘，主持挖地道的马得胜也加以迎合，不管掘土兵的死活，只是一个劲儿地催促他们加快进度。掘土兵连夜点灯挖掘，就在他们快要挖到城墙根的时候，一个割草夜出的回人无意中窥见了从地道气眼中漏出的灯光，地道的秘密由此被城内守军所发现，后者从城内反向挖出一道横沟，水淹火攻，致使地道内的掘地兵全部丧生。

惨剧发生后，雅尔哈善又把责任全部推给马得胜，对于攻城则一筹莫展，只能用长围久困的办法待其自毙。库车之役持续达三个月之久，在城内粮食和饮水不继的情况下，守将阿卜都克勒木率四五十人也骑着马乘黑夜逃走，城内剩下的三千余老弱妇稚才不得已出降献城。

清军以万余之众，挟平准战争胜利之势，围攻一城，却坐失机宜，任由敌军潜入潜出，来去自如，最终得到的只是一座空城。雅尔哈善还自我安慰，对顺德讷说："就算得了一座空城，也可以向朝廷复命了。"殊不知乾隆可没这么好糊弄，亦无法接受这样的结果，他下令将雅尔哈善、顺德讷、马得胜问罪正法，参赞大臣哈宁阿也责令自尽。

平回战争实际上是平准战争的延续。金川战役后，乾隆重开康熙朝曾设的方略馆，用于记录重大军事行动，方略馆的纂修官便指出："平回之役，初由勘定准噶尔部所连及。"他们在奉敕纂书时也将准噶尔与回部之役合并，通称为"平定准噶尔方略"。准噶尔一役，前线将领很不得力，乾隆深受其累，没想到平回战争又重蹈覆辙，他深悔自己用人不当，忍不住嗟叹自责："选将吾未慎，失机有如此。"

让兆惠再次出山挂帅，成为乾隆扳回局面的希望所在，他发出正式谕令，命兆惠从伊犁带兵速往南疆，全权指挥平叛。先前他考虑到兆惠的老部下在外征战时间已久，官兵非常疲惫，决定调索伦兵、察哈尔兵前往增援，兆惠本来要在伊犁等待这些援兵，但乾隆却嫌他停留太久，说你是不是不愿前往南疆，所以才观望犹豫，如果你真的抱有这样避难就易的想法，那就太不应该了，我告诉你，今年不管南疆战事顺不顺利，总之我绝不撤兵，而且必须在今年冬天予以了结。

眼看皇帝连激将法都用上了，兆惠不能再耽搁下去，只好将副手富德留在伊犁继续负责，自己率已集结的八百官兵直奔库车。途中为加快进度，他先带四百人轻装前进，在抵达南疆一侧的山口时，他们得知库车城已经归降，大军正开赴阿克苏，于是又昼夜兼程前往，与大军进行会合。

在从伊犁启程时，兆惠就已在设想该如何攻取阿克苏，但在抵达清军大营后，一了解情况，他才知道阿克苏也已经归降。

原来霍集占在逃回叶尔羌后，重新大肆征兵，打算再援库车，后来听说库车已被清军所控制，又计划强行将阿克苏的回人迁移至乌什等地。一方面，阿克苏的回人不愿迁移；另一方面，自平回战争开始以来，清军所显示出的军事优势以及平回决心，对他们造成了极大冲击，很多人都不愿再追随霍集占作乱，于是在霍集占来阿克苏时，大家便"闭城拒敌"，不让他进城。两边翻脸后，霍集占率兵攻打阿克苏，城里的阿克苏人也不是吃素的，积极地组织了抵抗和反击，霍集占见一时难以攻下城池，清军又可能随时杀来，遂不得不放弃阿克苏，直奔乌什而去。

乌什与阿克苏近在咫尺，兆惠既得阿克苏，接下来自然是要取乌什。乌什守将系霍集斯的长子漠咱帕尔，霍集斯过去有生擒准噶尔汗王达瓦齐之功，又曾授意次子呼岱巴尔氏帮助阿敏道逃出库车，兆惠据此判断他绝不会跟着霍集占一条道走到黑，所以就写了封信，派人送往乌什，对霍集斯、漠咱帕尔父子进行劝降。

霍集斯父子还没等收到劝降书，便已决定归顺清廷，他们甚至还准备设下鸿门宴，将霍集占擒获后献给清军，只是事情泄密，被霍集占察觉了。霍集占很恼火，但乌什"闭城不纳"，他也没办法，只能退往喀什噶尔。据霍集斯方面所见，当时霍集占的叛众仅三千人左右，部队怨声载道，士气非常低落，有人还做出了毁弃武器、宰杀驼马等自暴自弃的举动，可见阿克苏、乌什先后降清对其打击之大。

围绕塔里木盆地，南疆聚居区主要集中于其北部、南部和西部边缘绿洲，乌什归降标志着南疆北部已全部为清军所掌握。霍集斯还利用自己对大、小和卓及其根据地的熟悉，向清军献上了擒捉大小和卓的方案，乾隆闻讯"深为嘉悦"，宣布封霍集斯为公爵，并赏戴双眼孔雀翎等。

等不及了

以叶尔羌、喀什噶尔为中心的南部及西部各城，是大小和卓的老巢，如果清军要进军这一地区，通常能想到的进军路线是先攻取喀什噶尔，接着再向叶尔羌进发。这是因为如果从乌什直逼叶尔羌，需穿越长达一千五百余里的沙漠戈壁，沿途极为艰险。

霍集斯在其方案中却反其道而行之，他建议绕过喀什噶尔，直接南下叶尔羌，理由是叶尔羌是喀什噶尔最后的退路，占领叶尔羌，喀什噶尔也就成了死地，大小和卓都没法逃了，而且乌什和喀什噶尔之间有山岭阻隔，道路也不好走。

听取霍集斯的方案后，兆惠又征求额敏和卓、鄂对等人的意见，众人"俱以为实"，认为霍集斯所言符合实际，这样兆惠便决定采纳他的方案，出兵叶尔羌。

此前乾隆已命靖逆将军纳木扎勒、参赞大臣三泰与兆惠会合，二人奉旨统带四千人马，其中包括索伦兵两千、察哈尔兵一千、健锐营一千。这些人马都是清军中的主力，尤其健锐营更是号称精锐中的精锐，当年健锐营的常规编制才不过两千，一下子就调来一半，足见这支部队的战斗力之强以及乾隆渴望取胜的急迫心情。

对兆惠来说，最好就是能等纳木扎勒等人的到来，大家会合后一道进军叶尔羌，但与兆惠从伊犁到阿克苏不同，纳木扎勒等人从北京到南疆，路途遥远，如健锐营，按其行程计划，还得两个半月才能抵达阿克苏。在这种情况下，就算兆惠愿意等，乾隆也等不及了，阿克苏、乌什等城的相继归降，不仅令他心情大好，而且影响了他对形势的判断，使他深信，霍集斯已经众叛亲离，只要清军一到叶尔羌，必能势如破竹，他甚至还幻想可能出现维吾尔人擒霍集占来献的奇迹，在圣旨中称"叶尔羌、喀什噶尔相继投诚，亦未可定"。

在这种乐观情绪的支配下，乾隆认为以兆惠现有所辖兵力就能确保大功告成，其实健锐营等部都用不上，他一边催促兆惠向叶尔羌驱兵急进，一边传旨让健锐营没必要太赶，"从容行走"，以免耗费马力。

当初跟随雅尔哈善进入南疆的部队损失倒不大，加上兆惠从伊犁带来的八百人，现有兵力确实也不少，但清军既然控制了南疆北部这么多城池，就必须分兵驻防。朝廷本应从后方另调驻防部队，但乾隆却不觉得有此必要，车布登扎布派兵到乌鲁木齐领取军粮，准备前往库车驻防，结果乾隆说你久在军营效力，这次就不必参加平叛了，一个旨意，打发他回游牧地休息去了。

分兵驻防削弱了清军机动部队的力量，也加大了兆惠出兵叶尔羌的风险。除此之外，还有其他很多的不确定性，前锋统领鄂实就担心清军对前往叶尔羌的地形、道路都不熟悉，若仓促出兵，被敌人截断退路，到时将会有全军覆没的可能。兆惠自己也不无顾虑，照霍集斯所言，叶尔羌是大、小和卓最后的退路，那回军必然会竭尽全力地进行死守，如此战斗很可能会打得很艰苦。兆惠有心再准备得充分一点，无奈皇帝催得太急，他无法推托，只能硬着头皮上。

在清军当中，绿旗兵、回兵都被认为打仗不行，兆惠主要让他们负责在后方守城，尽量用满洲兵、索伦兵、喀尔喀蒙古兵组成自己的基本部队，但因为人实在不够，只能再酌情挑选五百名绿旗兵随征。额敏和卓的回兵自库车之战开始就参加了征战，且又拥有语言、地理之便，自然也得把他们给带上。最终兆惠共选拔出四千余人，在向乾隆奏报后，全军即从乌什出发，穿越荒漠戈壁，直奔叶尔羌。

乾隆虽然口口声声用不着"多烦兵力"，但在接到兆惠的奏报后，也觉得出征兵力是少了一点，因而命令留守伊犁的富德去乌鲁木齐挑选精兵，以便前往南疆协助兆惠。问题是从乾隆发出这道命令，到富德奉命选兵，再到他前往叶尔羌与兆惠会合，又要经历很长的时间，在短期内也根本无法对兆惠军产生任何帮助。

如同预料中那样，千里戈壁是兆惠军远征叶尔羌所遇到的第一个严峻考验，一路上人们栉风沐雨，备尝艰辛，在翻越一座山岭时，山头石头滚落，官兵多有不幸被砸死砸伤者，致使部队尚未与敌人交手，就出现了减员。不仅如此，为保证抵达叶尔羌后，沿途台站不被敌军乘隙侵扰，兆惠也不得不抽兵驻防，这样无形中又减少了一些可用之兵。

这个时候包括兆惠在内，官兵们谁都没有意识到他们才刚刚接近虎口，未来将有最传奇、最凶险也最惨烈的遭遇在等待着他们，与之相比，他们路上碰到的所有困难都只是小儿科而已。

引诱

1758 年 11 月 3 日，清军到达耀齐阿里克，此处距离叶尔羌仅四十里。兆惠传令停驻休息，然后派人潜近叶尔羌城下，通过摸哨从城外哨卡抓到了一名哨兵。俘虏供称，自从霍集占从阿克苏、乌什退回喀什噶尔后，大和卓布拉尼敦一个劲儿地抱怨弟弟不应该反叛，以致局面到了不可收拾的地步，但抱怨归抱怨，兄弟俩还是决定共同抗清，其中布拉尼敦守喀什噶尔，霍集占前往叶尔羌，两城相互进行支持和呼应。

其实不单单是布拉尼敦仍和霍集占坐在同一条船上，其他头目也是如此，这与南疆北部相继倒戈的情况大相径庭，主要原因还是白山派在北部的影响力一向较弱，但在南部和西部却拥有雄厚势力。对俘虏的审讯结果也显示，霍集占拥有五千余骑兵，步兵更多，布拉尼敦同样辖步骑兵万余人，总数大大超过了清军。

次日，清军进至叶尔羌附近，兆惠原计划先包围城池，然而近前一看，顿时就傻了眼——他想象中叶尔羌应该是和库车差不多的，没料到叶尔羌城周十余里，其四面有十二座城门，比库车还大上好几倍，而且城防措施看起来颇为坚固。

清军步骑兵四千余人，展开了最多也只能围其一面，同时为了防止霍集占潜逃以及喀什噶尔来援，还得再分兵扼守各个路口，兵力哪里够用？当然如果加强部队特别是骑兵的机动能力，理论上是可以兼顾几个方面的，但经过千里之遥的长途行军，清军早已是人困马乏，大家需要的是先喘口气，而不是连续地跑来跑去。

兆惠后悔不迭，他这才发现自己犯了轻敌冒进的错误，带的兵实在太少了，于是赶紧向朝廷请求增兵添马。接到兆惠的奏报后，乾隆也迅速意识到问题的严重性，按照兆惠的要求，他下令从库车等北部各城就近抽调驻防的绿旗兵，有多少抽多少，全部调往叶尔羌，所需战马则从巴里坤调拨，由巴里坤大臣阿里衮亲自押送，另外他还催促原计划中就要协助兆惠的富德加速前往叶尔羌。

乾隆接到兆惠的奏报就已经是四十多天后的事了，也就是说起码在这四十多天里，兆惠不可能得到援兵。最初他采取的策略是领兵攻击，诱敌出战，11月3日，他率两千兵马直奔叶尔羌城，在到达距城东北还有五六里远的地方时，大家远远地看到前方村落中有一座高台，高台上有四五个回军骑兵在防守。

感觉上高台应为回军的阻击工事，但为什么只有四五个骑兵呢？就在众人都摸不着头脑的时候，随征的霍集斯道出了其中玄妙，他告诉兆惠，这种高台下面应该挖有大沟，沟内埋伏着敌兵，高台上的骑兵其实主要负责观察瞭望和引诱迷惑对手，只要清军冲过去，必会伏兵四起，同时高台上也会增加鸟枪手，用于居高临下地进行射击。

兆惠明白是怎么一回事后，立即做出部署，命左翼部队绕至高台东面，先找到暗藏的大沟，然后沿着沟自其东面向西进攻，右翼部队则绕到高台西面，也是先找到大沟，不过攻击方向正好与左翼相反，即沿沟从西向东进攻。

除左右翼外，兆惠事先还组织了两百人的诱击部队，诱击部队这时的任务是直接前冲夺台。在诱敌部队启动后，正如霍集斯所揭示的，高台上多出了不少鸟枪手，高台下也果然挖有大沟，只不过不光是大沟内藏有伏兵，村落的大小院落、房屋里也都有伏兵，他们一起向清军伏击部队射击，并对之形成了合围之势。

兆惠军早已有备，左右翼部队两路夹攻，回军抵敌不住，只得一边打一边向叶尔羌城的方向败退，很快清军就夺取高台，冲过大沟，杀到了叶尔羌城下。

见清军逼近，城内也打开东面两座城门，各派出四五百名骑兵与之对垒。兆惠并不是真的要直接攻城，而是想将敌人引到离城一二里的地方进行战斗，这样既便于截断出城敌军的退路，消耗守敌的有生力量，也可以避免遭到城头敌军的俯射。按照这一意图，他命令作为前锋的诱击部队后撤，孰料回军并不上当，不但不予追击，反过来还用二三十个骑兵对清军进行引诱。

诱击部队见状只好返身攻击，但也注意避免进入其城头的射击范围内，双方就这样你来我往，拉锯了三个回合，彼此都未有大的损伤，当然也未取得明显战果。三个回合过后，北门突然被打开，从城内冲出三四百名骑兵，准备向清军诱击部队发起攻击，但一看到清军派出相应骑兵进行阻击，他们就又掉头缩进了城里。

相持至日暮时分，清军仍无进展，兆惠传令收队，同时预留了截杀敌追兵的伏击部队，但敌人却并不出城追赶，伏击部队等了一晚上，连一个敌兵都没能见到。

后来发现，回军在叶尔羌城内的东南角建有高台，上面排列着数千名鸟枪兵，鸟枪架得密密麻麻，如果清军进入城下作战，必然要吃大亏。据此推断，霍集占也在使诱敌深入之计，而且是重复设套：先利用城外村落的高台和大沟引诱围歼，若无法得逞，再利用清军乘胜追击的心理，将他们引到城下予以火力杀伤。

黑水营

行家伸伸手，便知有没有。经过一天的接触，兆惠判断，霍集占虽号称有五千余骑兵，但战马真正堪用者不会超过千余匹，步骑兵加一块，能打的最多也只有两三千人，其余都是拿来充数的。如果能将其诱到城外较量，回军绝非清军的对手，可他们就是固守不出，也实在拿他们没办法，至于强行攻城，以清军目前的兵力和状况，则更非能力所及。

在兵少不足以围城，但又怕敌人遁逃的情况下，兆惠暂时只能选择结营自固，准备等增援部队到来后，再对叶尔羌城予以合围。

营地必须有水有草，以便供人马饮食，这在城郊叶尔羌河畔倒是很容易找到。一开始大家还在为缺乏工事材料以及生火烧饭用的柴火发愁，正好距离叶尔羌河两里左右有一大片树林，可以伐木使用，于是部队便在树林中安下了营寨，因为当地人称叶尔羌河为黑水河，所以清代史书中也将这一屯营处称为黑水营。

在清军兵临叶尔羌城下前，霍集占实施坚壁清野政策，已将叶尔羌附近的人众粮草全部移进城中，城外的庄稼则一律予以收割，尚未成熟者悉予焚毁，总之是一颗粮食也不留给清军。兆惠军远离后方基地，不仅武器火药无法补充，口粮也很有限，为了能够尽可能长久地坚持下去，以待援兵，兆惠不得不积极想办法为部队就地补充给养。

1758 年 11 月 13 日，清军又抓获了几个俘虏，从俘虏口中获知，霍集占将部分畜群放牧于城南英奇盘山，那一带还有部分投奔霍集占的准噶尔残部，这使兆惠想到或许可以掠其牲畜，以充军粮，顺便抓住机会歼敌残部。与此同时，他接到消息，纳木扎勒、三泰正往叶尔羌赶来，不过他们与增派的健锐营以及索伦兵、察哈尔兵并不同行，而是超前行进，赶到阿克苏后，再经喀什噶尔前来黑水营，兆惠随即派领队大臣爱隆阿率八百人前去迎接和护送。

爱隆阿前脚刚走，兆惠就点起一千精兵，随其前往英奇盘山。他们行至叶尔羌城的东面，打算由此渡河，向南进入英奇盘山，结果一到河边，就看到回军已在河对岸整装以待。

经观察，当天出城的敌骑兵有四五千人，均手持鸟枪或长矛，步兵更达万余，其中一部分拿着斧棍等兵器列于骑兵背后，另外一部分则在沟内持鸟枪排立，就连霍集占本人也破天荒地出现在骑兵队伍之中。兆惠立刻意识到他先前低估了回军，看来首轮在城外交手时，霍集占刻意隐藏了实力，并未做到完全投入，而霍集占既然亲自率部阻河为阵，显然是预先知道了清军的计划，这说明俘虏所称的牲畜、准噶尔残部等消息都是预先设计好的，为的是把清军诱到他们所布置的战场。

尽管明知可能中了计，但兆惠并不以为意，因为在援兵到达之前，与回军野战正是他所希望的——前面我怎么引诱你都不出来，现在你为了把我诱到这里，反而自己跑了过来，那就不要怪我不客气了！

只要回军能到城外来打，哪怕是倾巢而出，兆惠自认也握有相当大的胜算，更何况霍集占都露了脸，正是射人先射马，擒贼先擒王的好机会。在他看来，甚至都不用完全歼灭回军，只要"奋勇冲入"，寻机活捉霍集占，或者远距离用箭将其射死，这场平回战争也就可以宣告大功告成了。

兆惠下令所部在河边结营，他从中挑选了五六百名骑兵，由其亲率在前，大部队在后，一众人马呼啸着从桥上向对岸冲去。

清军气势如虹，但就在他们夺桥冲锋的过程中，意外发生了，大桥突然断裂，除了已过桥的四百骑兵外，后续人马全都被拦在了岸边。

眼见清军被隔断在河的两岸，回军骑兵立即向其过河部队发动反击。兆惠临危不乱，依然身先士卒，驰马奋击，在他的指挥和鼓舞下，官兵们齐声呐喊，如同猛虎一般冲入敌阵与其鏖战。回军骑兵很快不支撤退，但沟内的鸟枪兵开始向清军射击，清军刚刚要对付这些鸟枪兵，又有敌骑兵从背后夹攻而来，官兵们不得不两头兼顾，局面开始变得越来越被动。

回军士兵有相当大一部分系临时从维吾尔族平民中征发，平时没有受过严格训练，也缺乏作战经验，但以大小和卓为首的白山派的煽动力很强，除了反对"异教徒"的所谓圣战外，霍集占事先还对外宣传，说清军见人就杀，所到之处，所有回人都会被屠杀，喀什噶尔、叶尔羌也将被屠城。回军士兵受到蛊惑，再加上人多势众，熟悉地形，使得他们在这场战斗中显得很是亢奋活跃。

除前后受敌外，兆惠军的两翼也受到冲击，兆惠只得传令撤回黑水营，但此时部队已被回军截为数段，且遭到四面合围。这一场面被对岸的后续部队看在眼里，然而因为仅有的一座桥已经断裂，在河水相隔的情况下，根本无法施以援手。

危如累卵

随着一拨接一拨的回军如潮涌入，兆惠军陷入了各自为战、拼死突围的绝境。兆惠左冲右突，身下战马中弹而亡，他的面部和小腿也都负了伤，之后换马再战，但坐骑又再次被鸟枪击中倒毙。千钧一发之际，总兵高天喜奋力杀入重围，将兆惠救了出来，而高天喜本人则被敌人团团围住，最终英勇战死。

兆惠重换战马，率其他突围人员连打边撤，渡河返回了营地。南疆河流大多不是很深，尤其当时还是浅水季节，所以大家尚可涉水而过，但叶尔羌河底全是淤泥，战马"陷于泥淖者甚多"，这又使他们蒙受了不小伤亡，参赞大臣明瑞就因为这个原因，"唇得长枪伤"，嘴唇都被追兵的长枪给刺伤了。

这一仗，兆惠军损失惨重，当场阵亡者即达百人之多，除高天喜外，前锋统领鄂实、侍卫特通额、副都统三格、监察御史何泰均名列其中。在这些阵亡将领中，鄂实是原参赞大臣鄂容安之弟，特通额是原定西将军策楞之子，他们的兄长或父亲都已在平准战争中殉职，如今自己又力战而死，可谓满门忠烈，其情着实令人唏嘘。

若是往上追溯，皇族曾是满人入关和平定中原的重要助力，甚至直到康熙年间，他们在战场上仍发挥着领袖作用，从平定三藩之乱到三征噶尔丹，指挥高层遍布着皇族的身影。尔后由于雍正在位期间对皇族中的异己力量多次进行清洗，皇族参与军事行动的机会变得越来越少，乾隆登基后虽然修正了其父亲的政策，但对宗室成员也有所抑制，处于皇权的高压之下，皇族之人大多选择了沉溺于享乐之中龟缩不出，这样一来，前线便不再能够见到皇族的踪迹，他们逐渐被八旗贵族所取代。在清军中，从兆惠到鄂实、特通额等，皆为贵族出身，他们在血洒西北战场的同时，也验证了新一代八旗贵族已足堪平乱重任。

清军在退入黑水营后，霍集占尾随而至，将黑水营团团围住，布拉尼敦也率军万人自喀什噶尔赶来助阵。这个时候，爱隆阿已经接到了纳木扎勒、三泰，但他们都不知道兆惠已陷入重围，爱隆阿除了迎接和护送外，还负有巡查台站和扼守路口之责，因此便从所带兵马中分出四百五十人进行护送，他自己则率剩下的兵马执行巡查和扼守任务。

纳木扎勒初来乍到，对叶尔羌所面临的严峻形势并不了解，他嫌步兵速度太慢，只带了侍卫奎玛岱以下二百五十名骑兵，就匆匆上路了。在前进途中，他们被布拉尼敦军的三处营盘挡住了去路，纳木扎勒正要派人进行侦察，布军就已经发现了他们，马上有三千多人冲出来，将他们团团包围。纳木扎勒等人毫无退路，只能奋力搏杀，最终全军覆灭，奎玛岱首先战死，纳木扎勒一直打到所有的箭都射光，才被敌人所杀，三泰战死的时候箭筒里也只剩下两支箭，可谓悲壮至极。

爱隆阿刚刚听说纳木扎勒等人被敌重兵包围，那边兆惠紧急派出的信使也来了，兆惠除告知他黑水营被围外，还指示爱隆阿先行返回阿克苏，待援兵到齐后，再一同来援救黑水营。爱隆阿也明白凭自己手下的这点兵力，无论救哪一边，都无异于飞蛾扑火，于是他便按照兆惠的指示，直奔阿克苏而去。

兆惠在黑水营被围时，也曾考虑过是否要组织强行突围，但因马力疲乏，无法冲杀，不得已只能掘壕结寨，"筑长围以相持"，黑水营之役由此进入了最为艰苦卓绝，乃至令后人谈之色变的阶段。

兆惠军临时抢挖的壕沟既浅，垒起的掩体也不高，回军不用战马，步行就可以冲进来。最初回军依仗绝对的数量优势，昼夜不息地进行攻击，兆惠军已再无撤退逃生的余地，皆死中求生，奋勇杀敌，使得回军的正面进攻始终无法奏效。

兆惠军的勇猛强悍令回军不寒而栗，回军本身良莠不齐，在断桥血战中，他们可以像打了激素一样猛打猛冲，但这种状态毕竟没法长久保持，一进入持久战或稍一受挫，就又会生出怨怼和恐惧之心，不再肯出力卖命了。

既然都不敢再进行正面攻击，众人便只能琢磨讨巧之法，他们首先想到的是在叶尔羌河上游决水，用河水来淹灌黑水营。兆惠见多识广，马上派兵挖沟排水，将水引入下游，由于回军在围困黑水营时，就已截断了黑水营的水源，兆惠军在化险为夷的同时也顺带解决了部队最初几天的饮水问题。

水淹不成，回军改用火攻，他们将芦苇、树枝披在身上，沿着挖好的沟向黑水营接近，试图以火焚烧，还曾尝试进行偷袭，但都被兆惠军一一识破并击退。

相比近战肉搏，使用火器不需要那么多的勇气和胆量，回军又在黑水营的周围筑起四座高台，高台四面全都建有护身垛口，他们躲在垛口后面，用赞巴拉特鸟枪向兆惠军进行射击。

黑水营处于树林之中，兆惠军遂也在林中搭起高台与敌人对射。清军自康熙朝起就与准噶尔进行较量，准军也配备有赞巴拉特，从那时起，为获取战争中的技术优势，清军不但通过缴获直接装备这种鸟枪，而且大量进行仿制，以致到乾隆朝时，赞巴拉特鸟枪以及赞不喇大鸟枪（大型火绳枪，又名赞巴拉赞，实际为赞巴拉特的一种）实已成为八旗兵的普遍装备，尤其健锐营更多。

在对射时，同样持有赞巴拉特鸟枪的兆惠军于火器方面并不吃亏，只是苦于弹药不足，无法像回军那样密集而频繁地进行射击而已，但他们的作战经验却能保证己方不被压倒，经过一段时间的相持，他们终于瞅准回军松懈的机会，一举攻占高台，从而解除了来自敌方的这一火力威胁。

尽管回军始终攻不进黑水营，但兆惠也担心，若遭长围久困，大营的粮食和饮水迟早会消耗一空，到时部队必致溃败。1758 年 11 月 17 日夜，鉴于形势已危如累卵，他挑选和派遣三等侍卫伊萨穆等五人分路突围，赴阿克苏告急。

五个使者每个人身上都藏有一份告急文书，他们中哪怕只有一个最终到达阿克苏，兆惠军也能得救，然而即便如此，在得以解围之前，黑水营依然只能靠自己苦苦支撑下去。

第七章
辉煌时代

新疆除准噶尔、回部外，尚有一个名叫布鲁特的部落，布鲁特人以天山及纳林河为界，北面称作东布鲁特，南面称作西布鲁特。布鲁特人豪爽骁勇，在准噶尔统治新疆时期，让准噶尔吃过不少苦头。在黑水营被围之前，经兆惠等办理，东布鲁特已归属清廷，西布鲁特虽然尚未站到清军一边，但他们与大小和卓素有仇怨，现在见大小和卓被清军牵制在叶尔羌，便决定乘虚而入。

就在黑水营被围二十余天后，西布鲁特与回部贵族额色尹进行联合，攻打了喀什噶尔所属的英吉沙尔。大小和卓正要商量如何出兵援救英吉沙尔，谁知当天薄暮时，兆惠军也发动反击，通过火攻夺取了回军的两座营垒以及六十余个帐篷，守卫这些营垒及帐篷的回军士兵被斩杀过半。

本来布鲁特人攻打英吉沙尔与兆惠出击之间并无联系，纯属巧合，然而大小和卓却怀疑布鲁特人是受了清军之邀，才会前来对他们发动夹击。两人觉得如果这样，就算将黑水营围个一年甚至一年以上，都难以取胜，他们也没信心能围困那么长时间，于是便以大和卓布拉尼敦的名义派人与兆惠议和，以便能够获得休整和转用兵力。

奇迹

尽管明知若接受议和，就能立即把部队从困境中解脱出来，但兆惠仍按照乾隆的既定政策，在回信中向布拉尼敦表明态度，即朝廷这次兴兵，就是为了讨伐霍集占，布拉尼敦本不在被问罪之列，然而若是他想要议和，就必须将霍集占等人"一并擒献"送来，以示诚意。

兆惠在将回信交给来使的同时，还特地让他将乾隆的相关谕旨捧去给布拉尼敦阅看。布拉尼敦接到回信和谕旨后，就没了下文——这并不奇怪，大小和卓早已联合成一体，议和都是两人共同议定好的，布拉尼敦当然不可能擒捉霍集占。

在议和未成的情况下，布拉尼敦将大队撤回喀什噶尔，用于对付布鲁特人，霍集占则率本部兵马继续对黑水营进行围困。自此之后，双方已经没有大的交战了，其实就是互相干耗着，看究竟谁耗得过谁，如果谁先支持不住倒下去，那么另外一个自然获胜。

和兆惠拼意志力，大小和卓实在是找错了对象。一年前的伊犁突围，早已证明兆惠不但能打硬仗，而且特别擅长打苦仗、恶仗，甚至是绝处逢生的仗。黑水营前前后后被困了整整三个月，兆惠和将士们就硬熬了三个月，其间不管发生什么困难，哪怕接近山穷水尽，都没有能够动摇他们固守待援的决心。

关于黑水营之役，清代笔记中的一段记载堪称黑历史，上面说兆惠军在被围后断粮，饥饿难忍的官兵竟然"掠回人充食"，也就是抓获当地的回人，宰杀了充当粮食。若认真推敲，这种说法其实并不可信，因为战前霍集占就已经将城外的回人和粮食全部移入城内，兆惠军的官兵又到哪里去掳掠回人？

再者，黑水营之围与库车之围不同，回军基本将黑水营围得密不透风，自被围后，兆惠与阿克苏方面的联络就完全中断了，倘若清军能够轻轻松松地冲出去掳掠回人，兆惠恐怕早就让他们去阿克苏报信了，又何至于要写五份同样的告急文书，专门选派五名信使分路突围？黑水营之围时，正值鄂对等人接受和阗六城的招抚，他们曾尝试派人前来与兆惠军接头，却发现包围着黑水营的回军营垒里三层外三层，且"互相结寨放枪"，根本无法进入，这也可以间接证明当时被围困的严实程度。

事实上，兆惠军从未完全断粮，否则他们不可能坚持那么长的时间，在大小和卓提出议和时，兆惠的态度也不可能那么坚决。就像人们后来所评论的那样，吉人自有天相，兆惠军在黑水营得到了上天的不少眷顾，其中之一就是意外地得到了一批粮食：扎营时，他们在施工的二十余处地方都挖出了粮食，每处都有一两石米。

维吾尔人有掘地藏粮的习惯，据说是过去为逃避准噶尔搜括所形成的，老百姓通常将余存的粮食埋于地下，需要的时候再挖出来吃。虽说这在南疆并不稀奇，不过能这么巧，正好埋在兆惠军的扎营地点且被官兵挖出，则不能不说是一个奇迹。兆惠军在建营前，军粮就已经够支持一两个月，再加上多出来的这批粮食以及必要时可宰食的马驼，不能说让大家吃饱吃好，但起码能维持着官兵们的生命和战斗力，使部队不致垮掉。

除此之外，黑水营还有其他"灵迹"相助。营地距叶尔羌河虽然仅有两里之遥，但在遭到铁桶式包围的情况下，官兵们都不可能到河边打水，否则只会增加无谓的伤亡。在营中的储备水以及回军为灌营所"送"的水快用光的时候，兆惠一度也很着急犯愁，"初忧乏水"，大家试着在营地内掘井，还以为可能要费一番周折，结果随地一掘，泉水就汩汩地冒了出来，水源问题迎刃而解。

要想守住黑水营，不仅得坐地固守，还须时时抓住机会进行反击，缺乏弹药则很难做到这一点。兆惠军的弹药本来在被围之初就不足了，但这个时候敌人却帮助他们解了燃眉之急。

回军进攻黑水营时一般不敢近身用冷兵器搏杀，都是隔着一定距离用鸟枪朝营内放枪。当时鸟枪所用的弹丸是铅丸，打出去以后捡回来还能再用，黑水营处于林中，这些铅丸大多没有打到清军，而是镶嵌在树木上或落到了枝叶间。清军伐木做饭，每砍伐一棵树，铅丸就落下一大堆，最终他们获得的铅丸竟达数万颗之多，于是他们"反用以击贼"，再不用担心弹药不够了。

"灵迹"也被兆惠有意识地用来对敌方进行夸大宣传，以打击其围困黑水营的信心和士气。后来有一位从叶尔羌城逃出的回人就曾听人说，兆惠军共掘得粮食"一百六十窖，收马千余匹，驼千余只"，这显然都是兆惠故意放出的风声，其中挖掘到粮食虽是事实，但数量却被夸大了许多倍，所谓收得一千匹马、一千峰骆驼纯属子虚乌有。

失败了怎么办

兆惠一面率部固守黑水营，一面眼巴巴地期待着援兵到来，而来援的希望又主要寄托于后方能否尽快收到求援信息。

第一个负有传递信息使命的是爱隆阿，但爱隆阿本身只带一支人马，沿途还要收集台站的驻防兵，目标较大，因此一路都遭到大小和卓所部的攻击，好在这些部队都是小股部队，不足以阻挠其前进，他们边打边走，直至抵达阿克苏。

在爱隆阿之前，已经有信使赶到了阿克苏，他们就是兆惠亲自选派的伊萨穆等五人。兆惠没有看走眼，五名告急使者皆为勇者中的勇者，他们不负所托，当时就一个不少地冲出了重围，之后被敌军追赶时，又凭借神乎其技的箭术和马术摆脱了追击。五个人的运气也不错，路上眼看坐骑快跑不动了，正好遇上阿克苏方面的负责人、头等侍卫舒赫德派出来探听消息的人员，于是得以"换马行走"，比爱隆阿提前一步到达阿克苏报信。

阿睦尔撒纳在还未叛乱时，就有两个前线大臣觉得他不可靠，主张将阿睦尔撒纳部的士兵及家属分开安置，这两个大臣的其中一位就是舒赫德。当时乾隆正要以阿睦尔撒纳为导引攻入准噶尔，对他们的提议很不以为然，不仅予以申斥，还进行了处分。舒赫德被降职为参赞大臣，到北疆效力，后来阿睦尔撒纳果然反叛，舒赫德又做事勤勉，遂被重新提拔，由副都统、都统一直做到兵部尚书。可是舒赫德的官运没能延续太久，因为报送的奏折行文不规范，再次遭到处分，而且这次更惨，居然由堂堂大吏降为了前线的一个小兵！

自金川战争起，乾隆便致力于用严刑峻法的办法来澄清吏治，振作营伍，像舒赫德这种轻者被降职，重臣被一抹到底的情况早已成为常态。当然，即便是暂时被降为小兵，也只是作为一种惩戒和教训，其本人实际仍处于乾隆的考察范围之内，一旦需要，仍将作为候选将官予以提拔，如在兆惠进军叶尔羌后，南疆急需用人，乾隆便又重新起用舒赫德，任命其为头等侍卫，驻守阿克苏。

乾隆反复强调他这么做，"并非有意从严"，为的是整顿官场侵贪和军营怯懦两大痼习，从而使得"文官不要钱，武官不怕死"成为官场风气。就实际效果来看，新一代八旗贵族能迅速崛起于军中，乃至产生出以兆惠等人为代表的一大批著名将帅，也确实都与他的这些做法有关。舒赫德在经历几上几下，特别是自己也做过小兵后，不光是更加熟悉和了解前线实际，而且也不会像雅尔哈善等人那样高高在上，因为不把小兵放在眼里而耽误大事了。

首先赶到阿克苏的信使是一名叫五十保的士兵，身份低微，但舒赫德除认真阅读他所携带的告急文书外，还亲自予以接见。确认黑水营的情况极其危急，他一面移文富德、阿里衮等，催促他们马步兼行，迅速赶来阿克苏，一面在将兆惠的奏报予以誉写后，连同自己的奏报，一并上奏乾隆。

接到兆惠、舒赫德的奏报，乾隆才知道兆惠军已被围困于黑水营，急需援救。

兆惠在其奏报中还表示，阿克苏、乌什的相继来降，让他产生了麻痹思想，觉得抓获霍集占的时机已经成熟，故而没带多少兵马便匆忙进兵，以致落败被围，"轻敌妄进之罪，在臣兆惠一人，实所难逭"。

战场上从来没有常胜将军，失败了怎么办？堪称对一个将领的终极考验。事实上，兆惠固然要对冒险进兵、急于求成负一定责任，但在进兵之前，他本人还是有所犹豫的，若不是乾隆一个劲儿地催促，也不至于匆忙上阵。在这种情况下，他原本可以闪烁其词，就算不敢涉及皇帝，也可以像雅尔哈善那样拿部下来垫背，但是兆惠没有这么做，而是一肩扛起，展现的正是作为一个主帅的担当。

兆惠是名将，乾隆亦可称一代雄主，在看了兆惠的奏报后，他立即承认此次清军落败被围纯属自己的失误，"向来轻视逆回，乃朕之误"，特别是这几年平定准噶尔、降服哈萨克、招抚东布鲁特都先后成功了，他便以为使回部归顺自应不在话下，却没料到回部叛军的势力如此之雄厚顽固。

在主动认错的前提下，乾隆称赞兆惠不愧是"有进无退之良将"，认为正是兆惠在黑水营力撑危局，才在一定程度上把因他部署不当所带来的损失降到了最低，故特晋升兆惠为武毅谋勇一等公，加赏红宝石帽顶、四团龙补服。

五名告急使者冒死突围送信，为后方采取救援行动争取了宝贵的时间，乾隆下令将五十保提拔为蓝翎侍卫，赐号卓礼克图巴图鲁，赏银一百两，其余四人也都赐予巴图鲁的封号（巴图鲁在满语中是勇士之意），各赏银一百两。与此同时，他还让兆惠将所有有功官兵统一记录造册，待脱险返回后再予以封赏。

当务之急

为兆惠军解围成为压倒一切的当务之急，乾隆任命富德为定边右副将军，授舒赫德、爱隆阿、阿里衮等为参赞大臣，让他们挑选军中壮健马匹，率部火速赶往叶尔羌，"惟应援兆惠为要"。

早在黑水营被围前，乾隆已按照兆惠的请求，对库车等城的驻防部队进行抽调，抽出来的绿旗兵已陆续集结于阿克苏，舒赫德向乾隆汇报，说只要他这边集结的机动兵力达到一千之数，就立即前往叶尔羌救援兆惠。乾隆这回再不敢大意，他认为一千人未免弱了一些，还是兵不厌多比较好，因此指示舒赫德不要急于出发，起码也要凑齐数千绿旗兵才能行动。

康熙、乾隆祖孙都极善用兵，较之康熙，乾隆虽从未亲征，但在调兵遣将、运筹帷幄方面却毫不逊色。在他的亲自统筹下，清廷除增拨两千满洲兵外，又从归降的准噶尔达什达瓦部征调一千人，加上黑水营兆惠军的四千人、尚在路上的健锐营等一拨四千人，以及舒赫德最终集结的数千绿旗兵，使得清军在南疆的机动兵力将有望达到一万五六千。

前方兵力越多，随之而来的后勤问题也越多。为了确保筹集到足够的粮草和马匹，乾隆与陕甘总督黄廷桂针对所有重要细节逐一进行研究和推敲，那段时间他们之间的往来圣旨及奏折也变得分外密集，经过努力，仅马驼算下来就能筹集到一万多匹，基本上已能满足前线所需。

按照乾隆的总体部署，1759 年 1 月 2 日，舒赫德在得以集结三千五百名绿旗兵后，率先启程前往叶尔羌。二十多天后，富德率三百余人的先头部队追上了舒赫德，清军指挥权也随即移交到富德手中，部队冒雪继续向叶尔羌进发。

清军赴援的风声传到霍集占耳中，促使他进一步加强了对黑水营的攻击。虽然黑水营仍可确保不被敌人攻破，但因为粮食已所剩无几，官兵们也都有了度日如年之感。除夕当天，参赞大臣明瑞、常钧等人到大帐内齐聚谈话，他们算一算军粮，最多也只够吃十天了，十天以后若再不能解围，就算不战死也得饿死，所以尽管是除夕，也只能勒紧裤腰带，能不吃就不吃，能少吃就少吃。

一名军官平时最为吝啬小气，这时却突然一反常态，变得大方起来，他说："我从肃州经过的时候，有人送酒肴给我，现在还剩下一些存放在皮袋。"言讫，他便让卫兵取出所存酒肴，招呼周围的人一起过了一个像样的除夕。

对于有幸尝到酒肴的人来说，这个除夕真是过得既开心又辛酸。开心的是，平时大家都处于半饥半饱之中，连吃点米饭都不容易，更不用说酒肴了；辛酸的是，他们吃的很可能是人生中的最后一顿美餐了，从某种程度上，简直就像死刑犯走上刑场前的断头饭差不多。这种感觉在吃完之后尤其来得强烈，有几个人窃窃私语，说就连军营里最小气的人都把私货拿了出来，前景可知，恐怕我们是真的生还无望了。说到悲伤处，众人都不禁黯然泪下。

黑水营的官兵们此时还不知道援兵已接近叶尔羌，他们距离获救仅隔一步之遥。就在除夕的前一天，富德军抓获了几个俘虏，经过审问，得知霍集占正驱兵猛攻黑水营，富德传令部队丢弃多余辎重，"乘骑驼只前进"，轻装向叶尔羌全速突进。

2月3日，富德军进抵呼尔璊，这时他们发现大小和卓早已在此处摆好阵势，以逸待劳地等着他们了。通过观察，富德粗略地估算了一下，回军至少在五千人以上，相比四千人不到的清军占有数量优势，同时回军还抢先占据高岗，在上面挖了壕沟作为阵地，可居高临下地对清军进行俯射。

正是以为自己更有资本碾压对手，大小和卓一声令下，首先发起攻击，企图乘清军立足未稳之际，杀对方一个落花流水。富德立即将惯于火器的绿旗兵排于正面，将长于射箭的索伦兵、察哈尔调至两翼，分别用枪炮和弓箭迎敌，一场你死我活、难解难分的鏖战开始了。

叱咤凌厉气如虹

在清军射出的弹雨和箭雨威胁下，回军攻击失败，清军又反过来进行冲击。前锋统领玛瑺身先士卒，一马当先地冲入敌阵，且紧盯住一名回军头目不放。见其悍勇难敌，这名回军头目打马就逃，玛瑺紧追不舍，在追击过程中他拉起强弓，一箭正中敌酋要害，敌酋中箭后帽子坠地，身体也摇摇欲坠，不过仍在奔逃。玛瑺随之掷出长矛，可惜没能击中敌酋，又射一箭，仓促间也落到了地上，在这种情况下，他依旧没有放弃，继而射出第三支箭，终于将敌酋射死。

玛瑺杀得性起，却忘了保护自己，等他射死敌酋，向周围四顾时，才发现自己已被回军包围。玛瑺毫不畏惧，立即抽出兵刃与敌人近身格斗，厮杀中战马倒毙，他就舍马步战，继续以"叱咤凌厉气如虹"的精神力战到底。危急时刻，富德军大部队冲上来，回军被迫后退，玛瑺终得以杀出重围。经检视，这位勇士全身已负伤十余处，但他用布将伤口一裹，又继续参加了战斗，此情此景，令降清的回人都为之咋舌，以为"如此超勇"实乃罕见。后来乾隆亦深嘉其勇，不仅亲自创作《玛瑺斫阵歌》予以表彰，还命郎世宁绘制《玛瑺斫阵图卷》，将玛瑺三箭治敌的英姿逼真地保留了下来。

清回两军从早上打到下午，相互冲击十余次，连续交锋时间长达六七个小时。富德军锐气勇气皆备，战斗中无不以一当十，诸如"玛瑞斫阵"这样的场面随处可见，他们不仅成功地遏制了回军的攻势，而且给予敌人以重创，仅霍集占一军就阵亡巴图鲁（此处指拥有巴图鲁称号的军官）十五人，大伯克数十人，布拉尼敦军也损失不小，连布拉尼敦本人胁间都被鸟枪射中，因身着重甲，才无大碍，但已不能骑马，只得派人抬回喀什噶尔。

乘此机会，富德指挥全军对据于高岗和壕沟内的敌人发动总攻，临近傍晚，总攻奏效，回军开始败退，清军一口气追赶了十几里路，斩杀敌军数百人。

清军的不足之处，是他们缺少马匹，原本出发时带的马就不多，由于一路进行强行军，战马多数疲惫不堪，经过一天的激战，又有许多战马中弹伤亡，仅剩百余匹马尚能正常使用，这使得他们虽能击败和追击敌人，却没法追得太远。眼见夜幕降临，回军已遁逃无踪，富德下令鸣金收兵，寻找有水源的地方安营扎寨。

回军落败，但并未垮掉，也没有失去战斗力，此后霍集占学聪明了，不再与清军正面拼消耗，而是利用他对地理的熟悉，选择有利地形逐次进行阻击和纠缠。次日，当清军进入一个到处都是裸岩的大戈壁时，回军便忽然从突起的裸岩上冒出来，与富德军缠斗了一个昼夜，总之是你进击，他就退却，你收兵，他又来攻。

来来往往中，清军缺乏马匹，无法实施有效追击的弱点也被霍集占给看出来了，从第三天起，他们开始从四面进行围攻，富德军被其死死缠住，部队行动极其缓慢，只能在戈壁就地扎营。戈壁到处皆为沙碛，很难找到水源，官兵们连续两个昼夜都喝不上一滴水，不得不靠吞食零星冰块的办法来止渴。

当天晚上，富德一面派人前往阿克苏方向催促正在赶来的阿里衮，一面下令以健锐营殿后，争取迅速走出戈壁。健锐营自非浪得虚名，尽管回军一直尾追于后，但凭借健锐营出色的战力，清军得以一次次摆脱追击，终于在第四天拂晓时分走出大戈壁，到达叶尔羌河边，进而获得了可救全军性命的宝贵水源。此时回军再次蜂拥上来，意欲抢夺渡口，而且人越来越多，清军则踞守河岸还击，两边又缠斗一天，相持到了夜幕降临。

富德意识到，正是因为马力不济，所以回军在正面不敌的情况下，才敢不断地进行纠缠侵扰，如果己方始终处于这种被动局面，别说腾出手来援救黑水营，恐怕自己也有可能陷入困境。经与舒赫德等将领商议，大家决定冒险一搏，当晚他们挑选了两百名被认为可做到健步如飞的士兵，再配备仅剩的五十匹能用战马，组成了一支劫营敢死队。

月亮落下之后，敢死队整队出发，走了没多远，耳边就听到了战马的阵阵嘶鸣之声，扭头一看，大批人马正向清军大营奔来。这让众人大惊失色：难道霍集占也想到了劫营之计，派兵来偷袭啦？

直到这支队伍走近，人们才转忧为喜，原来是他们！

排山倒海

来者正是富德派人前去催促的阿里衮，阿里衮在路上遇到了富德派去的人，这才知道富德军被敌人纠缠着已经打了几天几夜。阿里衮是清军将领中有名的拼命三郎，听后立即加快速度，拼命追赶。在接近富德军时，他虽不清楚大营的具体位置，但见夜色茫茫中，远处的篝火如同繁星，连绵达十余里，便断定敌我双方正在那里扎营对峙，于是就冲着这个方向奔来。

与劫营敢死队不期而遇后，阿里衮决定参加行动。随阿里衮前来的官兵共有六百余人，乃战斗欲望较为强烈的生力军，更为重要的是，他们还带来了富德军极为紧缺的马匹，共有良马两千匹、驼一千峰，在用这些马匹统一对敢死队进行装备后，劫营队伍顿时士气大振，战斗力也陡然增加。

当下，阿里衮从左，副都统鄂博什从右，分兵自两路驰出，直扑回军营垒。霍集占想不到富德在马匹严重不足，且人马在精疲力竭的情况下，居然还敢组织敢死队冒险劫营，更未料到敢死队中途会得到充足的马匹及生力军补充，所以并未采取任何有效的防范措施，猝不及防之下，阵脚大乱。

阿里衮率部奋力砍杀，直至黎明方才得胜返回大营。富德、舒赫德等人在派出敢死队后，大家都是一夜未眠，心里七上八下，突然得知阿里衮临时参加和指挥劫营行动，并且劫营行动还取得了成功，那种喜出望外的心情自然不言而喻。按照乾隆对指挥层的预先安排，阿里衮亦归富德指挥，富德下令用新到的马匹装备队伍，乘回军新败尚处于混乱之际，一不做，二不休，再次对其发动进攻。

这次进攻除富德亲率中军从正面行动外，其余部队仍旧沿袭清军惯用的两路夹击战术，由阿里衮、爱隆阿从左，鄂博什与护军统领努三从右，呈合围之势对回军进行包抄。阿里衮虽然已经打了一夜，却丝毫未见疲惫之状，他在冲锋过程中大呼"突进"，官兵们齐声响应，刹那间千马奔驰，尘烟飞腾，气势夺人。回军正在吹着号角收集溃部，猛然间见清军排山倒海一般地冲杀过来，尚未交手，就已因惊骇而斗志全无，开始全面溃败。

此役清军共歼灭回军数百，缴获大量鸟枪以及马匹，也就从这一战后，回军在短期内彻底失去了对清军发动进攻的能力。至此，历时共五天四夜的呼尔璊战役画上了句号，相对于回军所蒙受的重大伤亡，清军的损失要小得多，只有健锐营因担负殿后等急难险重任务，伤亡稍多一些，共计阵亡二十余人，受伤七十余人，其他各兵种加起来一共阵亡了七十余人。

呼尔璊战役初期，因为要阻击富德军，霍集占不得不从围困黑水营的部队中抽调兵力，发现围营敌兵减少，兆惠推测可能援军已经赶到。一天晚上，他远远地听到北面数十里外枪炮声大作，由此确证了自己的判断，于是当即挑选出千余名尚保持有体力的官兵，又制备好云梯，分两路对回军营垒进行反击，在杀死不少敌人后取得了反击战的胜利。

这时围困黑水营的回军数量仍然远远多于兆惠军，在反击战中被击败的主要是回军步兵，回军骑兵依旧在远处伺机反扑，兆惠军自身又缺乏马匹，全靠步战，无法对敌骑兵进行有效攻击。在这种情况下，即便他们冲出黑水营，也很难与援军顺利会合，反而可能会因放弃营垒，导致无法在野外与敌骑兵抗衡而被其消灭。有鉴于此，兆惠没有轻举妄动，只是趁回军新败，包围圈有所松动之际，派出几名信使向援军报信联络。

信使们于半夜时分潜出黑水营，绕道突出包围圈，赶在呼尔璊大捷的当天黎明到达富德军中。得知黑水营还在固守，尚未被敌军攻破，富德不待休整，即下令整兵出发，前去为兆惠解围。

1759年2月10日，富德军进至与黑水营仅距二十里的叶尔羌河岸扎营，从那里已经可以清楚地看到回军营垒里的烟火。翌日凌晨，部队在向前推进六七里后，展开两翼，摆出战斗姿态，右翼阿里衮、爱隆阿以枪炮开路，数次击败敌人，压得对方只能躲在河边的芦苇丛里放枪。左翼富德、舒赫德见状，迅速催兵急进，向右翼实施包抄，霍集占一看形势不利，忙率部渡河逃入叶尔羌城中，黑水营之围遂解。

解围之日，自兆惠以下被困官兵皆安然无恙，孤军万里，陷于重围三个月，濒临弹尽粮绝，最终犹能得以生还，令众人均有重生人世之感，看到援军之后无不喜极而泣。

黑水营乃是庇佑兆惠军的福地，沙漠戈壁中本来很难看到成片的树林，但这里就有，而且伐木取用那么长的时间，林子里竟仍能存有树木两百余株，更神奇的是，扎营时随便掘井就能冒出泉水，但至解围时，水却又突然全部干涸了。

黑水营解围后，富德重又回到副手位置，由兆惠担负起南疆前线总指挥之责。按照乾隆先前下达的旨意，兆惠率全军返回阿克苏，准备等来年麦熟，军粮有了着落，再整兵攻取叶尔羌、喀什噶尔。当他们撤离叶尔羌，返回阿克苏时，慑于其声势，回军仅仅是隔着数里之外予以窥视，已经不敢再主动上前邀击了。

消息报到京师，乾隆在如释重负之余，对有功人员予以大力嘉奖。与此同时，考虑到相对于阿克苏，和阗距叶尔羌更近，而且可以缓解阿克苏在粮草供应保障方面的压力，他指示已返回阿克苏的兆惠，要求将一部分军队移驻和阗，然而他的这一圣旨才刚刚发出，新的奏报传来：和阗六城之一的克勒底雅失陷了！

钱该怎么一个花法

其实还在清军集中力量援救黑水营时，霍集占便已派曾死守库车的阿卜都克勒木、阿卜都克勒木的弟弟阿卜都哈里克，以及霍集雅斯、鄂斯璊等心腹部将，率兵围攻和阗。负责和阗防务的是鄂对和侍卫齐凌扎布，他们手下仅管辖绿旗兵五六百人，和阗共有六座城池，分摊到每个城也就百人左右，而且守军的马匹也很短缺，更为凶险之处还在于，各城城内全都是回人，随时可能叛乱、哗变，克勒底雅就是被回军里应外合所攻破的。

对于援救和阗以及下一步的平回计划，兆惠拟定了两套方案。第一套方案，由副都统瑚尔起等率九百精兵救援和阗，沿途打探敌情，如果和阗还没全丢，就与和阗守军对敌人实施内外夹击。另一种可能性是，瑚尔起还未到达和阗，六城已经全都丢掉了，那样的话就启用第二套方案，让瑚尔起返回与富德会合，由富德领兵二三千人，前往夺取和阗。

兆惠自己准备等集齐官兵粮草后，再策应富德，并且一起从和阗前往攻取叶尔羌。但是这一点让乾隆感到很不满意，作为主帅，你为什么不亲往救援，硬要先把瑚尔起、富德推上去呢？

"黑水营被围困的时候，你兆惠望援心切，恨不得援兵立刻就能飞到你面前，可以想见，你完全能体会得到被围之人的痛苦，如今鄂对、齐凌扎布他们被围，你却来了个置之度外，这让人情何以堪？"

在谕旨中，乾隆对兆惠一顿痛责。

乾隆深晓御将之术，必要时候他的敲打可是从来不讲客气二字的，哪怕是前一分钟才把你夸成一朵花，后一分钟也同样可以把你骂成一堆渣。当然他这么说兆惠也并非求全责备，兆惠自黑水营被围后，确实有了心理阴影，不仅在救援和阗时缩手缩脚，而且拼命地抽调兵马钱粮，似乎觉得怎么都不够。乾隆在汇总各方面的报告后发现，除他先前征调的兵力外，兆惠已将从巴里坤到阿克苏沿途的所有驻防兵，从绿旗兵到满洲兵、索伦兵，一股脑全都调了过去，这样粗略算下来，前线部队已达两万人之多，即便如此，兆惠还觉得不够，仍在继续抽调兵马和坐等部队集结。

乾隆绝不是一个抠抠搜搜的人，但他同时也很在意钱该怎么一个花法。正好新任陕甘总督吴达善上奏折，说兆惠又调了一批兵马钱粮前往军营，乾隆立即下令暂停调拨，同时下旨告诫兆惠："办理军需应当讲求实际成效，需要多少就调多少，拨那么多兵马钱粮到前线，只会增加内地的负担和造成浪费。"

在乾隆看来，以现有兵力而言，援救和阗足矣，攻占叶尔羌亦足矣，甚至拿下喀什噶尔也没什么问题，他要求兆惠对原方案做出修改，除全力以赴援救和阗外，叶尔羌、喀什噶尔都要一并拿下，其中兆惠负责攻取叶尔羌，富德负责攻取喀什噶尔。

照例，从乾隆发出圣旨到兆惠接旨，中间尚有不短的一段时间，在此期间，瑚尔起已按照兆惠的方案，率九百人马行进在救援和阗的路上。1759 年 3 月 31 日，他们在途中与齐凌扎布等人相遇，这才知道，包括齐凌扎布所直接防守的哈喇哈什城在内，和阗各城已纷纷陷落，六座城池如今只剩下了鄂对所直接防守的额里齐，但也岌岌可危，随时可能失守。

瑚尔起参加过金川战役、平准战役，凭军功一直升到副都统，是一员能打之将，在弄清楚和阗方面的情况后，他二话不说，即率兵直奔额里齐，并且一到城下就对敌军展开攻击。

瑚部的九百人均为骑兵，兆惠吸取初次进兵叶尔羌时的教训，在出发时就对这支部队下达命令，规定所有官兵一律不能骑马，只能牵马步行，这固然使瑚部在路上吃了很多苦，也减慢了他们的行军速度，但却较好地保存了战马的体力，使得骑兵部队的冲击力得到充分发挥。回军围攻额里齐的人马数量远不及瑚部，战斗力更是无法相提并论，看到瑚部如狼似虎地扑过来，还没怎么交手就望风逃窜，瑚部追击了二十里才收兵回转。

鄂对在"与回人杂处"的情况下，能死守额里齐三个多月，实属不易，他们见到援军时的心情，也如黑水营解围时的兆惠军一样，无不欢喜雀跃。

接下来大家便开始商讨如何收复其余五城。根据情报，阿卜都克勒木兄弟的人马就驻扎在哈喇哈什城附近，哈喇哈什离额里齐最近，且该城位于道路之要冲，战略位置非常重要，商议的结果，决定让鄂对继续镇守额里齐，而瑚尔起、齐凌扎布则率部前去收复哈喇哈什。

兵不血刃

1759 年 4 月 5 日，黎明时分，清军开赴至哈喇哈什城附近。突然间大雾弥漫，即便面对面都很难看清对方，不过这对清军采取隐蔽行动而言，倒也不是一件坏事。瑚尔起派人抓了几名俘虏，经询问得知，哈喇哈什的回军共有骑兵六百人，步兵百余人，但他们并不在哈喇哈什城内，而是扎营于城外十里左右的博罗齐。兵贵神速，瑚部立即趁大雾潜行，于中午绕至博罗齐敌营背后，趁其不备，发动猛袭。

直到清军冲到自己眼前，回军才惊觉不妙，阿卜都克勒木所部有八百多人，虽然数量和战斗力要超过围攻额里齐的部队，但也比不上瑚部，事先又无防备，顿时被打得溃不成军，只得向叶尔羌方向奔逃。清军一口气追击了一百多里路，共杀敌百余人，阿卜都哈里克、霍集雅斯当场中箭身亡，鄂斯璊被射中腋下，负伤与阿卜都克勒木一起逃遁。

博罗齐之战一举奠定了清军在和阗的胜局，此后不需要清军再用兵，各城回人便纷纷献城归降，在最早失陷的克勒底雅，人们还将由阿卜都克勒木委任的头目抓起来献给了清军。

和阗如此顺利就得以全部收复，殊出兆惠、富德等人的意料之外，富德在给乾隆的奏报中承认，他们在刚刚派出瑚尔起时，根本没指望这么快就取胜，"未敢望成功如此之速"。这也证明，兆惠等人过于高估了回军的实力，乾隆对形势的分析和判断是基本正确的。

和阗既下，兆惠正准备遵照乾隆的最新谕旨，出兵进取叶尔羌，恰逢回人头目和什克来降，他告诉兆惠，大小和卓与浩罕汗国的关系很好，而喀什噶尔共有三条道路可通往浩罕，因此他断定大小和卓必将逃往浩罕，同时建议兆惠，应首先进兵喀什噶尔，而不是叶尔羌。

和什克的建议与先前霍集斯的方案不同，霍集斯是主张先占领叶尔羌，认为只要控制住叶尔羌，喀什噶尔就会成为死地。不过清军初次进兵叶尔羌失利以及黑水营之围，又都表明霍集斯对大小和卓的意图也不是掌握得特别透彻，倒是和什克做过喀什噶尔的伯克，或许在这方面还更胜一筹。

和什克除加以论述外，还专门绘制了地图，兆惠对照着地图进行了认真研究，最后觉得和什克言之有理，遂一面派人传檄浩罕，要求如果大小和卓逃往浩罕，不得予以收留，一面改变计划，除派兵扼守和什克所说的那三条道路外，主力兵分两路，一路由他自己亲自带队，从乌什进军喀什噶尔，另外一路由富德率领，自和阗进军叶尔羌。

1759 年 7 月，兆惠、富德分别直逼喀什噶尔、叶尔羌。按照以往库车、黑水营的经验，他们认为即便大小和卓要逃，也一定会在逃跑之前死守城池，清军势必迎来一场苦战，但结果却得知大小和卓在他们到达的二十天前，就各自弃城逃跑了。

原来经过一年多的反复较量，大小和卓已经对清军的战斗力存有畏惧之心，也明白自己终非清军的对手，所以早已失去了与清军继续角逐的信心和勇气。兄弟俩别的不考虑，一心只想着逃跑，至于逃跑的目的地，则与和什克所分析的一般无二，即前往浩罕。兆惠派兵扼守那三条道路是对的，但还是迟了一步，让大小和卓给逃走了。

其实在大小和卓出逃前，其政权在南疆就已经很不得人心，大小和卓特别是小和卓霍集占只信任自己从伊犁带回的回人，对其他回人则课税征兵，令老百姓不堪重负。相反，清廷在平回战争中则采取了"攻心之策"，没有延续平准战争中杀戮过多的政策，乾隆在谕令中再三强调："大兵进剿，唯欲擒获布拉尼敦、霍集占，与回众无涉。"除此之外，清廷还在南疆大幅削减赋税，减轻民众负担，这些都促使回人对清军采取了极为友好的态度。据记载，兆惠军至喀什噶尔，回人"献牛酒果饵，歌舞庆幸"，富德军至叶尔羌，"城中观者堵道，争献果饵"。

喀什噶尔、叶尔羌是南疆西部最为重要的两座城池，也是大小和卓在南疆的最后堡垒及叛乱基地，清军兵不血刃地收复二城，标志着整个南疆都已处于清军的控制之下，但是只要大小和卓仍然在逃，平回战争就不能说取得彻底的胜利。在乾隆的严令下，清军兵分三路对大小和卓进行追击，其中明瑞率前锋骑兵首先追进帕米尔高原，也就是中国古代所称的葱岭，并在霍斯库鲁克岭追上了大小和卓。

大小和卓的后方部队就有六千余人，清军只有九百人，而且大小和卓在山上，清军在山下，仰攻一方肯定吃亏，明瑞便想诱敌下山，但大小和卓知道清军精锐有多厉害，死活就是不下来。在劝降无效后，明瑞怕时间拖长了对己方不利，只得下令仰攻，双方打了三个小时，互用火器攻击，难分高下。

发现清军兵力不多，大小和卓便打算拉开距离，重新集结后对清军进行包割围歼。明瑞是从黑水营杀出来的将领，马上便明白了敌军意图，于是将计就计，率部佯装败逃，暗地里却部署人马，寻找有利地形进行伏击。回军不知是计，一头撞进了伏击圈，清军伏兵四起，从两侧向其放枪、射箭，明瑞也立即掉头冲杀，回军大败，被歼五百多人，不得不"越山遁走"。

由于帕米尔高原上缺少草料，回军携带了喂马的大麦，而清军对此缺乏准备，导致战马疲乏，无力追击，但大小和卓逃走的具体路线和方向也由此被牢牢锁定。

恨不能插上翅膀在高原上飞起来

1759年8月下旬，明瑞与另外两支追击部队即富德、阿里衮部会合，总计人马有六千左右。遵照乾隆的指示，富德从中选出四千精兵，由他统一指挥，继续对大小和卓进行追击。

8月29日，富德军探知敌人踪迹，确证对方与己隔开一座大戈壁，仅相距一百余里。自次日起，富德下令"领兵牵马，星夜急行"，这是收复和阗时积累的成功经验，为的是保存马的体力，好在关键时候发挥骑兵的威力。

第三天凌晨，富德军穿越戈壁，在阿尔楚尔追上了敌人。发现清军追了上来，大小和卓让辎重队赶着牲畜先行，他们另外选择了一个狭长山谷，预设伏兵于两山之间，同时列阵于谷口，以诱清军。岂料这一伎俩对于清军根本无效，富德兵分三路，以明瑞为左翼，阿里衮为右翼，两翼部队分成奇兵、援兵，"如墙而进"，抢先登上两侧山脊，分别夺取了左右两侧的制高点，反过来呈俯临敌阵之势，由富德自己率领的中路部队则使用火炮，从山下向上放炮攻击。

经过四个小时的鏖战，回军开始动摇，富德见状，迅速从中路部队中分出力量，协助两翼加强冲击，回军实在支持不住，被迫放弃阵地败逃。清军紧追不舍，回军在逃出三十余里后，重新集结于一座山峰之上，再次对清军进行阻止。富德见招拆招，命明瑞和副都统阿桂从正面攻击，瑚尔起绕上侧面，实施横向攻击，不过这次回军打得格外顽强，他们依托于有利地形，始终"以死拒守"。

正在僵持不下之际，富德远远地看到了回军先行的辎重队，估计大小和卓是为了给辎重队撤逃争取时间，才会这么不要命地进行阻止。富德计上心来，当即派出一队兵马，假装要绕过回军占据的山峰，直接对其辎重队进行追袭。这下算是踩到大小和卓的命根了，他们唯恐辎重有失，只好放弃所占据的山峰，向后败逃并继续寻找新的山峰作为阻击阵地。

帕米尔高原山峰扎堆，一座连着一座，但只要攻击受阻，富德便派兵绕袭夹攻，一天下来，共统计歼灭回军千余人，其中包括多名大伯克，阿卜都克勒木在瑚尔起收复和阗之役中侥幸逃脱，此战则未能幸免，而清军一方仅阵亡一人，伤十人左右，双方战斗力和战术的悬殊差距可见一斑。

尽管取得完胜，但富德却一点都高兴不起来，相反还显得更加焦虑。原因是大小和卓即将进入巴达克山（在今塔吉克斯坦和阿富汗境内）的地界，巴达克山当时是大清的藩属国，一旦大小和卓进入，理论上清军就不能直接抓捕，而必须与巴达克山进行交涉。

为了能够赶在大小和卓进入巴达克山之前将其擒获，富德开启了高速行军模式，全军"日行百余里"，真恨不能插上翅膀在高原上飞起来。1759年9月1日，薄暮时分，清军追至一座名叫伊西洱库尔的湖泊，就在这座湖泊的沿岸，他们发现了敌人的踪影。

伊西洱库尔即为新疆与巴达克山的边界，时为布鲁特人游牧地，湖边有一座大山，只要翻过此山，就能进入巴达克山。在清军抵达伊西洱库尔时，大和卓布拉尼敦已护送眷属先走，小和卓霍集占率万人之众企图将清军阻于山下。富德命阿里衮由湖泊南岸绕到山的北面，以追击布拉尼敦，自己则全力进攻山上的回军。

由于直接仰攻较为困难，从次日上午十点到下午两点，清军先使用带来的"威远将军"等火炮，对敌阵地连续轰击了四个小时，但回军依旧"死拒"，没有丝毫放弃抵抗的迹象。在炮击效果不够理想的情况下，富德另想对策，从健锐营、索伦兵、满洲兵等精锐中进行挑选，选出四十余名精于火器的士兵组成突击队，以鸟枪对敌人进行射击。

鸟枪虽然在声势上远不如火炮，但在优秀士兵的操作下，却能更为精准地射杀敌人，而且最重要的是，它能在心理上对敌军起到一定的威慑作用。湖边大山"山高石险"，山上只有一条路，非常狭窄，仅能过一人一骑，为了躲避弹丸，回军的人马辎重全都拥堵在一起，许多人惊慌失措，不知如何是好。

富德抓住机会，命霍集斯、鄂对等人在阵前竖起各自的旗帜，向山上高声大呼"降者不杀"，以对回军及其眷属进行招降。跟随大小和卓的人并非都是其死党，很多系被其裹胁，一路亡命，早已心力交瘁，此时听到招降之声，如同绝处逢生，一时间"蔽山而下，声如奔雷"，都大声呼喊着表示愿意归降，光从山上就跑下来上千人。霍集占急了，拿着刀拼命砍杀他们，企图予以阻止，岂料这样做更是起到了火上浇油的作用，"杀死多人，而降者益多"，连原先犹豫的人也都加入了归降队伍，渐渐汇成汹涌人潮，回军防线遂成崩溃之势。

第二天黎明，回军仅剩的两千多人往北逃去，此时阿里衮已绕到北面，正好撞上他们，于是立刻用鸟枪进行拦截，从而迫使这些回军也全部投降。不过可惜的是，霍集占已经金蝉脱壳，连夜绕过山峰，骑着马与布拉尼敦会合去了。

大功告成

清军在帕米尔高原与大小和卓共经历三轮大战，史称"葱岭三战"，伊西洱库尔之战是最后一战，此战中归降的回军达到一万两千余人，最后随大小和卓脱逃的不过四五百人。尽管如此，由于没能在巴达克山以外截住和擒获大小和卓，富德仍受到乾隆的责备，乾隆同时檄谕巴达克汗素勒坦沙，令其缚献大小和卓，如果违抗庇护，即进兵征剿。

巴达克山毕竟只是藩属国，与清廷的关系和哈萨克等都差不多，有人认为大小和卓既已远逃，没必要穷追，一旦因此与巴达克山发动战争，势必又要派去更多的军队。乾隆不同意这种看法，他认为大小和卓作为南疆叛乱的祸首，若不能捉拿归案，就无法彻底稳定南疆，至于战争所费，平回大军正驻扎于南疆，人力、物力、财力齐全，一声号令，就可以开打，用不着再增添多少兵力。

遵照乾隆的旨意，富德率大军进入巴达克山，同时对素勒坦沙发出最后通牒，勒令他必须在限期内交出大小和卓，"如过期不至，即行进兵"。素勒坦沙念在与大小和卓同族、同教的分儿上，本来确实想对大小和卓加以庇护，但见清廷态度如此坚决，为免殃及自己，也只得将大小和卓予以擒杀。

在清军追击大小和卓的过程中，布鲁特人大批前来投顺效力，葱岭三战中的阿尔楚尔之战，清军的随军向导都是布鲁特人，清廷顺势派人到布鲁特各部落"传檄晓示利害"，于是继东布鲁特之后，西布鲁特也表示归属清廷，他们所属的布鲁特牧区亦随之被划入清廷管辖范围。

至此，历时达五年之久的平准平回战争大功告成，兆惠、富德奉命班师凯旋。1760 年 4 月 12 日，西征将士抵京，乾隆非常高兴，亲自到京城郊外迎接，并为将士们举行了盛大的"郊劳礼"。

所谓"郊劳礼"即在郊外迎接和慰劳将士的仪式，康熙平定三藩之乱后曾举办过一次，不过已相隔八十五年之久。康熙并非开国之君，但康熙朝武功之盛却直追开国之始，八十五年后，乾隆再行"郊劳礼"，显示着清军实力及其战绩已经再上巅峰。

金川战争至平准战争前期，乾隆曾经深为缺乏良将而苦恼，从平准战争中后期起，以兆惠、富德等新一代八旗贵族为主的名将开始脱颖而出，他们在战争中多次创造奇迹，是当之无愧的平乱功臣。乾隆对功臣们大加犒赏，这时兆惠已被封为武毅谋勇一等公，又加赏宗室公品级，富德被封一等靖远诚勇侯，其余将领士卒也都按照各自所立战功得到不同的封赏。

翌年，西苑紫光阁的重修工程完工，乾隆在紫光阁设庆功宴，宴请西征将士一百多人，并命人作《紫光阁赐宴图》《紫光阁凯宴将士图》。历史上，汉光武帝曾命人绘制《云台二十八将》，唐太宗亦有《凌烟阁功臣图》，乾隆仿效这一做法，从力主平准的傅恒，到实际参战的兆惠、富德、玛瑺等人，罗列一百名功臣，将他们的绘像陈列于紫光阁中，乾隆为其中的五十幅画像亲自撰题，其余五十幅则命儒臣拟撰。以后便形成制度，每逢正月十九日即开放紫光阁，君臣共览功臣图，这既是对功臣们的嘉奖和激励，同时也等于是在向朝野上下做何者为忠臣良将的最好示范。

清代新疆即中国古代所称的西域，西汉时有西域三十六国，平准战争结束后，京城专设西域图志馆，分别考证出伊犁为故乌孙国，乌鲁木齐为故车师国，库车为故龟兹国，喀什噶尔为故疏勒国，叶尔羌为故莎车国等。西域与中原地区的联系曾经非常密切，唐代更是在西域专设安西都护府，并屯田驻兵，设官治理，直至唐末，都护府被吐蕃攻陷，中央政府才失去了对西域的有效管辖。

按照史家的总结，清代自康熙中后期起，便将庞大的军事资源投入开拓边疆的运动之中，这一运动一直持续到乾隆朝平准平回战争，并在这一时期达到高潮。平准平回战争结束后，天山南北重为中央政府所控，中央帝国的军旗又再次飘扬在西域的天空，而此时距唐代都护府失陷已过去了九百多年！

五年时间，拓地两万余里，乾隆完成了过去中原帝王们在近一个世纪里都未能完成的辉煌业绩，也奠定了近代中国的版图。尽管也有人指责乾隆因为过度用兵消耗了民力财力，但这种说法其实并不客观。康熙、雍正朝因为要对付准噶尔的威胁，所用军费都不是一个小数目，雍正朝的清准战争更是接近两千万两，为当时国库银的近一半，平准平回战争虽然也耗资三千余万两，但它做到了一劳永逸，毕竟今后再不用为与准噶尔打仗背经济包袱了，新疆驻军的开支也没有想象中那么大，相比从前西北驻军的所需费用，还减少了三分之二。

以回治回

民间流传，香妃乃小和卓霍集占的小妾，她不仅容貌艳丽，天香国色，而且一生下来就体有异香，兆惠在平定回疆，凯旋的时候，把她带回京城，献给了乾隆。

乾隆很宠爱香妃，因为香妃入宫后思念家乡和亲人，便将其一部分族人迁居北京，同时在中南海内建宝月楼，使香妃登楼即可望见族人的居处房所，以慰乡思，所以宝月楼也被俗称为拜望楼。

又传说，香妃终究难忘国仇家恨，为此暗藏利刃，欲刺杀乾隆，还曾对别人说："我现在国破家亡，早就萌生死志，只是我不愿像普通小女子那样蒙羞而死，而必须和仇敌来个同归于尽，这样才能对故主有所交代。"

闻者大惊失色，连忙向乾隆报告，乾隆听后深知香妃无论如何都不会屈服于自己，可杀掉又舍不得，于是只得一边小心防范，一边听之任之。这样过了几年后，皇太后也知道了这件事，屡劝乾隆除掉香妃，乾隆不肯，皇太后便趁其外出之机，将香妃紧急召入，赐其上吊自杀。

按史书所载，平回战争结束后，乾隆确实纳了一名回部女子入宫，后被封为容妃，所谓香妃即由容妃附会而来。容妃虽然也是和卓家族的后裔，但她和小和卓霍集占只是远房堂兄妹的关系，而非其妃子。

容妃的生父早逝，她与胞兄图尔都从小随叔叔额色尹长大，额色尹就等于他们兄妹的养父，额色尹家族是回部上层贵族，他们与大小和卓一样，早年曾被准噶尔囚禁在伊犁，清廷平准后又得以返回叶尔羌，霍集占叛乱时，额色尹等人因拒绝附从而避居于布鲁特部落。清军黑水营被围，正是额色尹、图尔都联络布鲁特人，并与布鲁特兵配合作战，对喀什噶尔所属的英吉沙尔发起进攻，才迫使大和卓布拉尼敦不得不分兵回援，从而减轻了黑水营清军的压力。

平回战争结束后，对于额色尹等人，乾隆一方面论功行赏，给予礼遇，另一方面又因为他们属于和卓家族，为了防止其再回疆以和卓的名义鼓动回人，肇生事端，遂以入觐的名义，将额色尹举族迁居北京。

当时以入觐名义从南疆迁京的回部上层家族很多，号称"八爵进京"，这其中最让乾隆不放心的并不是额色尹，而是霍集斯。霍集斯在回部的声望和权势直追大小和卓，他自己也曾流露出统领南疆的意思，乾隆担心他成为第二个霍集占或是南疆的阿睦尔撒纳，霍集斯刚刚奉命启行，乾隆便即刻下旨，将他全家分批迁移至京。

这些家族入京后，除不能再回南疆外，给予的待遇都很优厚，霍集斯被封郡王品级多罗贝勒，容妃的叔叔额色尹被封辅国公，哥哥图尔都被封一等台吉，而容妃入宫也同样体现了乾隆对其家族的厚待。

清宫后妃的基本来源是选秀，秀女的年龄一般控制在十八岁以下，只有极个别可以例外，容妃就属于此类，她入宫时已经二十六岁，而且没有经过选秀渠道，直接就册封入宫了。为解其思乡之苦，乾隆给予了她许多特殊优待，如容妃一年四季可穿本民族也就是维吾尔族服饰，又如乾隆常带她出巡和赏赐其食物，所赏赐的食品名单中，多牛羊肉和瓜果而无猪肉，此外，宫中还专门为容妃配备了维吾尔族厨师，并召为维吾尔族杂技艺人为其表演斗羊、玩绳杆等维吾尔族传统节目。

传说毕竟是传说，宝月楼建于容妃进京之前，和她本人其实毫不相干，当然也不可能发生容妃行刺乾隆之事，所谓皇太后赐缢更是子虚乌有，实际上，皇太后比容妃还早十几年去世，又岂能赐死容妃？

多民族联姻向来是清皇室的传统政策，不过之前主要是满蒙联姻，自乾隆开始，才有了满维联姻。对于乾隆而言，容妃并不仅仅是他的一个嫔妃，更是中央政府与南疆回部建立友好关系的象征，他对容妃的态度直接体现着对容妃身后回部上层人士的态度。

在尽量善待在京回部家族，借以向南疆回部民众示好的同时，乾隆又积极笼络额敏和卓、玉素布、鄂对等回部望族，这些望族不仅在平回战争中立了功，而且得到乾隆的信任，被认为继续留在南疆不会引起事端。乾隆从各望族中挑选和任命阿奇木伯克（即城主），让他们负责管理所属各城回民事务，以推行自己"以回治回"的构想。

"以回治回"事实上只是南疆的基层治理模式。为加强中央政府对南疆的控制，清廷在阿奇木伯克之上设办事大臣、领队大臣，喀什噶尔还驻有参赞大臣，用以节制所有南疆各城。这种政治上的相对稳定对当地经济的复苏无疑帮助良多，时间不长，原本因战争而满目疮痍的喀什噶尔、阿克苏、和阗等许多地区便面貌大变，出现了"土田平旷，沃野千里，户口繁多"的盛况。

东归

平准战争结束后，在准噶尔强盛时受其挤压而被迫外迁的原卫拉特（漠西蒙古）诸部、布鲁特部纷纷回归或内附至北疆，这其中影响力最大的便是土尔扈特东归。

土尔扈特原为卫拉特四部之一，明末时因不堪准噶尔欺压，汗王和鄂尔勒克率本部及和硕特、杜尔伯特的部分牧民，共五万余帐、约二十余万人西迁，辗转至伏尔加河下游居住。

土尔扈特西迁时，伏尔加河下游尚荒无人烟，并非俄罗斯的势力范围，此后俄国沙皇才逐渐扩张到那里，并力图将土尔扈特人作为他们的征服对象。土尔扈特人很早就看穿了沙俄的嘴脸和用心，汗王和鄂尔勒克的使者曾经说过："俄国人说谎的时候，不知道羞耻。"这句话一直被土尔扈特人牢记于心，不过相对于俄国，毕竟土尔扈特力量微小，难以与其直接对抗，顺治元年，和鄂尔勒克即在与俄军作战时阵亡。

为了本部落的生存，和鄂尔勒克的后继者不得不敷衍俄国，向其宣誓效忠，保证不与俄国的敌人来往，他们不仅每年要向俄国交纳五百匹贡马，当俄国对外进行战争时，还得承担军役和出兵作战。有的学者据此认为，土尔扈特事实上已成为俄国的藩属。

另外，土尔扈特并不甘心就此臣服于俄国，在政治上一直保持着基本独立的状态，和清廷的联系也始终没有中断，自顺治朝起就多次遣使入贡。康熙也曾派内阁侍读图理琛等组成使团，深入伏尔加河下游，对土尔扈特部进行探望，这就是历史上著名的"图理琛出使"。

土尔扈特人对图理琛使团予以了隆重接待，当时的汗王阿玉奇颇为动情地对图理琛等人说："虽然我在离你们很远的地方生活，但是你们从我的衣帽服装中就可以看出，和你们没有什么区别。如果把我们看作俄国人，那么可以看出我们和他们之间，在衣帽服装、语言和生活方式等各个方面都有着极大的差别。"他还公开表示自己讨厌俄国，土尔扈特"不是他们（指俄国）的臣民"。

"图理琛出使"加深了土尔扈特人对故土的思念，成为促使其东归的诱因之一。1761 年，十九岁的渥巴锡出任土尔扈特汗王，俄国利用其汗位交替之机，派人对土尔扈特的汗位继承以及内部事务进行干预，又强迫土尔扈特放弃原来信仰的藏传佛教格鲁派，改信俄国的东正教，这些都激起了渥巴锡及其部众的强烈反感。

土尔扈特人远离故土，忍辱负重，不过是寄望于在异域为自己争得生存空间，但俄国却连这点余地也不打算给他们留下。在沙皇政府的鼓动下，成千上万的哥萨克人举家迁徙至伏尔加河下游，此举使土部游牧区逐渐缩小，生活条件急剧恶化。

除土地被挤占外，土尔扈特的人口也在不断减少，沙俄热衷扩张战争，对内大量征兵，彪悍善战的土尔扈特人更是屡被征调，替俄军充当前锋和炮灰。1768 年，沙俄对奥斯曼帝国开战，被强征从军的土尔扈特人死伤近八万人，"归来者十之一二"。当时土尔扈特的总人口还不到三十万，一下子损失这么多精壮成年男子，对它来说已超过极限，达到毁灭性的程度，因而造成了"人人忧惧"和整个部落的动荡不安。

当初土尔扈特西迁时，有一支部众并未同行，他们隶属于准噶尔，留在了伊犁境内。这一支部众的首领舍楞参加了阿睦尔撒纳叛乱，在一次战斗中，舍楞的弟弟劳章札布被清军副都统唐喀禄擒获，舍楞为了救自己的弟弟，伪降并伺机杀害了唐喀禄，之后兄弟俩率部众逃到了土尔扈特，清军曾向俄国政府指名引渡舍楞兄弟，但遭到了拒绝。

舍楞虽遭清廷通缉，但终究思乡心切，他告诉渥巴锡，准噶尔已被清军剿灭，现在北疆"万里之地，空虚无人，可据而有之"。除舍楞外，其余逃往土尔扈特的卫拉特人也都附和他的意见，这使渥巴锡深受触动，土尔扈特人自"图理琛出使"以来东归故土的愿望得以重新萌生。

1770 年，为继续加强对奥斯曼帝国的战争，俄国女皇叶卡捷琳娜强令土尔扈特凡十六岁以上男丁都必须上前线，这等于把土部推向了种族灭绝的境地，部众人人惊惧，渥巴锡更是忧心如焚，他一面暗中加紧策划东归行动，一面被迫亲率数万土尔扈特人奔赴高加索战场，以麻痹俄国政府。

在高加索，土尔扈特军队付出极大牺牲，也立下了功勋，却并未得到应有的酬劳，相反，俄军出于根深蒂固的民族歧视，还态度粗暴地对他们的宗教仪式进行侮辱，一旦他们表现出不满情绪，就会遭到"可怕的、狂暴的打击"。渥巴锡及其部众由此进一步坚定了东归的决心，事后连俄国人也不得不承认，正是由于俄当局给予土尔扈特以"一系列不应有的侮辱"，才最终使土部"从俄国的朋友变成了俄国的敌人"，直至愤然东归。

让我们到太阳升起的地方去

1770 年秋，渥巴锡率部从高加索前线返回。在一个夜色深沉的晚上，他和亲信召开了一次关乎全部落前途命运的秘密会议，正式做出了举族东归的重大决策。

此时在沙俄的诱降和渗透下，土尔扈特内部已经发生分化，尽管渥巴锡采取了保密措施，但消息仍不胫而走，并传到了亲俄的王公贵族耳朵里，其中有人屡次写信向俄方告密，称渥巴锡"已决定尽快渡过伏尔加河去中国"。俄国政府引起警觉，叶卡捷琳娜下达命令，让渥巴锡把儿子及三百名贵族子弟送往圣彼得堡作为人质，并且还要征发一万名土尔扈特骑兵参加俄军。

所幸负责监视土部的俄国驻土大使基申斯科夫是个狂妄自大的家伙，他不相信土尔扈特人真的敢于反抗和逃涉，认为只是谣言，竟指着渥巴锡说："你不敢这么干！我对那些谣言只付之一笑。可汗，你很清楚，因为你只是一头用铁链锁住的熊，赶到哪儿就到哪儿，而不是想到哪儿就去哪儿。"

基申斯科夫的傲慢和疏忽为土尔扈特人起义争取到了宝贵的时间。渥巴锡原计划在伏尔加河结冰以后，会合河两岸的土尔扈特人以及其他卫拉特人一齐行动，秘密号令已经发出，不料这一年气候温暖，河水不冻，居住在河西岸的一万多户土尔扈特人、杜尔伯特人无法渡河，而风声却已经泄露出去，并引起了俄国政府的怀疑和戒备，在这种情况，势必不可能再耽搁下去了。

1770 年 12 月，渥巴锡率河东岸三万三千户、近十七万部众离开伏尔加河，途中他召集会议，揭露了沙俄对土部所犯罪行后，指出如今"唯一办法，只有同俄国人一刀两断，其他的任何出路都是没有用的"。

在这次大会上，不仅渥巴锡自己热泪纵横，部众也都群情激奋。按照一位西方史学家的记述，当时整个部落都异口同声，高呼："我们的子孙永远不当奴隶，让我们到太阳升起的地方去！"

渥巴锡将起义军编成三路，妇孺老弱居中，舍楞率精锐骑兵做先锋开路，渥巴锡亲率两万人马殿后保护。八天时间里，他们闯过伏尔加河和乌拉尔河之间的草原，把尾追的俄军远远甩在了后面，接着先锋部队又摧毁敌人要塞，保护大队安全渡过乌拉尔河，迅速踏上了哈萨克草原。

获知消息后，彼得堡宫廷内惊慌失措，叶卡捷琳娜大骂臣僚漫不经心，居然让土尔扈特部在她眼皮子底下发动起义并离开了伏尔加河流域。她迅速调集大批俄军，分别对起义军进行跟踪尾追和抄前堵截，同时通知哥萨克人在途中拦截，并唆使哈萨克人、巴什基尔人发动袭击。

土尔扈特部出发时正值隆冬，哈萨克草原上白雪皑皑，天寒地冻，粮食水草都极为缺乏，兼之前有险阻，后有追兵，东归之途变得越来越艰险。起义军先是"攻破俄罗斯城四处"，继而绕戈壁前进，戈壁上虽有水泉，但寸草不生，牲畜因而大量死亡。

1771年3月，为了避开其他部落的袭击，起义军再次进入一座大戈壁，结果那里的环境比先前的戈壁更差。数千里大戈壁，漫漫黄沙，水草皆无，部众只能饮牛、马血解渴，随之还暴发了瘟疫，导致人、牲死亡过半。

见此情景，有人开始意志消沉，渥巴锡及时召开扎尔固会议（部落会议），重新振奋了大家的士气。渥巴锡的侄子，也就是土尔扈特的第二号实权人物策伯克多尔济满怀豪情地说："俄国是奴隶国土，中国是理想之邦，让我们奋勇前进，向东，再向东！"

东归路上，依靠自身的勇敢机智，土尔扈特人多次得以化险为夷。当起义军到达奥琴峡谷时，发现山口通路已被哥萨克占领，在进退两难的情况下，渥巴锡组织了五队骆驼兵，从正面猛攻哥萨克，策伯克多尔济则率领一支精锐的小分队，从山间峡谷悄悄迂回至哥萨克背后对其发动突袭，通过前后夹击，终于得以歼灭哥萨克，打通了东进的道路。

比奥琴峡谷之战更为惊险的是姆莫塔湖之战。当时起义军陷入了哈萨克五万联军的包围之中，前路被堵塞，部队也饥疲不堪，无力战胜对方。渥巴锡派使者和哈萨克谈判，又送还了在押的一千名俄国和哈萨克俘虏，从而得到了三天休整喘息的时间。第三天深夜，渥巴锡亲率主力，奇袭哈萨克军，一举冲出了包围圈。

1771年7月，渥巴锡及其主力陆续进入伊犁河畔，此时距离土尔扈特西迁已过去了整整一个半世纪。为了完成这一回归故乡的壮举，他们前后走了将近八个月，行程一万数千里，至完成行程时，整个部落仅存一万五千户计七万余人，不及启程时的一半，这也就意味着有近十万土尔扈特人死在了途中。

土尔扈特东归是18世纪轰动中亚乃至全世界的一件大事。"18世纪后半期，一个鞑靼民族跨越亚洲的无垠草原，向东迁逃"，英国著名作家德昆西评论道："自有最早的历史记录以来，没有一桩伟大的事业，能像它那样轰动于世和激动人心了。"

边疆运动

在土尔扈特到达伊犁流域后，左哈萨克汗阿布赉曾派人向伊犁将军伊勒图提议，要求出兵夹击土尔扈特。伊勒图采取谨慎态度，没有贸然行事，而是一面向朝廷奏报，一面了解土尔扈特的意图。

在尚不知道土尔扈特来意的情况下，乾隆为防万一，让伊勒图加强伊犁一带的防务，同时指示正在返京途中的参赞大臣舒赫德，命他立即返回伊犁，协助伊勒图办理此事。

当初渥巴锡从舍楞等人那里得到的消息是，由于清军的剿杀，准噶尔人大为减少，伊犁空虚，所以他们最初其实有过占领伊犁的打算。即便在途中的扎尔固会议上，是否仍按原计划武力占领伊犁也仍然是重要议题之一，众人围绕这一问题，反复讨论了七天，始终难以决断。直至东归行程结束，看到伊犁等地防务力量很强，自身又处境艰难，实力大为削弱，渥巴锡这才下决心改变原计划，与伊勒图交涉归顺清廷。

获悉土尔扈特乃为投奔而来，伊勒图等一部分大臣心存疑虑，怕因此得罪俄罗斯。乾隆力排众议，他回顾了土尔扈特的历史，包括当年的"图理琛出使"，认为土尔扈特向来就是"我之臣仆"，跟俄国没有关系，过去我们向俄国索要犯了罪的舍楞，俄国不给，如今我们也照样可以以子之矛，击子之盾，他们必然无话可说。

未几，俄国果然向清朝理藩院递交咨文，气势汹汹地要求不得收留渥巴锡及其土尔扈特部，还称清廷如若收留，便是不友好的表现，俄方不排除有可能动武，到时"恐兵戈不息，人无宁居"。

面对俄国的战争威胁，乾隆明确表示并不惧怕，强调土尔扈特此次返归，清廷"再无送还之理"，哪怕因此引发中俄武力冲突，甚至中断双方长久以来的商业贸易亦在所不惜，反正你想打想和，悉听尊便。

在西方史学界看来，17世纪、18世纪乃是中俄划分内陆亚洲草原的时期，在此期间，双方屡屡进行碰撞，而且均以武力作为后盾。抛开早期的雅克萨之战不谈，后期的准噶尔、回部都装备了与俄军相仿或直接由其提供的武器，二者与清军的作战，某种程度上也可以视作中俄军事实力的较量。

虽然平准平回战争的结果，并不能视为清军就可以理所当然地战胜俄军，但起码说明当时的中俄两军有来有往，是有的打的。更何况，此时俄国忙于向西扩张，正与奥斯曼帝国等打得难分难解，又哪里抽得出足够兵力与清军角逐，其外交咨文不过是虚张声势而已。实际上，俄国政府事后除对尚留在伏尔加河的土部部众加强监视，防其再次逃逸外，对于土尔扈特东归一事也只能不了了之。

舍楞等人杀害过清军高级将领，本是亡命异域，被通缉的要犯，人们原先以为他们不敢回来，一旦确证舍楞等人就在归来人众之中，有人便开始担心舍楞是否会与俄国串通，故意怂恿渥巴锡东返，却伺机袭击清军。乾隆在汇集情报，摸清情况后，认为不应过高估计舍楞的能力，他分析说："渥巴锡并未犯罪，舍楞先前虽然犯罪，他前来投诚看起来似乎有可疑之处，但其属下能有几人，渥巴锡所部那么多人，渥巴锡怎么可能被他牵着走？"

如果一个人别有所图，通常只会选择往高处走，绝不会明知绝境，仍自陷其中，乾隆由此判断舍楞等人与渥巴锡一样，东归均出自真诚。

"俄罗斯和天朝同属大国，舍楞既肯背弃俄罗斯东归，现在又进入天朝边界，进退无据，那他还有什么地方可以去呢？"为打消舍楞等人的顾虑，乾隆宣布因其已经悔悟，又属于自行投诚，故既往不咎，"前罪一律宽宥"，同时"照杜尔伯特之例，接济产业，分定游牧"。

在消除分歧，统一认识后，乾隆特命舒赫德接任伊犁将军，专门筹划安插优恤事宜。虽然对少数民族予以优恤一向是清廷收抚政策的一项重要内容，但土尔扈特所得到的优恤规格却是史无前例的，其间中央政府不仅从各地调拨了大量救援物资，而且一次性就动用库银二十万两，这在蒙古的赈济史上还从未有过。

土尔扈特人终于结束了饥疲不堪的生活，他们在回归之初暂住于伊犁，后被安置在气候适宜、水草丰美的北疆优良牧场，自渥巴锡以下对此都非常满意和感激，"踊跃率众谢恩"。

1771年10月，渥巴锡率大小头目来到避暑山庄觐见乾隆，乾隆数次予以接见和宴请，又大加册封，将渥巴锡仍封为汗，策伯克多尔济为亲王，舍楞等人为郡王（渥巴锡死后设盟编旗）。适值避暑山庄北的普陀宗乘之庙落成，乾隆邀渥巴锡等人同往瞻礼，在这次盛大法会上，乾隆亲自撰写"土尔扈特归顺记"和"优恤土尔扈特记"，并以满汉蒙藏四种文字刻碑立于庙内，永志纪念。

史家认为，以土尔扈特二碑为标志，自康熙年间开始的"边疆运动"至此告一段落，在这长达一个世纪的时间里，康雍乾三代帝王最终奠定了近代中国的版图，尤其乾隆朝对西北的统一，其巩固程度更是有史以来从未达到过的。

太平天子

孟子曰："五百年必有王者兴"，古代卦书《枕中记》托名孔子，书中有同样的说法，认为必须九个甲子才有可能出现一次盛世。一个甲子是六十年，也就是盛世得经历五百四十年的光阴才能轮到，从历史上看，中国古代所谓的盛世确实不多，"康乾盛世"为其中之一，康乾盛世自康熙朝肇始，雍正朝、乾隆期连续发力，至乾隆朝中期，终于将这一繁盛的局面推向了顶点。

当年的金川战争曾让中央财政承受巨大压力，平准平回战争则完全没有了相似的焦虑。1757年即第三次平准战役打响的那一年，国库存银已达七千万两，是乾隆初年的三倍，而此前政府的储备粮也达到了四千四百万石，合五十亿斤以上，据称"可供二十余年之用"。正是因为有如此充裕的钱粮盈余，乾隆才可以一边不断地大手笔蠲赋税、免钱粮，一边放手在西北开疆拓土，"施军威于远方，震武功于域外"。

清代的钱囊以乾隆年间最充实，成为不争的事实，其经济之鼎盛，已超过前代任何一个王朝。这从人口数量上就可以看出来，至1762年全国人口已突破两亿大关，而且还在继续增长，但并没有因此出现危机性的后果，也就是说，乾隆时代完全可以养活两亿人，这在过去是难以想象的。

即便从横向上来看，这时的中国，无论是国民生产总值还是国内贸易总额，也均居世界首位，其中一个极为重要的原因是，乾隆中期不仅对外强势，内部也没有发生过大规模的农民起义，表现出"一种超乎寻常的平稳安定和一脉相承的景象"，乾隆因此被外界称为"太平天子"。以此为前提，中国在农业生产方面达到了前所未有的水平，而在同一时期，西方的工业革命和思想变革才刚刚开始，尚未爆发出其惊人的潜力，两相比较，连西方汉学家都不得不承认，"乾隆年间的中国，经济确实是生气勃勃"。

作为乾隆盛世的标志性工程之一，圆明园在本园扩建全部完工，且由乾隆亲自命名"四十景"后，曾被认为工程已经结束，但实际情况并非如此。在1749年，即乾隆首次南巡的前两年，圆明园还向其东面扩展六千多亩，并根据新的设计图纸着手建造新馆，这就是长春园。

长春园被定位为乾隆的养老居所。按照乾隆自己的说法，康熙在位六十一年，他不能超过祖父，因此希望在登基满六十年也就是八十四岁的时候归政，归政后就住长春园。有了这样的前提，长春园的整个设计便区别于圆明园本园，一方面强调休闲，另一方面更符合和贴近乾隆本人的喜好。

乾隆南巡时观赏和喜爱的江南园林都在长春园内得到了仿制，但其仿制的建筑之美又往往胜过前者，乾隆对此非常满意，说有此现成景色，都不用再想念江南了，"何必更羡吴江？"

长春园的另一令人瞩目之处，还在于它容纳了大量的欧式宫殿和园林。虽然在乾隆之前，中国就已经出现了国外的建筑样式，但在皇家宫苑中引入欧式风格建筑，乾隆乃是第一人。这些欧式建筑主要由郎世宁、蒋友仁、王致诚等传教士参与设计，被称为西洋楼，也被称为中国的凡尔赛宫，其中最知名的是谐奇趣、海晏堂、大水法三处喷泉建筑群，人们熟悉的圆明园十二生肖兽首铜像就源自海晏堂。

1755年以后，平准战争开始，前线需要大量经费，京城的园林工程建设稍稍进入低潮，但长春园已基本竣工。由本园和长春园构成的圆明园气魄宏大，精彩纷呈，法国神父因为参与设计长春园，得以获准在园内自由行走，在他眼中，圆明园简直可以用人间天堂来形容。

专家推断，圆明园还极可能是《红楼梦》中大观园的原型。依据之一，乾隆曾在宫廷画师所绘的《圆明园全图》上御题"大观"二字；依据之二，曹雪芹的青年时代正值圆明园扩建，此时曹家虽已衰败，但曹雪芹和一些公子王孙都颇有交往，其中就有他的亲姑表兄、平郡王福彭。福彭是乾隆当皇子时的同学兼好友，可以经常出入圆明园，他们带给曹雪芹的关于圆明园的见闻加上各种街谈巷议，都给曹雪芹创作《红楼梦》带来启发；依据之三，大观园本身就带有圆明园的影子，如为元妃省亲所盖的大观楼，在私家园林中较为少见但皇家苑囿中却常设的稻香村，以及一般园林中同样难得一见的庵、庙等。

根据考证，曹雪芹于圆明园本园完成之际，恰好开始创作《红楼梦》。这部"披阅十载，增删五次"的旷世巨著，与圆明园、《四库全书》一样，都是对那个辉煌时代的最好证明。

第八章

这叫打的什么仗

乾隆在事业上虽然大获成功，但帝王家庭自古多悲剧，他也不能例外。乾隆登基时有两个弟弟，弘昼和弘瞻，弘瞻最小，乾隆即位时，他才只有两岁，因从小生长在圆明园，所以人称"圆明园阿哥"。乾隆很喜欢这位幼弟，某次弘瞻在圆明园里玩耍，乾隆看到了，召他近前想和他说说话，没想到弘瞻怕皇帝哥哥，居然一溜烟跑掉了。就这样，乾隆也没责怪他，只是把太监们当替罪羊骂了一顿。

另一件事也足以表明乾隆对弘瞻的爱护和培养。乾隆早年对著名诗人沈德潜最为倾倒，曾说沈德潜的诗词"非时辈所能及"，于是便延请这位名师来为弘瞻执教。因为有沈德潜作为老师，所以弘瞻的诗词也写得很好，乾隆初年，他常和弘昼陪乾隆吟诗，史载"每陪膳待宴，赋诗饮酒，殆无虚日"。

可是弘瞻就像过去的弘昼一样，并不让皇兄为之省心。乾隆的十七叔、果亲王允礼生前在诸王中较为殷富，他死后由于膝下无子，故以弘瞻过继，承袭果亲王封号的弘瞻因而积聚了许多钱财，但他秉性悭吝，即使家财万贯，仍变着法儿地想占别人便宜。

御弟

弘瞻曾因开设煤窑而强占平民产业，不过真正引起乾隆关注的还是贩售人参案。1763 年，两淮盐政高恒代京师王公大臣贩售人参牟利案被曝出，经过审理，发现弘瞻也牵涉其中，起因是他欠了商人的钱，但又不拿现钱偿还，而是派王府护卫带商人到高恒处，托其贩售人参，用以偿债。

此案中的弘瞻已全无一点御弟的体面，让乾隆脸上无光，他下令进一步追查，结果查出弘瞻还令各处织造、关差给他购买奢侈品及优伶，却只付很少的钱。

乾隆对弘瞻很不满意，屡次加以训饬，然而弘瞻只是左耳朵进，右耳朵出，或者说他根本就没把皇兄的权威当一回事。乾隆让他去盛京送玉牒，他居然上奏说要先打猎，打完了猎才能去盛京。

弘曕的生母谦妃刘氏举行寿辰，乾隆未加赐称祝，弘曕便直接把不快挂在脸上，还对乾隆微词讽刺，乾隆也来了气，遂以事实批驳他说："你坐拥丰厚家产，侍奉母妃却菲薄小气，不但不拿财物孝敬母妃，反而常向母妃索取财物，天底下有你这样做儿子的吗？"

除贪财牟利外，乾隆最不能忍受的莫过于宗室贵族对朝政的干预，此前他已明谕禁止诸王与大臣往来，并令各部院及八旗衙门抄录此旨，张贴于壁，"庶诸臣触目惊心，远嫌自重"。弘曕却明知不可为而为之，在朝廷简派官吏时，找军机大臣阿里衮，想给门下谋取私人职位。乾隆知道后极为恼火，指出请托绝非小事，倘若此风不刹，则从内务府旗员到各级满汉官员以及各部院司，将人人效法，到那时就没有什么问题不会发生了。

"朕实为之寒心。"乾隆把弘曕找来，斥责他"素不安分，向人请托"，很严厉地对他说："你是诚心要干预朝政吗？居然毫无顾忌到这种程度！"

不管乾隆怎样声色俱厉，弘曕依旧以为自己犯的都是一些小错误，乾隆不会拿他怎样，因而没有一点收敛。圆明园九州岛清晏殿乃帝后寝宫，殿内不慎失火，诸王都进园救火，弘昼的住处离得最近，但就数他到得最晚，更为恶劣的是，他到场后不但不参与善后，还和皇子们嘻嘻哈哈，看上去对帝后毫无挂念之情。

弘昼在盘查仓库案中受罚后，已经变得低调起来，然而或许是被弘曕间接地壮了胆，但凡只要他和弘曕在一起，就不太注重细节。有一次兄弟俩同到皇太后宫中向其请安，两人一屁股就坐在了皇太后的后座旁，还称雍正为"皇考"。皇太后的后座旁是乾隆请安跪坐之处，按照规矩，别人是不能碰的，而且只有皇帝才能称雍正为皇考，其余兄弟都应按谥号称世宗宪皇帝。

乾隆忍无可忍，数罪并罚，不但勒令弘曕交出罚银一万两，还将其革去亲王，降为贝勒，并解除一切差使，永远停俸。弘昼虽然平时已经算是谨小慎微，明哲保身，但如今也只能陪绑，被以在皇太后面前"跪坐无状"的罪名，罚王俸三年。

这次严重的处罚标志着宗室地位下降到了清初以来的最低点，对于弘曕而言更是如同晴天霹雳，从此以后他就抑郁不欢，闭门家居，乃至最后一病不起。

乾隆虽不得不对弘曕的放纵行为予以惩戒，但并没有抛弃手足之情，得知弘曕患病，忙亲自赶去探望。见到皇兄，弘曕无法起身，只能在被褥间向他叩首谢罪。

看到弘曕病成这样，乾隆又痛又悔，当场呜咽失声，拉着弘曕的手说："我因为你年纪轻，所以才稍加处分，为的是要改改你的脾气，想不到你竟会得如此重的病。"

回宫后乾隆特意禀明皇太后，封弘曕为郡王，希望幼弟听到这个消息后能够尽快痊愈，可惜已经无济于事，弘曕不久即撒手人寰，死时年仅三十二岁。

乾隆悲痛不已，亲自为弘曕的园寝撰写碑文。据说他在写这篇碑文的时候将文中的"曕"写成了"曕"，"弘曕"也就成了"弘曕"，因为是皇帝御笔，众人也只好将错就错，于此亦可见乾隆当时的心境。

继后

乾隆的感情生活和兄弟关系一样不顺。在富察氏去世的前半年，乾隆的精神状态一度很差，脾气也变得很暴躁，经常无缘无故地对身边人发火，弄得侍从们都战战兢兢，不知该如何应付。直到后来起用傅恒，较为体面地解决了金川问题，各方面的事业也蒸蒸日上，他才渐渐地得以恢复平静。

再立皇后，成为宫中新的焦点，对此皇太后早有动议，她建议的人选是娴贵妃乌喇那拉氏。

如同其封号中的"娴"字一样，那拉氏性情温顺，册文中也说她"持躬淑慎，赋性安和"，故而颇受皇太后喜爱。那拉氏在乾隆皇子时期便做了侧福晋，原先其地位仅次于富察氏和皇贵妃高佳氏，但高佳氏在富察氏谢世前就已亡故，这样她就排到了其他嫔妃前面。

在乾隆心目中，那拉氏再好，也不能跟富察氏相提并论，他希望能将皇后这个位置永远留给富察氏，换谁继任皇后，都觉得"心有不忍"。只是皇太后懿旨不能置之不顾，而且中宫也确实不宜久虚，于是便在富察氏去世一年后，晋封那拉氏为皇贵妃，让她先摄"六宫事"，代行皇后职责，待富察氏二十七个月丧期过后，皇帝四十岁生日之前，再正式册封其为皇后。

按照晋封皇贵妃的仪制，公主、王妃、命妇等都应前往皇贵妃宫行庆贺礼，但乾隆表示那拉氏初封是娴妃，不是贵妃，所以"仪节自当酌减"，庆贺礼就免了。这实际上是减低了仪制的规格，也表明乾隆从感情上依旧难以接受那拉氏入主坤宁宫。

转眼到富察氏谢世的第三个年头，二十七个月丧期早过，可乾隆还迟迟没有册封皇后的意思。皇太后一再催促，明知自己终将戴上凤冠的那拉氏也极其小心谨慎，对乾隆表现得温顺体贴，这使乾隆不得不赶在自己四十岁生日前立那拉氏为后，并在颁诏中赞誉她："孝谨性成，温恭夙着。"

无论是册封仪式还是尔后的万寿大典，乾隆公开场合都尽量融入其中，乃至强颜欢笑，所谓"中宫初正名偕位，万寿齐朝衣与冠"，但当夜深人静，一个人独坐于晚风之中，他仍然无法摆脱对前妻的深切思念。

时光和命运，二者都非人类所能真正抗衡，随着岁月一天天流转，连乾隆自己都觉得长此以往，对那拉氏很不公平，"岂必新琴终不及，究输旧剑久相投"：并不见得是新皇后一定不如旧皇后，恐怕还是我对富察氏的感情太深之故啊！

他开始努力调整，尝试着从昔日的阴影中走出来，重建新的婚姻生活，自此，乾隆每次出巡，那拉氏都会伴驾随行。那拉氏于潜邸时期即嫁给乾隆，之前从未有子嗣，但在其后的五六年时间里，却接连为乾隆生下了两子一女。

可惜这种看似和谐的时光并没有能够维持太久，尤其在乾隆过完五十岁寿辰后，本来谈不上好色的他突然对年轻妃子表现出了兴趣，后宫嫔妃也不断增加，这必然影响到了他和那拉氏之间本就不够稳固的感情。

乾隆的这种变化和晚年的康熙很相似，康乾祖孙受儒家文化影响极深，年轻时对自己的道德约束都很严，向来无沉湎声色之举，为何中年以后都不约而同地热衷此道？有人分析原因，认为是出于一种补偿心理的需要，即随着他们的年龄不断增大，与年轻妻子在一起，似乎就可以用以抵御乃至削减衰老一样。

除此之外，另外一个可能性是乾隆希望借此获得更多的子嗣。乾隆名义上的皇子虽多，但大多早殇，继痛失嫡子永琏、永琮后，又先后有四个皇子夭折，其中就有那拉氏所生的永璟，另外三个甚至都还没来得及命名，成年皇子中，皇长子永璜、皇三子永璋也因受到乾隆的严厉训斥，而双双死于过度忧郁。

不管出于何种原因，总之是乾隆的嫔妃越来越多，也越来越年轻，可乾隆的年纪却越来越大，加上宫外需要他处理的事务堆积如山，乾隆的统治术又像他父亲一样，往往精细到无以复加的程度，连发遣一个犯人到新疆、云南城垣坍坏这类看起来像芝麻绿豆一样的小事，他都要亲自过问，一天下来还能有多少时间和精力放到继后身上？

那拉氏既为乾隆所冷落，她仅存的儿子皇十二子永璂也不讨乾隆喜欢，几乎很少提及，更不用说立为储君。那拉氏是看着富察氏当皇后的，未料轮到自己，却既不得足够的夫爱又沾不到"母以子贵"的光，这种巨大的落差很容易让她心理失衡，而从册文描述以及其一贯言行来看，她的性格又比较内向，有了问题也不知道借其他方式排遣，只会一味积压在心里，帝后矛盾遂由此引发。

不解之谜

1765 年，那拉氏成为继任皇后的第十六个年头，这一年她已经四十七岁。清宫中皇后有每月侍寝的特权，按照规矩，当年一月的除夕夜与正月初一、初二，皇帝都要与皇后同房，之后才能召幸其他妃子，但显然这几次同房并没有达到那拉氏的期望值，她在失望和失落之余，精神上也受到了更大的刺激。

2 月 5 日，乾隆奉皇太后懿旨举行第四次南巡，皇后及令贵妃等后宫嫔妃随行。按照乾隆的说法，那拉氏在南巡之初就已经"性忽改常"，情绪显得有些异常，也不能很好地侍奉皇太后，"于皇太后前不能恪尽孝道"。不过当时并没有引起大家的足够重视，正如乾隆事后所说，"皇后自册立以来，尚无失德"，偶尔有那么一次做得不够好，自然没必要放大处理。

尽管夫妻感情已经很是淡漠，但该表现在外的总是不能疏漏，途中适逢皇后生辰，乾隆吩咐早晚膳都另加膳品。此后一行人来到杭州，宫闱中仍是一派承欢洽庆的景象，清代西湖有一个名叫"焦石鸣琴"的名胜，当众人在此处进早膳时，乾隆又将膳品赏赐给了皇后。

事情发生在当天晚膳时，皇后意外地缺席了。熟悉后宫内幕的人立刻意识到，一定发生了什么重大变故，尔后传出的消息令人震惊：皇后忤旨剪发，已被提前遣送回京！

据宫中传出的消息，当天的情况是，皇后对皇帝有所冒犯，然后又怒气冲冲地到皇太后面前哭诉，恳求在杭州出家为尼，还抽出剪刀，齐根剪去了自己的万缕青丝。这一讲述与官方的正式讲述大体一致，即那拉氏与乾隆发生龃龉，竟一气之下剪去了发辫，但究竟是因为什么事发生龃龉，二者都未提及，后世的各种官修史书也无一例外地对此事保持了讳莫如深的态度，这使得杭州事件几乎成了一个不解之谜。

官方避而不谈，反而增加了人们予以探究的兴趣。有一种说法是与纳妃有关，"皇上在江南要立一个妃子，纳皇后（即那皇后）不依，因此抵触，将头发剪去"。民间流传更广的则是所谓"江南猎艳说"，有的说是皇帝私生活不检点，常有冶游之举（指嫖妓），皇后反对他寻花问柳，也有的说是皇帝艳遇了一位倾国倾城的美女"扬州姑娘陈氏"，欲封其为明常在，皇后不同意，总之最后的结果就是双方谈崩了，遂有愤而剪发之举。

乾隆性情高雅，有一种文化道德上的洁癖，说他和风尘女子厮混似乎不太可信，至于艳遇美女，民间演义的色彩亦显得过于浓厚，但他那段时间多蓄嫔妃确是事实，由此可以推断，他与那拉氏的争执很可能也与纳妃有关。

皇帝纳妃本是寻常事，有统摄六宫之权的皇后也不是不能提意见，如果能找出上得了台面的理由，如按照大清祖训，皇帝不能沉迷女色之类，甚至可以迫使对方改变决定，毕竟，除富察氏再生外，恐怕还没有哪个女子是乾隆非纳不可的。问题在于，从那拉氏一路上情绪反常开始，已经呈现出帝后失和的征兆，那拉氏心中蓄积了太多的不满、沮丧和压抑，急需寻找一个宣泄口，反对纳妃可谓正当其时，而乾隆心里已经有了疙瘩，自然也不会买账。

激烈的争吵使那拉氏失去理智，最后以她自己事前恐怕都想象不到的方式走向了极端。满洲国俗最忌自行剪发，特别是女子，只有亲人或丈夫去世，才能这么做，皇宫之中，也必须在皇帝或太后去世时，方允许皇后剪发，那拉氏"悍然不顾"地剪去头发，等于就是要诅咒乾隆和皇太后早死！

那拉氏是满洲正黄旗人，父亲为世袭佐领，而且本身也受过严格的宫廷礼仪教育，她不可能不知道剪发的后果和严重性，但当时当地，她可能只想到要表示自己削发为尼的决心，而顾及不到其他了。此举一出，顿时就把乾隆置于非常尴尬和难堪的境地，乾隆大为震怒，当即以"迹类疯迷"为由，命额驸福隆安监护，将"突发疯疾"的那拉氏由水路先行送回京城，他自己则在两个月后才率领南巡队伍返京。

回京后，乾隆本打算马上废后，但废后乃大事，在中国古代政治伦理中与国体礼制直接相关，群臣对此议论纷纷，刑部侍郎阿永阿更是不顾一切地上疏进谏。乾隆看完谏疏后很恼火，斥骂道："阿永阿觉罗近臣（觉罗有宗室之意），乃敢蹈汉人恶习，博一己之名。"当下召九卿议罪，将阿永阿罚戍黑龙江。

直接受益者

因为阿永阿等人力谏，乾隆意识到若贸然废后，阻力太大，只得放弃，但皇后的身份和权力也已名存实亡，奉旨代其摄"六宫事"的是令贵妃魏佳氏。

魏佳氏出身于八旗汉军的包衣家庭。包衣也就是家奴，相对于普通旗人来说，包衣的社会身份其实并不低，但在宫廷中就不一样了，尤其清代选秀女非常注重门第，以致"清皇子之母鲜有出身微贱者"。通常情况下，刚进宫的秀女除非由王府直接入宫，否则只有权贵世家的女子才有机会获得贵人及其之上的封号。

魏佳氏于乾隆十年被选进宫中，她既是包衣秀女，又无王府入宫这样的资历，然而一入宫就当了贵人，同年再被册封为令嫔。很显然，没有皇帝的喜爱和关注是做不到这一点的，同时也说明当时乾隆的权力已经较为稳固，在私人事务方面拥有了更多的自主权。

《乾隆帝后妃嫔图卷》中有魏佳氏被封为嫔后不久的画像，画中的她娇嫩美艳，楚楚动人。有意思的是，这一画像的旁边还标有"令妃"的头衔，依常理来看，画家绝不会出现和听任这种明显失误的存在，否则将招致严厉的惩罚，最大的可能是乾隆亲自为画像书写了榜题，只是写的时候误将"令嫔"写成了"令妃"。

清代皇帝为提升皇后及宠妃的出身地位，经常将其旗籍进行改换，叫作抬旗。魏佳氏原属正黄旗包衣，乾隆通过抬旗的办法将她抬入了镶黄旗，正黄旗、镶黄旗同属上三旗，但魏佳氏被抬入镶黄旗后，就改变了原有的包衣身份，此外，她本姓魏，姓氏中加上一个"佳"字，使之满洲化，也是提高身份的一个途径。

皇后那拉氏与乾隆只差七岁，但魏佳氏要比乾隆小十六岁，在后宫年轻妃子吃香后，魏佳氏再次成为其中的佼佼者。在乾隆第四次南巡前，她就已为乾隆生育三男两女，其等级也由令嫔升令妃，令妃升令贵妃，位列皇后之下，众妃嫔之上。

魏佳氏随乾隆参加了第四次南巡，清宫档案收录皇后忤旨剪发当天的用膳名单，上面本应写有皇后名字的地方已被人用纸遮贴，纸上写的就是魏佳氏的名字。1765 年 6 月 26 日，魏佳氏被册封为皇贵妃，此时距杭州事件仅隔两个多月，有人便猜测乾隆想封的妃子正是魏佳氏，并认为正是因为那拉氏反对乾隆晋封其为皇贵妃才引起了剧烈冲突，这就是所谓的"宠妾灭妻说"。

不管真相究竟如何，魏佳氏都是杭州事件的直接受益者，这一点是确凿无疑的。当然，在后宫刚刚经历风暴，人人自危，而皇后也未被正式废除的情况下，魏佳氏所要承受的精神压力和所要花费的心思，显然也相当大。

清宫医案记载，魏佳氏曾在三十一天的时间里，服用人参七两，每日平均二钱有余，这些人参皆为上等人参，加在一起的服用量是很大的。医学上将强力补益称为"峻补"，只有极度虚弱和危重的病人才适用，专家认为魏佳氏的人参服用量已接近"峻补"，乃体虚神衰的表现。

好在苦头没有白吃，第二年，已年近四十的魏佳氏又为乾隆生下了一个皇子，即十七皇子永璘。以乾隆三十年即 1765 年划界，在此之前，乾隆有十六子七女，但在此之后，仅有一男一女，魏佳氏也因此成为乾隆宫中生育子女最多的后妃。

按照清宫医案，魏佳氏怀孕期间仍在服用人参，而就在她生下永璘的当月，乾隆下令将那拉氏历次受封的册宝悉数予以收缴，其中包括皇后一份、皇贵妃一份、娴贵妃一份、娴妃一份，此举无异于将那拉氏从后妃名单中摒除了出去，她名义上虽仍是皇后，但实际上却连一般的嫔妃都不如。这对已被幽禁于冷宫中的那拉氏而言，乃是致命一击，因此仅仅两个月后就香消玉殒，死前仅有两名宫女在身边服侍。

那拉氏死后，乾隆命以皇贵妃而不是皇后的规格治丧。上面的态度决定了下面的做法，内务府在实际操办时把那拉氏的丧礼办得冷冷清清，规格比皇贵妃的丧礼还低，在她所安葬的裕陵妃园寝内，既无自己独立的墓穴和宝顶，园寝大殿上也没有相应的神牌供奉，就仿佛园寝里根本没有葬进过这么个人一样。

舆论再次哗然，御史李玉鸣上疏，指出丧礼过于潦草，结果被"革职锁拿，发往伊犁"，然而李玉鸣的举动却受到不少士人的拥护，一名士人说，当他得知"有御史将礼部参奏，当即发遣"时，"我心里就想这个御史为人耿直"。事过十年，又先后有两名士人公然投书或上书，提出"请议皇后"，甚至让乾隆颁罪己诏，急得乾隆跳起来，下令将两人处斩，自此才无人再敢为皇后进谏。

乾隆的绝情终究难以为礼法和世俗所容，后来嘉庆亲政，依旧下诏将那拉氏重新按皇后丧仪安葬，这当然不是乾隆自己的意愿，而是儿子在为老子补过兼挽回形象。

既能打，也打得起

根据历史记载，今缅甸北部的大部分地区曾经都属于明王朝的势力范围，但到明朝末期，在缅甸东吁王朝强盛起来以后，中国的西南疆土开始不断遭到其蚕食，明帝国自此失去了对上述地区的控制。

到了清代，东吁王朝逐渐没落，于是首次遣使入贡，加入了中国西南的藩属体系，可惜好景不长，缅甸发生内乱，雍籍牙王朝取代了东吁王朝，中缅刚刚建立不久的朝贡关系因此中断。

相比兴盛时的东吁王朝，雍籍牙王朝的军事实力及其掠夺性、扩张性更强，在十几年时间里，它先后致使曼尼坡、暹罗亡国，老挝受控，国家版图空前扩大，成为东南亚地区名副其实的霸主。东南亚无论财富还是人口都很有限，那时的中国正进入乾隆盛世的顶峰，原本人口稀少的西南地区人口激增，八方商贾云集。雍籍牙王朝就跟猫嗅到鱼一样，自然不会放过从中抢掠骚扰乃至侵吞的机会，于是中国西南边境烽烟再起，自明末后又陷入危机。

清代与明末不同，明末中央政府就是想打，也负担不起出兵的费用，只能被迫忍让退却，清代尤其到了乾隆这里，国库有的就是钱，又刚刚取得平准平回战争的重大胜利，政府既能打，也打得起。不过入侵缅军最初规模还不是很大，时间也不固定，而且都是抢完就跑，很像是流窜作案的土匪，同时边吏情报也很不准确，这使乾隆受到误导，一直以为要对付的是土匪，而不知道其实是有组织的缅甸正规军。他对局势的判断以及军事部署上也因此出现了一连串错误，让云贵总督刘藻负责征剿即其中之一。

刘藻本名刘玉麟，他在雍正朝考中过举人，但只当过教谕一类的学官，至乾隆朝由博学鸿词科出道，从此才走上大吏之路。刘藻为政清廉，行政事务办理妥帖，而且学问也很不错，乾隆非常赏识，认为他写的文章浑厚、隽永，颇有韩柳之风，为此特赐名"藻"，意谓其文采、修养俱佳。

刘藻的缺点是他没有任何军队履历，也缺乏军事才能，和当时的很多汉臣一样，只能文不能武。乾隆一方面知道刘藻"老儒也，不识事体"，用兵非其所长，在谕旨中就直接称刘藻为"书生"，显示出他的某种担忧，但另一方面既然被认为是普通的剿匪，他又觉得让书生将兵未尝不能一试，或许通过自己的指点，把刘藻逐渐锤炼成能文能武的将才也说不定，要知道，当年的鄂尔泰在改土归流和用兵苗疆前其实也没打过什么仗。

在部队的组成方面，乾隆决定就近调遣云南地方的绿营，再配合一部分土练（即土司兵）。在清军诸兵种里面，绿旗兵的战斗力相对较弱，而且军纪松弛，欺瞒蒙混的习气严重，乾隆对此很清楚，所以西北战役中虽也有绿营参与，但从不将其作为主力（"西陲用兵，全未借此辈也"），现在这样使用，仅仅是在乾隆看来，绿营再怎么差劲，毕竟还是国家编制的军队，剿匪应该绰绰有余。

1766 年 1 月，缅军再次侵入云南，刘藻闻警急忙调集绿营、土练七八千人，分三路迎敌。按照他的命令，参将何琼诏、游击明浩、守备杨坤率六百余名绿旗兵渡江驰援前线。

何琼诏军一路上毫无军纪可言，特别是何琼诏亲率部队，还将所有武器捆绑载运，人员则徒步散行，根本谈不上设防，结果他们在过江后不久就遭到缅军伏击，部队溃散，几位将领皆下落不明。

这次战役清军除何琼诏一路外，其余两路也都落败了。事后，刘藻没有核实详情，就报告何琼诏等全部阵亡，明浩受镖伤，六百余人仅一百余人生还回营，还说清军已破敌营七座，不无小捷。

乾隆看到何琼诏军损失惨重，颇为郁闷，责问刘藻为什么不在第一时间就火速上报这一情况："如此军机，何不即用六百里飞递？"对于击破敌营云云，他起先倒还颇感欣慰，但再一对照地图，却发现刘藻奏章中所报地名的先后顺序与地图所示不符，存在自相矛盾的地方，这让他顿生疑窦，怀疑不是地图有误，就是刘藻所报非实，二者必居其一。

从严不从宽

时隔不久，何琼诏、明浩等先后回营，兵丁也有四百五十五人陆续返回。何琼诏回营后同样出于卸责的目的，称他曾架着藤牌与敌人奋战，因所骑战马被砍，连人带马跌入江内，后被人所救才得以生还。刘藻不懂军事上的常识，居然还原封不动地予以上奏。

乾隆擅长骑射，立即发现了其中破绽，他反问刘藻："你想想看，骑在马上能拿藤牌打仗吗？"他还指出，既然何琼诏军接仗后即回营一百余人，加上这次返回的兵丁，足以证明他们的战斗减员极其有限，几乎是不战而溃，这叫打的什么仗？

乾隆随即下达处分令，将何琼诏、明浩、杨坤予以正法。尽管刘藻一误再误，但考虑到他本属书生，不谙军旅，谎报军情也只是能力不及，并不是纯心要欺骗朝廷，故从轻发落，只降为湖北巡抚，其云贵总督一职由东阁大学士、陕甘总督杨应琚接任。

在杨应琚到任前，刘藻仍全权负责前线军事，他急于挽回败局，以便将功折罪，于是连日檄催各路官兵向缅军发动进攻，但书生终究还是书生，调度时谬误百出，官兵忽调忽撤，乱哄哄的全无纪律，攻势也难以立刻组织起来。不久，吏部议准将刘藻革职，留滇效力。刘藻难堪重负，晚上在公馆内挑灯默坐，到了四更天，在把侍从打发出屋后，他将当天所收到的朱批奏折、廷寄用纸封包，放在桌上，继而用桌上的裁纸小刀自刎。

虽然咽喉的伤口极重，但自杀者并没有当场死亡，而是"宛转于床榻间"。当同僚们闻讯赶去时，刘藻已不能说话，只招手取笔写道："君恩难报，臣罪万死，快请常巡抚（应指云南巡抚常钧）。"七天后，时年六十五岁的刘藻终于还是不治身亡。

得知刘藻死讯以及言行，乾隆很不高兴，认为刘藻一误再误，对他的处罚也不算重，可他却矫情到要自杀，这等于是在打皇帝和朝廷的脸。乾隆下旨命将刘藻送回其家乡安葬，但作为惩戒，只可按普通人归葬，不许刘家建立墓牌，亦严禁为其立传以及记载仕途经历。

终清一朝，刘藻鲜见于史书，与乾隆的圣旨密切相关。世人评价刘藻死得太惨，乾隆处罚太苛，然而这也是乾隆朝中期以后考评官员的特点，即从严不从宽，而且只看绩效和表现，其他一律免谈。

刘藻在任上自尽五天后，他的继任者杨应琚才到达治所。杨应琚出身于汉军官宦世家，父亲杨文干乃雍正朝名臣，杨应琚继承了家族的从政基因，由荫生入仕而官运亨通，从两广总督、闽浙总督，一直做到陕甘总督，授东阁大学士，加太子太保、太子太师衔。一般认为，乾隆选择让杨应琚接任云贵总督，就是看中他不仅精明能干，政绩突出，而且有处理周边少数民族事件的经验。

在杨应琚莅任时，刘藻所调军队已经全部集中到位，杨应琚一面对绿营进行整顿，一面对边情进行悉心查访。乾隆谕令刘藻直捣巢穴，除恶务尽，但刘藻迟迟都没有弄清敌人的巢穴究竟在哪儿。杨应琚尽管也把入侵者认定为流窜境外的缅甸土匪即所谓"莽匪"，不过还是通过查访，确认了"莽匪"的巢穴分别为整欠、孟艮。

由于知道了对方巢穴所在，清军不用再像之前那样处处设防，处处挨打，杨应琚下令立即展开反击，反击目标也非常明确，就是兵分两路，直奔整欠、孟艮而去。

恰好此时缅军因瘴疫大作而向国内撤退，所以反击战打得极其顺利，整欠、孟艮被先后收复，其间杨应琚着手对收复地区进行了恢复整顿，并让边境居民剃发留辫，改易风俗，以与"莽匪"相区别。

至反击战结束时，西南边陲的局势已基本稳定，杨应琚据此奏报乾隆："内附土司境地廓清。"乾隆非常满意，称赞他："处处留心，条条有理，嘉悦之外，更无可谕。"

清廷原本交给杨应琚的任务和刘藻一样，都是将入侵者赶出国土，接下来杨应琚也只需保境安民，确保边境不被骚扰即可。可是由于看到反击战打得很顺利，失地被迅速收复，一部分云南地方文武官员便头脑发热，主张继续跨境对缅作战。腾越副将赵宏榜小时候在缅甸当过矿工，对缅甸局势并不陌生，与土司们也都很熟悉，他更是第一个站出来，以缅甸境内土司争相表示愿意内附，缅甸国王势单力孤为论据，竭力对杨应琚进行鼓动。

杨应琚的岁数比刘藻还大，当时已经七十岁，且久历宦海，称得上老成持重。他最初对此表现出不为所动的态度，说："我官至一品，年逾七十，一生中想要追求和能追求的都追求到了，为何还要贪功冒进，轻开边衅？"

从杨应琚的角度来说，朝廷对他收拾西南局势的成绩已予以完全肯定，确实没必要再去冒险，但过了不久，杨应琚又允许道、镇、府、州各级官员进行合议，以定行止，事实上是态度发生了变化。

寸草为标

就算杨应琚再怎么装出无欲无求的样子，他想更进一步，以见宠于皇帝的心思还是有的，再说作为封疆大吏，谁不希望有朝一日跻身紫光阁，成为大臣们的榜样呢？

反击战的胜利使杨应琚内心深处同样存有边事易办的轻敌思想，他所顾虑的只有风险是否会超出可控范围而已，但随后正如赵宏榜所说，木邦等缅北土司果真开始与清军接触，积极要求投诚。这让杨应琚意识到，缅甸业已"土司解体，人心涣散"的状况可能并非虚言，而出兵缅甸的风险也有望降到最低。

参加合议的官员分成了泾渭分明的和战两派。主和派认为"贼势甚大，边衅不可开"，主战派则跃跃欲试，几个绿营将领竞相虚报已归附的境外土司名单，一算下来，仅这些土司的地盘范围就有几千里，户口达十余万。接着谈到与缅作战，赵宏榜胸脯一拍，说只要给他几百个兵，就可以把缅甸国王给抓来，"生缚缅酋于麾下矣"，腾越知州陈廷献牛皮吹得更大，说他连绿旗兵都不需要，凑个四千土练足矣。

尽管杨应琚尚不至于相信四千土练就能大功告成，但最终仍被主战派所打动。他随即以缅甸阻挠木邦内附为由，上疏乾隆，"密奏缅甸可取状"，同时还把进兵缅甸说成是巩固边疆、确保一劳永逸的必要措施，"若不乘时办理，恐土境不得安宁"。

中国自明代初期取云南之后，中央政府几乎从没有主动在西南开辟疆土，倒是被缅甸趁机蚕食了许多土地，但至乾隆朝，这一情况开始发生变化。

与前期皇帝不同，乾隆从来不是一个谨小慎微的人，尤其他对先帝开疆拓土所奠定的疆域极为珍惜，绝不允许国家版图在自己执政期间有半点侵削。据说乾隆还曾做过这样的规定，要求宫中的一切对象，哪怕是一寸草都不准丢失，为了让这句话变成事实，他特地在养心殿的案几上摆放了一只景泰蓝的小罐，罐中盛放三十六根一寸长的干草棍，每天都有人检查一次，确保干草棍一根不少，这叫作"寸草为标"。乾隆死后，虽然未必还会有人对此进行检查，但小罐和干草棍一直都在宫中，末代皇帝溥仪在紫禁城生活了十几年，对此印象深刻，他回忆"这堆小干草棍儿曾引起我对那位祖先（指乾隆）的无限崇敬"。

宫中寸草尚不能失，何况疆域？缅甸屡次侵扰西南边疆，是乾隆无法容忍的，同时他也同样抱有趁国势强盛，恢复前朝被缅甸所蚕食土地，乃至将版图扩大至整个缅甸的念头，即所谓"我大清国全盛之势，何事不可为"。

当下，乾隆便降谕批准了杨应琚的征缅计划，表示："缅夷虽僻处南荒，其在明季尚入隶版图，亦非不可臣服之境。"你别看缅甸地处南方偏僻之处，明代时也在我们中央帝国的版图中，现在把它重新收复过来，也不是不可以。

其实早在乾隆降谕之前，杨应琚手下那些立功心切的将领就已经急不可待地实施了行动。云南边境有所谓"腾越八关"，系明代万历年间所建的边防要塞，当时主要就是为了防止缅甸的挑衅进攻，以后也就成了事实上的中缅边界。清代的缅甸共辖土司二十余处，八关之一铁壁关外的木邦、蛮暮既是缅甸门户，同时也是缅甸最大的土司，1766 年 7 月，赵宏榜首先兵出铁壁关，轻取蛮暮土司所属的重镇新街，继而开化同知陈元震也派人收取蛮暮四五十寨，蛮暮土司见状选择了顺势归降。

新街向为中缅互所之市，其地扼缅甸之要冲，水路顺流而下，四五日内就可到达缅甸都城阿瓦，乃兵家必争之地。当杨应琚收到乾隆的降谕时，他所得到的消息是，对于清军占领新街，缅人甚为畏惧，各土司纷纷解体，除蛮暮外，木邦土司也确定将归顺内地，现已杀掉缅甸差来监事的人，恳请清军迅速到境保护。在这种形势下，杨应琚认为缅甸旦夕可下，决定亲自前往永昌府受降，并应木邦土司之请，调拨三千兵马进驻木邦所属的遮放。

杨应琚驰赴永昌期间，加上援兵，共调集绿旗兵、土练一万四千人，两万人还不到，而且全都是陆军，水军一个都没有。但在他向缅甸所发出的通牒中，却称已在边境集结陆军三十万、水军二十万，还配有大炮千尊，并说缅甸马上投降便罢，如若不然，即刻进讨。

夸大其词当然是为了震慑对手，可是实际上缅甸国王孟驳掌握着关于中方的准确情报，知道驻扎云南的清军才几千人，虽有其他地方的援兵，然而并无大规模调动迹象，料想也不可能增加到几十万，通牒不过是"恫吓小技罢了"。

上一次缅军入侵云南的规模之所以不大，被逐出云南境内后也未组织反攻，乃是因为其主力正远征暹罗。在意识到中方对其骚扰行为已持零容忍态度后，孟驳本来也不打算再次内犯，但是清军反过来大举进兵其境内就是另外一回事了，尤其新街被占，更是令缅甸举国震惊。孟驳从暹罗紧急抽调一部分军队回师，又从阿瓦派遣一部分军队北上，共集结三万精兵，誓与清军争夺木邦、蛮暮。

内附的木邦土司首先遭到攻击，见缅军来势汹汹，土司情知不敌，只得放弃木邦，退入云南遮放境内。缅军继续沿伊洛瓦底江而上，向新街进发，由于不知道新街究竟驻扎了多少清军，他们没有贸然攻击，而是先派人到新街诈降，用以刺探军情。

坐镇新街的赵宏榜有勇无谋，对缅军的反攻缺乏心理准备，也不知道对方用的是计，不但对诈降者予以接待，还"犒而归之"，请人家吃喝一顿后给送了回去。

通过刺探，缅军弄清新街驻兵不过几百人，于是直扑新街。此时各路都已响起警报，鉴于新街兵力不足，杨应琚令永顺镇都司刘天佑、腾越镇都司马拱垣率四百余官兵驰援。在援军到达后，赵宏榜正待款待他们，缅军突然乘船杀来，但见帆樯林立，江面上全都是其战船，倏忽之间，便有数千敌兵如同蜂蚁一样冲上来，对清军营寨发起猛攻。

清军仓促应战，由于力量悬殊太大，很快就只剩下了招架之功。战至翌日，刘天佑阵亡，缅军气焰更加嚣张。

眼瞅着已经陷入包围，带着伤病员又嫌累赘，赵宏榜竟然把伤病员都集中起来，关在草房内连同丢弃的武器一起焚烧。之后，他和马拱垣放弃新街，轻装突围，由小路退驻铁壁关，蛮暮土司亦携家眷逃入了云南。

皇帝的态度

听闻新街失守，杨应琚忧急交加，一度引起痰疾旧病复发，导致无法视事，其间他以"心神恍惚，恐有贻误"上疏乾隆，恳请另派大员来滇。

乾隆命两广总督杨廷璋火速赶往永昌，做好接替杨应琚的准备。后因杨应琚报称身体好转，又命杨廷璋停止动身，但即便是在认为杨应琚可能需要替换时，乾隆也没有放弃对他的期望，不仅特赐返香丹、活络丹等内府珍贵药品以及荷包，还安排杨之长子速赴永昌照看老父，并降旨擢升杨之次子为江苏按察使。

为应对严峻局势，杨应琚调兵遣将，令永北镇总兵朱仑由铁壁关进兵新街。当朱仑部到达楞木时，与缅军遭遇，双方接战四日三夜，据朱仑事后报告，他们此役打退了缅军，共歼敌四千余，缴获许多刀箭枪炮。杨应琚急于向朝廷报喜，也不加以复核，就像从前的刘藻那样以大捷奏闻。事实却是缅军决定避开铁壁关、虎踞关一线，从其北面进行抄袭，楞木之战时，其主力已经离开新街北上，在楞木的最多不过是缅军的小股部队，朱仑虚报了军情。

时隔不久，缅军即从神护关、万仞关突入，向南抄袭铁壁、虎踞两关清军的后路，并对关内的户撒等土司地区肆行焚掠。铁壁关方面一出问题，楞木清军顿时面临被缅军截断后路的危险，朱仑连忙撤退，新街一带缅军乘机进发，与户撒方面的缅军会师。

清军紧急援救户撒，但当他们赶到户撒时，缅军又挥师东向，围困孟卯达十一天之久，在重创赴援清军后，才出境而去。至此，缅军不但完全控制木邦、蛮暮，而且还通过侵入关内，给当地造成严重的人员和财产损失。清军伤亡惨重，游击将军马成龙等人相继殉职，但包括朱仑在内的前线将领为了塞责，依旧虚报战果，已经无计可施的杨应琚也只得顺水推舟，继续以大捷入报。

倘若乾隆只是个水平一般的君主，或许真相便被就此遮掩了，但乾隆何等精明干练，他可不是这么容易被人糊弄过去的。

根据各方面的情报，乾隆已经知道此次参与反攻的敌人绝非"莽匪"，乃是缅甸正规军，而且兵力在两万左右，他把杨应琚前后两次所报缅军伤亡数字相加起来，发现竟已达万余人。如果缅军总共两万余人，被歼万人，等于减少了一半，那这就不是普通大捷了，必然将造成远近传闻、风声鹤唳的效果，缅军恐怕连逃跑都来不及，还能继续拥众抵抗？

乾隆清楚地记得，在平准平回战争中，大小战役和战斗不下百次之多，然而歼

260

敌总数也不到万人，杨应琚竟然说两次交锋就杀敌万余，这么短的时间，战场空间也不大，他们是如何做到的？

乾隆立刻产生了怀疑，他把杨应琚事先所绘地图找出来，与其奏折进行对照，结果发现奏折中所提到的几个所谓杀敌获胜地点，如孟卯等，居然全都在中国境内。其他交战地点则很含糊，只说在铜壁关、铁壁关之外，却不具体交代在哪里，至于清军的进退位置，也与图上所标大相径庭。

乾隆迅速弄清了一个事实，即缅军已经侵入云南，由此可以推测出，缅军非但不可能损失近半，而且打的还是胜仗，杨应琚所谓大捷及其杀敌上万之类，或许全是谎言。

就在杨应琚的报告遭到质疑的时候，他本人正在考虑如何把说过的谎话编得更圆。由于缅军主力相当大的一部分仍陷于对暹罗的战争，无法抽身用于对入侵中国的缅军进行支持，缅军除最终撤出云南外，也派人到清军军营议和。杨应琚求之不得，忙不迭地向乾隆呈上奏折，提出缅甸僻远，"水土恶劣，瘴疠时行"，如果要直捣其巢穴，恐怕旷日持久，得不偿失，因此请求朝廷同意和谈。

为了让皇帝更能够接受，杨应琚把和谈改成了缅甸单方面的"乞降"，声称缅甸国王孟驳的弟弟卜坑、缅军总头目莽聂眇遮都亲自出面前来"乞降"，缅军攻打各土司也并非抗拒清军，只是一场误会而已，如今既屡次遭到清军惩创，他们情愿遣散兵众，归顺清廷。

在捏造"乞降"的同时，杨应琚还代缅甸人"请赏"，说新街、蛮暮等乃缅甸人赖以为生之处，恳请赏给缅甸作为贸易地。杨应琚此举显然是想借此掩盖新街、蛮暮已在缅甸控制之下的事实，以此逃避两地得而复失的责任。七十多年后，英军进攻广州，在大败清军并索取所谓的"赎城费"后从城内撤出，负责防守广州的靖逆将军奕山在向道光奏报时，也使用了几乎和杨应琚相同的伎俩，足见到了这种时候，满汉大吏们的求生欲望及其反应往往可以达到惊人的一致。

不同的是皇帝的态度。道光收到奏报后，马上传旨嘉奖奕山等"有功之臣"，乾隆却是拍案而起，坚决不同意杨应琚的撤兵提议："按照你本人历次所奏，剿杀缅匪（此处指缅军）已多至万人，我军声威大振，缅匪望风慑服，此时正应集中兵力，克尽全功，为什么却叫苦说缅甸地险瘴多，想将就了事呢？"

对于缅甸"乞降"，乾隆也根本不信，一针见血地指出这种"乞降"毫无诚意可言，不过是一种欺骗手段罢了，其目的在"请赏"，即不花力气就把新街、蛮暮给要回去，"此等狡诈伎俩，骗得了谁？"

乾隆还注意到，杨应琚在奏折中只提新街、蛮暮，却未提及木邦除新街外的其余地方以及先前内附的各境外土司地区，他质问杨应琚："你对这些都置之不言，意思是不但允许缅匪得到蛮暮，就连木邦等处也要送给他们蹂躏，是吗？那受降岂不等同于儿戏，如此又怎么可能做到'靖远夷而尊国体'？"

最后，乾隆在奏报中批复说，缅甸不是山沟沟里的某个小部落，如果他们能够向哈萨克学，让国王写咨文，我或许还可以考虑将就了事，按照安南、暹罗的例子，将其纳入南方藩属国体系，但就算这样，新街、蛮暮也必须"献于中国"。

乾隆本来就对西南战事产生了怀疑，新的奏报更让他确信，那里一定出了问题，于是决定派侍卫福灵安赴前线进行调查。

福灵安调查的结果证实了乾隆的所有猜疑，即西南局势不是己方大胜，而是大败。此时来自其他方面关于西南战况的奏折也陆续递送京城，且都对此予以了佐证，乾隆勃然大怒，下令将赵宏榜、朱仑等败将一律革职，押解赴京，交刑部治罪。

杨应琚是主帅，自应负首要责任，但他死鸭子嘴硬，依旧为先前所报杀敌数目辩解，声称专门派人核查过，千真万确，没有差错。乾隆"不胜愤懑"，痛斥杨应琚"不知悔悟猛省""负恩欺罔，大出情理之外"，先下旨调他回京入阁办事，后又下令革职交刑部候审，直至赐其自尽。

有哪只拦路虎是不敢灭，灭不了的

杨应琚死了，日后的奕山却不但活得好好的，而且还被嘉奖了。这倒不是因为道光特别糊涂，其实道光也未必不能从奕山的奏折中看出前后矛盾之处，而且通过私下调查，他后来也知道奕山撒了谎，问题在于当时的道光心有余而力不足，捉襟见肘的国库也已难以承受战争的压力，奕山能够如此收场正是他所巴不得的，哪里还顾得了对方有没有说实话。

乾隆朝就不同了，军费根本不必操心，军事实力也傲视群雄，从准噶尔到回部，甚至是哈萨克，看上去谁都要比"蛮荒小国"缅甸更强更厉害，最后还不是该平定的平定，该老实的老实？用乾隆自己的话说，"试思我大清国全盛之时势，何事不可为"，国家正值最强盛的时候，又有哪只拦路虎是不敢灭，灭不了的？

还在降旨命杨应琚回京入阁办事的时候，乾隆即补授伊犁将军明瑞为云贵总督，将他从新疆调到云南，用以接替杨应琚。

明瑞是傅恒的侄儿，同属于孝贤皇后富察氏家族成员，他的父亲富文是一等公，明瑞长大后以官学生的身份袭爵，亦为一等公。乾隆朝是新一代八旗贵族打天下的时代，明瑞年纪轻轻就参加了平准平回战争，而且在黑水营之战等诸多著名战役中都立下大功，论功行赏时，在他原有的公爵名号前特加"毅勇"二字，号承恩毅勇公，绘像列入紫光阁。

明瑞的两位前任，刘藻是书生，杨应琚虽有边疆经验，说到底也是文臣，到明瑞才正式上升到武将，而且还是一员能征善战、功勋卓著的武将，这本身就传递出了乾隆要对缅甸发动全面进攻的明确信号，"征缅战争"的概念至此也才名实相符。

与统帅任命相配合的是军队的调整。刘藻、杨应琚任内，乾隆一直以为骚扰边境的缅军是境外贼匪，而且还分为"莽匪"和"木匪"，后来才知道二者其实都是缅甸正规军，只不过在侵扰云南边境时，前者穿越了南线的整欠、㨿良，后者穿越了西线的木邦。

在第二次征缅战争中，杨应琚前后八次共檄调官兵两万两千七百余人，比战争初期多出一半有余，应该说机动部队也不比缅军少多少，但却几乎每战必败，场面难看至极。首因是作为统帅的杨应琚胸无成算、调度无方，他后来的指挥调度已跟刘藻没有什么两样，都是移东补西，朝更暮改，又不让本营将官带领本营士兵，各营杂凑成伍，兵将互不相识，毫无纪律，其间谁战死了，谁受伤了，谁病故了，谁逃走了，统统成了一笔糊涂账。除此之外，清缅两军技战术和战斗力方面的差距也是一个重要因素，甚至更不容忽视，可以从中看出，缅甸能够称霸东南亚绝非偶然。

先前的缅甸内战，雍籍牙一方得到了英国的军事援助，而其对手则获得了法国等欧洲国家的支持，并有成建制的法国士兵直接参战。内战结束，雍籍牙的军队不仅打败了对手，还俘虏了数百名法国士兵，重建王国后，以雍军为基础建立的缅军又把战火扩展至周边邻国，这使他们的实战能力迅速上升到亚洲一流水平。

缅军普遍配备火器，据曾与缅军交战的将官称，他们主要使用一种名叫"自来火"的鸟枪，现在看来，其实就是当时流行于英法等欧洲国家的新式洋枪，即燧发枪。燧发枪虽然与鸟枪同属滑膛枪，但因为不使用火绳，简化了操作过程，所以射速和射距都要高于鸟枪，可以做到每分钟发射一次，射程达到八十步远。它的火力和杀射力也更大，普通鸟枪弹丸重为十几克，缅军燧发枪的铅弹则"率五六钱以上"，超过二十五克到三十克。

缅军同样使用火炮，且炮弹有"重至五六十两者"，这种炮弹按当时的西方标准属于六磅炮，与当时清军惯用的红夷大炮处于一个级别，如果再加上他们几乎人人都持有的燧发枪，其武器的优良程度事实上已超过清军。

缅军武器好，也会打仗，诈降、抄袭、避实击虚等战术可谓层出不穷，战术运用方面比清军要灵活高效得多。据前线清军反映，缅军打仗还常常不择手段，如将靠近缅甸边境的老百姓驱赶在前，称之为"肉挡牌"。两军交战时，先被枪炮击毙者多为"肉挡牌"，躲在后面的缅军伤亡反而不大。

与缅军相比，清军的状态和表现称得上是一塌糊涂。前两次征缅战争，清军在前线所使用的主力部队均为云南绿营，云南绿营平时无人加以整顿，军纪废弛已久，能够调集的士兵多数都没有经过严格训练。他们原本分散于全省各地，远的离集结地点约有数十个驿站之隔，近的也要经过好几个驿站，士兵们仓促起程，刀枪、火药、火绳及衣物口粮都需自己携带，其中光衣物口粮就不下数十斤，携带着这么重的东西，他们要走上百十里路才能到达集结地，且经过之处多为高山陡坡，故而到达时已经个个疲惫不堪。

按规定，清军每一百名步兵就要配备十名骑兵，十名骑兵除每人有一匹骑乘的战马外，另有十匹马用来驮载锅盆帐篷之类物品，中途如有驮载之马倒毙，即以战马替换。由于中途已提前耗尽了气力，这些战马就跟它们的主人一样，到了目的地全不中用。

清军疲于奔命，缅军以逸待劳，仗能打成什么样就可想而知了。有人经过访察，发现整个云南绿营里面，仅昭通等四镇营兵尚敢与缅军对阵，其余皆退缩不前，交战时常常一触即溃。明瑞赴滇后经过调查，认为这些问题全都存在，他同时指出，领兵将领也对此负有责任，除少数外，大部分将领都不知体恤士兵，明明士兵已经体力透支，每天晚上还逼着他们伐木树栅，自己则不谙战阵，不识地势，无谋无勇，根本无法担起指挥之责。

在明瑞所参加的平准平回战争中，从兆惠、富德开始，包括明瑞在内，将领们个个冲锋陷阵，身先士卒，乃至与敌人短兵相接，打白刀子进红刀子出的肉搏战。征缅战争鲜有这样的例子，绿营将领通常都是督令士兵在前面施放枪炮，自己在后面远远地观望，一旦缅军骑兵发动冲锋，将领们便惊慌失措，士兵的情绪因此受到影响，以至弃械溃散，无法抵御。

所有相关报告都汇总到乾隆手上，促使乾隆决定改变征缅部队的结构，不但从量而且从质上集结兵力，同时加大军需、军饷的供应，一场大规模的战争动员开始了。

九月出师

健锐营作为清军的王牌部队，在平准平回战争中战功卓著，平时轻易不会动用，乾隆从中拨出一千，其规格已与当初的平回战争相同，之后又续拨满洲兵两千，使八旗劲旅的数量达到三千，另抽调四川绿营八千，贵州绿营一万，云南绿营也没有全然抛到一边，而是从中精选了五千人作为辅助部队，这样一共调遣两万六千人参加南征。

在冷热兵器并用的时代，马匹仍是不可缺少的战争资源，乾隆从两广川黔湘五省抽调一万五千六百匹马，用于军用物资运输和骑兵作战所需，使以骑射见长的八旗兵每人都得以配马三匹。粮饷方面，也集中全国力量，给予最大限度的支持，其中通过从各省及户部筹集，先期便投入军饷白银六百万两，又从云南的大理、永昌等六座府城就近进行划拨和购买，为军队提供粮食九万石。

由于缅甸北部丛林密布，地形气候极为复杂，不便运送粮草辎重，所以士兵行军时仍需自带分配的口粮，且规定每个士兵都需带粮六斗，不过吸取之前的教训，这些口粮主要都由配备给士兵的马匹驮载。除马之外，还有相当数量的牛随队而行，这是因为马匹本身不够用，相当大的一部分粮食只能靠牛驮载，而且根据平准平回战争的经验，万一到军粮匮乏，必须宰杀牲畜以食的时候，杀马不如宰牛——若是杀了马，部队的行动能力会急剧下降，若是宰牛，则可以把这种不利影响降到最低。

出征的具体时间也经过了再三斟酌。明瑞到任之前，缅军曾出动一千余人，渡江再次侵扰中国边境，乾隆为此特意下旨给新任云南提督谭五格，让他只要击退缅军以及加强防御即可，暂时不能带兵深入，等明瑞到任，"于九月以后，克期大举"。

南征缅甸，乾隆主要担心的是瘴气，据了解，缅甸瘴气从农历四月开始，以七八九三月为最盛，到九月方止。有大臣建议在十一月至次年三月间进兵，但当年的七月逢闰，也就是说有两个七月，乾隆一算，当年的九月若放在往年，就相当于十月了，他估计到时天气凉得快，瘴气也应该消散得差不多了，再说自古兵贵神速，如果一定要等到秋冬进兵，缅军察觉后将可能加强防御，从而使战争形成旷日持久之势。

九月出师就这样定了下来，因为要等待由京城出发的八旗兵，遂一直推至九月二十四日（1767年11月15日）。当天，明瑞按计划自永昌发兵，他的原计划是"一主两辅"，即将部队分成三路出击，至正式出师前，他又临时修订计划，将三路变成南北两路，其中南路主力一万七千人，由明瑞本人亲率，从陆路行进，北路辅军九千人，由参赞大臣额尔景额、云南提督谭五格率领，从水路行进，大家约定，两路一旦得手，便会攻缅甸都城阿瓦。

由于缅甸仍处在雨季，明瑞军起程时便大雨滂沱，三昼夜不绝，官兵的衣服都被淋得湿透，而且地面全是泥潭，下鞍亦无驻足之地，于是只好在马背上过夜。在又冷又饿的情况下，很多人都生了病，更麻烦的是所带粮食也被弄潮，不得已只好停留数日，将粮食晾干。

用牛驮粮的方式也限制了清军的行军速度，沿途山陡路滑，人马阻塞，后来还要过江，江上船只又不多，大军连渡数日方得以全部到达对岸。

缅军很快就得知了消息，并利用清军行军缓慢之机做了准备。1967年12月20日，明瑞军进抵木邦，缅军未进行任何抵抗，便弃城而逃，但他们实际采用了坚壁清野战术，撤走前已将数百里以内的村庄尽数焚毁，老百姓也都迁走了。清军搜山百余里，一共才弄到五六百石粮食，这对补充军粮显然并无太大帮助。

明瑞在出师前预备了四千绿旗兵，在他占领木邦后，参赞大臣珠鲁讷也率这部分绿旗兵赶到，明瑞稍事整顿，即命珠鲁讷率部留守木邦，以保证陆路粮道和军中驿递，自己则率主力部队继续进发。

　　尽管乾隆抢时间突袭缅军的如意算盘已经落空，但由八旗精卒为主力的明瑞军不负所望，他们先是攻克曰小，击退沿途的缅军伏兵，继而又结浮桥抢渡锡箔江，在蒲卡击溃了缅军前哨并抓获俘虏。通过审问俘虏，明瑞得知缅军主力正屯结于蛮结，于是当即率部挺进蛮结。

疾风骤雨

　　缅甸素来不设常备军，只有在阿瓦才有万人左右的皇家卫队，所谓的国家正规军其实是从各部征召的土司兵，后者即清军所称的土兵、土练，虽属民兵性质，但因为自缅甸内战以来便频繁参战，所以其战斗力非一般土司兵可比。1768 年 1 月 18 日，当明瑞军抵达蛮结时，缅军已在该地集结包括皇家卫队、土司兵在内的两万兵马。把皇家卫队都调过来，足见缅军是把蛮结作为拱卫其都城的重要防线，亦有在此地阻挡乃至击败清军的意图。

　　在蛮结，缅军于各要隘建造木寨十六座，以此构成了十六座军营。这些军营中的木寨均以近七米高的湿木交互排列，然后用土砌筑而成，木寨内外挖有深沟，沟旁插着锐利的竹签。清军初来乍到，实难马上攻克，与此同时，由于敌营外暂时无险可据，他们还面临着被对手攻击乃至冲垮的危险。

　　缅军把皇家卫队称为胜兵，土司兵称为部兵，通常情况下，总是部兵在前，胜兵在后督战。步骑兵也有讲究，系以步兵居中，骑兵为两翼，交战时骑兵随时准备从两翼"分绕而进"，实施包抄。如果把部兵看成清军的绿营，胜兵看成清军的八旗，这种排兵布阵的方式其实与清军十分神似，明瑞久历行伍，一路过来对此早就已经熟悉，他一面派兵掩护，一面在密林里排列阵势，使得缅军无法顺利实施骑兵抄袭战术，步兵亦不敢贸然进入密林。

　　次日，明瑞居中策应，所部分别占据了敌营附近的东西山梁。缅军见状按捺不住，出兵首先对领队大臣观音保所据的西面山梁发动进攻，观音保率部奋力冲杀，明瑞也从中路分兵接应，清缅双方在野外展开了一场激战。

　　在前两次征缅战争中，清缅已经屡次交手，但缅军还从未与满洲骑兵照过面，这次算见识了。平原之上，重甲骑兵如同疾风骤雨一般地发起冲击，缅军的武器以火器、镖子、短刀为主，不配备甲胄、弓箭，根本抵挡不住这种冲击。缅军的身份阶层很容易识别，头目都穿红衣，士兵穿青衣，满洲骑兵的箭也就像长了眼睛一样，爱落谁身上就先落谁身上，激战至晚，缅军被当场歼灭两百余人。

这一战给缅军留下了深刻印象，以至于他们后来见到满洲骑兵就肝颤，说："天朝骑剖鼻子马拿了箭的兵最厉害，骁勇可怕。"缅军内部甚至还传说："大兵（指清军）所用火箭甚是利害，火箭来时，人走得快，箭也赶得快，人走得慢，箭也慢些。"听到这些说法和传言后，即便尚未与清军交手的缅军官兵也很是害怕。

缅军吃了败仗后，急忙以连环枪炮掩护撤退。连环枪炮又称连环铳炮，是当时常用的一种火器打法，即枪炮兵一排排上，轮番接力，面对缅军连续不断的枪炮射击，清军为避免过大伤亡，只得放缓追击，及至硝烟散开，发现对方已钻进了木栅之内。

缅军长于防守，围绕着木寨，在沟外二三十步处密密麻麻地竖立着无数高达两米多的木栅，栅外又设木排，清军的枪炮很难伤及缅军，躲在里面的缅军却能透过木栅的缝隙，用燧发枪对清军进行射击。

缅军火器使用的技术熟练程度尚在清军之上，士兵的枪法准，命中率极高，连清军中号称最擅长火器的健锐营也不得不承认"此贼之长技也"，在这种情况下清军发动进攻的效果甚微。

明瑞希望能够再次将敌人诱出来打，然而缅军学聪明了，虽经屡次挑逗，仍坚守不出。此时距从永昌出发已近两个月，而明瑞军携带的口粮一共也就两个月的量，经艰苦跋涉，战马亦显疲惫，明瑞意识到，如果短时间内不能攻克蛮结，部队处境将极为困难和危险。

曾经主动出寨攻击的缅军来自木寨群西部，明瑞判断西部应为敌强兵所在，若能率先破此强兵，其他营寨将很难固守，经与众将商议，他决定改全面进攻为重点进攻，率先突破敌西路中坚。1768年1月21日，明瑞除留两千余人排列于主战场两旁洼地内，以作掩护外，将其余一万人马分成十二队，趁着大雾，先分路登山，继而突然向敌营俯冲，各队很快便都得以直逼敌营。

此次进攻，明瑞等将领都像在西北战场那样，身先士卒，即便短兵相接处亦带头与敌搏杀，故而官兵斗志旺盛，喊杀声中人人争先，个个奋勇。第一座敌营临近山梁，首先被领队大臣扎拉丰阿攻破，当明瑞率部冲击第二座敌营时，贵州绿营藤牌兵王连看到木栅附近的一处地方堆积着一些木料，较易攀登，于是第一个从该处攀栅直上，飞身跃入。栅内有数百缅兵，王连浑然不惧，一手持藤牌，一手持揕刀，一个人纵横来去，如入无人之境，缅军非但无奈他何，还被他砍倒了十余个。趁着缅军遇袭混乱之际，十余名清兵也按王连的方法进入栅内，并协助王连拨开木栅，栅外的清军由此蜂拥而进，一举拿下了敌营。

清军攻克的这两座敌营地势都较高，明瑞以此为基础，又分兵配合其他各路攻下两营。缅军连续反击至晚上二更天，见反败为胜已无可能，各寨守军及埋伏在周围的部队纷纷撤退，清军全力追杀，至次日黎明方才收兵。

蛮结一役，清军共歼灭缅军两千余人，获十六寨，缴获牲畜两百余只，米粮两百余筐，这是清军自征缅以来所取得的第一次真正意义上的大捷，全军士气大振。乾隆收到捷报后也极为高兴，特封明瑞为一等诚嘉毅勇公，此爵位已与他从父亲那里承袭的一等公爵位无关，后者交由其弟弟承袭，对于明瑞家族来说乃是一个莫大的荣誉和恩典。其他立功将士也都得到封赏，其中堪称超级英雄的王连由士兵直接补升游击之职。

恐怕就要上敌人的当了

在明瑞军高歌猛进，深入缅地之际，北路的辅军却进展迟缓，当他们到达老官屯时，守卫老官屯的缅军树栅固守，清军久攻不下，伤亡甚重。雪上加霜的是，主帅额尔景额亦染瘴病故，额尔景额以下有两人可选，一为云南提督谭五格，一为额尔景额的弟弟、副都统额尔登额。谭五格虽出自包衣佐领，然而未参加过大的战争，乾隆认为他指挥作战缺乏条理，难以独当一面，相比之下，额尔登额久历戎行，因此得以接任统兵之职。

然而事实证明，额尔登额也难当大任。清代有"老满洲"和"新满洲"，前者是指清朝建立后从龙入关的满洲八旗，后者是指东北境内的新编入旗者。与已属于精英阶层的老满洲相比，受限于经济和文化条件，新满洲的不少人格局不大，气度狭窄，乾隆称之为"乌拉齐习气"（乌拉齐是位于东北的满洲部落的统称）。额尔登额后来就被指责身上沾有"乌拉齐习气"，在久攻老官屯未果后，他听闻缅军可能会偷袭其身后四十里外的旱塔，便不顾大局，借口军中乏粮，把军队从老官屯撤回了旱塔。

额尔登额撤兵的另一个理由是诱敌出战，其实他并未设伏，以致缅军尾随至旱塔，坚持与其对峙。云南巡抚鄂宁对此非常不满，上奏乾隆，指责额尔登额、谭五格"久驻老官屯，既不能攻破贼寨，又不能绕道进取，转退旱塔，老师糜饷"。

乾隆这时也对明瑞军孤军深入开始担心，命额尔登额赶紧设法向前推进，争取早日与明瑞军会合，但无论他怎样三令五申，额尔登额总借口已受缅军牵制，必须固守，迟迟不肯行动。

辅军的迟滞不前，一方面导致原计划中对敌夹击，使其顾此失彼的战略意图落空；另一方面也没有能够对主力起到辅助和保护的作用，明瑞军已成为没有后援的孤军。

明瑞军虽在蛮结取得大捷，但己方的损失也很大。由于敌营的木栅、木寨坚固，火攻无效，且地势险峻，藤牌也难以使用，在密集而准确的枪炮射击下，清军蒙受了极重的伤亡，连明瑞的右眼眶都受了枪伤，休息好几天才稍稍得以好转。在这种情况下，明瑞本应先做好与后方的衔接，再考虑下一步行止，但蛮结大捷使他产生轻敌情绪，只在蛮结休整了数日便又继续率兵深入。

在进至革龙山后，明瑞军接近了天生桥渡口。天生桥渡口位于革龙山中断之处，其桥面是天生的一块可横贯两岸的大石，下面有一道湍流。此处乃缅境有名的险隘，素有"一夫当关，万夫莫开"之称。缅甸内战期间，桂家部落土司宫里雁不服雍籍牙，双方对战，宫里雁曾率数百兵丁在此坚守，结果数万缅军被其阻遏，愣是无法越雷池一步。

与缅甸内战时相比，如今要想从正面抢渡天生桥恐怕更难了，缅军不仅在对岸立有木栅，而且已提前将两岸原有的人造树木拔除，使得清军连临时架桥的材料都难以找到。明瑞询问了随军向导兼翻译，了解到往北三十里处的河流发源处可以徒涉，于是便采取"明修栈道，暗度陈仓"之策，派兵从正面佯攻，吸引驻守渡缅军，另率主力从小路绕行，在到达河流发源处后涉水而过。

　　发现清军出现在自己背后，守渡缅军被迫撤退。虽然抢渡天生桥成功，但这时清军的粮草弹药都已明显不足，辅军方面又无消息，观音保、扎拉丰阿等将领纷纷劝明瑞见好就收，乘胜退兵至木邦，等辅军方面有消息后整旅再进。明瑞却凭着一股锐气，不听多数人的劝阻，执意要直抵阿瓦，观音保见状向他陈述困难："现在火药、箭矢日见其少，粮饷不足，再深入的话，恐怕就要上敌人的当了。"

　　明瑞当初随兆惠征战叶尔羌，孤军穿越一千五百里的沙漠戈壁，什么苦头没吃过，什么风险没见过，在他看来，眼前的这点困难远不能跟那时相比，再说，士气可鼓不可泄，所部连战连捷，正打得带劲，又岂能在这个时候言退？他认为观音保是怯战畏缩，愤然道："你害怕啦？还是不是个男子汉？"

　　观音保被明瑞用激战法一激，傲然怒答："谁不是男子汉？大不了与将军共赴死地，有什么可怕的！"

　　明瑞一言定夺，全军继续向阿瓦进发，此后他们抵达了宋赛等地，但一路上都未见到缅军。事后分析，这有两方面的原因：一方面是缅军在蛮结遭到了从未有过的重创，令他们再不敢如南路那样顽强抵抗；另一方面则是缅军采取了诱敌深入和"烧积贮，空村落"的策略，这使得清军虽如同进入无人之境，但却得不到任何粮食、草料乃至饮用水的补给。

　　这时缅甸已进入旱季，白天烈日暴晒，酷热无比，晚上气温又急剧下降，阴冷难当，行军过程由此变得困苦万状，尤其从北方调来的满洲骑兵原本就很难适应当地的水土，很多人都染上疾病甚而病故，牛马也生病的生病，倒毙的倒毙。

　　1768年2月6日，明瑞军抵达象孔，象孔距阿瓦仅剩七十里，但粮尽马疲、病号成堆的情况已使其成为强弩之末，同时部队还迷了路。明瑞召集众将商议，众将明知只有撤退一途，却因为先前明瑞的态度而没人敢吭声。

　　其实即便无人发言，明瑞自己也很清楚，一方面，以目前部队的状态，就算到了阿瓦城下也无力攻城，反而可能会被以逸待劳的敌人一举歼灭，可是另一方面，他又必须考虑到辅军或许已经先期抵达阿瓦，倘若这个时候再独自率部撤退，按军法便当死罪。

　　正在左右为难之际，一个重要情报促使明瑞做出了决断。

太轻敌了

情报显示，阿瓦以北一百余里的孟笼（今缅甸孟隆）存有粮食。孟笼就在辅军的行进路线上，且离原计划中辅军的必经地孟密较近，明瑞认为若进攻阿瓦能够得手，既可解本部的燃眉之急，又有希望得到辅军的消息，从而与之会合。

计议已定，明瑞率部由象孔北渡锡箔江，之后取道直奔孟笼。孟笼所处地域山高林密，人烟稀少，不但道路狭窄难行，而且各处都有大小土司分别拒守，孟笼土司以为高枕无忧，压根儿没想到清军会突然出现在眼前。明瑞军犹如神兵天降，在迅速击破孟笼土司后，得以如愿以偿地获取了土司所埋藏的两万余石粮食。自黑水营被困后，这是濒临断粮的清军第二次在异域得以绝处逢生，明瑞能够抓住机会创造奇迹，证明黑水营英雄绝非浪得虚名。

孟笼北面是孟密土司辖地，明瑞一面令全军休整，一面派人四处打听辅军的消息，打算一有消息便起程前往孟密，可是直到过了春节，仍然杳无音讯。事实上，乾隆在此期间曾命云南提督谭五格挑选勇锐兵丁，前往孟密接应，谁知谭五格却拒敌不前，拥兵不进，乾隆不得不降旨将谭五格革职拿问，这样一来一去，主辅两军在孟密会师已无可能。

有的战略性错误一旦犯下，便很难再用其他方式弥补。明瑞军深入孟笼，距边境已经两千余里，比征战叶尔羌时还要僻远，同时他们所处的环境也更为恶劣，就算有粮食，也无法指望能像黑水营那样固守以待援兵。孟笼东面即为木邦土司辖地，木邦是此次清军的远征大本营和联络中枢，在确证孟密有强敌阻遏且会师无望的情况下，明瑞决定前往木邦，期望在与留守木邦的珠鲁讷军会合后，可以重新联络辅军，以便再次大举南征。

此时孟笼的粮食还很多，但明瑞军所带的牛马已没有了，无法驮运，而根据新的情报，在退往木邦的线路上，大山、波龙等处皆有粮食囤积，于是明瑞下令每人各携数升口粮，余粮点火焚烧，然后向东北撤退，回师木邦。

却说缅军在发现明瑞军连战连捷，狂飙突进，却突然改道孟笼后，一度很是纳闷不解，他们派人跟踪、巡查清军旧营，抓获了几个掉队的清军伤病员，经过审问，才知道是因为粮食已尽的缘故。缅军随即倾巢出动，展开大举反击，但他们没有敢于立即实施正面作战，而是只派一部分兵马隔着十几里路远远跟着，时不时地进行骚扰，其主力则被用于清军力量相对薄弱的木邦方向。

自明瑞军从木邦出发后，留守木邦的珠鲁讷便先后在锡箔、蒲卡、蛮结、天生桥渡口、宋赛等地设立台站，以便保持与明瑞的联系。1768 年 2 月 19 日，缅军四面出击，向各台站发动进攻，留守台站的清军纷纷溃散，损失总共达到八百余人，仅百余人得以退回木邦。各台站也全部被缅军攻占，明瑞军的军情线路被就此切断，再也无法与后方指挥部进行联系了。

不久，缅军兵临木邦，珠鲁讷一面带兵迎敌，一面派人赴永昌求援，可是当初明瑞因过于自信，欲直捣阿瓦，已将几乎所有可用之兵，都分成南北两路带走了，永昌仅留了数百士兵以备运粮，根本无兵可援，向内地调兵又缓不救急。当鄂宁就此向乾隆报告时，乾隆忧心如焚，急到跳脚，说："朕早就知道会发生这样的事，去年朕与你们都太轻敌了。"

旱塔距木邦不远，滞留在旱塔的辅军成了当时唯一能够挽救危局的力量。云南巡抚鄂宁命额尔登额分兵孟卯、陇川，紧急增援木邦，从孟卯到木邦为捷径，陇川要绕路，但额尔登额探知孟卯有缅军出没，便不敢走孟卯，而宁愿退入铁壁关内，绕道陇川前往木邦，但到了陇川后他又以"路甚逼窄，不能乘骑"为借口迁延不进，鄂宁前后七次飞催，仍置若罔闻。乾隆得知后严令额尔登额必须出兵木邦，并警告他说："若仍在陇川坐守，恐怕你就保不住你的项上人头了！"

面对如此高压，额尔登额不得不起程上路，但依然是一路拖沓，走走停停，不过数日行程，却整整走了二十多天，直至 3 月 21 日才到达明瑞军当初的出境地点宛顶。这对已急如星火的木邦危局而言，自然起不到丝毫作用，事实上，在辅军到达宛顶之前，苦苦坚守十日的木邦大营就已被缅军攻破，守军近乎全军覆灭，珠鲁讷自杀殉国。

决一死战

自明瑞军由象孔向北转战起，几乎天天都有战事，在孤军无援，敌人逐渐增多，而自己的兵力却逐渐被削弱的情况下，明瑞对众将说："我们现在的情况确实非常窘迫，但越是如此，越要竭尽全力，唯有如此，才能显示出我们国家军令严明，将士用命，敌人也才会害怕，即便我们这次出兵失败了，后来者也易于接办。"

明瑞并不是一个只会大话连篇，煽动别人去拼命而自己坐享其成的人。他每天一大早督兵作战，到黄昏扎营时才顾得上喝一口水，为节约粮食，一天只吃一片烤牛肉，有时甚至还要从中分一点给他的亲随待从。对于日益增多的伤病员，他都要求抬着一起走，不忍抛弃其中的任何一个，正因他始终能够以身作则，体恤士卒，所以尽管大家都极为疲劳困顿，然而从头至尾无一人口出怨言，防守、撤退均有条不紊。

一直跟踪明瑞军的敌人赶到孟笼后，发现他们已经烧粮远去，便立即全力追赶，由于被追敌缠得太紧，部队的行军速度被大大限制，每日仅能走三十里。这种情况下，如果带兵将帅缺乏必要的经验和胆魄，就算不被敌人打垮，部队的损失也少不了。额尔登额奉命援救木邦就是这样，他在撤入铁壁关时不派兵殿后，结果遭到缅军追袭，丢了很多辎重、器械不说，还一度被缅军尾随入境，大肆抢掠。

同样是面对敌人的紧追，明瑞临危不乱，他将所部分成前后两队，后队先断后，前队退至有利地形列阵，一俟后军通过，前军便转为后军断后，后军则转作前军，以此交替掩护，且战且退。他自己和观音保等将领一如既往地与士卒同艰辛，共患难，几个人轮流率部殿后，每次作战前他们都抢先占据有利地形，等到缅军进入开阔地带后，便利用骑兵优势进行突击，远用弓箭施射，近用刀矛搏杀。

最初，明瑞军仅以击退追敌为目标，在进入蛮化土司辖地后，考虑到将与蛮化土司打交道，明瑞认为若不预先给予追敌以重击，便无法避免被敌前后夹击，他慷慨激昂地对众人说："敌人现在非常轻视我们，若不与之决一死战，他们将追得更凶更狠，到时我们将全军覆灭。"

缅军在自己境内作战，于后勤方面享有很多便利条件，起码口粮都不用士兵携带，每队后面都另外有人挑着粮食跟随，这使得缅军既能轻装作战，又饿不着肚子。不过缅甸既不养常备军，士兵平时也就没有稳定军饷和给养，土司兵甚至还会带上农具、种子出征，所以他们素有抢夺财物的习惯，每天等清军远去后，都会涌入清军原有营地，捡拾丢弃物品。

明瑞看在眼里，便决定从中做文章。当晚清军扎营于蛮化西边的山顶，缅军则扎营于山腰，明瑞暗地里伏兵于营外，第二天早上，早饭时间一过，按照他的部署，各营吹起螺号，佯装开拔，部分官兵也举着旌旗作势远去。缅军士兵不知是计，仍像往常一样一拥而上，争先恐后地冲进空营。说时迟，那时快，清军突然伏兵四起，弓箭、火枪齐发，枪炮声如雷贯耳，缅军仓皇奔逃，其间自相践踏，又被清军乘势击杀，死者达千余之多，尸体山积，"坡涧皆满"。

这是继蛮结之战后清军所取得的又一次大捷，虽然已不能改变整体的被动局面，但经此一战，他们高超的战术技巧以及强悍的战斗力再次令缅军感到震撼。之后尽管缅军仍尾随不放，然而却不敢追得太紧，每天都保持十几里的距离，晚上则放上几炮以示威慑，清军不用顾虑背后，遂得以从容取得蛮化土司所存牛马，用以补充自身的军需。

在蛮化休整五日后，全军继续进发。在快接近木邦时，明瑞才得知木邦已经失陷。他很清楚，尽管蛮化大捷大大地振作了士气，但部队毕竟已经人困马乏，为了尽量轻装赶路，火药和辎重器械又遗弃了不少，实无复夺木邦的能力。经过斟酌，他决定绕过木邦，向小孟育撤退。

见明瑞军绕木邦退去，缅军将原用于围困木邦的南线主力调集过来，与尾随明瑞军的部队合二为一，在后面紧紧追赶。1768 年 3 月 24 日，明瑞军到达小孟育，明瑞派出哨探，哨探返回报称："路旁已有贼栅矣。"

原来由于额尔登额的辅军已撤入铁壁关，在北线防守的缅军也加入了合围阵营，他们在占领从宛顶到小孟育之间的地区后，提前截断了明瑞军的北撤去路。

至此，两路缅军已在小孟育猬集达数万人。缅军固然不如满洲兵勇猛，但胜在熟悉地形，且翻越高山深谷如履平地，他们特意不在平原上与明瑞军直接交锋，而是选择在两山中间路窄之处以及山坡险峻难行的地方进行拦截。经过侦察，缅军除在山顶结成大小十四座木寨外，还堵住了四面共三十余处的紧要山口，并层层设圈，专等清军自下而上，渐至疲乏之时，以逸待劳，用枪炮进行杀伤。

此时明瑞军除受伤及染病者外，战斗人员只有五千余人，而且弹药箭矢已快耗尽，仅凭自身力量难以突出重围，明瑞遂命所部分成七营进行防守，以待宛顶援军。

犯了一个大错误

辅军早在三天前便已到达宛顶，宛顶距小孟育仅两百里，但额尔登额畏敌如虎，见小孟育缅军密集，更是心生怯意，即便明知明瑞军被困，也一直按兵不动。

云南巡抚鄂宁极力催促额尔登额前往小孟育救援接应，据他自己说，包括要求额尔登额出兵木邦在内，飞檄已达十四次之多，可是都未能够得到应有的回应。

鄂宁是鄂尔泰的第四个儿子，他的大哥、二哥都牺牲于平准战争。想到如今明瑞军危在旦夕，自己却无力拯救，鄂宁悲愤至极，"痛心切骨"，在给乾隆的奏折中控诉额尔登额"坐失事机，实罪不容诛"。

乾隆同样又忧又急，多次警告额尔登额说："如果你再徘徊观望，不把接济明瑞大军当一回事，你自己想想看吧，能承担如此重责吗？你这样做又居心何在？"

明瑞是额尔登额的上司，就算乾隆、鄂宁不督促，额尔登额也得冒死相救，而且从乾隆谕旨的措辞来看，就算他出兵增援，倘若一旦行动失败，照旧可能受到处分，更不用说连动都不一动了。令人无语的是，当时当地，额尔登额就像是吃错了药一样，不管你上面说什么，他都充耳不闻，横竖不肯出兵，甚至领队大臣还懒察自告奋勇，请命增援小孟育，也没有得到他的允许。

明瑞苦等三天，望穿秋水也没盼到援兵，此时粮食将尽，只能强行突围。1768年3月27日晚，他下令趁夜分兵沿探明的小路突围，突围前告知各部，北去两百里就是宛顶清军粮台，轻装一夜即可抵达。

和以往任何一次指挥作战一样，身为主帅的明瑞总是身任其艰，同时他也不忍心再让更多的士兵殉国蛮荒，于是亲率数百满洲兵为大部队断后掩护，就成了他的必然选择，随之殿后的还有领队大臣扎拉丰阿、观音保以及一些总兵、巴图鲁、侍卫。

缅军发现清军突围，立即蜂拥而上，明瑞率殿后部队以一当百，奋力阻击。时值浓雾大作，黑夜中不辨方向，但在殿后部队的掩护下，多数官兵仍得以突围而出，先后逃往宛顶。明瑞和殿后部队则陷入重围，血战至凌晨，扎拉丰阿中弹身亡，其他总兵、巴图鲁、侍卫或死或降或散。观音保亦为流弹所伤，他箭不虚发，连毙数名缅兵，剩下最后一支箭他本来也想射出去，但又怕箭都射完了，自己赤手空拳，不免被俘，便收起箭，策马向草丛中奔去，停下马后即以箭镞自插咽喉而死。

明瑞右臂先受枪伤，继而胸前中弹，在用尽力气疾驰二十里后，他自知难以坚持，也同样担心落入敌手受辱，遂从容下马，在树下自缢身亡。自缢前，他特地剪下发辫，命家奴归国呈交乾隆，其总督印信也交由随从侍卫带回永昌。

明瑞智勇双全，就具体战役战斗而言，在征缅战争中从未打过一次败仗，当初共有一万两千人随他出兵木邦，其间除千余人战死或病亡外，有一万一千人得以安全返回，难能可贵的是，其中许多都是伤病官兵及体弱文官。古往今来，像明瑞这样优秀的带兵将领确实是不多见的，清人对他评价也很高，称赞他"虽古名将不能过也"。

小孟育一战，如果额尔登额能够迅速增援，和明瑞军前后夹击缅军，不但明瑞等人有望生还，而且很有可能再次击溃缅军，甚而顺势夺回木邦，补充物质后再次南征。战后虽然明瑞军主力尚存，但在主师折戟、诸将阵亡、军心动摇的情况下，局势已难以挽回，第三次征缅战争终告失败。

明瑞殉国及败讯令乾隆大为震惊，他这时已认识到此次兵败的主要原因还在于自己的轻敌，以致明瑞仓促出师，各方面都没能衔接好，为此下诏自责，说："这次是朕太蔑视缅酋了，没能做到深思熟虑，长远谋划，朕确实犯了一个大错误。"

明瑞不但是功勋卓著的名将，也是第一个殉难疆场的富察氏家族成员，乾隆哀痛之情难以言表。明瑞死时，其家人将其遗骸藏于路旁草木茂盛之处，并做了标识，乾隆特命侍卫跟随明瑞家人潜入小孟育，找到遗骸后带回京师归葬。归葬当天，乾隆亲自到郊外为之祭奠，同时下令处死坐视不救的额尔登额、谭五格，以慰英灵。

在木邦失陷、明瑞死讯尚未传到京城前，眼看征缅战争越打越困难，乾隆曾有过撤兵的念头，认为明瑞军在深入缅境后，若能迅速建成大功，当然最好不过，万一发生挫折，也不要勉强，"与其徒伤精锐，不如暂时撤兵"。

然而明瑞一死，有了折损大将、丧师辱国之仇，事情就不可能如此完结了，再度对缅甸用兵也已势难中止，只是经过三次征缅战争的失败，又进行了自我检讨，乾隆对于战争的准备可以说是前所未有的重视，他要任用最得力的将领，集中最精锐的部队，发起一次彻底的进攻。

第九章

绝非想象中那么好打

从前三次征缅战争来看，作为主管云南军政的一把手，云贵总督都是当仁不让的主帅，连明瑞也兼任云贵总督。第四次征缅，云南巡抚鄂宁被提拔为总督，并进入指挥部高层，但他不再是主帅，主帅是被乾隆授以经略的傅恒。

傅恒贵为国舅，又是首席军机大臣、保和殿大学士，派他出马，与乾隆亲征也就只差一步。傅恒以下，阿里衮、阿桂被授以副将军，舒赫德被授以参赞大臣，这三个人都和明瑞一起参加过平准平回战争，乃有大功在身的重臣，鄂宁只能排在他们后面，列第五顺位。

乾隆为征缅精心准备，从指挥班底到部队阵营都堪称超豪华。第三次征缅战争调拨满洲兵三千，已经算多的了，这次增拨健锐营兵两千五百人，京城满洲兵六千人，荆州和成都满洲兵各一千五百人，火器营兵四千五百人，另有索伦兵一千人，厄鲁特兵三百四十人，包括健锐营在内，能用于机动作战的八旗精锐几乎是倾巢出动。贵州绿营在随明瑞征战过程中表现出色，藤牌兵王连更是立下奇功，所以这次依旧调贵州绿营兵九千人随征，加起来一共是两万四千八百四十人。

虽然乾隆对启动新的攻势倾注了全力，但吸取前三次征缅战争的失败教训，他没有贸然出兵，而是一步步着手进行准备。根据他的安排，在傅恒领兵出征前夕，云南军务由阿里衮暂行处理，自1768年4月起，阿里衮、舒赫德等先后抵滇。

舒赫德办事向来谨慎，平准战争时就预言过阿睦尔撒纳会反叛。他对永昌进行了实地调查，在与云南总督鄂宁反复商讨后，两人联名向乾隆反映征缅有"五难"，即办马难、办粮难、行军难、转运难、适应难。

"五难"

在征缅战争中，乾隆时时要分析和研究军情，对于"五难"当然不会心中无数，事实上，"五难"一直以来都是清廷用兵西南最大的障碍。比如，军马粮草的筹办以及征集民夫调运物资，眼下就足以让乾隆费尽心机，而行军之难，只要把历次奏报中清军的行军速度与地图上各地点之间的距离相对照，就知道部队到底走得有多慢，道路究竟有多险峻难行了。又比如"适应难"，来自北方的清军普遍存在着水土不服的问题，在第三次征缅战争中，明瑞军一路上官兵患病很多，大大影响了战斗力，辅军一路虽未深入缅境，然而得病者亦不在少数。

乾隆不是不了解征缅之难，让他感到不满和恼火的是大吏们由"五难"所引出的主张，舒赫德、鄂宁认为征缅"实无胜算可操"，不如放弃征缅计划，派人对缅甸进行秘密招降。

乾隆本身好大喜功，有着一个盛世君王通常都有的虚荣心和名利心。清廷对缅甸已经屡次用兵，其间劳师动众，损兵折将，最后什么都没捞着，无尺寸之功不说，还得觍着脸去"招降"，一想到这里，他就感到脸上无光，难以下台。

再者，从乾隆自己的经验出发，无论最早的瞻对战役，还是后来的平准战役，无一不给他这种印象，即如果不将对手打狠打痛，所谓招降云云，说到底只是自欺欺人。平心而论，乾隆的这种顾忌和担心倒也不是纯粹的杞人忧天，在缅甸已经三度取胜的情况下，若清廷一方匆匆收场，的确谁也不能保证今后缅军不会再次侵扰云南边境。

乾隆斥责舒赫德、鄂宁秘密招降建议"荒唐无耻，可鄙可怪"，说你们既然把云南边外描述得这么可怕，那么康熙皇帝平定吴三桂叛乱，又是如何做到的呢？假使你们真觉得缅甸"地险瘴重"，暂时无隙可乘，也应当整顿兵力，慢慢寻找机会。就算是确实难以远征，我降个谕旨，直接撤兵就行，也显得光明正大不是，何必行此掩耳盗铃的伎俩？

这个时候已有不少大臣反对出兵征缅，都说清军实无必胜把握，舒赫德、鄂宁只是其中观点最鲜明，反对最激烈的两个。为此，乾隆将舒赫德、鄂宁的奏折遍发给朝臣阅览，一边揭示奏折中的"乖谬可鄙可笑之处"，一边对军机大臣们强调："我堂堂大清，势当全盛，只要训练精兵，积极储备粮草，珍此丑类，力量完全足够。"

乾隆觉得舒赫德已无心征缅，就算留在云南也不会尽力，反而只会起到消极作用，于是，乾隆将其现有的刑部尚书、参赞大臣等职一并革去，以副都统身份调去乌什任办事大臣。鄂宁因只是附议，乾隆要求复奏，重新申述意见，也就是再给你个机会，给我好好反省一下。

虽清军在第三次征缅战争中失败了，但明瑞及其所部勇猛善战的形象已在缅甸人心目中定格。此时缅甸方面还不知道明瑞已死，以为明瑞又将卷土重来，颇有些畏惧，此外他们还须继续用兵暹罗，也不愿再次与中方开战。在这种情况下，缅甸国王孟驳下令送还八名俘虏，并通过俘虏上书清廷，提出双方议和。阿里衮据此上报，乾隆则认为缅甸既然愿息兵罢战，那么就算国王不亲自出面，至少也得派个大头目前来商谈，结果却以俘虏代替，而且书信中的言辞也很傲慢，可见并无诚意，因此命令阿里衮不予理会。

与先前相比，乾隆的对缅政策其实已发生明显变化，将缅甸全境收为己有的目标已被悄然放弃，但退而求其次，让缅甸如东吁王朝后期那样，输诚纳贡，成为中国在西南的藩属国，依旧是他所期望的最好结果。

只是缅甸方面并不做如是想，依恃己方三度取胜的先决条件，他们在态度上依旧强硬，并无进表纳贡之意。缅军统帅诺尔塔在授命其边境官员与中方建立通信联系时，明确告知："若天朝肯依，我们两边都好了，若天朝执意不肯，必要打仗，我们也怕不得了。你们可将好话歹话都传递到，肯依不肯依，写个信交与我们的人带回。"

除此以外，中方境内的九龙江十三版纳被缅甸认为是其属地，而且他们还想把已内附清廷、在中国境内避难的木邦、蛮暮等土司所携人口都要回去。这些也是中方坚决不能答应的，乾隆由此表现出了比缅甸政府更强硬的态度，声言："（平缅战争）一年无绪，再办一年，自然贼匪畏惧兵威，计穷归顺。"

在致诺尔塔的檄谕中，乾隆还痛斥缅甸国王："不知天高地厚，肆口妄言，竟与犬吠无异。"

也就在这个时候，鄂宁的复奏送至京师，他在奏折中说，舒赫德关于秘密招降的提法可能有些唐突草率，但既然现在缅甸方面已有讲和之意，顺势为之也未尝不可。乾隆看后当然很不高兴，随即将鄂宁降补为福建巡抚，所遗云贵总督一职由阿桂兼任（不久后又由其他人接替），至此，原定的指挥班底由五人变成了三人，即傅恒、阿里衮、阿桂。

不胜不归

在 1768 年春天之前，乾隆一直忙于向云南前线调兵和输送物资，次年三月，在认为已具备出征条件的情况下，他才正式派傅恒赴滇整理军务，同时饬令阿里衮、阿桂，指示他们只需用心饲养马匹，备办粮饷，进兵之事待傅恒抵滇后统一筹划。

康熙晚年，仍处于强盛期的准噶尔曾经攻入过西藏，清军"驱准保藏"，却几乎全军覆灭。关键时刻，十四皇子胤禵临危受命，以抚远大将军之任统兵西征，康熙亲自登上太和殿，授之以敕印，尔后胤禵果然一战得胜。傅恒起程前，也奏请按照此例，由内阁大臣在太和殿颁给经略敕印，乾隆不仅照准同意，而且还把自己平时使用的甲胄赠给了傅恒。

傅恒奏请颁印，为的是显示全力以赴、不胜不归的决心，乾隆郑重其事，亦体现着对这位最得力助手的信任和重视，期待他能够高奏凯歌，重演当年"一平金川"的一幕。

傅恒身负重任，起程后昼夜奔驰，日行两百余里，以最快的速度抵达了云南，正如乾隆诗中所云："却思经略滇南去，日日疾驰二百余。"

1769 年 5 月，傅恒由省城赴永昌前线，与阿里衮、阿桂及诸幕僚对具体方略进行筹划。

第三次征缅战争在出兵时间上考虑了要避开瘴气，缅甸瘴气在雨季最为流行，若以节气来说，主要集中于每年清明至霜降这段时间，清军基本上就是在霜降瘴消之际出发的，所以最初也并未因瘴气而出现过多的非战斗损失。此次进行商讨，阿里衮、阿桂等人也均主张在霜降后出师，但这时离霜降还早，傅恒认为让几万大军坐守四五个月，既耗费粮饷，又容易令将士松懈，丧失锐气，同时也难以起到出其不意的战术效果。

乾隆在第三次征缅战争中已比原计划提早出兵，为的就是想来个奇袭，只可惜当时雨季尚未结束，清军行军困难，导致未能如愿。在傅恒看来，其实原计划就不应该过于拘泥避瘴，时间上越靠前，才越有可能争取主动。于是他最终决定把出兵时间定在农历的七八月，乾隆知道后深表赞同，并且很高兴地说："我兵于八月趁其不备，分路进剿，可以直抵阿瓦。"

事后来看，因为没有避开瘴气流行的季节，清军确实遭受了不利影响，就连傅恒本人都生了病，但世上的事情大多都是利弊相随，而且正如"五难"中所言，缅甸瘴厉横行，一年里瘴气消散的时间很短，要想完全避免瘴气是很难做到的。退一步说，就算冬季瘴气少，可是在水寒土湿、水土不服的情况下，清军官兵也很容易染上疟痢等疾病，明瑞军后来便因此出现了相当多的非战斗减员。

一句话，要么像舒赫德、鄂宁所建议的那样，干脆息兵罢战，要么就抛弃这样或那样的顾虑，咬着牙硬闯过去。除此之外，并无第二条捷径可走。

明瑞征缅时主力军系沿东路锡箔进军，傅恒认为这是一条错误的进军路线，理由是阿瓦在伊洛瓦底江以西，沿锡箔进军，就算到了阿瓦附近，阿瓦仍隔于江外，大军要进攻阿瓦还得渡江。伊洛瓦底江的上游是戛鸠江，傅恒主张主力军先渡过戛鸠江，然后沿戛鸠江西岸挺进，辅军则从普洱进发。

商议到这里的时候，傅恒的幕僚赵翼提出了一个极为中肯的建议。

赵翼乃清代著名诗人兼学者，从小就有神童之名，据说他三岁的时候就能识字，十二岁的时候一天能写七篇文章。赵翼参加殿试本来可以拿状元，乾隆说自清朝建立以来，陕西还没出过状元，便把陕西籍的第三名提至第一名，而将赵翼移至第三。

虽然与状元擦肩而过，但赵翼在京师已享其名，之后他曾入值军机处，深受傅恒的器重。此次征缅前，赵翼正在地方上任知府，傅恒特意把他请入幕中替自己谋划。

针对分戛鸠江西岸和普洱进军的方案，赵翼指出，别看地图上这两个地方相距不过三寸，但其实有四千里之遥，两军相隔这么远，很难互通声息，也不容易协调进退行止。明瑞军后来之所以那么被动，原因之一就是一直得不到辅军的消息所致。

赵翼建议辅军改由戛鸠江东岸的蛮暮、老官屯出发，与主力军夹江而下，同时打造船只，以便两岸大军可以互通往来，彼此呼应。

事无难易之分

傅恒接受了赵翼的建议，将作战方案调整为三路并进，即在主辅两军外，再增加一支沿江而下的水军。随后他派人经过勘察，发现铜壁关外的野牛坝树木甚多，其中昼楠、夜槐两种树木还是造船的上等材料，而且当地天气凉爽，疾病不生，非常适于打造战船。

傅恒将计划报送朝廷后迅速得到批准，其中造船一事更是备受乾隆的赞赏。他说自己早就认定"水陆并进，实为征缅最要机宜"，曾屡次就此事询问阿里衮、鄂宁、阿桂等人，还曾专门派员前往调查，但得到的答复不是崖险涧窄、难以行船，就是说沿江一带找不到可以造船的地方。现在傅恒一去就办成了，可见事无难易之分，"果专心致力，未有不成者"。

依傅恒所请，乾隆调遣数百工匠及福建水师两千人赴滇听用。在第二次征缅战争中，清军在给缅方发出的通牒中，声称集结了水陆军，其实纯粹是虚张声势，这次则是实至名归了。

1769年8月21日（农历7月20日），在部署既定的情况下，傅恒祭旗誓师，先率主力军出征。两名副将军，阿桂需要督造战船，阿里衮则有病在身，傅恒本来想让阿里衮留下养病，但他执意要随征，傅恒只好予以同意。

傅恒军自腾越出发，用已造好的船只渡过戛鸠江，之后直逼孟拱、孟养两个土司辖地。此时正值秋收季节，缅甸人在农历八月前要收割庄稼，加之孟拱、孟养非其腹地，清军一路之上如入无人之境，孟拱、孟养亦主动呈献驯象、牛羊、粮食、瓜菜等物，用以向清军示好。

虽然计划中的突袭得以如愿达成，但清军也为此付出了沉重的代价，在两千里的行程中，他们饱受恶劣气候的困扰，途中忽雨忽晴，山高泥滑，一匹马跌下山谷，其所驮的粮食帐篷便随之全部损失掉了。"五难"的问题此时全都暴露出来，由于运力、口粮不足以及露宿、风吹雨打等原因，官兵免疫力下降，尽管部队事先准备了祛瘴药物，但仍有大批人相继病倒，就连傅恒亦染病在身。

就在傅恒军因病号较多而渐渐乏力的时候，由阿桂督造的百余艘战船全部完工，阿桂遂率辅军进驻戛鸠江东岸的蛮暮，福建水师亦在总兵哈国兴的率领下，准备由戛鸠江出伊洛瓦底江，从而形成了计划中三路进兵的格局。

缅甸水军察觉清军水师的意图后，立即列船扼于伊洛瓦底江的江口，对其进行拦截。从装备上说，缅甸水军还在清军水师之上，先前舒赫德、鄂宁就听经常到缅甸进行贸易的商人说过，缅军所用战船约长二十多米，每边安装二十支桨，速度很快，而且船头船尾都设有火炮，旁边还有火枪。

虽然缅甸水军自有它的一部分优势，但清军水师与之相比并非弱旅，尤其福建水师在收复台湾的澎湖海战中担任主力，作战经验方面要胜过敌军，在一定程度上弥补了战船和火力的不足。双方一战下来，三艘缅军战船被击沉，头目宾雅得诺负伤毙命，随着缅甸水军落败撤出江口，清军水师进入了伊洛瓦底江。

三百多年前，明代名将王骥追击叛军至缅甸，曾在伊洛瓦底江边刻石，谓之"石烂江枯尔乃得渡"，意谓江面宽阔难渡。在清军控制江面后，伊洛瓦底江变得畅通无阻，江路运输军粮和武器辎重的能力远大于陆路，同时因为不用翻山越岭，辎重部队遭遇伏击的可能性也大为降低，这使"五难"中的"转运难"得以初步缓解。

三路清军之中，最不顺利的反而成了傅恒军，他们沿途依旧未遇坚强抵抗，但却进入了可怕的热带沼泽区，在沼泽区内，马骡一旦陷入淤泥便无法拉出，牲畜因而大量损失。见西岸如此难行，又考虑到病号满营的现实状况，傅恒只得改变原计划，还师蛮暮。

缅军发现傅恒军撤退，认为是当初明瑞军突然北上的重演，于是故技重演，尽调主力部队，分三路进行尾追。

缅军此次共出动了多少兵力，史书上没有留下精确的数字，但可以知道的是，他们把缅甸内战中俘虏的数百名法国兵也派了上来。也就是说，除尚在暹罗作战来不及调回的部队外，缅甸国内能调动的部队都调了，估计兵员数应不少于三万，一时间，缅军旌旗蔽空，气焰熏天，大有将清军全部消灭于其境内之势。

怎么向朝廷复命

虽然清军进行了撤退，但因为两路陆军离得不远，又有水路联络，所以处境并不狼狈。在阿桂所派部队的接应下，傅恒率部迅速抵达蛮暮，在与水师、阿桂军会合后，他将大军重组为三路，即阿桂的东路军、哈国兴的中路军和阿里衮的西路军，三路军分别摆开阵势，与缅军展开激战。

至第四次征缅战争正式发动时，清廷对外号称动用满汉兵六万人，如果是在内地作战，调动这么多兵马是有可能的，但跨国作战就不行了，因为后勤条件的限制，实际前线是两万八千三百人（包括乾隆直接征调的两万两千多人、福建水师两千人，以及后来补充的广东水师一千人），扣除边境及沿路台站驻兵，能在最前沿作战的则仅剩一万八千九百人，而且这一统计数字还没有除去西岸陆军的大量非战斗减员。

虽然实际作战兵员只有缅军的一半多，但清军集中的精锐数量却大大超过以往，无论是健锐营、索伦兵还是普通的满洲兵，野战能力都很强悍，更不用说还带来了火器营和相当数量的枪炮。

在战役进行过程当中，东岸缅军最先到达战场。东路清军主力没有遭到瘴气的侵扰，建制基本保持完整，部队"精锐可用"，主帅阿桂也信心十足，他传令先用连环枪炮的战术阻击，继而强弓猛射，待缅军不支撤退，再命骑兵从两侧实施冲锋。缅军大溃奔逃，死伤无数。

哈国兴的中路军在孟密江面与缅甸水军狭路相逢。交战时，福建水师跃入和控制了一艘敌船，一名敌兵欲泅水逃跑，立即有水兵跳入水中，一刀斩之。这一场面被双方看在眼里，一边缅军士气受挫，另一边清军却为之欢欣鼓舞，趁己方处于上风位置，他们继续驾船向敌人猛冲，缅军在忙乱中自相撞击，翻了好几艘船，被杀和淹死者达数千人，江水为赤。

缅军在东岸实施进攻，西岸则结栅自固，取守势。阿里衮带病主动发起攻势，连破敌三座营寨，其余缅军见势不好，全都落荒而逃。

在三路军全都告捷的情况下，清军进克新街，缅军被迫退却数十里，缩进位于东岸的老官屯固守。尽管取得了自征缅以来的首次大捷，但傅恒、阿里衮等人的病情仍令大家忧心不已，将领们都商议着是否要见好就收，罢兵与缅甸议和，反倒是阿里衮力主继续进攻老官屯，说："老官屯有贼栅，前年额尔登额进攻的地方，距离那里仅三十里，如果不去击破它，怎么向朝廷复命？"

阿里衮言外之意是额尔登额上次没能拿下老官屯，这次我们大张旗鼓，最后也不过是止步于此，恐怕很难让朝廷满意。傅恒亦有同样的顾虑。

其实，如果缅甸在吃败仗后能够马上遣使求和，傅恒或许就有理由向乾隆提出退兵了，偏偏缅甸并未求和服软，这让他也很难说出就此罢手的话。

围绕阿里衮的提议，傅恒重新召集诸将进行商议。众人认为，既然还是要打，就必须挑选合适的攻击目标，否则继续向阿瓦进军，很难做到速战速决。在此前提下，进攻老官屯的确是一个不错的选择，此处乃缅甸北部水陆交通要道，也是缅甸都城阿瓦的重要屏障，倘若能予以攻取，缅甸国王必然会畏惧乞降。

傅恒接受了众人的意见，决定进攻老官屯，1769 年 11 月 17 日，他率部进攻此处。

老官屯系江中之沙洲，其东西两岸各有两座坚固大营，称为东寨和西寨，既然主要从东岸进兵，清军便将攻击重点集中在了东寨。见清军攻来，东寨之敌出营迎战，被清军迅速击退，不过因为是试探性作战，所以双方都没有取得大的战果，只是不时以火炮互轰而已。

战斗结束，清军即在两岸分别扎营，与缅军对峙。限于老官屯江面水流湍急，且沙洲阻遏，清军水师暂时也无法前进，便顺势停泊于两寨之间，对己方陆军进行左右策应。

次日，东岸清军派偏师到东寨南面扎营，在断其水路的同时，对东寨形成半包围圈。

从第三天起，准备就绪的清军集中兵力，分左右两翼，对东寨发动了大规模围攻。在围攻时，傅恒居中调度，与阿里衮等人就站在东寨栅外数十步外进行指挥，可谓是志在必得，但谁也没有想到，清军不但进攻未果，而且预想中的速决战还演变成了一场旷日持久的拉锯战。

能用的办法统统都用上了

东寨建于山坡之上，地形十分险要。在第三次征缅战争中，辅军屡攻不下，主帅额尔登额被认为无能兼不尽力，但他的前任、兄长额尔景额素有才干，连乾隆也表示欣赏，可是额尔景额直到病死，也没有取得任何进展，足见东寨之易守难攻并非虚言。

此次缅军将东寨作为势所必争之地，又进一步加强了防御，他们在四周两三里范围内竖满栅栏，栅栏外又挖掘三重壕沟，壕沟外遍布尖锐树枝，形成鹿寨，称之为"木签"。面对如此多的障碍物，清军的骑射优势根本无从施展，缅军却可以隔着栅栏和"木签"猛烈射击，通过炽盛的火力对清军进行拦阻。

这是缅军最擅长的防御战术，若不清除营寨周围的障碍物，便无从破寨。战前清军在腾冲专门制造了"威远将军"火炮，这种类型的火炮曾先后在金川、平回战争中使用，炮重三千斤，炮弹亦重三十余斤，套用西方标准，已属于三十磅以上的攻坚重炮。傅恒下令修建土台，将"威远将军"搬到土台上，对缅军栅栏进行轰击。

刹那间，弹矢如雨，声若奔雷，一轮炮击后，木栅上全是被炸开的缺口。但是让人郁闷的是，由于栅栏被深深钉入地下，虽破却并未倒塌，趁着清军炮火暂停的间歇，缅军进行紧急抢修，又把残破部分都给修复好了。

炮击不倒，总兵哈国兴率部砍伐山中老藤数百丈，加上皮革制作的长绳，以铁钩系于其首，做成了类似于飞爪的武器。敢死队员趁夜潜近木栅，用"飞爪"挂住木栅，然后发动数千人轮流拖曳，可惜不是中途用力过度，拉断了老藤，就是被缅军发觉后将老藤砍断，总之毫无成效。

傅恒接着采用火攻。清军用木材制成挡牌，一面大的挡牌可以保护数十人不被铅弹击中，若将百余面挡牌同时并举，便可起到"如墙而进"的效果。敢死队分成许多个小组，每个小组由两个人抬着挡牌前进，身后十几个人紧紧跟随，每人手上都拿着一束木柴。

在挡牌的掩护下，敢死队拔下"木签"，越过壕沟，在敌寨下方堆起木柴进行焚烧。未料想江中大雾泛起，栅木潮湿，不容易点燃，而且缅甸木材硬度很强，即便被烧成黑色，栅栏整体也不倒塌。后来风向又突变，敢死队自己反受到大火威胁，只得后撤回营。

在金川、平回战争中，清军为了破战碉和攻城池，曾挖掘地道，用火药进行爆破，老官屯一役也尝试了这种攻坚法。实施爆破后，虽在地动山摇中将栅栏炸飞了一大片，但地道系平行掘进，而栅栏都在斜坡之上，能破坏的至多只能是一部分，况且这一部分栅栏就算是被炸飞，地下依旧会留下巨大的深坑，当清军冲到深坑前时，照旧无法逾越。

为了能够攻破东寨，傅恒及其诸将可以说是绞尽脑汁，能用的办法统统都用上了，但短期内亦难求速成。与此同时，清军除作战伤亡外，因染瘴而导致的非战斗减员有增无减，其中高级将领的损失很是严重。

阿里衮在病中犹奋力投入进攻，哪里枪炮声最多哪里就有他，这样一条铁骨铮铮的汉子，却也没能敌得过病魔。其他相继患病亡故的将领还有副都御史傅显、总兵吴士胜、水师提督叶相德，这尚不包括自己也有病在身的主帅傅恒。

傅恒在给乾隆的奏折中将面临的困难据实以告。乾隆对傅恒最为信任和倚重，可以说满朝文武，无人能及，看到傅恒领兵都打得这么艰苦，战场情况又如此严酷，乾隆对征缅的认识逐渐趋于理性。基于不愿"将有用之兵，掷于无用之地"的考虑，他明确告诉傅恒："以此观之，撤兵为是，早已降旨矣。"

尽管清军未能立马攻下老官屯，但各种攻击方式用下来，也已经把缅军给吓得够呛，尤其是炸药爆破后，更是弄得他们惊恐失色，哀号震天。

老官屯的栅栏插入江中，缅军在栅栏间开一扇水门，其舟船就通过水门，将粮草火药源源不断地运进营寨。阿桂发现了缅军的这一要害之处，遂派五十艘战船出击，越过栅栏截断了老官屯的运输补给。

老官屯的缅军各部都无反击和突围的能力，也知道这样持续下去，营寨早晚要被攻破，所以都不约而同地产生了求和乞降的想法，当清军水师继续攻击其水上栅栏时，驻老官屯的缅军统帅诺尔塔便派人站在栅栏上递交文书，主动请求罢兵议和。

1769 年 12 月 7 日，诺尔塔派使臣带着缅甸国王孟驳的求和文书至清军大营。因乾隆已谕令可无条件撤兵，傅恒召集众将商议后同意议和，并派哈国兴等人与缅方进行谈判，最终达成了老官屯协议。协议达成后，傅恒奏请撤兵还朝，得到乾隆的允许，征缅战争至此结束。

老官屯协议包含三个要点，即缅甸必须按古礼进表进贡、永不侵扰中国边境，以及送还所有在缅甸的中国军民。从协议落实情况来看，"永不犯天朝边境"的条款基本得以实现，这不得不归功于清廷不惜代价以维护国境安全的决心。

此外，木邦、蛮暮、孟拱、孟养等大片缅北地区原处于中方境内，明朝后期被缅甸蚕食，就连杨应琚收复的孟艮、整迈，实际上也早已被缅甸视为囊中之物。经过四次征缅战争，它们重新回归中国版图，这一情况一直延续到近代，在英国将缅甸作为其殖民地后，上述区域才被划入缅甸。

以番治番

除不敢再侵扰中国西南边境外，缅方最初在进贡等协议内容的履行上表现得拖拖拉拉，很不痛快，这让乾隆颇为恼火，甚至影响到了他对征缅战争的评价。在"十全武功"中，他把征缅单独列出，认为其他"武功"大多是成功的，唯有征缅一役，因为缅境瘴厉横行，清军染病者甚多，缅甸政府又罢兵求和，所以导致匆匆班师，不能算作圆满。

有一段时间，乾隆多次敦促留守云南的阿桂率兵袭击缅境，在给予对方惩戒的同时，迫使其履约。阿桂提出异议，还被他骂了一顿，不过乾隆最终还是搁置了出兵计划，并将阿桂调至川西，原因是当地已经燃起战火，金川战争再度爆发。

第一次金川战争虽以大金川土司莎罗奔投降而告终，但实际上只是草草了结，大金川的武装并未受到毁灭性打击。莎罗奔本人也没有受到任何惩罚，战后他在当地的形象不但没有受到影响，反而气势更盛，俨然成了胜利者，据说直到今天，当地还流传着很多有关大金川土司战胜乾隆皇帝的故事。

大小金川土司原本都恃强好战，大金川土司尤其突出。莎罗奔既未被真正打服，又受到周围人的追捧，很快就忘记了乞降时发过的誓言，一俟恢复元气，便重新开始侵扰相邻土司。

大小金川地处川藏要道，当时内地有九条通藏路径，其中五条都与大小金川直接相关。理藩院尚书温福向乾隆汇报说，从川西维关南到藏区打箭炉，直线距离不过数百里，然而就因为金川相阻过不去，只能从成都绕道而行，路径竟长达两千多里。

金川的地理位置这么重要，乾隆当然不能任由大金川土司吞噬邻邦而致坐大，可他也不愿意因此轻起兵端，以致重蹈覆辙。

和征缅战争一样，清军在第一次金川战争中差点陷在泥潭里拔不出来，两位重臣张广泗、讷亲全都葬身于那场战役，张广泗当时叫苦连天，说："天时地利皆贼所长。"讷亲在被处死前更留下肺腑之言："番蛮之事，如此难办，后来切不可轻举妄动。"乾隆本人又何尝没有体会，他在感觉进退维谷、战事难以措手之际，也一度急到"辗转思之，竟至彻夜不寐"。

乾隆君臣既要阻止大金川侵扰，同时又不能让清军直接介入，能够想到的最好办法，便只有"以番治番、以蛮攻蛮"。按照乾隆所下达的谕令，四川督抚先是联合众土司击退了莎罗奔，继而又对大金川展开反击。这一办法开始效果还不错，莎罗奔吃了瘪后有些畏惧，此后便消停下来。在莎罗奔病故后，继袭土司郎卡也曾经表示愿意屈服，并退还所侵占的各土司土地。

可惜好景不长，等郎卡坐稳位子，缓过劲来后，又故态复萌，向相邻土司发动了进攻。鉴于大金川始终无法安分，乾隆不直接介入的态度也一度发生动摇，已准备让阿桂署理四川总督事务，直接出兵大金川，但此议很快就因中缅边境纠纷不断升级而作罢。

四川官府继续采用"以番治番"之策，以分赏大金川的土地以及其他赏赐为诱，把小金川等九土司组织起来，让他们替朝廷剪除大金川。问题是九土司或地少兵单，或隔得较远，多数都不是大金川的对手。小金川和绰斯甲布虽兵力较强，但他们不是与大金川同族，就是与其是姻亲，相互之间的关系很复杂，如小金川，固然可与大金川因一言不合而打得死去活来，却也可因一言投机而重归于好，总之大家都首鼠两端，不愿与大金川结下深仇。

由于心力不齐，九土司虽围攻大金川多年，仍旧成效甚微。在顶住九土司的进攻后，大金川突然发起反击，虽被众土司奋力击退，但大金川在久困之下居然还能实施绝地反击，众土司对此都极为惊慌惧怕，屡请朝廷出兵相援。

此时适值征缅战争即将爆发，清廷在出兵金川的问题上顾虑重重。众土司看到朝廷始终不愿出兵，生怕大金川不灭，自己第一个遭到报复，而且他们在环攻大金川的过程中，也不同程度地均有损耗，却又不知道回报在哪里，于是对战事都渐渐失去信心，开始观望懈怠。乾隆闻之，深有感慨地说："看来土司等性多狡猾，以蛮攻蛮之计，似乎是很难奏效了。"

就在以番治番陷入困顿之际，大金川趁机在各土司之间展开合纵连横。他以联姻为利器，首先拉拢住中小土司，使其从最初的孤立境遇中脱身而出，接着又与九土司中最强的绰斯甲布、小金川重归于好。

在大小金川和绰斯甲布三强联手之后，其他中小土司莫敢与之相抗。大金川土司的处境以及整个金川的格局被彻底改变，九土司联盟因此土崩瓦解，已持续达九年之久的环攻也不得不黯然落幕。

全都是有赚无赔

大小金川山多地少，乃名副其实的僻远苦寒之地，据说即便在收成好的时候，百姓所种的青稞等粮食亦难敷所需，必须以酒糟、麦麸等辅之，方得以维持，而后者在内地其实都是用来喂猪的饲料。

严酷的生存环境自然而然地造就了金川人好战贪利，不以劫杀为耻，反以为荣的习性。这是大金川土司从不肯放弃攻杀周围土司的一个重要心理基础，换言之，如果嘉绒地区的其他土司拥有了它那样的实力，所作所为亦不会有太大区别。

小金川在实力上最接近大金川，双方联姻后，便也想和大金川一样攻占其他土司领地。1770 年，郎卡去世，其子索诺木袭职，索诺木年仅十九岁，此时的小金川土司泽旺因老病不能视事，已由儿子僧格桑管事掌权。僧格桑是索诺木的姐夫，两边暗地里建立了攻守同盟，大有二司联手称霸川西土司地区之势。

九土司联盟的解体使得大小金川对清廷更加藐视。想到第一次金川战役时清军攻碉乏术，征讨无疾而终，此次对九土司环攻九年，清廷又自始至终未派一兵一卒，他们相信若再度攻略周边土司，清廷应该也不会轻易派兵攻伐。

退一步说，就算清廷出兵，下场也不见得会比第一次金川战役时更糟，他们为此设想了几种可能性：第一种，依托碉楼之固，"天兵若打不进来，少不得要退兵"；第二种，依托地势之险，"我们就是打仗不胜，不过守住各处要隘，兵马也飞不过来"；第三种，最差最差，不过是和第一次金川战役结束时一样，"一二年后或土司求饶，大皇帝恩准饶了我们，依旧可以在那里做土司"。

这么一算，全都是有赚无赔，众人便决定"再去闹各土司""灭得一处占一处，只求多些百姓、粮食"。九土司中力量较弱，且与大金川疆域毗连，双方夙有仇隙的革布什咱成为该轮攻袭中的第一个猎物，土司被大金川袭杀，领地也为大金川所侵入。川省官府得知后谕令索诺木退地献凶，索诺木不但置若罔闻，坚持不退兵，还要求"将革布什咱地方百姓赏给当差"。

受到大金川的鼓舞，小金川的僧格桑也出兵九土司中的另一个弱者沃克什，大肆抢掠其人口牲畜。明正与沃克什相邻，明正土司与僧格桑本有郎舅之亲，便对僧格桑出兵沃克什加以劝阻，不想僧格桑怀恨在心，他趁明正土司兵前往明正与革布什咱交界处防守，内部空虚之机，又攻占了明正的纳顶官寨。

随着大小金川接连发动攻势，整个金川一片大乱，至此，清廷以番治番的政策完全失败。清廷内部对此进行了检讨，第一次金川之役被旧事重提，很多人认为，正是当时的草率罢兵以及匆匆讲和，才使得如今的大小金川土司变得更加肆无忌惮。乾隆也持如此认识，在他看来，此次大小金川同时寻衅滋事，实乃前次宽大受降所致，是自己的姑息埋下了隐患，因而悔恨不已。

这时征缅战争已经结束，四年征缅战争，清廷耗资不菲，前后共拨解饷银一千三百余万两，实际用银九百八十万两千余两，但国库存银依然巨大，也就是说要继续打仗的话，完全打得起。

乾隆决计出兵川西，此次出兵距离上次征伐大金川，前后已相隔二十四年之久，但两次战争在性质上是完全相同的。史家在研究时，也都把第二次金川战争看成第一次金川战争的延续，唯一不同的是，上次清军针对的是大金川，这次则是先从小金川开始。

清廷发动第一次金川战争，最初起因其实就是救援小金川，如今小金川却反与大金川站到一边，视朝廷权威如无物，从清廷的角度来说，着实是有些忘恩负义，所以乾隆要进行讨伐，"痛惩以示威"。

另外，乾隆认定小金川的实力要弱于大金川，也不像大金川那样有险隘可凭。他记得第一次金川战争时清军曾经过小金川，从当时的前线汇报上看，其地不如大金川宽广，山势也不及其险峻。按照乾隆的如意算盘，如果能够先平定小金川，便可令大金川望风畏惧，在拆散大小金川联盟的同时，使得僧格桑更加无路可逃，"斯为一举两利"。

第一次金川战争初期，清军曾以绿营为主力，但绿营士气积疲，怯懦畏战，实在不利于进剿，在刚刚结束不久的征缅战争中，绿营也被证明难以独当一面。这次乾隆一上来就把旗兵作为主力，宣布选派四川满洲兵一千，加上绿旗兵及土练兵五千前往小金川，然而让他失望的是，由于四川总督阿尔泰的失误，此举并没有能够起到先声夺人的效果。

令人望之心惊

阿尔泰虽为旗人，但他是部员出身，未娴军旅，其实和征缅战争中的刘藻、杨应琚差不多，都属于能文不能武的类型。阿尔泰在内地做地方官时政绩斐然，一到西南，碰到大小骚乱，立刻就傻了眼，举止表现判若两人。

在清廷正式宣布出兵小金川前几个月，阿尔泰专事调停，在众土司中间做和事佬，对于剿抚全无定见，一心只希望匆忙了事，在相当长的一段时间里，他既没做好各项战前准备工作，对进剿小金川的态度也游移不定，以致诸事漫无措置。

对于小金川侵占沃克什和扰及明正土司一事，阿尔泰起初派提督董天弼进逼西北路，但他怕官兵会四处遭袭，疲于应付，随后又改变主意，仅拨兵对明正土司要隘进行防御，企图单靠说服令僧格桑就范。他这种畏首畏尾、迁移不决的做法，使得僧格桑愈加嚣张，紧接着又出动一千多兵马，进据瓦寺土司所属的斑斓山，并对沃克什官寨达围进行围攻，在达围坐镇的绿营兵及土兵土练全部遭到围困。

乾隆闻报对阿尔泰大加斥责，责令他亲自统兵进击小金川。阿尔泰不得不赶往打箭炉进行运筹，这位总督大人老迈体肥，驰驱行阵实在勉强，他在打箭炉三月有余，"安坐打箭炉，并未发一兵，未移一步"，平时除了造船就是添兵设卡，进剿小金川方面则一片空白，对于究竟需要多少兵力，如何调拨，从何处进攻，在何处堵截，根本未做通盘谋划。

乾隆眼睛毒得很，一眼看穿阿尔泰没有进兵的计划和决心，只想拖延完事，甚至之前派董天弼驰赴西北路施以兵威，都不过是空言塞责，于是即刻下令免去阿尔泰川督职务（后仍改由其暂署），仅以大学士衔留川协理事务。

督兵攻剿固非阿尔泰所长，但小金川也绝非想象中那么好打。事实上，第一次金川战争中清军经过小金川时之所以没有受阻，乃是因为小金川人配合了清军打击大金川的需要，而不是其地不如大金川复杂险峻。后世的历史学者在进行田野调查时发现，小金川的确远没有大金川那么开阔，但论高山之逼仄起伏，河道之险窄难行，却并不在大金川之下。

小金川与明正交界处有大河相隔，阿尔泰要直接进兵，就必须渡河，但金川的大河尽为天险，甚至直到今天，在交通状况已经大为改善的情况下，这些大河仍令人望之心惊：河中黄浪急漩，两岸则高崖耸立，山上仅羊肠小道可通，一遇大雨，就会有飞石自山上滚落地面，可怕的泥石流频频暴发。

金川河道与内地河道还不一样，一般只能以皮船载运两到三人过河，而且还必须掌握专门技术的水手才可以驾驭皮船。由于阿尔泰没有第一时间进兵，致使小金川人已提前在对岸设防，金川兵善用火器，清军要想成批地靠皮船渡河，便只会成为他们的活靶子，所以阿尔泰才想到要造木船，并以这一理由拖延不进。

在被皇帝谴责，又被摘了川督顶戴之后，阿尔泰纵然能力不济，却也不敢再消极混日子了。他采纳游击宋元俊的建议，决定实施分路进攻，即董天弼驰赴西北路，宋元俊由南路夹攻。

董天弼本已抵达瓦寺，只因阿尔泰茫无措置才止步不前。发现小金川军已在斑斓山添修碉卡且山势险峻，前进路径被阻断，董天弼便以总兵福昌在山下诱敌，自己率主力改由山神沟觅路前进，先后攻占了得尔密、别蚌山等地。

如果重新考察首征金川的进程，可以发现，大金川人在攻守进退上异常灵活，当清军发动多路进攻时，他们通常以固守为主，偶尔才趁间出击或设伏于林莽之中，伺机对清军进行袭杀，而当天气变化或清军士气低迷，只能专事据守时，他们便会成群结队地四处侵扰，令清军措手不及，防不胜防。小金川人的战术与大金川如出一辙，董天弼刚刚有所进展，还没顾得上坐下来喘口气，他们便趁雾雨迷漫、风雪交加之际实施突袭，不仅重新夺回得尔密、别蚌山，还俘虏了清军一名千总。

与此同时，南路清军则传来了捷报。负责前沿指挥的宋元俊多年在川西应付土司土舍，他密约当地土舍进行配合，率部用棉帘遮船渡河，对小金川守军实施两面夹击，一举收复了包括纳顶官寨在内的明正全境七百余座寨，并乘胜攻占小金川要塞四处。

宋元俊因功由游击升为副将。借助于他所取得的胜利，阿尔泰得以统兵推进，逼近小金川南面的约咱大寨，受挫的董天弼则将官兵由山神沟撤回，改向达围进击，但约咱、达围均坚碉林立，小金川军据险死守，使得清军再未能获得任何实质性进展。

虎头人

清军在首征大金川撤退时，曾将大量军米赏赐给小金川，本来是作为对其随军征战的抚恤，但小金川人却从中尝到甜头，留下清军军营物资充足，有便宜可占的印象。及至第二次金川战争爆发，许多年轻番众都认为，只要和清军狠狠打它几仗，便可趁机获取财物。他们对于清军的进攻，非但不惧怕，反而还期望与之对抗。

小金川军本身也有对抗清军的实力和本钱。无论大小金川，皆尚武且精于攻杀之术，金川兵的典型装束是头戴虎皮帽，脚穿牛皮靴，胸前挂小神像，腰插刀械，背负鸟枪、火药、干粮，外界称为"虎头人"，既指其外在装束，也喻其勇敢矫健，表现在战场上就是每个金川兵皆"登山越岭如平地"，遇战十分凶悍，能以一当十。

金川兵使用的鸟枪比清军的更重、更坚固，也打得更远，一位清军官员观察到，金川兵每天安营扎寨后，第一件事就是以枪法决胜负，白天以小石子为标的，晚上则燃香，谁打中算谁赢，因此金川兵普遍拥有出色的枪法，"命中及远，无虚发"。这位清军官员为此发出感慨，认为大小金川以弹丸之地，却能与清军主力部队对抗，"非仅恃险而已"。

小金川军以据险力守、伺机攻杀为其特长，面对远道进剿，不习山地战的清军，可谓是占尽优势。前线清军久攻不克，难以破险，逐渐陷入了进退两难的境地。

眼看第一次金川战争中的难堪局面似乎又要重演，乾隆忙派军机处行走、户部侍郎桂林驰赴川边，协同阿尔泰办理军务，同时传命正在云南的理藩院尚书温福，让他从永昌统领现有满洲劲旅及精干黔兵数千人星夜驰援。

1771年11月7日，乾隆通过明发上谕正式宣布征剿小金川，除尽数罗列数年来小金川不遵约束，侵扰邻司的罪状外，他还着力强调实施征剿绝不是因为自己好大喜功，而是不打实在不行了，"若复置之不问，必至众土司尽为蚕食，流毒无穷"。

在桂林、温福先后到达打箭炉后，前线所征调的满汉官兵及土练兵已达一万六千余人。阿尔泰兵分三路进击，表面上看颇具声势，实则漫无成算，以致进兵月余，战果寥寥，其间董天弼的中路军虽曾一度得以攻破敌寨，但旋即就被小金川军夺回，所部伤亡惨重，损失了包括四名千总在内的近百名官兵。

出于迅速平定小金川的需要，并吸取第一次金川战争用人不当的教训，乾隆此次在选将问题上格外用心。收到奏报后，他当即降旨将董天弼革职，阿尔泰也以调度失宜，被下令革去大学士衔，由温福、桂林分别补授大学士、四川总督。

就在阿尔泰被免职的当天，南路的桂林所部传出捷报，副将宋元俊在土舍协助下攻取约咱，并报称杀死敌兵百余名，宋元俊因功再次被晋升为总兵。不过这一进展并未影响温福的判断，阿尔泰一直以南路为进剿小金川的正路，他则认为应以西北路为正路，直取中坚。

温福拥有较深的军营阅历，曾在乌鲁木齐等处供职，因办事认真受到肯定，并且他还上过战场冲过血阵，最光荣的战史便是随兆惠参加叶尔羌战役，脸上曾被子弹打伤。

阿尔泰被解职后，温福一面向朝廷奏请继续增调陕甘兵，以加强西北路的攻击能力，一面移师西北路，对斑斓山敌军展开大举进攻，12 月 27 日，他亲自带兵攻占了斑斓山右侧碉卡。

当晚小金川军实施反击，向清军呐喊冲杀。绿旗兵战斗意志较弱，甫闻枪声，便退缩溃散。温福等人见势不妙，骑马冲锋，箭射加刀砍，连杀十几个逃兵，才稍稍得以稳定军心，但碉卡仍夺而复失。清军在战斗中也遭受了很大损失，共有两名巴图鲁阵亡，一名参将坠崖不知所终。

温福没有气馁。1772 年 1 月中旬，增调官兵一到，他马上重新部署，再次对斑斓山发起进攻，经过数日炮击，终于得以将该处山梁的大小碉卡全部予以攻克。

就在南路和西北路双双告捷的同时，中路军也高唱凯歌，成功地为被困达七个月之久的达围城解围，共救出沃克什土司及被困的兵丁三百余人。据悉，达围城中严重缺粮，已被迫食用牛皮，若清军的攻势再无起色，被攻破只在旦夕之间。

小金川在侵入沃克什和明正后，于两司扼要处修筑碉堡，挖掘战壕，给清军推进制造了重重障碍。经过数月的不懈奋击，各路清军终于扫清了障碍，进抵小金川境内，至此，战局开始出现转机。

为什么现在不能走

小金川的僧格桑原本以为清军会像首征大金川那样，遇碍即受阻，如此则不难将其阻于本司之外，现在一看清军锐意直进，已深入小金川境内，这才慌了起来，连忙派头人到大金川向土司索诺木请兵援助。

索诺木与僧格桑虽是姻亲，双方还有攻守同盟协议，但清军的势头大金川那边也不是看不到。大金川是先惹事的一方，不过清廷并没有首先把矛头指向他们，而是指向了小金川，索诺木对于要不要蹚小金川这趟浑水颇感犹豫。僧格桑借兵三次，三次都吃了闭门羹。

僧格桑不得已，只好再次派人央求索诺木，说："我没养儿子，是无后的人，将来小金川地方无人承管，你打发一个兄弟来，就是你的地方了，我攻打沃克什也是为你占地方。"

在表示不惜将小金川献给索诺木，以此换取对方出兵后，僧格桑又以到嘴的鸭子即将飞掉的口吻，欲擒故纵地刺激他小舅子："现今官兵（即清军）来打我，你若不多多帮兵，我就把地方让给官兵，我就逃往你们金川去。"

索诺木一听果然动了心，改口说大小金川本是一家，如今又成亲戚，这种时候忙还是要帮的。他对内做出的解释，是自己不得不帮小金川："小金川地方别的土司占不住，就是官兵打到没法的时候，总是要完事的，将来小金川地方终究是要归我们大金川的，我们帮小金川，就是和帮自己一样。"

索诺木先是派头人到清军军营投禀送礼，表示愿意替小金川和沃克什说和，希冀朝廷撤兵。遭到温福等人的严词拒绝后，他便以保护其姐姐为名，先后派九寨共七百多人弛援小金川，并试图截断清军运粮归路。

大金川助兵防守的证据不断被前线清军发现，乾隆获报后，终于下决心待小金川事定，即剿平大金川，永除边患，"金川（此处指大金川）一日不办，小金（小金川）一日不灭，金川办而小金易灭，小金灭而金川其势已孤"。

1772 年 2 月，在朝廷增派的陕西、甘肃、贵州等地官兵陆续到达军营后，温福、桂林各领一路兵马向小金川继续推进。

温福军首先对资哩展开围攻。资哩乃小金川门户，距离其官寨美诺不过数十里，僧格桑在这一带广立碉卡死守。为抵抗清军枪炮攻击，寨外还掘有深沟陷阱，里面铺埋了尖利的石块以及当地特有的一种硬刺树枝。这种树枝上面的长硬刺粗大尖利、密集排列，令人望之胆寒，清军一旦跌入深沟陷阱之中，即便不死，也必会被扎成重伤。

清军无法逾越深沟陷阱，也很难接近碉卡，最好的办法就是远远地用火炮轰击。当年清军首征大金川，便每每动用火炮轰击战碉，小金川人对此印象深刻，他们在各个战碉内添置木排，用以贴护石墙，使射进来的炮弹无法直透内墙。这样一来，子母炮、劈山炮等轻型炮犹如隔靴搔痒，没多大用处，所以必须使用重炮。

金川地形自达围以后，山势更加险峻，履步所至全是羊肠小道，并且终年气候偏寒，雪大路滑，那些重达三四千斤的已铸大铁炮实难抬运，而依据首征大金川的经验，五六百斤及以下的铁炮根本轰不垮战碉。温福传令临时改铸七八百斤的铁炮，此类火炮在攻坚方面稍显不足，通常都必须连续击中数百炮，迫使小金川军不能乘间修补，才能最终摧毁碉卡，清军进展也因此变得非常缓慢，直至当年四月中旬才将资哩攻破，进而逼近美诺。

桂林军的推进也很不易。乾隆一直以为小金川地界虽与大金川毗连，但应该没有大金川险要，接到前线关于小金川山多地险的报告时，他起初还不相信，甚至责问前线将领："以前能走，为什么现在不能走？"之后桂林等人进呈川西北各土司地图，他仔细看过一遍后，才发现自己弄错了，感慨："竟系跬步皆山，略无平地。"

险恶地形为敌军实施伏击、截击创造了条件，就在清军进逼小金川咽喉之地僧格宗时，桂林突然得知后路被大金川派出的援兵截断，于是忙命参将薛琮率三千余官兵，带五日口粮，向墨龙雪山进发，并与之约定，一俟薛琮部绕至前敌山梁，即行接应夹攻。

薛琮部自大雨倾注的夜晚出发，三天后到达前敌山梁，因敌军碉卡坚固，防守顽强，无法单方面对其予以压制。本应渡河接应的桂林贪图安逸，开始只是隔河放炮，后来干脆撤退，结果导致薛琮部反被敌人包围。

薛琮在所部粮食将尽之际，曾派人越险向桂林求救，但桂林认为薛琮部应自己尽力突围，回了句"饿了自会出来"这样的话，竟未做任何救援。薛琮部被围七日，薛琮不得不再次派人求援，这时桂林才派援兵，但险要之处已被敌人占据，援兵仰攻极为困难，只能眼睁睁地看着友军浮尸蔽河而下。漂下来的人中有几个被救活了，一问才知道薛琮部在弹尽粮绝的情况下已全军覆灭。

墨龙雪山之战令清军受到重挫，薛琮等阵亡，其余或战死，或坠崖，或被俘，三千余官兵，连日突围而出者，仅两百余人，多数被俘或受伤官兵均系被捆缚后丢入河中淹死的。面对如此惨败，桂林选择了隐而不报，希图掩饰责任，但很快宋元俊等知情者就提出了报告和参劾，乾隆颇为震怒，当即将桂林予以革职，发往伊犁赎罪，另授阿桂为参赞大臣，由其统率南路军，同时改授原陕甘总督文绶为四川总督，负责筹办粮运。

兵不厌诈

在昔年的孝贤皇后丧葬案中，刑部尚书阿克敦因所协管的翰林院翻译失误，差点人头落地，幸好后来又被赦免复职，阿桂就是阿克敦的独子。

阿桂文武双全，智勇兼备，他仕出科举功名，为乾隆三年的举人，以后陆续参加了金川、平准、平回战争，在紫光阁由乾隆亲制题赞的五十功臣中，他名列第十七位。乾隆有意对他大加培养，战后委任他为伊犁将军，在新疆主持屯田。阿桂以绿营驻城防守，招抚溃散的厄鲁特人及维吾尔人垦荒种地，开渠灌溉，当年新疆取得丰收，他也由此扬名海内，时人将他与后来同样屯田成功的伊犁将军永贵并列，合称为"二桂"。

阿桂原为满洲正蓝旗，属下五旗之列，因在平准平回战争和驻伊犁期间治事有功，被抬入上三旗，改隶正白旗。征缅一役，阿桂排在傅恒、阿里衮之后，为清军三主将之一，阿里衮卒于军中，傅恒战后也染疾身亡，阿桂是三主将中唯一的幸存者。征缅战争结束后，阿桂留守云南前方，由于竭力反对中缅继续交恶而被降旨革职，其副将军一职被移交温福署理，直至温福奉命赶川，他才随其一道重上战场。

阿桂性格沉稳端重又不失机敏。据说乾隆曾赐给他一匹马，有一天马脱缰而去，养马的人前来报告，当时阿桂正在看书，只吩咐了两个字："去找。"后来马找回来了，他也仅仅是慢悠悠地说了声："好。"又接着去读他的书了。

墨龙雪山之战后，尽管南路军的后路已不存在被截断的危险，但由于敌军占尽地利优势，清军进攻损失太大，以致连着两个月都未敢再发动攻势，南路进攻是否还具有价值，也因此受到质疑。阿桂抵营莅任后，没有只为眼前情形所动，而是进行了一番仔细考察，最终确认南路虽比西路山势更险峻，道路也更狭窄，然而此处距离美诺已不远，不宜再改道进兵。

阿桂的判断和决策无疑是正确的，南路军又重对敌发起攻势，但因为在墨龙雪山一役中元气大伤，加上山险路窄、敌军死守以及雨雪不断，部队仍然难以向前推进。与此同时，西路军也陷入了迟滞不前的窘境。

至1772年6月，乾隆先后从陕西、甘肃、贵州调兵，增调部队合四川原有兵力，不下六七万人。这使得仅在最前沿作战的西路军就已达到一万余人，但西路山势绵长，林深谷险，每隔十几里就需要安栅卡一处，每处得派数十名士兵驻守，实际用于打仗的不过两千人，如此单薄的兵力，很难攻克敌军坚寨。

小金川方面见状又得意起来，放风给九土司中的丹坝，说："以后我金川家在自己地方是同大石头一样不动的，汉兵来也是再进不来的，你丹坝后来做得土司，做不得土司，由我金川说了算！"

面对困境，已经认识到小金川"多山负险"，征剿不易的乾隆在上谕中表示，为了减少伤亡，不宜一味令官兵冒险攻坚，而是应更多地采用诱敌出碉、绕出其后等战术，设法创造一切条件杀敌制胜。他下旨派云南提督哈国兴驰赴西路军营，与温福等筹商对策。

尽管依靠大金川援助，暂时阻遏了清军的进攻，但僧格桑多少还是有些心虚。1772年9月，他屡次派人在西路军营外叫唤递呈，说什么沃克什地方并非他私自占据，而是前任川督阿尔泰断送给他的，如今他愿意将地方退还，以求清军撤兵。

乾隆征伐小金川就是要求得一劳永逸，而且清军已经耗费大量人力物力，光墨龙雪山就死了那么多人，岂能几句抱歉、请谅、原物退还之类的话就能打发？不过哈国兴是缅甸老官屯谈判的主持人，很善于揣摩敌方心理以及从中做文章，他认为兵不厌诈，既然清军强攻比较困难，不如将计就计，以求改变与敌相持消耗的被动局面。

征得温福等人的同意，哈国兴派人传话给僧格桑，说空口无凭，你必须先从前沿的南北山梁以及沃克什旧寨中撤出，这样我才能替你代禀将军（指温福），饶你性命。

僧格桑一听信以为真，以为可以像当年傅恒办理纳降事宜一样轻松过关，便依言令所部焚烧卡栅，自行撤出了原先各寨。

在趁机控制了那些经数月猛攻但却毫无所得的最险要之处后，温福、阿桂于西、南两路厚集兵力同时挺进，一路连攻许多碉寨及要隘，其中南路军距僧格宗已仅数里之遥。

僧格宗为小金川南路紧要官寨，这座官寨位于突起的崖顶之上，四面峭削，仅有螺旋细路可通，寨外筑有五重石墙，防御严密。守军还暗砌水沟，砍伐柴木堆积在寨内，做了长期死守的准备，这些都给清军的进攻制造了难度。

没人听得进去

相传阿桂在军营时，晚上常秉烛于帐中独坐，及至拍案大呼，或长啸一声，拔剑起舞，则次日必有奇谋。与传闻不同的是，现实中的阿桂最不喜欢用"奇谋"二字，就在金川战争期间，有一天部队刚刚安营扎寨，他忽然传令移师，诸将均以天色已晚加以劝阻，阿桂拔出令箭说："违者立斩！"

官兵们虽不得不执行命令，然而背后亦不免抱怨。当天夜里下起大雨，原来扎营的地方水深丈余，众人在连称侥幸之余，都感叹于阿桂如何能够未卜先知。碰到这种情况，有人往往喜欢故弄玄虚，更有甚者，还会以自己通悉奇门遁甲之类的话来蒙人，阿桂却直言不讳："你们说我有异术？我有什么异术啊！不过是看到蚂蚁搬家，知道可能要下大雨罢了。"

一个真正具备出众军事才能的人，并不需要对自己进行夸大粉饰。当年年底，在阿桂的部署下，清军一部用皮船渡河，潜行至僧格宗碉下，由正面展开进攻，一部绕至后路，前后夹击。敌军抵御不住，在拆毁石墙后顺潜沟逃逸，僧格宗得以克服。

僧格宗与美诺隔河相对，仅半日行程。乾隆通过研究地图和战报，对小金川地理早已熟稔于心，获悉攻下僧格宗，他马上对军机大臣们说："小金川之事，自当克日解决。"

果然，南路军很快就乘胜攻下美诺，而后温福也率西路军赶到美诺，两路大军胜利会师。眼见大势已去，僧格桑逃往大金川，老土司泽旺出降，随即被押解赴京，至此，清军得以初定小金川全境。

综合前线报告，小金川一役之所以后期进展缓慢，皆因得到了大金川的兵援，"小金川各处经官兵杀获者，金川贼众居多"，在墨龙雪山之战中，大金川军更是直接对清军的后路进行截击，致使清军蒙受重大损失。乾隆早就恨得牙痒痒了，先前置之不理，只是为了集中兵力，各个击破。

1773 年 1 月 5 日，小金川战役刚刚结束，乾隆即授温福为定边将军，阿桂和随温福参战的参赞大臣丰升额为右副将军，指令大军征讨大金川。按照命令，参战部队除处理降番、设防后路、安排粮运外，其余由温福、阿桂、丰升额各领一路，迅速向大金川挺进。

大金川之所以敢于主动跳出来激怒清军，是因为手里拿着一张王牌。大小战碉乃大小金川的绝佳战守工事，在进攻小金川的战役中，清军已经充分感受到了碉卡的易守难攻，但与小金川相比，大金川更显山高雪深，碉楼坚密。

"大金川之地，自十二、三年（指首征大金川）以来，全力抗守，增垒设险，严密十倍小金川。"趁着清军先行攻打小金川之机，大金川又派人力在各险要处增碉设卡，使得境内几无任何缝隙可钻。

战役初期，大金川的粮食弹药均无虞，绝大部分士兵也锐气十足，小金川兵眼馋清军的军需，大金川兵同样如此，他们都十分渴望能通过劫掠清军营盘、粮台获取财物，或俘虏清兵为奴。一些经验丰富的大金川老人通过对小金川之役的观察，提醒说，此次清军大兵压境可能与上次大为不同，大金川的人迟早要吃大亏，可是没人听得进去，年轻人从索诺木到普通士兵，都认为第一次金川战争中他们明降实胜，坚信清军不可能进剿成功，只要狠狠打它几仗，清军自然还会像上次一样无奈撤退，因此大金川兵在实战中"比小金川的人凶狠"。

三路清军虽奋力攻杀，但仍进展缓慢。在阿桂一路，有一座绵亘达二十余里的当噶尔拉山，大金川在山上营建战碉十四座，碉外有横墙，墙外护以木栅，木栅外又掘有深壕，壕中松签密布，再泼水成冰，层层布防，加之山高雪大，云雾迷漫，清军就算眼睛睁得再大也看不见战碉，推进更是难上加难。

阿桂又是用炮轰击，又是挥兵仰攻，历时三个月，付出很大的伤亡代价，才攻克了两座战碉，就这样，他比丰尔额还好一些，因为碉墙坚厚，雪深冰滑，丰尔额那一路竟至三个月内寸步未进。

温福一路面对的同样是碉高和雪深，清军进击时，各碉枪石如雨，迫得官兵屡进屡退。温福在久攻不下的情况下，只得改变进攻路线，移师木果木，计划从昔岭进逼噶拉依官寨。

昔岭距噶拉依虽仅数十里，但地势险要，大碉就有十座。参赞大臣海兰察等人"往来冰雪中"，费尽九牛二虎之力，所取得的战果也不过比阿桂军稍好而已，即阿桂攻下两座战碉，他们攻下了三座。

木果木与大金川的勒乌围官寨有路相通，大金川除了用战碉阻挡清军之外，还常组织兵力，每四五百人一股，每夜对清军兵营进行骚扰。时值隆冬季节，木果木雪深数尺，但因地方上办解御寒衣物延迟，大部分兵丁连单夹衣都没有，同时还得时时防备敌人劫营，弄得疲困不堪，连温福都忍不住叫苦："冲雪凝冰，颇为不易，兼以山高气冷，抓碉防卡尤属艰苦。"

越想越不对劲

温福爱喝酒，他和已复职为四川提督的董天弼等人私交甚好，常常于白天指挥作战时也在帐中喝上几口，"日与董提督天弼辈置酒高宴"。若是战事顺利，此举倒还不致太引人注意，关键是仗打得不顺，生活又过得艰难，大家心里都憋着一股气，对此怨言也就多了起来。

温福的性格偏急，平时三五十个官兵一股去攻碉，有人在战斗中受伤，他因为碉没打下来，不仅不慰劳，还屡屡予以严责，由此更是雪上加霜，在下面引起了很大意见。

众将之中，与温福关系弄得最僵的是海兰察。有一天他不顾上下级礼仪，握刀闯进中军帐，当着面就讥诮温福是在混日子消磨时光："您身为大将，却只知闭寨高卧，苟安旦夕，这绝非大丈夫所为。部队现在虽然疲惫不堪，但只要让我来督率，仍然可以打胜仗！如果您始终不肯出战，不如饮刃自尽，这样我们还能各尽其力。"

温福出身显赫，且得乾隆器重，一向心高气傲，刚愎自用，如今居然被下级这样埋汰，气得连胡子都翘了起来，当即拂袖站起。只是因为海兰察极其勇悍，手下缺他不得，温福才强忍怒气，没有与之过分计较。

乾隆此时一方面为前线受阻不进而着急，另一方面更对各路清军渐次深入大金川后的后方衔接问题感到担心，他一再谕示温福，指出对饷道军台必须做好保护，以防止敌军进行破坏。

在奏报中，有一个细节引起了乾隆的特别注意和重视，即僧格桑在从小金川的美卧沟逃往大金川时，曾用树木将此路隘口曾头沟隘拦断。凭借多年指挥用兵的经验和直觉，乾隆深感可疑，他认为曾头沟隘本身即为险隘，"我进较难，贼出甚易"，就算不拦断，清军轻易也进不去。僧格桑多此一举，显然是怕清军啃骨头，硬闯曾头沟隘，这说明曾头沟隘对于他而言可能另有特殊用途。

什么用途呢？乾隆的判断是僧格桑欲将曾头沟隘作为连接温福大军后方的通道，以便等清军深入大金川后，再由美卧沟潜出发动奇袭，重新占据底木达、布郎郭宗（二者皆为小金川官寨），切断温福的后路。

奏报中除这个似乎不怎么显眼的细节外，并没有看出温福有所警觉和做了什么预防措施，乾隆越想越不对劲，直言曾头沟隘一事"所关不小，温福等匆匆进兵，于此紧要关键未能筹万全"。

乾隆立即着手布防，命新任四川总督刘秉恬驻扎于小金川美诺官寨，与董天弼共同防守曾头沟隘等要点，因顾虑刘秉恬兵力不足，又降旨调官兵增援。

尽管乾隆在第一时间采取了紧急的补救措施，然而他也不可能事事料及，尤其所派的两人事后均被认为用之不当。董天弼身材高大魁梧，作战时常身先士卒，所向无前，是一员勇将，可惜勇则有余，谋则嫌不足，受命后他驻兵于清军在小金川的粮台大板昭，虽对底木达、布郎郭宗也进行防守，并巡防美卧沟一路，但力量主要集中在大板昭营盘，而不是关键碉卡。刘秉恬同样没有正确领会乾隆的意图，他不在金川兵可能会出没的地方加强警戒，却分派官兵到各寨搜查，使当地部民惊疑生怨，反失民心。

最大的问题还是出在温福自己身上。温福缺乏足够的防范意识，当时军营有小金川降兵千余人，温福忘了"受降如受敌"这句老话，对之未严加监视，每当清军出营攻碉，他便将这些降兵留在营内守营。索诺木、僧格桑侦知后，便趁机派人联络，劝说降兵待机而动，同时又派人潜回美诺等寨煽动复叛。

有小金川的降兵和叛众通风报信，大金川对清军前后方的一举一动可谓是了如指掌。1773年7月20日，半夜时分，大金川军从大板昭正南山口潜至底木达，对之掷石放枪，清军军营内的降兵随之呼应，底木达遂告失陷。

董天弼闻报，令其子同两名士兵背负印信逃出求援，自己则抽刀率两百官兵前往底木达救急。他们在途中即路遇敌军，因寡不敌众，追随他的官兵很快就死伤殆尽，董天弼犹在拼死力战。金川军头人见状，集合数百鸟枪射击，董天弼胁下中弹，挣扎着走到碉房附近的菜园才断气。

战后，董天弼被认为对失守要隘应负重要责任，董天弼之子为此遭到牵连，被发配伊犁。及至金川事定，乾隆才通过被俘的金川军头人的供述，了解到董天弼死前的壮烈一幕，这让他颇为所动，于是又将董天弼之子从伊犁召回，恢复了其原有的举人资格，并授内阁中书。

底木达失守的次日，小金川的叛众亦进行呼应，美诺代都喇嘛寺的喇嘛身穿红黄衣服，暗藏兵器，走进清军营盘门口时猝然动手，令清军防不胜防。

在大小金川军及叛众的攻袭下，大板昭一带卡伦以及布郎郭宗等寨、粮台逐一失陷，温福与阿桂的音信也随之中断。木果木东北毗连小金川，获知小金川方面起火，温福忙派海兰察带兵八百赴刘秉恬所在的登春站所进行救援，然而这时小金川已遍布敌军，海兰察带去的那点兵力根本不足以进攻，仅能用于固守登春。

温福决定将主力也撤出昔岭以防后路，但为时已晚，其后路早被完全截断，不仅如此，金川军还将攻击矛头直接指向了木果木大营。

溃兵如蚁

木果木大营遭到攻击时，营内尚有官兵万余以及两三千运粮夫役、炮台匠役，完全可以组织反击，但温福在缺乏思想准备的情况下乱了阵脚，居然关上营门，不让夫役、匠役入营，后者只得逃往登春避难，营内的"咽噜兵"趁机煽惑，导致军心大乱。

当年春天，在选派四川满洲兵参战之后，乾隆曾考虑调用京旗兵，派健锐营等数千人赴金川助战。京旗兵的军饷是绿旗兵的几倍，温福、阿桂都奏议说用不着派京旗，绿营已足用，乾隆听后也就没有坚持，转而选择继续从陕甘黔调兵。

温福军大部分由川陕甘黔四省绿营组成，只有少部分是四川满洲兵。尽管乾隆在抽调时，已经严令各省必须调派精壮兵丁，而不允许以老弱充数，但就总体而言，绿旗兵的军纪和战斗力仍比满洲兵要差一大截，尤其四川绿营中的"啯噜兵"更堪称隐患。

"啯噜"是雍乾年间四川的一个秘密会党，有学者考证是哥老会的前身，主要由四川社会的流民所组成。"啯噜"每年祭祀与清军作战而死的起义军首领张献忠，有一定的反清情绪，但当时外部对它并不是很了解，岳钟琪在首征大金川时"募啯噜为新兵"，前后共招兵两千余人，温福军有不少都是岳钟琪那时候召的"啯噜兵"。

在正常情况下，绿营还是可以使用的，怕的就是碰到大营遭袭这样的突发事件，再加上受到"啯噜兵"的煽惑，畏敌溃逃便难以禁止，尤其混杂着"啯噜兵"的四川绿营更是如此，"一遇贼徒，如鸟兽散，将领皆所不顾，习为固然，全无纪律"。清代史学家魏源后来研究认为，军中啯噜及其他败兵弃军而逃，是导致清军在木果木一役中溃败的一个重要原因。

1773 年 7 月 28 日，金川军突破木果木大营东北山上木栅，第二天黎明，大营后面山上的木栅也被攻破，金川兵从山梁大喊冲杀而下，绿营闻声一哄而散。

温福命几名军校护送自己的将军印信及报匣突围，并嘱咐他们："万一败之于贼，印信攸关重要，断不得有失。"随后他便上马亲率余下的百名满洲兵拼死进行抵抗，厮杀中左胸中弹，坠马而亡。

温福酿成大错，对木果木大败无疑负有首要责任，乾隆起初惜其临阵捐躯，特加恩赏给一等伯爵，世袭罔替，并令入祀昭忠祠，得知真相后，又命削去这一恩赏。不过温福作为位极人臣的高级将领，能与董天弼一样临难不苟，多少还是为自己挽回了一些形象。

董天弼生前拥有两匹哈萨克产的赤骠马，模样极为雄健，温福很喜欢，常问董天弼能否割爱送一匹给他。董天弼说："天弼上阵，就靠这两匹马，等荡平金川，我马上将这两匹马全都送给将军。"未料最后两人竟全都阵亡于金川,足见金川战争之残酷和激烈。

温福死后,木果木大营完全崩溃。据说很多古代名将都能通过"望云气"也就是观察各种蛛丝马迹,来预测战争的胜负,海兰察亦有此能,他在"望云气"后对部下们说:"云气已颓散,不可再与敌人相持,我骑马向东,你们跟着我到美诺寨去。"当下他便率部从登春突围,且战且走,与刘秉恬部在美诺会合。

木果木之败令清军遭受了自第二次金川战争开始以来的最惨重失败,温福所部两万余人,阵亡将领除温福、董天弼外,共有包括百余文武官员在内的四千余官兵战死或被俘,木果木迄今仍有"万人坟"的地名,就是因埋葬清军将士而得名。军用物资方面也损失甚巨,丢失粮米近两万石,银五万余两,火药七万余斤,大炮五门,九节劈山炮七门,其他军械、营帐等物资尚难以计数。

攻破清军木果木大营,打死其主帅,又如愿抢获了巨额军用物资,金川军士气更盛,而清军则呈兵败如山倒之势,士气也降到了自第二次金川战争开始以来的历史最低点。溃逃的官兵自相残踏,终夜有声,在经过铁索桥时,因为互相拥挤,桥都断掉了,仅落水溺死者即数以千计。

阿桂军的参赞大臣明亮前来美诺协助海兰察收集残部,只见溃兵如蚁,往来于山岭间。明亮忙派人制止他们继续逃跑,以此收集了数千溃兵。谁知晚上休息时,有人不小心将一件铜器掉在地上,发出的响声惊醒了溃兵,众人一边大叫"追兵来了",一边蜂拥着向东逃窜,这回可是谁都拦不住他们了。

明亮久历戎行,见多识广,但也是第一次经历这种场面,事后对人讲述时仍不住慨叹:"其丧胆也如此。"

在所不惜

木果木之败后近十天,乾隆得到了底木达、布郎郭宗失守的消息,他一面暗自跺脚叹气,一面又强作镇定地说虽然遭到敌军偷袭,还丢失了两座官寨,"但此等不过零星贼匪,见董天弼毫无准备,于是乘势滋扰,没什么大不了的"。

乾隆降谕温福、阿桂,让他们从速收复底木达,而且在收复之前,无论如何不能再继续推进，同时指示海兰察，"于美诺沟断贼归路，尤为第一要务"。

乾隆的谕旨和指示自然都是缓不济急，无济于事，不久他就接到海兰察的奏折，得知了木果木惨败和温福阵亡的详情。这一消息显然对乾隆造成了极大的心理冲击，他自己也承认，看完海兰察的奏折后，"极为骇异"。

前线三路主将，论能力和资历，以阿桂为最高，论实际战绩，阿桂军也无可挑剔，因此乾隆把收拾残局和反败为胜的希望都寄托在了阿桂身上，当即委任他为定边将军，接替温福担任主帅一职。

为保证阿桂能够从当噶尔拉山安全撤出，乾隆指令丰升额从原驻地宜喜赶赴打箭炉接应，要海兰察把守美诺，明亮驻兵僧格宗，以为掎角之势，防止金川军窜入后方通道阻截阿桂。乾隆当时还不知道，在他发出指令之前，由于金川军攻势猛烈，小金川各处部民纷纷反水，清军早已被迫撤退，美诺、僧格宗已经全都落入金川军手中。

阿桂军虽看似陷入了孤掌难鸣的危险境地，但实际情况并非如此，这主要是缘于阿桂镇静严防，早已未雨绸缪地做好了防范措施。

色木则为当噶尔拉山至后方僧格宗的必由之路，木果木失事前，这一要地已被阿桂先发制人地予以占领，确保了部队可以随时后撤。

被温福等人忽略并导致清军后方失守的内患问题，阿桂也想到了。他命令官兵预先将僧格宗山后的皮船全部收起，用以切断河南河北大小两金川之间的联系，使其不能自由往来，又提前派明正等土司会同清军，将当噶尔拉山以西各寨所有投降部民收缴武器，尽数调离碉寨之外。

在木果木军营失陷前后，虽然大金川土司索诺木也曾计划切断阿桂军后路，但却无隙可乘，找不到任何偷袭之机，阿桂军也未受到任何损失。

过去九土司合攻大金川，索诺木一直对此耿耿于怀，袭击木果木得手后，他一面谋划进行报复，一面准备继续展开扩张行动。鉴于清军是他在嘉绒地区进行扩张的主要障碍，同时阿桂又治军有方，布防得力，无法轻易动摇，于是索诺木便以木果木得胜为砝码，与阿桂讨价还价，让阿桂退出大金川，说："我金川系大皇帝家旧土司，如今官兵、百姓等，我金川一点不敢侵犯。"

阿桂面临的现状是全军士气低落，小金川得而复失，大金川最终也难以守住。

他深知当噶尔拉山的后路险仄绵长，如翁古尔垄等处皆悬崖鸟道，数十人据险，万夫莫开，若能退兵加以扼守，当前易防后路，今后也易于进攻，不失为上策，因此顺水推舟地同意了索诺木的退兵要求。

阿桂亲自率一千余名滇兵断后，用一周时间将部队陆续撤至翁古尔垄等险要处驻守，此举不仅保存了实力，而且为未来整兵再进，收复小金川提供了巩固的前进基地。乾隆闻讯非常高兴，称赞阿桂处置得宜，"统办进剿之事，实堪倚任，此外大臣等，亦罕能出其右者"。他传谕丰升额仍返回宜喜，并对前线指挥班子进行调整，宣布改任阿桂为定西将军，明亮、丰升额为副将军。

至1773年8月，清廷已为金川战争拨饷银两千九百万两，木果木败后，小金川除僧格宗以南地区外，近乎全境失守，清军初定小金川的战果已丧失殆尽，等于朝廷的巨额投入全都打了水漂。

如果把场景置换到很多年前的首征大金川时期，可以肯定乾隆百分之百又要打退堂鼓，想着让大金川低低头，给点面子，双方议和收场，但此时清廷的人力财力物力均已今非昔比，国库存银高达八千余万两。前线用了这么多饷银，放在过去都快要接近破产了，现在也不过是占国库银的百分之三十六，而且国库银本身也还在不断增加，朝廷并无拮据之忧。有这样的底气，乾隆把金川战争继续下去的决心非常坚定，表示："只要能对金川扫荡擒奸，为一劳永逸之计，即使再多费一千万两，朕亦在所不惜。"

对于当初听从温福、阿桂的建议，为了节省军饷，没有及时增调京旗一事，乾隆后悔莫及，他毫不犹豫地决定选派健锐营、火器营参战，加上黑龙江兵、吉林兵、索伦兵、西安满洲驻防兵、荆州满洲驻防兵、伊犁厄鲁特兵，共九千八旗劲旅（新疆的厄鲁特其时都已设盟编旗，故也属旗兵）开赴金川前线。

绿旗兵固然怯懦，战斗力差，被认为是木果木溃败的主因，但毕竟兵员数量多，而且以往战事也都表明，在以八旗劲旅作为主力后，绿营往往还是会有好的表现，所以乾隆又从云、贵、陕、甘、湖、广等省向金川续派绿旗兵万余人。

乾隆吸取一再受挫的教训，这次没有不切实际地苛求速胜，也没有事无巨细地加以过问，他把所有陆续增派前线的部队全都交由阿桂统领，让阿桂做好准备，一俟时机成熟，布置妥帖，再集中兵力进剿。

第十章

第一道裂纹

阿桂退出大金川后，索诺木以为第一次金川战争的结局即将重演，对邻近土司各种威胁，连实力较强且与大金川还有姻亲关系的绰斯甲布，他都以绰斯甲布过去曾参加过九土司联盟为名，扬言要兴兵报仇。

袭击木果木前，索诺木利用僧格桑在小金川的声望和关系，引诱当地降兵、部民复叛，事成之后便卸磨杀驴，把所有战利品一股脑儿运回大金川，小金川也交由其兄固守。僧格桑则被软禁于大金川，虽给予口食，但其左右全都换成了大金川兵，"视僧格桑若孤肠腐鼠"。

索诺木的所作所为，又重新激化了大金川与周围土司的矛盾，即便小金川也有一部分百姓对其表示不满，他们或志愿为清军做向导，或将所侦察到的大金川军动向密报清军。乾隆在掌握到这一信息后，一面接连嘉奖与清军合作的土司，一面通过阿桂四处进行宣传，称清廷"已调动十余万精兵前来合剿"，在对索诺木兄弟进行震慑的同时，进一步联络各土司和孤立大金川。

儿如摧枯拉朽一般

即使在短暂的战略防御阶段，阿桂也一刻都没闲着，不但围绕进攻方向、线路、兵力配置等做了精心策划和准备，而且对温福军残余人马进行了大力整合，裁汰怯懦溃逃者，拣选和培养其中的精兵强将，海兰察由此得到重用。

海兰察是索伦部人，世居黑龙江，其人武艺高强，膂力惊人。史载某次围猎时有两只猛虎蹿出，海兰察随身仅带了三支箭，结果射出两箭，竟然把两只老虎都射死了，还剩了一支箭没用，"天下传其勇"。海兰察参加过平准战争，因功被乾隆特赐侍卫，此番随温福征战，表现也一向优异，但由于木果木惨败后未奉令即行后撤，被乾隆责备作战不力，令阿桂讯明并据实参奏定罪。阿桂爱才惜才，欣赏海兰察的勇猛，不仅未按旨审讯海兰察，反而替其求情，说木果木兵败时，海兰察并未退缩，始终前后拦截，未像那些怯懦官兵一样崩溃逃窜。

海兰察是一员绝世勇将，但这样的战将其实亦不容易驾驭，先前他对温福的态度就很能说明问题。幸好千里马终于遇上了伯乐，在阿桂的竭力担保下，海兰察尽管被由参赞大臣降为领队大臣，然而仍能以领队大臣的身份随军出战，这使他对阿桂感恩戴德，甘愿为其效力。阿桂对海兰察也十分信任，在日后的作战中将许多重要战斗都交给他指挥，使海兰察作战勇猛的特点得到了充分发挥。

1773年11月，在新调集的满汉各路兵马陆续到达军营，大金川又渐失人心的情况下，阿桂认为进剿时机已经成熟。乾隆的意见是先打小金川再打大金川，他特传上谕询问国师、青海活佛章嘉三世，请章嘉为进攻定下吉日，活佛回禀："早或二十一日、迟或二十七日、二十九日皆为大吉之日，进攻可迅得全省。"

最终定下的进攻日期是十月二十七日（指农历，阳历为12月10日），当天阿桂数路并发，对小金川发起进攻。乾隆请活佛定吉日，既可以说他对此战极为重视，但也可以解释成他内心对于战役的进展尚无确定把握。出乎意料的是，各路清军的进展异常顺利，几如摧枯拉朽一般，美诺、底木达、布郎郭宗、僧格宗等官寨被先后克复，至小金川被完全平定，前后仅用了十天时间，速度之快，令人称奇。

参加再定小金川战役的清军达到七万之众，兵力上占据绝对优势，而小金川境内的碉卡经多次攻打多已残破，能打仗的小金川兵锐减且人心涣散，这些都是战役得以速胜的重要原因。当然也不能不提及被重新强调的精兵战略，正如乾隆看过战报后所总结的："满洲劲旅奋勇绝伦，绿营兵皆得有所效法。"

再定小金川后，为解除后顾之忧，阿桂将小金川境内近万降卒全部内迁，各处寨落、碉卡拆毁的拆毁，焚烧的焚烧，从而使得大金川军就算能够再次潜入，也无粮食可觅，亦无碉卡能依。

接下来便要准备平定大金川，阿桂请求增兵添饷，乾隆又一次表示："只要大功必成，多费实所不惜。"此后他果不食言，先后增调九千名绿旗兵奔赴前线，追加饷银达九百万两。

1774年2月，阿桂兵分三路，向大金川发起进攻。战前各路清军都做了充分准备，并基于原来长期攻碉不克的教训，重新调整了进兵路线。邻近土司的士兵引路也为进兵带来了更多的便利条件，金川当地传说，是黑水一带的人带路，才使得"皇帝兵"攻了进来，要不然甭管打多少年，皇帝都不能将土司及家人掳走。虽然传说与事实严重不符，但也说明清军当时确实得到了周围土司的帮助。

另外，此前的再定小金川在鼓舞清军士气的同时，也迫使大金川土司更加注意严防死守，各险要处皆密布石碉，所以战事依旧激烈异常。

阿桂一路在进攻罗博瓦山石碉时，海兰察等人率部绕至第二峰、第三峰峰口下，分兵进行仰攻，山上敌军发起集体冲锋，被清军射退。接着清军占领了第三峰、第四峰，切断了敌军后路，按照通常情况，这时敌军就会因军心大乱而溃败，但他们却又都退缩至第一峰碉内继续死守。清军不得不一座一座碉卡打，直至先后攻占大石碉八座，拿下大小二十六卡，才得以控制此山。

罗博瓦山下为色溯普山梁，金川军在山梁中间连设三座石碉，左右山崖又筑三座碉卡，与之互为援应。从罗博瓦山岗进至这些碉卡的道路自上而下，陡峭异常，而且六碉周围树木茂密，部队穿林前进必须低头弯腰而行，兼之雨雪不断，清军出击后若不能迅速攻下碉卡，连撤退都困难。阿桂与众将经过会商，兵分三路在夜间潜伏于碉卡前，又分一路攻打喇木喇穆，趁其注意力分散，将碉卡围住猛攻，一举占领了山梁。

金川军丧失色溯普后，继续退守喇木喇穆。喇木喇穆的防守更为严密，经过观察，只有西峰的两座大碉由于处于山梁绝顶之处，两面坡崖如削，未曾设防。阿桂判断，金川军料想清军绝不可能登上如此绝顶，一旦清军真的登上去，不仅可切断其后路，而且能促使其他各碉的守兵意志瓦解。

阿桂指挥所部分数路进攻喇木喇穆，在大部队的正面掩护下，次日晚上，海兰察率六百名敢死队员对西峰绝顶实施偷袭。山下至西峰绝顶本无路径，石壁陡滑，官兵们于半夜月出之前鱼贯而上，他们像蚂蚁一样手足并用，悄悄地登上险峰，埋伏于碉卡附近。

天亮后，敢死队冲向二碉，砍开碉门，将守敌尽行歼灭。正面的数路人马见海兰察得手，内外夹攻，一举占领喇木喇穆。

喇木喇穆偷袭战是海兰察在金川战争中的军事代表作，其勇略在此战中得到了淋漓尽致的展现。自偷袭战成功后，同方向的数十里各寨皆闻风丧胆，被清军迅速予以攻破。

火炮群

清军三路出击，阿桂首当其冲，明亮、丰升额也连续攻克多处要地，但几乎每座山峰和石碉、官寨，都必须经过反复厮杀才能攻下，战争时间也因此被拖得很长。

1774 年 8 月中旬，阿桂军经过数月激战，终于推进至大金川门户逊克尔宗官寨。面对清军的强大攻势，大金川土司索诺木先用药毒死僧格桑，将之埋在逊克尔宗坝前，继而又挖出僧格桑的尸体，遣人送至阿桂军前请降。

乾隆知道后，认为此次如果不抓住机会平定大金川，索诺木及后继者数年后必然又会故态复萌，重新上演弱肉强食、对抗朝廷的一幕，致使清军在两次金川战争所取得的成果毁于一旦。他明确指示阿桂："官军费如许力量，始得平定其地，不当以受降完结。"

索诺木求降不成，转而又加强防御工事，并力抗拒。逊克尔宗一带地势极为险要，大金川军在此地广修战碉、石卡和木城，官兵仅能从正面设法仰攻，进攻难度之大超乎想象。

如同征缅战场一样，金川兵对于八旗兵所擅长箭术颇为畏惧，但弓箭毕竟无法穿透坚硬碉卡，故历次作战"鸟枪之利十居一二，炮位之利十居九八"。清军在金川战争中铸造了四种类型的重炮，从高到低依次为"大将军""二将军""三将军"和"四将军"。

"大将军"重达三四千斤，其余三种亦重一千余斤，其中最大的一门"大将军"可发射四十六磅的炮弹，最小的"四将军"所用炮弹也近九磅。如此重炮已超出一般红夷大炮的规格，甚至可与西欧重炮相媲美，只是因为金川运输困难，重炮多了拖不上去，所以大家更喜欢的其实还是冲天炮。

冲天炮属于"威远将军"的量产版。"威远将军"作为乾隆朝参战次数较多的一种重炮，从第一次金川战争起，到平回、征缅战争，可谓无役不与。冲天炮适合山地作战的需要，将自身重量减至三百多斤，但又保留了与"威远将军"相似的造型、构造，前线将士经过实战检验，一致认为它最为得力。有鉴于此，阿桂特地奏请增铸冲天炮，乾隆有求必应，为了节约时间和运输成本，他派人直接带着冲天炮和炮车的样品在前线进行仿制。考虑到西洋人对火炮的使用更为精熟，乾隆让舒赫德从蒋友仁、傅作霖两名传教士中选择其一，护送其到金川测量炮距，以提高炮击的命中率。

有了充足的冲天炮，再加上少数能运至前沿的"大将军""二将军""三将军"和"四将军"，阿桂将它们集中起来，对逊克尔宗昼夜进行轰击。火炮群明显提升了清军的攻击力，二十多年前首征金川，当时能炸塌战碉一角或毁其上半部分就算不错了，经常有战碉被火炮打得遍体孔洞，整体却依旧岿然不动的尴尬情况出现。此次清军在耗费同样的时间和炮弹后，却可将碉楼炸到只剩根部，甚至有的炮弹还直穿碉身，致使碉墙瞬间坍塌，砸死里面的金川兵，或者碰巧落在火药存储点，将整座碉楼直接予以引爆。

在炮群的火力支持下，阿桂先行攻占了逊克尔宗前面的碉卡，烧毁近旁寨落两百余座，接着便重点对官寨展开攻击，但也就从这个时候开始，攻坚战再度陷入了"瓶颈"。

炮群虽能破坏寨墙，乃至摧毁其他与之连成片的木石工事，但寨墙不同于单一碉楼，被炸塌的土石仍堆积于墙下，形成了漫坡。金川兵在漫坡中间可以重新深挖壕沟，用以阻遏清军的前进，不唯如此，他们还将石块堆于寨墙上，一俟清军逼至墙根，便力推而下，势如雨点。清军有一种里面装了硝药名为喷筒的武器，杀伤力很大，木果木之战中金川军缴获了一些喷筒，这时也反过来被用于对清军进行射击，总之是只要能用来防御的办法和技巧，无所不用其极。

阿桂军连攻两个月，官兵奋勇异常，但仍然拿逊克尔宗没什么办法，自身却已蒙受很大损失，除一名护军校阵亡外，海兰察等战将也都先后受伤。阿桂指挥作战一向从容镇定，面对此情此景，也忍不住开始"焦急愤恨"起来。

后来乾隆得知，那段日子，大金川的本教巫师每日打卦，欲卜吉兆，其乞求的目标不光是守住逊克尔宗等寨，居然还想进而截断清军后路，其顽抗到底的态度着实令人心惊。

三难

相比阿桂的迟迟难以建功，明亮、丰升额的进展更为缓慢。阿桂见状，决定干脆绕过逊克尔宗，直取勒乌围官寨，此举被证明极为明智，据被俘的大金川头人供称："若（清军）得了勒乌围，这逊克尔宗不攻也站不住了。"

与此同时，原有的三路进兵也被阿桂改成两路夹击，即以大金川河为界，由阿桂自己和明亮分别从河东、河西进兵，在将领配置上，海兰察到河西协助明亮，丰升额则调至河东作战。乾隆对阿桂的这一决策极为赞赏，认为他胸怀全局，调整非常及时，果然之后两路军在组织进攻方面都颇为得力，不久便双双扫清障碍，得以隔河相望。

两路军与勒乌围相距都只有二十里路程，但其间的碉寨却为数不少，而且清军越是接近勒乌围，遭遇的拦击越严密。实际上，正是从金川战争开始，清军才真正懂得了"山碉设险之利"以及如何加以利用，以后他们在类似地形区作战时都加以效仿，甚至在川陕镇压白莲教起义期间也采用了这一战术。

即便在没有碉寨的地方，清军亦举步维艰，一路上跬步皆山，到处都是高山悬崖和急流险滩，非但精于骑射的旗兵无法像在草原沙漠中那样骑马纵横驰骋，就连阿桂等将军大臣多数时候也只能徒步。金川的气候又极为恶劣，一遇严酷的雨雪天气，清军的行军、打仗、运粮等几乎全部都要被迫停顿，在所谓"十大武功"中，第二次金川战争的后勤压力居于首位。

金川不只是冬季下雪，盛夏季节也下雪。在清军进兵期间，雨雪以及大风冰雹几乎就没有停过，乾隆在谕令中称之为"非时雨雪"，并将它与本教巫师的"扎达术"联系起来。

"扎达术"据说是本教中一种祈雨雪的法术，只有大巫师才能运用成功，尽管这种说法并没有什么科学依据，但本教巫师对于大金川兵民的精神控制作用却显而易见。按被俘的金川兵供词中所述，他们在战前都会起誓，然后每人把剪下的头发和指甲封一小包，交给巫师盛在匣内，有谁临阵逃走，巫师就声称会用法术诅咒谁。

按照史学家魏源的总结，金川战争有三难，谓之"天时之多雨久雪，地势之万夫莫前，人心之同恶誓死"。它们在清军进兵勒乌围的途中全都表现得淋漓尽致，从而使得两路军寸步难进，区区二十里路程，清军最后竟然用了九个月时间，才得以进抵勒乌围并对之实施合围。

勒乌围前面临河，后面靠山，与转经楼各寨互为犄角，地势非常险要，墙基尤为坚固，官寨四周各有易守难攻的战碉，甚至还有高达二十四层的。阿桂采取手术刀式战法，首先击破勒乌围山下木栅，以截断其与外界的路径，继而又攻克了山下三寨。

山下三寨实际为大金川军的军火库，内贮弹药堆积了数寸至两尺之高，清军攻克后共清点出火药一百余篓，劈山炮炮弹一万一千余发，子弹十四万三千余颗，可见大金川是准备在勒乌围长久固守下去的。因为军火库对守军而言至关重要，所以这一战打得相当激烈，清军一名三等侍卫阵亡，十余名将领受重伤。

自攻克军火库的次日起，海兰察等分兵三路，对转经楼和勒乌围之间的各碉寨发起进攻。由于地形所限，多数地方都难以建立起合适的炮击阵地，清军需要先顶着盾牌、柴捆和沙土袋匍匐前进，一俟进入火炮射程，便立即搭建起简易木制工事，再利用木栅掩护，构筑炮台架炮射击，之后直到射程内的敌防御力量被摧毁，部队才能继续推进至下一阵地，建第二层木制工事和炮台进行攻击。

在某些地势过于险峻之处，清军无法在敌枪弹下有效运送火炮、炮弹及工事材料，于是便只能凭借第一层工事的掩护，挖掘前进地道，通过地道建立第二层工事并运炮进攻，如此重复，步步推进。

经过激战，清军共占领木栅三十余座，在此基础上筑成炮台七座。战将福康安带兵依托于炮台，用冲天炮自北向南，对勒乌围进行反复轰击，炮弹命中者十居七八，对其防御阵地造成了相当大的破坏。

大小金川在两次金川战争中的特点，都是起先拼死抵抗，抵挡不住便轻言投降。看形势不妙，索诺木兄弟五人赶紧具禀乞降，表示愿主动交出勒乌围官寨，并献上乞降条款，其内容与第一次金川战争时的请降条款基本相似。

乾隆让阿桂予以拒绝，说他为当年没有彻底平定金川把肠子都悔青了，如今绝对不能再重蹈覆辙，"彼时系朕过于姑息，准其投降，至贻今日之患"。

捷报东西三万里

按照计划，清军各路官兵陆续将勒乌围附近的碉寨逐一焚毁，在完全切断勒乌围的同时，使其尽失屏蔽，随后，阿桂又派兵趁夜进攻，计划截断官寨大碉后通路。大金川深恐此路一断，非但勒乌围必难再守，寨内大小头目亦将插翅难逃，于是调集人马拼死顽抗。清军连日进攻，仍无法得手，阿桂等前线指挥官都不由得叹称大金川兵"凶悍坚忍，实为自来所罕见"。

尽管如此，对勒乌围的包围圈仍在不断紧缩。协助明亮作战的大将富德率部挖通地道，运贮火药，将山下河滩的石碉、木城各一座以及两座石卡炸塌。据称爆炸时，满天沙石木块飞舞，许多金川兵被当场炸死，有几个甚至被抛至半空，肉块肢解而下。

1775 年 9 月 9 日，阿桂、明亮两路经过层层推进，终于攻入官寨，当天所克碉寨木城达六十余座。适值天降大雨，勒乌围山水倾泻而下，负箭落水的金川兵不计其数，还有不少人倒毙于泥淖中。次日清晨当清军要割其首级计功时，尸首已经血肉模糊，其状惨不忍睹，正如阿桂所称："贼尸纵横遍满，秽恶之气，官兵至不可闻。"

攻克勒乌围也就意味着向大功告成迈出了最为关键的一步，阿桂即刻以红旗向京师报捷。乾隆收到捷报时正在木兰行宫，虽在行宫，但他仍随时关注着金川前线的战况，军机房也跟着昼夜轮值，捷报令君臣都大喜过望，彼此欢欣鼓舞。

"捷报东西三万里，中书夜半拜纶音。"兴奋之余，想到其间山重水复，大批将士效命疆场却屡战屡败，乾隆"几欲垂泪"。按照清代笔记中的记载，乾隆其实已经潸然泪下，因正在用膳，眼泪正好落在了要喝的鱼羹之中，于是他命人将鱼羹封起，赐予阿桂，并说明其中缘故，以激励其再接再厉，确保收尾阶段不再出现任何岔子。

占领勒乌围后，阿桂、明亮迅速出兵，直攻大金川腹心噶拉依官寨，参战官兵达到五万七千人。他们一路上势如破竹，先后攻克大小碉寨千余座，歼灭金川兵将近千人，噶拉依后路及其屏蔽至此被全部肃清，此战清军损失也很大，计有十余名将领先后阵亡。

为防止索诺木从水路逃窜，阿桂等人下令在官寨上下游赶造浮桥，又在桥头两端各筑卡座，派兵日夜巡查，官寨水陆渠道皆被切断。索诺木等见已逃生无路，这才陆续出寨投降。

金川当地民间传说，索诺木头上长了两只龙角，被抓走的时候曾向部民誓言，称等到竹子开花、马长角时，他还要回来当金川的土司。当然这位末代土司的誓言是永远不可能实现的，他在投降后即被押解进京，经乾隆亲自审讯并处以死刑。

大金川全境平定，阿桂以首功被封为一等诚谋英勇公，晋协办大学士、吏部尚书，仍在军机处行走，并准在紫禁城内骑马，其余文武官员也依次获得封赏。乾隆还按照平准平回战争的先例，绘一百功臣像于紫光阁，其中以阿桂为首的前五十名功臣仍由乾隆亲制题赞，后五十名功臣则命大学士于敏中等题赞，同时勒碑于太学及两金川地方。

第二次金川战争历时近五年，清廷先后调兵近十万，拨帑六千万两，加上川运开捐银，总计七千余万两，号称"费五年之力，十万之师，七千余万之帑"。实际上，两淮、浙江、山西、广东等处商人还在战争期间拿出了助饷银约一千万两，若将之与第一次金川战争的军费相加，整个金川战争耗资达到了一亿两，占乾隆"十全武功"的三分之二强。

除靡费惊人外，金川战争也是"十全武功"中历时最长、损失最为惨重的一次征战。至大小金川被平定，共用了二十九年时间，其中直接征战持续七年，阵亡官兵仅"准入昭忠祠"的就有文武官员六百九十九人，护军、披甲、马步兵九千七百十三人。

此前最令乾隆为之自豪的平准平回战争用兵五年，拓地两万余里，政府所拨帑银尚不过三千余万两，金川地仅千里，不及准回两部的十分之一二，向来被乾隆称为弹丸之地，但清廷在金川战争中所付出的代价却数倍于前者。两相比较，无怪乎连乾隆自己都不得不承认"事倍而功半"，应该说，这未尝不是他在听闻攻克勒乌围时悲喜交集的原因所在。

为了确保今后不再出现类似事件，永绝后患，乾隆下决心摒弃已经过时的"以番治番"之策，对两金川实行彻底的改土归流。他下令撤销土司制，分别在小金川设立美诺厅，在大金川设立阿尔古厅，同时安营设汛，用屯田法移兵驻守。后来阿尔古厅被裁，并入了美诺，美诺厅改名懋功厅，直隶四川省，至此大小金川的地理名词不复存在。

金川战争中投降的军民除首犯被处决外，其余分别安插于绰斯甲布、明正等十二土司之内，再由各土司分别安插于各寨，每寨均有头人进行管束，且有档案可查，从而确保大小金川部众势单力孤，消除其继续滋事的可能。按照昔日安抚和控制回部的办法，乾隆在嘉绒地区也引入各土司轮流入觐制度，要求各土司土舍头人必须定期于年终进京朝觐，"俾扩充知识，以革其狞悍之风"。

由于本教在战争中为大小金川助战，乾隆认为它是金川部众滋事之端，将其判定为专事诅咒镇压的邪教，谕令嘉绒土司统一改信藏传佛教格鲁派。金川原有的寺庙中，以大金川的雍仲喇嘛寺规模最为可观，乃嘉绒地区最大的寺庙，乾隆谕令阿桂将该寺铜瓦及装饰华美什件全部拆运京师，另建信奉藏传佛教格鲁派的广法寺，以作为打击本教，振兴藏传佛教格鲁派的标志。时至今日，嘉绒地区虽然仍有许多藏民世代信奉本教，传承本教，但与其历史上的兴盛时期相比，已不可同日而语。

预立皇储

1770 年，即第二次金川战争开始的前一年，乾隆正式宣布在自己执政六十年后，将提前禅位。

既然要禅位，预立皇储一事也就变得愈加迫切，但乾隆所能选择的范围却极其有限。在继任皇后那拉氏被"不废而废"之前，除去早殇和病逝者外，宫内只有六个皇子可供选择。这六个皇子里面，看上去还有培养前途的又仅有三个，依次是皇五子永琪、皇八子永璇、皇十一子永瑆。

当年康熙为立储发愁，愁在符合条件的儿子太多，现在乾隆也为立储发愁，但已是愁在符合条件的儿子太少，于是便只能用剔除法来矮子里面拔将军——

永璇，工于诗画，人也聪慧，然而刚愎自用，足部又有残疾，形象上有缺陷，走路不太雅观，剔除！

永瑆，诗文出色，尤其书法名重一时，甚而与刘墉等人并称为清中期四大书法家，士大夫能得其片纸只字，莫不视若珍宝。不过永瑆天生嫉妒心强，好以权术驭人，皇帝当然需要有权术，康雍乾本身也皆具备极高的权术运用技巧，但问题在于皇子时期就能让人看出这一点，那他的真正水准也就可想而知了。此外，永瑆还不讲信义，唯知逢迎权要，守财如命，持家十分苛虐，在乾隆看来，这样的皇子怎么能做未来的天下君主呢？剔除！

永琪，能文能武，骑射娴熟，性格上也没有什么明显的缺陷，当然最重要的是，在剔除永璇、永瑆之后，已无人可与之竞争。

在皇储人选上，永琪暂时胜出，但就在那拉氏香消玉殒的那一年，永琪也年纪轻轻就告别了人世，皇储之位再次空缺。

乾隆一生文治武功，即便在历代皇帝中能与之相比的也并不多，然而家庭和婚姻生活向来不如意，对于那拉氏亡故这件事，他表面上毫不动容，也没有流露出什么哀伤之情，但其实内心受创极深。自此以后，他再也没有立皇后，虽然也曾大肆地册封嫔妃，但在接下来的岁月里，一共也就生了一个儿子，即令贵妃魏佳氏所生的皇十七子永璘。

永璘据说不喜读书，好游嬉，不务正业，外界评价他是乾隆所有皇子中最不成器的，他本身也有自知之明，曾半开玩笑地对人说："使皇帝多如雨落，亦不能滴吾顶上，唯求诸兄弟见怜，将和珅邸第赐居，则吾愿足矣！"

继续在原有的那几个皇子中拨拉来拨拉去，成为乾隆无奈的也是唯一的选择。1773 年 12 月 21 日，他终于确定皇储人选，实行了秘密立储，人们后来才知道，被他选中的皇位继承人是皇十五子永琰。

永瑆以下，能与永琰比较的只有皇十二子永璂，但因其母亲那拉氏的缘故，自然被排除在了皇储名单之外，而永琰能够成为皇储，除了他性格小心谨慎，相对其他兄弟更为皇父认可之外，与他系令贵妃魏佳氏存活在世的长子也有莫大关联。

乾隆在那拉氏死后即不再册立皇后，魏佳氏又是包衣出身，依照皇宫制度，也不可能被立为皇后，但魏佳氏以皇贵妃的身份掌管六宫琐事，是拥有真正权力的六宫之主，实际上就是没有皇后称号的代理皇后，相应地，永琰也可以被看作没有嫡长子称号的嫡长子。乾隆向来有让嫡长子承继大统的情结，孝贤皇后富察氏生前既没能留下子嗣，这份幸运也就被留给了魏佳氏母子。

在此期间，被后人视为盛世象征的圆明园进入了它的全盛期，除圆明园本园、长春园外，又并入了"殿宇既多，地面辽阔"的绮春园，形成圆明三园，进而奠定了其"万园之园"的格局，乾隆本人也经常得意地向人夸耀："天宝地灵之区，帝王游豫之地，无以逾此。"

圆明园是乾隆每年居住最多的地方，以1775年为例，他在紫禁城住了一百零五天，而在圆明园却一共住了一百六十八天。

关于乾隆和圆明园，有很多流传下来的野史逸闻，其中有一则故事说到，在某个仲夏之夜，乾隆在圆明园的蓬岛瑶台上看戏，突然湖边响起一阵吵闹的青蛙声，令人很是扫兴。

陪侍的大学士刘墉请乾隆下谕旨，命令青蛙闭嘴，乾隆居然点头答应并写下谕旨，让人投入湖中。之后奇迹发生了，青蛙们真的停止了聒噪，刘墉赶紧上前恭贺乾隆神威浩荡，连不能人言的动物都不敢不服。令人尴尬的是，恭维话刚说了不久，青蛙又哇哇大叫起来，这下可伤到了皇帝的面子，急得一众官员和太监都忙不迭地投石入湖，希望能够把这些不知趣的青蛙给赶跑。

青蛙的故事也许是虚构的，但假如联系当时的现实就可以发现，来自社会各个角落的聒噪声正在此起彼伏，乾隆君臣要想太太平平地过日子和看戏，已经是不太容易的事了。

盛世妖术

1768年春，江南民间突然盛传，说是巫师可以施展妖术，通过获取他人的发辫、衣物甚至姓名的方式，盗取人的魂魄为己所用，而魂魄被盗者将会生病或死亡，人们称之为"摄魂"。

摄魂事件出现后其影响迅速扩散蔓延，在社会上引起极大的恐慌，据学者统计，前后共有十二个省份也就是大半个中国受到了波及。随着各地报告纷至沓来，乾隆下令对摄魂案（时称割辫案）予以彻查，案件查了近一年，仅上报朝廷的涉案者就有近六十人，分散在各地的涉案人数则多得根本无法统计，最后才弄清，所谓的盛世妖术，不过是庸人自扰的一场荒唐闹剧而已。

通过追查可知，摄魂案最初的源头其实是有人欲以摄魂的名义恶意中伤其竞争对手，之后却逐渐演变成"扔在大街上的上了膛的武器"，似乎人人皆可以指称别人为巫师妖人并加以迫害，在湖北汉阳，甚至发生了将无辜者当场殴打至死的事件。西方学者就此认为，摄魂案给乾隆朝带来的是"某种具有预示性质的惊颤"，此案表明当时的中国社会进入了所谓的"受困扰社会"。

中国自 1762 年人口突破两亿后，平均每年增加二百八十四万人，其实还不包括很多少数民族，增长势头相当之猛，远远超过历史上的任何时期，由此也可以推论得知，当时总的经济实力必定大大超过以往任何一个朝代。另外，随着人口急剧膨胀，人均占有耕地的数量也在迅速减少，社会财富越来越多地集中到少部分人手中，相应就带来了众多问题和不安定因素。

历史学家吕思勉总结说，自秦汉以来，中国历史上有一基本定律："承平了数十百年，生齿渐渐地繁起来；一部分的生活，渐渐地奢侈起来；那贫富也就渐渐地不均起来。"康乾盛世在延续达一百多年，并经历了乾隆朝的巅峰期后，恰好进入这一时期。

"受困扰社会"的一个重要特征，是它所面临的基本问题已无法通过增加生产来予以解决，只能"对损失进行分摊"，而由于大多数老百姓没有接近政治权力的机会，在"分摊"中处于绝对弱势，所以他们便会倾向于到制度之外去寻求权力，哪怕所得到的权力只是幻觉。按照西方学者的分析，摄魂案之所以能够由谣言扩展成大案，正是因为部分底层民众具有这种集体无意识，即希望用"摄魂"等谣言来作为武器，进而改善自身处境，从社会获得他们认为公平的补偿，用一句更为通俗的话来说，就是浑水摸鱼，唯恐天下不乱。

乾隆不是对社会问题没有察觉，他一直在尽可能地扩大耕地面积，除继续挖掘内地土地潜力外，还积极开发边疆。过去清廷为保护其龙兴之地，是不允许汉人出关移垦的，乾隆则采取了默许的态度，甚至在关内大旱等特殊情况下鼓励贫民出关垦荒。

乾隆朝疆域拓宽，边境也较少受到外敌骚扰，内地汉人前往耕垦者接踵于道，因此掀起了大规模的移民浪潮，其中新疆屯田成绩尤为突出，即便是金川地区，在经历过连年战争，人亡地荒的局面后，也通过招民垦种，多垦出耕地一万九千余亩。据测算，乾隆后期全国每年可增加二百一十万亩耕地，估计一共增加了十五亿亩耕地。

纵然如此，耕地面积增加的速度仍低于人口增长的速度，"受困扰社会"的阴影还是笼罩着整个帝国。在这种情况下，进行包括农业生产技术在内的技术突破也许是唯一办法，但遗憾的是，技术革新恰恰在这个时期出现了严重的停滞，而技术停滞又与当时思想文化的僵化密切相关。

清代自顺治起就开始兴起文字狱，康雍两朝特别是雍正朝的文字狱曾使得全国上下人人自危，"士子以诗文为戒"，连考官出题也只敢选取"经书中吉祥之语"。乾隆登基之初为收买人心，在重审旧案时，先后下令将各起文字狱案件的所涉人员及家属释放回籍，同时对文字狱造成的遗留问题也多有匡正。

乾隆得知社会生活已被文字狱搞得不太正常，便连颁谕旨，表示以后官员士子不管撰奏疏、作诗词还是应试，都只管放开来写，"从前避忌之习，一概扫除"。朝野人士当时都大为振奋，乾隆诗中的一句"从今不薄读书人"更被士林广为传颂，有人感动之余，还特地和诗云："添得青袍多少泪，百年雨露万年心。"

在乾隆执政的前十五年，文字狱案件极少，官员士子基本不用担心像康雍两朝那样，写篇诗文还提心吊胆。之后乾隆政纲突变，开始引起朝野的一些质疑和抗议，这就是孙嘉淦伪稿案发生的背景，乾隆对伪稿案予以严查，并以此为导火线，在文化政策上出现了一百八十度的大转弯。

败政

乾隆以前的三朝文字狱，单纯因文字贾祸的只是少数，多数从根子上看其实都是政治案件，如康熙朝最大的文字狱"南山案"，涉及对晚明遗留势力及其影响的肃清，雍正朝的汪景祺案、钱名世案，则与查处年羹尧有着千丝万缕的联系。伪稿案与此有相似的特点，伪稿中所罗列的"五不可解、十大过"，对乾隆本人及其新政的抨击颇为激烈，但紧随其后的胡中藻诗抄案、彭家屏私藏禁书案就不能算是政治案件了，乾隆在两大案的查处过程中也极尽强拉硬扯、穿凿附会之能事。

在乾隆的带动和亲自示范下，各地官员闻风而动，照抄不误地制造出各种名目和类型的文字狱，这使得乾隆朝的文字狱不仅在数量上前所未有，而且性质极其恶劣。

鲁迅曾这样评述道："大家向来的意见，总以为文字之祸是起于笑骂了清朝，然而，其实是不尽然的。"通观乾隆朝各起文字狱，很多罪名都定得极其吓人，不是妄议朝政，谤讪君上，就是篡拟禁史，怀恋胜国，但核其实际案情，真正对朝廷或皇帝不满或具反清意图的，几乎没有，如鲁迅所言，"有的是鲁莽，有的是发疯，有的是乡曲迂儒，有的不识忌讳，有的则是草野愚民，实在关心皇家"。

在文字狱的查处中，查缴和焚毁所谓的禁书是必不可少的，但乾隆朝最大规模的毁书活动还是起自《四库全书》的编纂。乾隆后期，在他的亲自主持下，借助于国家充沛的财力，集结最优秀的文人学者，访集天下遗书，修纂而成《四库全书》。这是中国乃至世界历史上最具雄心的一项文献工程，也是乾隆盛世在文化建设方面的代表作，为"古今未有之大观"，然而在收集典籍和修纂过程中，乾隆也同时对全国书籍进行了一次大规模的整肃和清洗，据估算，其间被销毁的书籍总数至少应在十万本左右。

乾隆毫无节制地滥兴文字狱和进行毁书活动，已远远超出了加强皇权和巩固内政的实际需要，致有清代的焚书坑儒之说，被后世公认为一大败政。如此苛严的政治高压和风刀霜剑似的凌逼摧残，使得官员士人无不噤若寒蝉，平时非但不敢对现实甚至历史有所议论，就连偶写诗文都怕不慎惹祸。

这种战战兢兢的心态对生活在该时期的两三代人都产生了深刻影响。"避席畏闻文字狱，著书都为稻粱谋"，即便是那些最顶尖的学者文人，若他们不愿盲目颂扬天子圣明，便也只能钻在少得可怜的几本经学书籍中搞考证。乾隆朝虽有著名的"乾嘉学派"，但在思想文化的变革和国人的精神状态方面却不进反退，大部分技术领域也都完全处于停滞状态，

就动机来说，乾隆大兴文字狱，未尝不是他试图解决社会问题的一个途径。吕思勉指出，历史上"这种现象（指生齿日繁、贫富不均）一天甚似一天，就要酿成大乱为止"，西方理论也认为，"受困扰社会"发展到最后，其结果必然是造反和革命。乾隆实行思想禁锢，就是希图把社会心理扭转到他所期望的样子，只是这种舍本逐末的做法并无任何用处，反而加快了帝国的衰落和起义的到来。

1774 年 8 月，山东寿张人王伦在当地发动起义，并在举事的次日即攻下寿张，击毙知县。这次起义虽属农民起义，但与人们通常印象中不同的是，起义者之所以

揭竿而起并非单纯地出于经济困顿、民不聊生等原因。

寿张属于鲁西地区，是一个谈不上富裕却也不贫困的商业化地区。王伦有田有宅，日子过得相当不错，追随者的经济水平虽可能参差不齐，然而从后来被俘人员的供词来看，他们参加起义与其家庭经济状况之间并没有什么必然联系。

王伦起义期间，有御史指控山东地方官员隐瞒歉收情况，造成大量饥民呼天不应，叫地不灵，于是才追随王伦起事。乾隆尽管有些怀疑，但还是立即下令展开调查，调查结果表明，当年山东虽有少数县份春季雨水不足，却不包括寿张，而且这些县份之后也下了雨。

寿张一名生员在接受传唤时做证说，寿张当年春天只是雨下得晚了些，到四五月才下，地方上收成已过半，各村都有存粮，没有出现饥荒。乾隆自己也注意到，起义军所经之处，粮仓、村庄极少被毁，粮食菜蔬都很丰足，说明起义军没有刻意征集粮食，同时也从一个侧面表明起义军不缺粮食，王伦起义并非缘于灾荒。

除了自然灾害，地方官的不作为或乱作为也常常是激起民变的直接原因。乾隆一开始就想到了这一点，当他了解到正是由于寿张知县试图逮捕王伦才引发了起义，曾经做过推测："或该县平昔贪虐不堪，苛扰闾阎。"不过随后便有各种证据表明事实正好相反，寿张知县在当地声誉颇佳，起义爆发前还刚刚才因清除贪污受贿的雇员而受到表彰，连起义军都认为他是"一名好官"，于是地方弊政导致官逼民反的因素也被排除了。

重新研究王伦的个人履历以及其追随者的身分背景，一个日后在很长时期内都让朝廷为之心惊肉跳的字眼逐渐浮现出来：白莲教！

受到了惊吓

白莲教是一个主要流行于华北的民间宗教，其近代模式形成于元明，由于历朝都将它视为异端，所以白莲教的活动一直处于半秘密状态。白莲教有众多支派，其中一支名为清水教，因其教义中有"饮水一瓯，可四十九日不食"而得名，王伦即为清水教教主，参加王伦起义的基干成员全都是他的教徒，正如寿张那名被传唤做证的生员所言："肇事者实乃邪教，而非饥民。"

明清主要通过科举选拔社会精英，资料显示，自清代建立以来，寿张只有三个人考中过进士，最近一个进士出现在康熙中期，雍乾两朝至王伦的时代，再无后继者，1774 年当年寿张虽有三百多人取得功名，但因为功名级别太低，仅一人曾有机会进入国家机构，能借此跻身于上层社会的寥寥无几。这使得寿张整个县在全国性的精英竞赛中处于极为落后的位置，王家尽管有田一百多亩，然而王伦充其量不过是个富农，他的教徒里也基本没有上层人物，其中仅有一到两个人有着武生的身份，若非他们发动了这场在清史上影响很大的起义，终其一生，可以说都只能寂寂无名于世。

若用"受困扰社会"理论来解释，王伦和他的信徒们无法通过正常途径来得到精英权力，在"分摊损失"方面缺乏竞争力，于是便试图绕过正常途径，以其他方式重新获得社会认同及其各种有形无形的权力，而与摄魂案中的"盛世妖术"相比，白莲教的观点与组织毫无疑问更容易使他们产生归属感和凝聚力。

王伦起义爆发时，华北区域内的各县城多由绿营驻守。绿营战斗力较弱，有人甚至认为，只要起义军规模多至数百人，绿营就很难与其有效地与之对抗。虽然德州等地也驻有满洲兵，但这些满洲兵无论数量还是质量都难以应付作战需要。

起义军在占领寿张后，一路势如破竹，不仅连克数座县城，而且击退了同样由绿营组成的山东省军以及德州援军，直至对临清形成包围，人马也滚雪球般的越来越多。

临清位于京杭大运河与卫河的汇合之处，乃沟通大运河的枢纽，对漕运安危关系甚大。临清被围后，直接造成了南北漕运陷于堵塞，漕运空船无法返回南方。清廷大受震动，正在热河避暑的乾隆嘴上说起义军不过是一群乌合之众，其实内心异常焦急。

此时正值第二次金川战争的平定大金川阶段，八旗劲旅有相当大部分都已被调往金川，但京城仍有健锐营、火器营留守。于是乾隆任命大学士舒赫德为钦差大臣，同时从健锐营、火器营选派两千人，加上抽调的索伦兵，对起义军进行"围剿"。

随着清军精锐的到来，战局被迅速扭转，1774 年 9 月下旬，历时仅一个月的起义终告失败，王伦在大势已去的情况下自焚而死。目击者描述了这位起义领袖留在人世的最后形象："他盘腿坐在房间的角落里，一动不动，衣服和胡须都在燃烧。"

王伦起义是乾隆后期发生的首次大规模农民起义，也是清帝国即将走向衰落的预兆，被史家称之为出现在盛世之上的第一道裂纹。如果说摄魂案还只是跟乾隆开了个小玩笑，那么王伦起义就着着实实让他受到了惊吓，在此后相当长的一段时间里，只要地方上稍有风吹草动，他就显得极其紧张。

事实上，王伦起义也确实起到了示范效应，各地的秘密宗教活动只是在王伦起义被镇压时稍有沉寂，而后很快重趋活跃，而且政治色彩愈益明显，有的直接转为武装起义，其中声势最大的莫过于西北的苏四十三起义。

1781年，甘肃撒拉族新、旧教间爆发剧烈冲突，因官府公开宣称支持旧教，新教教首苏四十三等人率部揭竿而起。就像王伦起义中一样，甘肃的地方军队在应对时显得软弱无力，陕甘总督勒尔谨派兵弹压，结果派去的清军被打得大败，两名高级官吏全都被杀。

清代的军事体系向来强调质量胜于数量，兵在精不在多，这样可以大大减少政府开支，但起义的接连爆发和地方治安力量的不足，让乾隆认为有加强内地治安力量的必要。倚仗着自己财政充裕，他打破惯例，还在镇压苏四十三起义期间，便于京师增添八旗兵两千多人，并招募四千九百人编入绿营。

从雍正朝起，清廷规定在绿营各营中须酌留空额钱粮，以作为带兵官养廉和军中公费之用，称为"空名坐粮"，因此名册所载绿营的兵员数水分较大。在镇压苏四十三起义的次年，乾隆颁布增兵案，降旨将空名全部挑补实额，养廉公费银两则另外发放。这样一来，连同京师、陕甘所添军队，总计扩军近七万人，全军绿营由此增加至六十万人，再加上二十多万劲旅八旗（即京旗）和驻防八旗，清军正规军总数达到了八十万人以上。

扩军必然导致增饷，扩军案每年须增加近三百万两的政府开支，时任军机处首席的阿桂对此提出不同意见，但未被乾隆接受。乾隆之所以不接受自然有他的理由，因为当时国库存银逾七千万两，完全支付得起这笔费用，而且设身处地，在当时的条件下，乾隆要想加强军事力量和内地防务，扩军恐怕也是他所能采取的最便捷之法。

事出蹊跷必有妖

苏四十三在击败前来弹压的清军后，率部进逼兰州。乾隆心急如焚，欲抽调京旗增援，让人想不到的是，陕甘总督勒尔谨却一反常态，急急上奏拒绝援军，并说只要再给他半个月时间，保证可完全镇压起义。

转眼半个月过去了，起义军不但没有被镇压下去，反而依旧对兰州城构成威胁，而勒尔谨则终日安坐衙署，一筹莫展。乾隆沉不住气了，立命阿桂等人率部星夜驰援。阿桂到达兰州后，根据所了解到的情况对勒尔谨提出弹劾，乾隆于是降旨将勒尔谨革职交由刑部问罪。

勒尔谨明明没有能力镇压起义，为什么还要冒着加重责任的风险拒绝援兵？向来精明过人的乾隆觉得不对劲，所谓事出蹊跷必有妖，他怀疑勒尔谨可能涉及贪污，因担心京城派来大员后问题暴露才连援兵都要加以拒绝。

乾隆到了御政的中后期，和他那个有着"抄家皇帝"名声的父亲雍正一样，都喜欢对获罪之臣抄家。按照他的命令，有关人员对勒尔谨位于甘肃署衙和北京的居所进行查抄，结果却仅仅发现了价值白银七千余两的财产。

陕甘总督仅一年的养廉银即以万计，这点家产实在可以归入清官之列了，然而乾隆父子和一辈子提倡清官政治的康熙不同，他俩根本就不相信什么清官，因此抄家结果反而使乾隆更生疑窦。果不其然，随后在勒尔谨家奴曹禄的家中，一下子查出了两万余两银子，这让乾隆确信，勒尔谨一定是把贪污财产藏匿了起来。

阿桂到兰州后，乾隆对战争进展极为关注，经常下旨催促阿桂加快进军速度，阿桂则在奏报中抱怨"兰州雨水连绵"，道路泥泞不堪，从而导致部队行军缓慢。言者无心，听者有意，记忆力惊人的乾隆突然想到，往年甘肃省总是报告旱灾不断，今年何来这么多雨？

乾隆身在京城或出巡地，多数情况下都必须依靠前方奏报来判断和决策，为了防止被欺瞒，他会让多名背景不同的官员针对同一事件进行报告，以此对事实进行验证。新任署陕甘总督李侍尧此前因贪纵营私被判斩监候，此番属戴罪立功，他当然不敢说谎，在报告中证实说甘肃确实雨水太多，妨碍征战。

清代沿袭明制，为了备荒，从省到县都要分别修建常平仓，用以收购政府储备粮，而且不断派官员视察监督，一遇粮价上涨过快或灾荒，便用这些粮食平抑粮价波动或进行赈灾救济。甘肃地处西北，原本就地瘠民贫，粮食较少，勒尔谨又年年奏报说干旱少雨，古代农业都是靠天吃饭，干旱少雨也就意味着灾害频仍，收成有限，仓储自然无法充实。在这种情况下，朝廷便按照勒尔谨的疏请，允许甘肃省通过推行捐监来筹集粮食。

所谓捐监，就是只要商民按规定数目捐纳豆米谷粮，就可以取得国子监监生资格。甘肃本有此例，但由于弊端较多，之前已被乾隆予以革除，现在能够重新恢复，前提是勒尔谨关于当地年年干旱少雨的奏报必须为实，如果掺假，那里面的猫腻儿就太多了。而调查结果恰恰表明，甘肃近年来风调雨顺，根本没闹灾！

乾隆决定进行彻查，遂命主管本省财政的甘肃布政使王廷赞进京述职。王廷赞在出发时就已感觉不妙，抵京后为了讨好皇帝，主动提出愿拿出"历年积存廉俸银"四万两，捐作清军在甘肃前线的军费。

王廷赞万万没有想到，他这么一殷勤，反而让乾隆看出了破绽。布政使只是总督、巡抚的辅助官员，况且以甘肃的经济状况，官场相比其他省还应该更清苦一些，王廷赞的养廉银和俸禄能有多少，是完全算得出来的。无怪乎乾隆要皱着眉头责问："王廷赞仅任甘肃藩司，何以家计充裕？"

此时，王廷赞的前任王亶望已远调浙江升任巡抚。无独有偶，王亶望也向浙江海塘工程捐资五十万两，这又让乾隆回忆起，去年南巡时，王亶望为了讨好自己，曾预先花巨资将行宫装修得富丽堂皇，乾隆素来花钱大手大脚，但也感到太过铺张，为此还予以责备。

王亶望出手豪绰，乾隆断定他的巨额财富与王廷赞一样，均来路不正。考虑到王亶望出任浙江巡抚时间并不长，任职期间无"名声不好之处"，他分析王亶望一定也是在甘肃任内出了问题，于是当即传谕阿桂和李侍尧，让他们继续进行严密访查，弄清楚二王的非法收入是否都与捐监有关。

惊天大案

乾隆起用阿桂、李侍尧查办甘案，可谓知人善任。此前阿桂除治水、督师外，已多次奉旨查办钦案，无论经验还是能力，朝中无人可出其右。李侍尧本身就曾涉贪，对于贪污案可谓门儿清得很，乾隆让他参与查案属于用"内行"查"内行"，同时李侍尧又一心想着将功折罪，报效皇恩，在卖力起劲方面也是不用多虑的。

经过阿桂、李侍尧的深入调查，一桩隐藏达七年之久的惊天大案终于缓缓露出了真容。作为审阅案卷的第一人，乾隆不但惊诧于此案之重大复杂，而且还气愤地发现，他自己竟然一直在其中扮演着一个被欺蒙的角色。

事情还要从王亶望说起。王亶望是山西临汾人，举人出身，后来通过捐资得到了知县一职，也因而对捐监的游戏规则较为熟谙，他在担任甘肃布政使期间，串通勒尔谨，以甘肃连年灾荒仓储不足为由，向朝廷奏请开捐。时任首辅于敏中主管户部，对此深表赞同并"即行议准"，本来乾隆还有些犹豫不决，但在于敏中的怂恿说服下，最终予以准奏。

王亶望在赴任甘肃之前，按例须到京陛见皇帝，自然也会前去拜访于敏中。有迹象表明，王亶望在捐监案中敢于如此胆大妄为，又如此畅通无阻，连身为其上司的勒尔谨都安于从事，与于敏中有着脱不开的关联。

于敏中死后，其侄孙爆发了瓜分遗产的纠纷，甚而闹到要对簿公堂的地步。乾隆对此生疑，便以为于家明断家产为名，派人查抄于家资产，结果查出所藏金银达两百万两。张廷玉晚年亦曾被问罪抄家，但并没有抄出什么财产，两相比较，于敏中究竟清廉与否，就一清二楚了。

乾隆断定于敏中的两百万家私多数来自甘肃捐监案，下令全部籍没，并在长谕中痛斥于敏中不忠不义，说如果他还活着，必定要重治其罪，只是念及此人已经故去，且在任上效力至老死，才不忍多加追究。

对王亶望而言，捐监只是一个他用来假公济私的名目。明清两代，上缴粮食称为"本色"，以银代粮称为"折色"，甘肃捐监的奏请理由是要解决储备粮不足，本来应该只收取"本色粮米"，但王亶望为了方便营私舞弊，私自改成了收取"折色银两"。

操作贪污大案，没有得力助手不行，王亶望调亲信蒋全迪为兰州府知府，公开授意各州县收来的银两都交由蒋全迪办理。通常按照规定，一个监生的捐纳价格若换算成"折色银两"，至少需一百多两，王亶望、蒋全迪来了个薄利多销，以每名捐监生收银六十两的超低价，超出甘肃范围，向全国发售。

得知甘肃捐监生价格低廉，不单是甘肃本省，其他省份的商民士子也都纷至沓来，仅仅半年时间，全省便报捐监生员近两万名，收捐粮八十二万余石。这一数字不能不令人生疑，因为当年户部的捐监加一起，也才一万一千七百人，于是乾隆决定派刑部尚书袁守侗为钦差大臣，前往甘肃开仓查粮。

袁守侗以为官公正、擅长办案著称，此前多次受命到地方上查办重大贪污案，均能依法秉公处置，乾隆有理由相信只要这位铁面包公出马，甘肃捐监案的真相必能水落石出，但他低估了甘案的规模以及王亶望的渗透能力。

甘案实际上是一个典型的冒赈窝案，所收捐银大半归于捏灾冒销，由王亶望、于敏中、勒尔谨以及甘肃通省官员所瓜分贪污。依照"利益均沾，风险共担"的原则，涉及官员又都通过捐监冒赈的方式互相串通一气，从而形成了上中下三层结构，即上有于敏中、勒尔谨等人庇护与暗中支持，中有王亶望操盘运作，下有府厅州县官员全力配合。

袁守侗办案原属朝廷顶级机密，但他人尚未出京，消息却已经被于敏中飞传至甘肃。甘肃官场内部立即相互报信，串通作弊，他们不仅通过东挪西借，补足了粮食缺额，而且为制造粮仓满囤的景象，还在粮仓的下面铺架木板，木板上撒一层薄薄的谷物……

袁守侗到达甘肃后，无论是盘验粮仓，还是核对账簿，都找不出一点破绽，回京复命时便向乾隆奏称"仓粮系属实贮"。

不归路

袁守侗不是一个人在查案，刑部左侍郎阿杨阿等人也随同前往，就算你信不过袁守侗，还有一群专业人士在旁边做鉴证呢，但乾隆还是不太放心。他认为勒尔谨是王亶望的上司，又是旗人，应该比王亶望更可靠一些，便命勒尔谨接着进行调查。

在批阅勒尔谨的奏折时，乾隆提出了自己的疑问：甘肃省民众素来艰难穷困者多，怎么会突然冒出两万名捐监生员？甘肃省向称地瘠民贫，自己食用尚且不足，怎么会在短时间内收到八十二万石余粮？

乾隆也想到肯定有很多外地报捐，问题是，京城户部就可以报捐，他们为什么还要舍近求远呢？再者，将粮食从内地运往甘肃，运费必然不菲，也就意味着"本色"提高了，捐监者都不傻，岂肯"为此重价捐纳"？

勒尔谨早就被王亶望拉下了水，两人属于蛇鼠一窝，他当然不会真的去调查，能做的只有发挥想象力，继续编织谎话欺骗皇帝。

据勒尔谨说，在王亶望奏报开捐之前，消息就已经传得沸沸扬扬，人们也早就开始排号，那意思，长城不是一天砌成的，两万名捐监生员乃积累出来的数字，并非这半年的量。

鉴于甘肃的捐监生员已超出户部近一倍，勒尔谨不敢坚持说都来自本省，而是顺着乾隆的话头，承认现有的捐纳者多为甘肃以外的行旅商人，是拿他们在甘肃卖货的钱，就地捐监。至于粮源，说外地粮实在圆不过去，勒尔谨便一口咬定是本地富户的余粮，而且强调八十二万石粮食不算多，与甘肃省常平仓五百一十九万石的预算相比，还有着很大缺额。

当初于敏中怂恿乾隆接受甘肃捐监奏请时，理由就是可减少中央财政支出，勒尔谨也照葫芦画瓢，诱惑乾隆说："臣检阅甘肃省旧案，捐监一案，每年可节省中央户部拨款一百多万两白银，似与公私两便。"

以乾隆的精明，不是光凭几句巧言就能打发的，但勒尔谨既再三保证，袁守侗一行也没有找到任何罪证，乾隆便只好叮嘱勒尔谨、王亶望："尔等既身任其事，勉力妥为之可也。"同时宣告结案。

在闯过乾隆这一关后，王亶望更加有恃无恐。他和蒋全迪一边大肆收受捐银，一边令各州县厅每到夏秋时节便谎报旱灾，以此向朝廷报销救济款。为了掩人耳目，在灾荒真正严重的地区或季节，他们也会给灾民稍稍发放一些救济粮或设场施粥，但与被他们贪污的钱款相比，完全不成比例。

一般情况下，仓储粮是先收进仓库，每年再按灾情大小的不同借给农民。在让勒尔谨进行调查时，乾隆曾提到，如果甘肃省的捐粮照这个趋势继续演变下去，仓储将越积越多，粮食也会不断霉烂变质，与其如此，倒不如让农民自己在民间互通有无了。

甘肃实际无一粒监粮在仓，自然不存在乾隆所顾虑的那些问题，但仓储"越积越多"，需兴建更多的粮仓反倒成为甘肃省官员进行贪污的另一个借口。各州县纷纷以新建粮仓为名，申请工程拨款，王亶望明知都是假的，但只要下面上报，他都批准，其间共奏请添建此类根本不存在的仓库二十六座，报销银两十多万。

王亶望是甘肃冒赈窝案的首要分子和核心，可以随心所欲地指使通省官员谎报旱灾以及修建假粮仓，据他后来供认："有州县待我好的，我就叫他把灾份报多些，有些州县待我平常的，我就不准他多报。"各州县官员为了能够猛贪，便争相猛送，用各种名目的赃银对王亶望进行贿赂，如节礼银、盘费银等，少则几百两，多的达到上千两。

王亶望收受赃银还有个规矩，就是不能让他本人看见，为此行贿者就把银子放到酒坛、菜筐里，或者通过看门人送交。随着王亶望的胃口越来越大，甘肃官场开始流传一句顺口溜，"一千两见面，两千两吃饭，三千两射箭"。事实也的确如此，巩昌府知府潘时选求见上司，但怎么都见不到王亶望的面，最后还是送了一千两银子，才得以如愿。

1777年，即甘肃实行捐监三年后，王亶望升任浙江布政使兼署巡抚，有人向乾隆报告，说见其任内所得须"有数百头骡驮载"。乾隆对王亶望中饱私囊虽不是毫无预计，但当时并不清楚甘案的真相，而且又认为王亶望在解决甘肃"仓储缺额"的问题上有功，所以并没有怎么在意。

王亶望的继任者王廷赞本是一名出身低微的清官，他在赴任之初就发现监粮折银不符合捐监规定，曾与勒尔谨商议，欲请停捐，然而却遭到了官场上下的一致抵触。经过一番彷徨挣扎，王廷赞干脆也上了贼船，在其任内的后四年里，又办理监粮五百多万石，从而亲手将自己与上司同僚推向了不归路。

皇帝来补漏

阿桂、李侍尧经过联合调查，发现七年间甘肃共报捐监生二十七万余人，收银一千七百余万两，但所谓监粮却有名无实。李侍尧奉旨清查，发现各地不仅没有贮存监粮，而且平时国库应存储的正项存粮也已严重亏空。

甘案随即进入三地会审阶段，勒尔谨、王廷赞被交由刑部严审，刑部侍郎杨魁奉旨前往浙江，会同浙江代理巡抚陈辉祖审问王亶望，阿桂、李侍尧则接到乾隆谕令，对甘肃通省官员挨个过堂，"务须认真查究，不得稍有姑息，否则将拿二人是问"。

经过一番地毯式的审问和查抄，证实甘肃全省涉案官员多达一百一十三人，上千万两捐银中的大部分为他们所侵吞，其中王亶望最多，所查抄的个人家产三百余万两多数由此项贪污而来，其他行省府州县官员贪污二万两以上即达二十人，一万两以上亦有十一人。此案涉及人数之多，金额之大，均为清朝立朝以来所未有，连乾隆自己都不由得一再慨叹，认为甘案系"从来未有之奇贪异事"。

1781 年 8 月，苏四十三起义被完全镇压，乾隆降旨赐令勒尔谨自尽，王亶望、王廷赞、蒋全迪依议正法。次月，又开始对其余涉案官员进行处置，共计有八十二人被革职下狱。

自中期改变吏治政策，由宽变猛以来，乾隆一直对官员贪腐行为予以毫不留情的打击，其严厉程度甚至超过了以威严政治著称的雍正。雍正在世时尚规定官员若涉及贪污挪用公款，一年内补齐就可减罪一等，免除死罪，但乾隆连这条都废除了，规定凡是贪污银两满一千的，斩监候之罪板上钉钉，不给补齐的机会。

按照乾隆所定的律法，甘肃省侵吞赈银达千两以上的五十六名官员被处决，另有四十六人因在镇压苏四十三起义中有"守城微劳"，免死发往黑龙江、新疆充当苦役。由于被革被杀的官员实在太多，以致甘肃全省行政在短时间内都陷入了瘫痪，道府以上官员为之一空，当年对官员的考评即"大计"也不得不暂停。之后，乾隆下令停止甘肃捐监，陕西、新疆的收捐监粮也被一并叫停。

回头来看，甘肃冒赈案揭示出了一个极为令人后怕的制度风险。明清两代，负责监察官员的主要是监察御史和给事中，二者合称"科道"，但因康雍乾对党争的过度警惕，"科道"逐渐失去了其权力和独立地位，无法再像以往那样弹劾和封驳官员。在乾隆朝的很多性质恶劣的贪腐案件中，甚少能够看到科道官员的身影，诸多贪腐官员的被揭发也大多不是出于科道官员之手。

自康熙朝形成，雍正朝成熟的密折制度，本有替代科道，让官员们互相监督的功能，但到乾隆朝时，其公文色彩渐浓渐重，而且内容也不再保密，尤其后者，成为地方大员们不再愿意去举报、弹劾其他官员贪渎之事的直接原因。

以甘案为例，王亶望、王廷赞先后违规操作达七年之久，通省官员对此几乎无人不知，无人不晓，外省和中央官员也未必一点风声都得不到。可是有权力也有义务通过奏折来举报的督抚大员却全都选择了缄口不言，没有一个人主动进行揭发或质疑，其间乾隆未收到过任何一份有力的参奏。

在这种情况下，制度已经失去效用，只能靠人也即皇帝来补漏。甘案的揭开，就完全依赖于乾隆一己之力，甚至如果换一个能力稍微平庸一点的皇帝，别说查办，根本就发现不了。仅以其中两个细节，即勒尔谨、阿桂关于甘肃气候的不同汇报，以及王亶望赴任浙江时的大手大脚就发现问题，这就不是普通人能够观察得到和记得住的，要知道，乾隆每天都需要阅看大量奏折，全国也不只有勒尔谨一个总督，王亶望一个布政使……

由甘案引发的陈辉祖案再次对此进行了佐证。就在王亶望被正法的第二年，浙江方面上报查抄王家资产的底单，乾隆不看尤可，看后马上怀疑有所藏匿，说："查抄物品甚属平常。"原来以往每逢节庆时，王亶望常向乾隆送礼，乾隆在酌量收下几件后，其余予以退还，如今他发现，底单中"发还之物，无一存在，即此可见不实"。

阿桂等人奉命赴浙江审办，结果弄清是浙江代理巡抚陈辉祖在对王亶望进行抄家时，用抽换查抄底册的手法，私吞了大批字画、玉器，他甚至还以提吊验看之名，干下了拿普通朝珠换上好朝珠以及以银易金等勾当。

乾隆认为陈辉祖身为办案官员，竟侵吞抽换入宫之物，"行同鼠窃"，实在是太不要脸了，但与王亶望的大贪特贪毕竟还有所不同，因此定罪"斩监候，秋后处决"。原本陈辉祖是可以不死的，然而后来又被查出他在闽浙总督任上时也曾营私牟利，导致闽浙两省武备废弛，仓谷亏空，还造成了桐乡百姓闹漕滋事，乾隆于是数罪并罚，下旨令其自尽。

大奸角

乾隆在查处甘肃冒赈案中所展示出的霹雳手段并非偶然。有清一代，被公认为惩贪决心最大、执法最严、惩处官员最多的皇帝，就是乾隆，在他执政期间，仅总督、巡抚因贪腐而被立案查处者即达三十多起，因此丧命的省部级大吏超过二十人，其中有不少还是先朝老臣、军功名将乃至皇亲国戚。

富德在平准平回战争中的实际功勋仅次于主帅兆惠，又在金川战争中再立新功，但他被揭发拥有私人牧厂，内蓄牲畜数千。经过调查，这是富德在西北作战时暗自扣留官马，以及朝蒙古王公勒索牲畜所得，此外富德的家产高达三万余两白银，其中很大一部分无法说清来源，据分析应是扣罚士兵银两和从蒙古王公手中所得。乾隆虽爱惜富德之将才，却也并不姑息，在得知富德还犯有其他一些罪行后，毅然下令处斩。

两淮盐政高恒系慧贤皇贵妃高佳氏的亲弟弟，响当当的国舅爷。高佳氏的最初出身与魏佳氏极为相似，也是八旗汉军的包衣家庭，她在乾隆做皇子时即入其王府做使女，后经雍正谕令升为侧福晋。高佳氏死后，乾隆特为她定谥号"慧贤"，惹得富察氏当时都向乾隆提出请求，希望将来也能按例为自己确定谥号。

高佳氏生前与乾隆感情很好，亦念及旧情，但在闻知高恒贪污了三万余两白银后，立即依法判斩。据说就在他欲提笔勾决的时候，傅恒曾出面为高恒求情，说："愿皇上念慧贤皇贵妃之情，姑免其死。"乾隆的回答是："如果皇后弟兄犯法，又该怎么办？"傅恒乃富察氏的弟弟，乾隆所说的"皇后弟兄"当然指的就是他，傅恒被吓得浑身战栗，面无人色。乾隆见状御笔一挥，令高恒人头落地。

尽管乾隆一度在吏治上严刑峻法，但他对百官的监控始终靠的不是制度，而只是个人的直觉和经验，乾隆朝轰动一时的大案要案，如甘肃冒赈案等，往往都要持续数年乃至二三十年后才被发现，于此可见一斑，而且也不是所有的贪腐都能被乾隆发现或愿意予以处置，和珅就是再好不过的一个例子。

和珅早年参加过科举，但名落孙山，后以文生员的出身承袭三等轻车都尉，直至进入宫廷担任侍卫。1775年，即王伦起义被镇压的次年，身为御前侍卫的和珅扈从乾隆巡幸山东，得到了与皇帝近距离接触的机会，其间乾隆喜欢乘坐一种骡子拉的小辇，"行十里一更换，其快如飞"，和珅一路跟随，乾隆问什么，他答什么，而且回答让乾隆很是满意。

山东之行开启了和珅官运亨通的道路，当年他即被晋升为正蓝旗满洲副都统，第二年又先后被授户部右侍郎、军机大臣、内务府总管大臣、国史馆副总裁等要职，几乎一步就跨入了帝国权力中枢，这一年，和珅只有二十八岁！

清代侍卫大致相当于朝廷的后备人才库，如傅恒就是从侍卫起步，但升迁也没有和珅这么快，何况傅恒还在边疆战争中建立了无人能及的大功。和珅既无科甲之名，又无战场殊勋，却能超越一干比他资格更老、辈分更高的官僚，受到皇帝的特别宠幸和提拔，其本身就足以引起人们的议论。

与传统戏曲中大奸角的丑态形象不同，和珅仪度俊雅，声音清亮，性格也很活跃开朗，即便已经位极人臣，仍常爱用市井俚语来跟同僚们开玩笑。有一次大家在乾清宫预习朝见皇帝的礼仪，见诸王大臣多有长相俊雅者，和珅就笑道："今天好像是孙武在操练女儿兵了！"又有一次，安南进贡了一个金座狮子，和珅看到底部是空的，便一边做着诧异的表情，一边说："哎呀，可惜里面是空的，要是实的话，我们可以多得多少黄金啊！"话一出口，把安南使臣都给逗乐了。

乾隆有着很高的文化品位，粗鄙者很难入其法眼，和珅虽然落第，却也绝非泛泛之辈，不仅如此，他还以善于鉴赏古书著称，据说《红楼梦》就是因为受到了他的保护才得以公开刊行。和珅曾投乾隆所好，吹捧乾隆诗才敏捷，写诗"立成顷刻，真如万斛泉涌，随地涌出"，但实际上他自己在诗词方面也有一定的造诣，不仅经常与乾隆和诗，且有诗集存世。

乾隆早年，身边赋诗唱和的主要是弘昼、弘瞻、福彭等人，此时他们都已不在人世，一般奉命陪侍的大臣在心理上又都与皇帝隔着很长的距离。和珅年轻俊美，诙谐活泼，与老皇帝没有那么大的距离感，能够得到其青睐和欢心也就不奇怪了。

乾隆年间的戏曲舞台时兴旦角，和珅本人即拥有受其宠爱的花旦。有人把乾隆与和珅的关系也做此类比，虽然没有什么真凭实据，然而可以看出，他们至少在情感上是有那么一点这种意味的。

斗法

和珅并不是一个天生的大贪官，他原本也像甘肃冒赈案中的王廷赞一样，为官清廉，不收取任何贿赂。转折点出现在甘肃冒赈案暴露的前一年，时任云贵总督的李侍尧涉嫌贪污，和珅奉命前往云南查办。大概是因为在此前后耳闻目睹了太多官场的黑暗面，和珅近墨者黑，终于也心甘情愿地沦落为其中一员，李侍尧案审结完毕，赃款便都哗啦哗啦地落入了他个人腰包。

同年，乾隆特下谕旨，为和珅长子赐名丰绅殷德（丰绅在满语中的意思是有福泽），指为十公主之额驸，待年龄到了即举行婚礼。十公主乃乾隆晚年最喜欢的幼女，这标志着乾隆对和珅的宠眷达到了一个新的阶段。

见和珅受到皇帝的独宠，文武百官争相趋奉，以固其位，和珅自己也结党营私，外省疆吏若不予以奉迎和对其贿赂，官帽便很难戴稳。

甘肃冒赈案中的主犯如王亶望、王廷赞等，其实都属于和珅一党或与之有着私人联系。王亶望督浙期间更有"和相（即和珅）第一宠人"之称，每年以"炭敬""冰敬""孝敬"等名义送给和珅的贿银达到三十万两以上，这还不包括其他一些珍奇古玩、馈赠之物。据说某人奉和珅之命，到杭州去为和珅的姬妾采购衣饰脂粉，王亶望听后，竟亲自到郊外迎接，还在西湖边设馆招待，排场和规格连钦差大臣都有所不及。

甘肃冒赈案受到查处，似乎和珅也多了一层风险，但和珅的狡黠之处也正在这里，他时刻观察和揣摩着乾隆的心思，一旦发现乾隆要下决心予以处理，便赶紧脱身，同时全力以赴进行查案，俨然自己与涉案人员全无干系。

乾隆当初派到甘肃的查案人员中就包括和珅，和珅抵达兰州后，王廷赞自认为与其私交甚好，看到他如同抓到了一根救命稻草，慌不迭地请其出谋划策。和珅就给王廷赞出主意，说你不如交出一些银子，以资兵饷和赈济贫民，这样可以掩人耳目，减轻罪责，王廷赞才向乾隆上奏折，提出愿将自己的四万两银子捐作军费。王亶望更倒霉，他倚和珅为奥援，但等到罪状败露，和珅却没有站出来为他说半句好话，有人说他当初勾搭和珅纯粹是"随珠弹雀"——用夜明珠去弹鸟，得不偿失。

话又说回来，和珅如此"不讲义气"，归根结底是缘于他和甘案的瓜葛尚不算很深，同时朝中其他重臣尤其阿桂、钱沣等人的存在，也让他不得不有所忌惮。

苏四十三进逼兰州之初，因阿桂正在河南指挥堵塞黄河决口，不能马上前往甘肃，乾隆便命和珅兼程先行，俟阿桂到达后再返京供职。其时阿桂拜武英殿大学士，任军机处首席，已成为名副其实的乾隆朝第一重臣，"为近日名臣之冠"，和珅虽受独宠，但其地位和声望也无法超越阿桂，这使他耿耿于怀，便想趁阿桂赴甘之前先行消灭起义军，从而也像当初的傅恒那样立下赫赫战功。

谁知兰州城虽已集结清军万人，还包括了和珅从京城带来的健锐营、火器营精锐，却因阿桂未到，部队犹如一盘散沙，"声势既不联络，纪律又不严肃"，"兵不顾将，将不顾兵，一遇贼匪（指起义军），惶遽退回"。更让和珅挠头的是，帐下众将都不听他的，他每有动议，总是遭到将领们的一致反对，和珅毕竟是文臣出身，对军事方面并不熟稔，所以亦无法当场予以驳斥。

及至阿桂到达兰州，问和珅为何不抓住战机"进剿"起义军，和珅没好气地回答道："将领们都很傲慢，不听我的调遣，您要不相信的话，可以自己试试。"阿桂毫不迟疑地说，如果碰到这种情况，就应以军法处置，"斩耳！"

第二天一大早，阿桂让和珅坐在自己身旁，观看他如何召集众将部署方略。让和珅面红耳赤的是，对于阿桂发出的每一道指令，将领们都应声答应，无人推却。阿桂部署完毕，回头对和珅说："你看看，诸将没有一个敢于傲慢不遵令啊，战事不利，这尚方剑也不知道应该拿来斩谁的头才好！"和珅听后顿时浑身战栗，面无人色。

和珅建功立威的目的没有达到，很快就灰溜溜地返回了京城，自此以后，再未直接在前线参与重大军事行动，也因此，他与阿桂成了势不两立的政敌。性格耿直的阿桂亦不齿于和珅所为，平时除受召议政外，都尽可能与和珅保持距离，即便同立于朝廷之上，也一定要站得离和珅有十几步远，和珅有时故作热情地走上去与其攀谈政事，阿桂嘴上应付，却依旧站着一动不动。

民间流传的乾隆朝忠奸斗法中，总是纪昀或刘墉调戏和珅，其实当年最敢叫板和珅的还是钱沣。钱沣是一个有"鸣凤朝阳"之誉的骨鲠御史，1782 年，他上书乾隆，参奏弹劾山东巡抚国泰、布政使于易简"吏治废弛，贪婪无状"，以致全省各州县无不亏空，乾隆遂派和珅、刘墉与钱沣一起驰驿前往山东办案。

和珅收过国泰、于易简的贿赂，实际上是二人在朝中的保护伞。甘肃冒赈案乾隆盯得紧，阿桂又是查办人，他不敢造次，在国泰案中则想浑水摸鱼，为此他秘密遣使前往山东，先行通知国泰等人，让他们从商人处预借银两，以弥补亏空。

未料魔高一尺，道高一丈，和珅的诡计被钱沣识破，他随即在大街上贴出告示，要求商人们在规定期限内自行领取属于自己的银两，否则便罚没充库。商人们闻知，纷纷给官府出具借条，争先恐后地前去取银，库银顷刻为之一空。

钱沣、刘墉立即组织人员盘库，查出银库亏空四万两，接着又盘查粮仓，发现亏空三万余石。对各县复查的结果也都差不多，库库皆亏，全省总计亏空达两百多万两白银。

事已至此，和珅无法再进行遮掩和袒护，于是赶紧像在甘案中那样，将查案结果飞报乾隆。乾隆将国泰案于前一年发生的甘案等同，认为国泰、于易简"罪责与王亶望等相同"，赐令二人自尽，家产籍没。

与甘案相比，国泰案所涉官员有多无少，若严格按照律法行事，通省官员很少有可以不被问罪的，乾隆迫不得已，只好改变初衷，命令所有亏空官员仍各留本任，限期弥补亏空。

第十一章

大将军

征缅战争结束的那年春天，傅恒奉旨回国，在天津行宫复命时，他得到了乾隆的接见。乾隆发现傅恒如同变了个人一样，"形神顿异"，便担心他已难以痊愈，但仍指望通过安居调理出现奇迹。

几个月后，傅恒果然病情加重，已到了不能下床的程度，乾隆每天派人带着宫内的药物和食品前去慰问，他自己只要能够抽出时间，也经常亲临探视，然而终究回天乏术，不久傅恒便溘然长逝。

傅恒之死令乾隆如失左右手，他亲临傅府奠酒祭祀，并赋诗悼念："千载不磨入南恨，半途乃夺济川材。"一年后，乾隆出巡畿辅，再次驻跸于天津行宫，想到去年与傅恒见面的情景，不禁触景生情，赋诗云："自古同为阅世客，祇今谁是作霖材？"

在追念傅恒这个"济川材""作霖材"的同时，乾隆也不忘告慰故人："汝子吾儿定教培。"你在九泉之下但可放心，你的儿子就是我的儿子，我一定会好好加以教导培养。

傅恒有四个儿子，依次为福灵安、福隆安、福康安、福长安。福灵安已在征缅战役中病死，福隆安迎娶乾隆四女儿和嘉公主，为和硕额驸，福康安、福长安从小就被乾隆安排在宫内抚养，并由乾隆"多年训诲，至于成人"。只是当时还没有人知道，就是这个老三福康安，后来竟然会超越乃父甚至兆惠、明瑞、阿桂等人，成为整个乾隆朝最突出也最重要的一员大将。

舞台

两次大小金川之役对整个富察氏家族都具有重要意义。尽管乾隆直言不讳，他对傅恒之所以荣宠备至，乃是缘于傅恒是已故皇后的弟弟，"大学士傅恒之加恩，亦由于皇后"，不过若不是傅恒在金川战争中建立了重大军功，所有加恩便难以服众，相信乾隆自己要想提拔傅恒也会困难许多。

如果说第一次金川战争给傅恒创造了人生机遇，第二次金川战争则为富察氏家族的青年一代提供了脱颖而出、尽情施展军事才能的舞台。战后乾隆绘一百名功臣像于紫光阁，并为前五十人亲自题赞，这前五十人有据可考的满洲籍将官计有二十四人，富察氏家族的明亮（福康安堂兄）、福隆安（福康安之兄）、奎林（福康安堂兄）、福康安均名列其中，所占比例居满洲各家族之首。

在参战的这批富察子弟中，年龄最大的是明亮，三十六岁，福康安最小，才十九岁。那还是小金川战役刚刚结束的时候，乾隆授温福为定边将军，命令他和阿桂、丰升额一起征讨大金川，时为头等侍卫的福康安离开京城，前往金川为温福授印，之后阿桂即将他留在身边，让他以领队大臣的身份领兵作战。

福康安虽出自名门望族，且为皇帝内侄，却并非缠绵于绮罗丛中的公子哥。在乾隆的亲自教导训诲下，他自幼熟读兵书，弓马娴熟，在金川的三年，也始终披坚执锐，冲锋陷阵，奋战于最前线，被外界认为颇有早年八旗将士的遗风。喇木喇穆一役，他先督兵攻克罗博瓦山，随后在击退偷袭敌军的基础上，又率兵八百，冒雨连夜摧毁敌军两座碉卡，从而配合海兰察成功地拿下了喇木喇穆。

因连战连捷，战功卓著，乾隆在战争期间即将福康安授为内大臣，嘉赏"嘉勇巴图鲁"。大小金川平定后，乾隆论功将福康安封为三等嘉勇男，对他予以肯定地说："福康安正当幼年，借此练习成人，于彼亦属甚好。"此后一再予以拔擢，战争结束后的次年，即授福康安以吉林将军之职，三年后授云贵总督，使其成为总领一方军政的封疆大吏。

1784 年，在与苏四十三起义相隔三年后，甘肃撒拉族新教阿訇田五再次发动起义，乾隆降旨命陕甘总督李侍尧带兵"堵截擒剿"。在官军的围攻下，田五身受重伤，自刎身亡，但所部在突破重围后，反而声势更壮，西安副都统、同出于富察氏家族的明善统兵"进剿"，却遭到伏击，明善以下全军覆灭。

乾隆闻讯大为吃惊，深感事态严重，认为："此时若再不派重臣前往督率，恐有贻误。"遂命时任兵部尚书的福康安与阿桂、海兰察等人率京旗精锐前往征讨，其间乾隆还革去了李侍尧陕甘总督一职，由福康安接任，显示出对他的倚重。

阿桂、福康安、海兰察都是一等一的名将，三人合力，没多久就将此次起义予以完全镇压，但各地起义依旧呈此起彼伏之势，1786年秋，距田五起义仅隔两年，台湾又爆发了林爽文起义。

林爽文起义实际应为林爽文、庄大田起义。乾隆前期，闽粤两省出现了一个秘密互助团体，名为天地会，至乾隆中期，随着闽粤两省流入台湾的移民不断增加，天地会也传入台湾并在当地得到极为迅速的发展。林、庄均为加入天地会的台湾移民，其中林爽文曾当过县衙捕役，为人喜结交，有义气，"得来银钱肯帮助人，因此人多服他"，是个类似于《水浒传》中"急时雨"宋江那样的人物，在台湾中北部民间威信很高。庄大田与林爽文是好友，此人在台南也有着较大影响。

林爽文起义的触发原因与王伦起义极为相似，都是官府预先侦知了林爽文在彰化传播天地会的情况，派人前去搜捕，结果反而刺激对方发动了起义。起义爆发后，起义军一举攻破彰化县城，将台湾知府孙景燧及以下所有官员全部杀死，接着林爽文自称"盟主大元帅"，建元"天运"，封官授职。应林爽文之约，庄大田也在台南举事并攻克凤山县城，随即自称"洪号辅国大元帅"，南北两路义军遥相呼应，势如破竹。

乾隆最初还只视林爽文起义军为一群乌合之众，认为不难扑灭，但事实令他大跌眼镜。起义军在一年时间里屡战屡捷，几乎占领了台湾全岛，乾隆陆续发往台湾的援兵不为不多，指挥官从福建水师提督、陆路提督到闽浙总督常青，身份和级别一个比一个高，但都被起义军打得龟缩在几个孤立的据点中，一筹莫展，毫无作为。

眼看台湾局势已完全失去控制，乾隆决定派时任协办大学士、陕甘总督的福康安上阵。1787年9月13日，他正式授福康安为将军，携带钦差关防赴台督办军务，海兰察等大臣带领巴图鲁、侍卫随行参战。

尊贤用能

福康安在进军途中加紧研究了对常青等人的报告，尽管他在二征金川、平定田五起义等役中多次出生入死，但这些报告仍令他感到触目惊心。

义军包围诸罗，闽浙总督常青三次派兵援救，结果援兵几乎被全部消灭，副将等四人、千把总等下级军官十八人，以及七百余名兵丁阵亡。闽浙总督常青所在的台湾府城也被围困，援救府城的各路援兵中途遇阻，府城郊外十里皆由起义军所控制，清军的补给线被完全切断。至福康安受命之时，号称十万之众的起义军已席卷全台，清军共有包括两位提督、四位游击、一位副将、一位参将在内的八名高级将领先后丧命。

乾隆调拨了新的一批援军随福康安入台作战，然而福康安内心还是觉得惴惴不安，于是便又写了一封奏折，请求增派部队。其实加上新的援军，入台作战的清军在兵力上已绰绰有余，乾隆看出福康安还是受了常青等人的影响，对入台作战信心不足，"略有畏难之意"，为此他连续降谕，让福康安不必过高估计起义军的力量，并打气说："朕坐朝五十余年，重大事务不知经历了多少，没有哪一次不通盘筹划，深思熟虑。这次也一样，你是朕的亲信倚任之人，如果朕自己没有把握，会让你冒险前进，置你于险地吗？"

乾隆还向福康安指出，他抵台后即为三军统帅，全军都看着他一个人，只要统帅稍稍流露出一点胆怯之意，那么将士们必然更加怯懦惧战，"士气岂能振奋耶？"

乾隆语重心长的开导和激励鼓舞了福康安的斗志，他随即向乾隆提出了会合各路、并力合攻的进兵计划。乾隆看后却觉得不甚妥当，因为从台湾当时的形势来看，诸罗久困，常青苦守台湾府城，各路都处于被分割状态。福康安若按此计划进兵，很难达到会合各路的初衷，反而会变得首尾难顾，一旦林爽文、庄大田两路夹攻，福康安将会随之陷入绝境。

经过慎重思考，乾隆指示福康安，抵台后不要急着会合各路，也不要盲目发动攻击，而是要集中自己所带去的兵力，首先为诸罗解围。1787年12月10日，福康安、海兰察等人统领八旗、绿营陆军九千人，乘坐一百多艘战船，在台湾鹿仔港登陆。

自平台之役起，海兰察便成了福康安的部属。两人最早在第二次金川战争中就进行过配合，不过当时的福康安位卑资浅，只是领队大臣，此前也没有打过仗，而海兰察是参赞大臣（其间虽曾降为领队大臣，但资格仍在），且已身经百战，所以两人的关系是海兰察为主，福康安为辅。十多年后，海兰察还是参赞大臣，福康安却已是全军统帅，然而引人注目的是，福康安依旧对海兰察以前辈相待，敬礼有加，趋拜下风。

海兰察是索伦部人，属于"新满洲"。"新满洲"的社会地位较低，连乾隆都以

"乌拉齐习气"相称，海兰察在给乾隆的奏折中也多次强调自己是"边隅似如草芥之奴仆"。他的这种自卑感有时会让他显得不够主动，尤其上司如果是庸碌之辈，海兰察就更容易变得消极苟且，乃至无法发挥其军事才能，以前跟随温福时就是如此。

阿桂是第一个赏识海兰察的伯乐，海兰察感激涕零，于是"生平唯服阿文成公（阿桂）"，有人问他为什么只肯听从阿桂的命令，他回答说："近日大臣中知兵者，唯阿公一人而已，我怎么敢不听命呢？其余那些人都是怕死怯懦之辈，让他们掌兵指挥，不过是害人而已！我怎么能为他们送死呢？"

福康安与海兰察有过共事经历，海兰察自然知道福康安非"怕死怯懦之辈"，但他功大而性傲，年资又高于福康安，如果福康安因为如今成了他的上司就表现出位高而倨傲的态度，可想而知海兰察一定难以接受，作战也不会出力。一部清代名人传略中对此记载得很明确："在当今任统帅者中间，他（指海兰察）只钦佩阿桂，只是在福康安对他表示尊重之后，他才肯辅佐他。"

乾隆也看到了这一点。有一次他询问大臣，福康安和阿桂的才能相比如何。大臣答道："阿桂能指挥海兰察，福康安则极为周旋之，方得海兰察之力，以此不如阿桂。"

乾隆认为大臣的话虽不无道理，却只知其一，不知其二，他分析说，阿桂作为大将出征西域时，海兰察还只是低级武官，因此阿桂只要流露出赏识之意，海兰察就愿效前驱，而福康安的资历不及海兰察，一旦突然成为海兰察的上司，"不能不谦谦自下，倚为干城"。乾隆得出的结论是，福康安和阿桂所处的境地不同，对待海兰察的方式自然不能一律，但效果却是一样的："福善周旋，是以平贼。"

事实正是如此，福康安尊贤用能，海兰察作战也极为出力。有对福康安抱有成见者，甚至认为福康安只是因人成事，依靠海兰察才建立了卓越的战功，"天生海兰察以成就福康安之功名"。虽然这种说法失之偏颇，有欠公允，但已足见海兰察在福康安军事生涯中不可或缺的重要作用。

怎么可能如此强壮

福康安虽重用和依赖海兰察，但他自身也是智勇兼备的军事家。乾隆对福康安即有"秉性忠纯，才猷敏练"的评价，前一句指的是他的政治品质，后一句则是指他在用兵方面的军事才能。

福康安登台后，以海兰察为先锋突前，在前锋部队行进约百里后，他才率主力继进。有一天夜晚下起大雨，天黑如墨，部队正行至一座土山，便临时驻营于山顶之上。福康安坐在中间，军官们围坐于其周围，其余官兵也依次围坐，恰逢林爽文的流动巡察部队举着火把从山下经过，他们看到有人马从泥泞处踩过的痕迹，怀疑附近藏着清军，可是山上黑黝黝的又什么都发现不了。为了让自己放心，林军便用鸟枪对土山进行射击，福康安立即传令下去："不许出声，不许动。"

全军遵令不予还击，林军见状以为纵使有清军经过也已离开，就未再追究。等到林军远离土山，大雨已停，天也亮了，清军才重新出发，经过检视，晚上无一人受伤，鸟枪弹丸全都落在了山中腹地。

这是载录于清代笔记中的一个情节，它也间接反映出福康安军刚登台时的氛围，即林爽文、庄大田军占据优势，福军尚不能轻举妄动。其时林爽文视诸罗为台湾南北之要冲，是必须拿下的战略要地，他派兵留守作为大本营的大里杙，亲率主力在诸罗城外的牛稠山扎下大营，昼夜对诸罗进行围攻。

在分析敌情后，福康安决定采用声东击西的战术，先派小股部队佯攻大里杙。距大里杙三十里处有一座地势较高的八卦山，为前往大里杙的必经之地，林爽文在八卦山设卡竖旗，支起大炮，建立了防御阵地。1787 年 12 月 12 日，海兰察奉福康安之命，率巴图鲁、侍卫二十余人进入八卦山一带，尽管他们一行只有二十余人，但自海兰察以下皆为浑身是胆、技能超群的勇士。当天，索伦佐领阿木勒塔等首先冲锋上山，海兰察和其他人随后跟进，枪箭齐发，守军猝不及防，迅速溃败，八卦山遂为清军所得。

得知八卦山失守，林爽文连忙分兵援救大里杙，福康安佯攻的目的达到，遂集结主力直接为诸罗解围。解围部队中包括他从大陆带来的广西、四川绿营兵五千人，这些绿营兵系乾隆根据阿桂的建议所调拨，皆擅于跋涉山路，此外还有本土清军六千余人、义民（即平日就与天地会等会党势不两立的械斗团体）千余人，福康安将之混编后分成五队，由海兰察任前锋，他自己则率诸将继后。

12 月 16 日，解围大军启程，黎明时部队到达仑仔顶，突然遭到了伏击。

林爽文果然不是盖的，尽管清军有义民负责分两翼搜索道路，但他照样利用地形给清军设下了陷阱。当时林军由道路两旁的竹林、蔗田、村庄杀出，一边施放枪炮，一边向清军蜂拥冲杀。

过去凡救援诸罗的清军遇到类似情况，都跟撞到蛛网的蚊虫一样惊慌失措，通常剩下的便只有被歼的份儿。福康安是经历过大阵仗的，即便遇到预想不到的险情，也依旧能够做到处变不惊，在他的沉着指挥下，领队大臣穆克登阿、普尔普等人分别占据要地，对林军进行阻击，海兰察则率以巴图鲁、侍卫为核心的八旗军向林军集中的地方进行冲击。

八旗军人数不多，但战斗力很强，巴图鲁、侍卫的骑射技术更是精湛，在纵马高速冲锋中依然能做到箭无虚发，在七八十步距离内，被其瞄准的敌军皆应声倒地。这一情景令林军大惊失色，都说："这究竟是哪里调来的老骑兵，怎么可能如此厉害？"

林爽文自发动起义以来，所部屡战屡捷，杀官军如同刀切豆腐一般，"以官军不足畏"，未曾料到眼前的八旗骑兵如此凶悍能战。同样地，因为之前常青等人将台湾战场描述得很可怕，起义军也被夸张为拥有"异术"，所以福康安军包括福康安本人在内，都或多或少有一些恐惧不安的心理，至此，他们才知道起义军不但并无所谓"异术"，而且自身战力还在其上。

海兰察纵兵猛攻，福康安等人随后掩杀，林军死伤惨重，溃不成军，连林爽文都受了伤。清军以此打通道路，并接连攻破了十余座村庄。

林爽文并未就此放弃，当海兰察进至牛稠山时，他又依托山梁大溪，组织万余人从四面进行围攻。海兰察杀得性起，率侍从跃马直接冲过大溪，抢上了山梁，骑兵们亦纷纷效法，使得他们很快就夺占了山头，攻克了山后用于围困诸罗的竹栅。

转折点

看到清军势不可当，林军的士气跌至谷底，被迫溃退撤围。这时天色已黑，雷雨交加，福康安连夜带兵进入诸罗城。在此之前，诸罗已被围困达五个多月之久，外围屡次救援都不成功，得知福康安军竟仅用一日一夜时间便为其解去重围，城内军民皆"欢声震地"。后来乾隆接到大臣的奏折，得知了当时的情景："两边跪了许多百姓，也有笑的，也有哭的，听得福将军也在马上堕泪。"

在诸罗解围战中，林爽文军被歼八百余人，骑兵将领阵亡六人。此战成为清军平台战争的转折点，之后福康安便掌握了战争的主动权，曾经声势浩大的起义军开始走向败亡。

为诸罗解围后，福康安首先打通了诸罗至台湾府城的道路，在此基础上，全军向起义军的门户斗六门进发。1787 年 12 月 28 日，清军兵分三路，对林爽文军所据的大埔林、中林、大埔尾三庄发起进攻。三庄皆在诸罗境内，东西相距各数里，可互为声援，其中的中林尤为林军精锐所在，然而就这样还是挡不住八旗骑兵的猛烈冲击，海兰察一路率先攻克中林，大埔林、大埔尾守军闻之即刻崩溃，清军穷追二十余里，福康安称"积尸遍野，无暇割取首级"，足见战况之惨烈。

下午三点至五点，清军追至庵古坑，此处原来也是会党的根据地，周围挖壕立栅，内筑土墙，外钉木板，阵地很是坚固。然而清军势头正猛，就像牛稠山冲过大溪一样，也是一跃而过，拔掉栅栏就往里冲，而林军也根本无法阻挡。

斗六门与诸罗县城相距八十里，清军在攻取庵古坑后，距斗六门尚有三十余里。时值傍晚时分，福康安传令军中，称敌人屡战屡败，已经胆寒，应乘夜连续追击，以防其加强防备。

在连番交锋中，入台的八旗骑兵几乎已成为林爽文军一个挥之不去的噩梦，为此林爽文事先特地在前往斗六门的大路上开挖陷坑，密布竹签，试图对八旗骑兵予以遏制。这一情况被清军侦知，此时稻田已经收割，泥泞渐干，于是福康安决定绕道由稻田行进。清军在绕过陷坑后，用长刀利刃砍倒以竹围筑就的栅栏，击溃守军，一口气攻克了斗六门。

斗六门既失，林军只得退守大里杙。1788 年 1 月 1 日，清军直驱大里杙。大里杙东倚大山，南绕溪河，同时砌有土城，城内密设炮台。次日凌晨，当清军迫进溪河时，林军立即发炮轰击，福康安为激励将士，亲自跃马先渡，受其鼓舞，清军大队人马纷纷冒着炮火往前突进。

清军刚刚涉溪而过，林军即有万余人自城内涌出，从三面对其进行围攻。城内的林军武器弹药充足，战后光被缴获的大小炮就有一百六十余尊，鸟枪二百三十余杆，一时间枪箭如雨，声势逼人。福康安军对此并不惧怕，巴图鲁、侍卫立于队伍外围，张弓以待，他们全都是能够百步穿杨的神射手，林军尝过厉害，谁都不敢靠得太近，自然也难以对清军形成威胁。

看天色已暗，福康安指挥官兵退至田埂溪边，分队排开，摆出防御阵形，准备等次日天亮探明路径后再行反攻。这实际上是林军的最后一次机会，他们自己也清楚这一点，于是当晚便不断地对清军实施袭击。

交战中，林军举着火把，处于明处，其一举一动都被清军看得真真切切，故而枪箭齐发，无不中的，相反，由于清军居于暗处，林军的枪箭却没法准确击中目标。

发现失策，林军赶紧灭掉火把，靠击鼓来指挥进攻，但清军依旧能通过鼓声判断方位，而且他们始终都保持着严格的战场纪律，即不管林军攻袭的动静有多大，各队始终肃然无声，一旦迫近，则立即予以格杀。

经过一夜厮杀，林军锐气全消。天亮后，清军分路进攻，冲入城内，完全控制了大里杙，在此之前，因自知难以抵敌，林爽文已于晚间沿着小道僻径遁逃而去。

1月11日，福康安追捕林爽文至集集埔。林爽文预做准备，先于集集埔临溪据险扼守，除设卡外，林军还在陡崖上垒砌石墙，用以横塞道路。

次日，清军发动进攻，林军在石墙内连放枪炮，清军亦以火力予以压制。就在双方僵持不下之际，海兰察率巴图鲁等跃马渡溪，此举成功地吸引了林军的注意力，乘此机会，先后从内地调集而来的广东兵、广西兵、贵州兵泅水而过，他们攀缘上山，在推倒石垒拥入墙内后，击溃了林军。

是役，林军被歼两千余人"河滩山下，尸体遍地纵横"。据后来被俘的林军头目供称："早听得林爽文说要拼命打这一仗，若再不能支持，就只好逃到内山去了。"

集集埔之战实为决定平台之役最终胜负的关键，经过殊死的激战，林爽文军大部分阵亡，少数潜入山中。不久，随着林爽文等人被捕获，北路大致得以平定。

水陆并进

1788年2月，福康安率部南下，集中力量扫荡庄大田军及其据点。

南路的大武陇一带大山环绕，山路处处皆通，内有四十庄，皆为庄大田的重要根据地，福康安认为进兵南路，必须首先直捣大武陇，以覆其根本。

福康安不仅与阿桂一样重才惜才，而且提拔和培养的战将比阿桂更多，可以说18世纪、19世纪之交的著名战将，大多出自其麾下，所以他打仗并不是只倚靠海兰察一人。大武陇一战，就主要归功于海兰察之外的另外两员战将，即普尔普和鄂辉，两人一个抄深山小道直驱大武陇北面，一个由西面施攻，几天之内便攻取了大武陇。

庄大田与海兰察也有了交手的机会。其时庄军两千余人欲抄截清军后路，海兰察亲率巴图鲁、侍卫等在甘蔗园向庄军猛冲，仅庄军骑兵头目就被射死十余名，而清军一方损失轻微，仅一名带路先行的义民首领阵亡。

自3月11日起，清军在琅峤对庄军展开围攻。琅峤道路崎岖，树林茂密，为防止庄军逃逸出海，福康安指挥清军水陆并进，四面合击，庄军被歼灭殆尽，浮于海面的尸首难以计数。次日，庄大田坠马被俘，这场波及台湾南北千余里的大起义终于被镇压了下去。

消息传至京城，乾隆极为高兴，赐封福康安为一等嘉勇公，海兰察为超勇公，加赏宝石顶、四团龙补服，对其余有功将士也都进行了厚赏。

在林爽文起义之前，已经爆发了三次大起义，即王伦起义、苏四十三起义和田五起义，但乾隆以其都发生在内地，便没有放在他所谓的"十全武功"里面，唯有平台之役，"则有不得不详记巅末，以示后人者"。继平准平回和金川战争之后，乾隆第三次绘功臣像于紫光阁，以彰其武功。

乾隆的重视程度，显示出台湾在海防上举足轻重的战略地位，"台湾地隔重洋，一方孤寄，实为数省藩篱，最为紧要"。唯因如此，乾隆在战后有针对性地采取了各项措施，以稳定当地局势。

新任闽浙总督李侍尧为台湾知府孙景燧等五人请恤，五人皆死于林爽文起义军之手，但当乾隆查知，孙景燧等均涉嫌挪移亏空，以致台湾府库亏空，所贮兵饷银款不见踪影时，不仅不同意抚恤，还下令将他们的家产查抄入官，充抵军需。

诸罗在战争中苦守五个多月，乾隆特谕令将诸罗县名改为嘉义县，以资表彰。诸罗守将、台湾镇总兵柴大纪同时受到嘉奖，被封一等嘉义伯，世袭罔替，赐银一万两。让人意外的是，福康安登台后却发现柴大纪有受兵丁谢礼、借贷放债等各种劣行，于是具折参奏，乾隆即将柴大纪革职拿问，并在确证后下令将其斩首。

平台一役，令福康安声誉鹊起，已隐隐然有超越阿桂之势。紫光阁共为平台战争中的五十位功臣绘像，前三十功臣画像由乾隆亲制题赞，其中阿桂以指挥方略之功居于首位，和珅等参与后方筹划的大臣也在其列，且和珅的位次还在福康安之前。福康安只排在第四位，但福康安的军功之大以及乾隆对其寄望之殷，却早已是一件尽人皆知的事了。

与阿桂相比，福康安并非一个性格完美的前线统帅。柴大纪固然罪有应得，然而也有人指出，福康安之所以对柴大纪紧盯不放，乃是因为收复嘉义（诸罗）时，柴大纪自恃功高，态度倨傲，不给其面子的缘故。反之，对于自己的部属或与其关系密切的人，福康安则经常加以袒庇。

福州将军恒瑞和福康安是亲戚，恒瑞随常青出战，在嘉义遭到包围时，观望迁延，拥兵不救。乾隆获报后命福康安将恒瑞逮捕入京问罪，但福康安故意拖延，还在奏折中把恒瑞列入获军功的人员名单中，希图以此替其脱罪。

乾隆如同他所告慰傅恒的那样，将福康安当作自己的亲生子侄一样加以教导培养，但关键时候却并不予以宽纵。他马上给福康安发去圣谕，说："假如恒瑞真的是个将才，为什么你未抵台时，从没看到他有好的表现？现在你把他说得这么勇健，是打算包庇自己的亲戚吗？朕太为你感到可惜了！"

据说福康安在接到这份圣谕后，吓得当场战栗失色，帽子上的花翎从早到晚，抖了一整天。

福康安被吓成这样不难理解。事后按照乾隆本意，对福康安袒护亲戚的行为，是要从重治罪的，只是因其平台有功，才将功补过，未予深究，只在圣谕中训了一顿了事。至于恒瑞，当时就依律被定为死罪，直到台湾平定后，才免去死刑，罚戍伊犁。

最关切和最需要的

福康安出身豪门，平时骄奢成习，喜好奢华，即便在军中也不避嫌。清代笔记中的相关记述可谓连篇累牍，说他在平台战役结束后，率部凯旋经过浙江，所坐官船上建楼数层，用以表演歌舞。各船首尾衔接，鼓乐喧天，让人看了目瞠口呆。

还有资料绘声绘色地加以渲染，称福康安用兵，所过之处，营地内笙歌一片，通宵达旦。福康安善唱昆曲，经常手拿鼓板，引吭高歌，"虽前敌交绥，血肉横飞，而余音袅袅未绝也"……

或许笔记所载过于夸张，但嘉庆朝的官方批评，也指责福康安在出征台湾期间，不顾赏罚之柄应出自朝廷的通例，自行赏赐官兵银两绸缎，从而开清军军营中"滥赏"的风气。这些银两绸缎无法列入朝廷的军费开支，均需由地方上临时拨给，加上福康安任性花费，毫无节制，因此大军所过之处，地方官的供给费用动不动就要超过数万两白银。

对福康安身上存在的问题和缺点，乾隆不可能一点都不知道，但与福康安涉及祖庇时所采取的严厉态度不同，他对此基本上不闻不问。

按清初定制，八旗将佐凡阵亡者，赐以世爵，汉人军官就算功劳再大，封赏也只及于其身，爵位不能世代沿袭，即所谓"汉人分五等，无世袭例"。乾隆三十二年即1767年，乾隆突然下诏，规定汉人不分文武官员，凡阵亡于前线，"概予世袭罔替"，应该说，这一规定远比多赐些银两绸缎之类更具震撼性和突破性，如史学家魏源所认为的，"国朝武功之赏，至乾隆而始重"。

乾隆并不是心血来潮，才要改变老祖宗定下的规矩。在他同意汉人也可赐以世爵之前，平准平回战争刚刚结束不久，紧接着又是征缅战争和第二次金川战争，要应付这么多大规模的战争，就必须频繁地对军队包括绿营进行动员。清代历经康雍乾三朝盛世，承平日久之下，军民多耽于安逸，如果不出台非常规的刺激和补救措施，确实很难让军人迅速兴奋和踊跃起来。

重赏之下，必有勇夫，自乾隆出台新规定后，绿营连低级军官也有机会得到云骑尉规格的世爵，"故人皆感激用命"。虽然绿营整体上受旧习影响，战斗力始终无法与八旗相提并论，但也有部分绿营表现神勇，且绿营数量较多，没有他们的配合，八旗亦难以独当其任，无论征缅战争还是第二次金川战争，皆为如此。消极的一面则是军营中滥施封赏的现象日趋严重，从这个意义上来说，乾隆自己才是开"滥赏"风气之先的人，而不是福康安。

福康安自行赏赐官兵银两绸缎固然有所不妥，但前提是能对将士起到激励作用，按其出发点，与乾隆当年的破例并无区别。当然如果这个人不是福康安，是阿桂或者其他人，则又当别论，乾隆极可能会怀疑他是否想借机收买人心。唯有福康安，本身就是皇帝的内侄，又被乾隆当成亲儿子一样进行呵护和调教，乾隆对他的忠诚毫不怀疑，才会听之任之。

至于福康安的挥霍成性等问题，乾隆显然也并不为意。一者乾隆自己也是个铺张的人，二者福康安并非只会享福，他作战时身先士卒，行军时不避艰苦，乾隆对此非常了解，曾称赞福康安"素性勇往急公，能耐劳苦"，更重要的还是福康安能打仗而且打的都是胜仗，这才是乾隆最关切和最需要的。

台湾之役便是如此。起先清军没有打赢过一次，全台几乎尽行落入起义军之手，福康安渡海赴台后，立解诸罗之围，仅用两个月时间，便得以击破起义军，擒获林爽文、庄大田，替乾隆解除了心头大患。

康熙末年，台湾曾爆发朱一贵起义，朝廷派施世骠、蓝廷珍渡海予以平定。乾隆认为连施、蓝都难以与福康安相提并论，"其经画周密，贤于施世骠、蓝廷珍远甚"，他庆幸自己及时走马换将，把福康安派了上去，"不以福康安易常青之将军，则成功必迟"。

因为同受乾隆的特别宠幸，又都有骄奢之习，后来便有人指福康安与和珅为乾隆末期一武一文两个佞臣，甚至说他们勾结起来，朋比为奸，败坏朝政。这种说法其实并不公正，福康安长年在外征战，立大小战功无数，得宠靠的是军功而不是谄媚，同时他不但不党附和珅，两人之间还存在着一定的矛盾。

平台之役后，福康安先后调任闽浙总督、两广总督，在他任两广总督期间，湖北按察使李天培因用湖广粮船私运木材，被劾革职，充军伊犁，这就是轰动一时的李天培案。在审理过程中，查出李天培的私运木材里有近一半为福康安的份额，福康安因此得罪，被革职留任，罚养廉银三年，公俸十年。

当时告发李天培的正是和珅的弟弟、巡漕御史和琳，此案也因而被外界视为和珅、和琳兄弟对福康安的一次公开打击。不过它并没有动摇福康安在乾隆心目中的地位，很快，福康安所受的处罚便被予以减免，而他也在新的战争中给了皇帝不菲的回报。

搅乱了这里的宁静

在福康安的父亲傅恒显山露水之前，其亲族中身居高官且得以名垂青史者，莫过于福康安的伯父傅清。傅清当年置生死于度外，毅然刺杀图谋不轨的藏王珠尔默特，成为第一位殉职西藏地方的驻藏大臣，乾隆特为他在北京建立"双忠祠"，福康安后来还为双忠祠撰写碑文，详细记述了伯父的英雄壮举。

自那一年平定珠尔默特叛乱后，西藏社会迎来了较长时期的稳定，直到1788年，即福康安平定台湾的同一年，廓尔喀侵扰西藏事件才再次搅乱了这里的宁静。

廓尔喀原为尼泊尔邦国的一个部落，18世纪中叶，尚武的廓尔喀建立了沙阿王朝，并以武力统一各部，成为整个尼泊尔的主人，廓尔喀也由此成为当时尼泊尔的代称。

沙阿王朝和缅甸的雍籍牙王朝相仿，极为勇悍善战，不但尼泊尔各部为其征服，就连英国在印度的殖民军也曾被它所击败。鼎盛时期的沙阿王朝领土面积很大，约为今尼泊尔面积的三倍，然而执政者仍不满足，对周边区域虎视眈眈。只是其时英国势力已进入印度北部，廓尔喀东邻锡金也不好惹，自然而然地，他们便把向北侵略西藏当成对外扩张的唯一出路。

1788年，廓尔喀借口商务纠纷，对西藏不宣而战，并相继侵占了西藏与尼泊尔交界的三处地域。面对这种以前很少发生的外藩侵占疆土事件，乾隆十分震怒，特将正跟随福康安在台湾镇压林爽文起义的鄂辉抽出，授以将军衔，命他协同四川提督成德率兵急速进藏抗击，同时委派通晓藏语的理藩院侍郎巴忠进藏查办此事。

鄂辉在平台之役中有不错的表现，但西藏不同于台湾，这里山高严寒，道路崎岖，清军的行军路线上多为层岩乱石的山道，又因大雪封山，部队难以前进。前线指挥层的求和情绪随之迅速滋长，巴忠首先主张与廓尔喀妥协，鄂辉、成德随同附和，他们都瞒着乾隆，私自允许西藏地方与廓尔喀谈判议和。

藏廓谈判，藏方答应每年向廓尔喀支付三百个银元宝，以换取廓尔喀军队撤出西藏。廓军见清军集中拉萨，也愿意见好就收，便在拿到第一年的赔银后退兵尼境，这就是所谓的"藏廓密约"，由此第一次清廓战争草草了结。

西藏行政地方急于希望廓军退兵，实际却并无财力每年继续支付赔银。1790

年秋，廓尔喀派人前来索款，八世达赖要求在一次性给付若干银元宝后，"撤回合同"，但遭到拒绝。

次年7月，廓尔喀即以藏方爽约为由，再次大举入侵西藏，此次入侵比第一次来势更为凶猛，藏军和驻藏清军虽与之展开激战，但终究难挡其锋。廓军在短短十几天内就迅速占领了西藏许多地方，后藏政治宗教中心、历代班禅所驻锡的扎什伦布寺被其洗劫一空，之后因闻听内地正规军到来，廓军才退至边境观望。

消息传至京城，前驻藏大臣巴忠畏罪自杀，乾隆陡感事态严重，一面要求对两年前的"调停贿和"事件予以彻查，一面挑选大将赴藏主持战事。

乾隆最初想到的统帅人选仍是指挥第一次清廓战争、被认为熟悉藏事的鄂辉、成德。考虑到鄂辉行伍出身，有征战实绩，相比之下，成德为人粗心大意，未经历练，乾隆决定把已升任四川总督的鄂辉派去西藏。

与乾隆的期望相反，鄂辉自首次入藏吃瘪之后，便对赴藏戡乱生出推诿之意，乾隆让他去西藏，他却只命成德带兵前往，自己坐镇成都指挥，还推托说此次战事不过是西藏地方与廓尔喀之间的债务关系所造成的，而且战事极可能被藏人所夸大。

乾隆对鄂辉的这种态度非常不满，命军机大臣传谕申斥鄂辉，说上次你入藏办理不善，才会埋下祸根，如今怎么还敢观望不前？

经乾隆一再催促，鄂辉才心不甘情不愿地勉强启程赴藏，但到藏后仍罔闻战事，并奏称清军距离廓尔喀边境路途遥远，粮食转运维艰，"不值大用兵"。乾隆对此予以了严厉斥责，一针见血地指出鄂辉仍像上次入藏那样存有畏难情绪，只想将就了事。

由于感到鄂辉难负统兵重任，乾隆在严令他和成德继续率军速进的同时，急召鄂辉的老上司、两广总督福康安来京备用。在此期间，他拿福康安和鄂辉做了对比，认为福康安虽未去过西藏，但知兵能战，论战略远见也胜过鄂辉。

在为福康安配备随征战将时，除在平台之役中就担当福康安副手的海兰察等人外，乾隆还想到了一个人，此人就是福康安的堂兄、位列金川战争功臣前五十位的奎林。海兰察、奎林等与福康安关系融洽，又都勇冠三军，在乾隆看来，以这样强有力的班子辅佐福康安，无疑又为出征取胜增加了一成胜算。

在召福康安来京的第四天，乾隆正式决定派他统兵征讨廓尔喀，而此时距离福康安的伯父傅清殉职于西藏已过去了将近半个世纪。

入藏

第二次清廓战争时期，阿桂举荐某人为刑部满郎中，乾隆召见时，问他福康安、海兰察在外界的声名如何，此人应声答道："外界都心悦诚服于两人的将略，比之于罗成、尉迟恭。"

乾隆笑着把他打发了出去，阿桂知道后深悔自己所荐非人，对别人说："老夫看他相貌堂堂，所以才予以推荐，谁知道他也就是对小说人物比较熟悉罢了。"

这是载于清代笔记中的一则笑话。罗成、尉迟恭皆为隋唐演义中著名的英雄好汉，某人拿他们来类比福康安、海兰察，固然显得不伦不类，但亦足见福、海作为武将，在朝野的赫赫声名。

1791年12月，乾隆任命福康安为将军，海兰察、奎林等为参赞，在京巴图鲁、侍卫、章京（军职官名）百余人随同出征。用兵上也做了精心部署和安排，共调用兵员一万三千余人，其中数量最多的是川兵，川兵中则以金川土兵分量最重。

金川两次反叛，清廷费了九牛二虎之力才得以彻底平定，也正是通过这两次金川战争，"虎头人"金川土司兵在高原上的战斗力得到充分认可。这次调用的金川兵皆能征善战，尤其适应山地、高寒作战，不过金川毕竟有反叛的"黑历史"，又是第一次参与中央政府所组织的联合征剿，乾隆心里终究有些不太放心，而且金川兵擅长防守的一面固然早已得到验证，但进攻方面则尚无太多表现，所以还需抽调更信得过也更精锐的部队与之协同配合。

青海离西藏较近，本可从该省调用满蒙八旗兵，但是这批八旗兵没有经历过什么大战，兵额也不足。经过考虑，乾隆决定不远万里从黑龙江调动索伦兵，并命令他们从黑龙江出发，直接开赴西藏参战。

清代从北京入藏有两条路线，一条是经四川入藏，即川藏线；另一条是经青海西宁入藏，即青藏线。青藏线比川藏线短，若走青藏线的话，预计要比川藏线早到二十余天，缺点是出西宁之后大多是高寒缺氧地区，人烟稀少，山路极多，又无林木，且时值岁末，不少地方已经大雪封山。

正常情况下，青藏线并非进藏的首选路线，但此时乾隆对廓尔喀侵藏战事已感到相当焦虑，他希望福康安能够尽快赶到西藏予以处置，所以还是决定让福康安从青藏线驰赴西藏，并限四十日到达拉萨。

福康安深谙乾隆对藏事的关切，奉命后即动身前往西宁。在他启程后，乾隆接到陕甘总督勒保的奏报，进一步了解到青藏线"难以行走"的情形，思虑再三，他向福康安连降谕旨，嘱咐如果青藏线实在难行，"当即改道由四川赴藏"。

在得到乾隆的相关谕旨时，福康安已快到西宁了，一路上他接到不少关于西藏战事的奏报，对乾隆的心境更加感同身受，于是明知前途艰险，仍表示不再改道，只求能早一点入藏。

福康安抵达西宁后，稍做准备，即轻骑简从，率官弁跟役约三十人自西宁出发。为了不耽误行程，他们每天下半夜便要动身，行至第二天下午七点左右才驻牧宿营。

出发不久，福康安就注意到沿途地势不断增高，许多地段路径崎岖，且有山岚"瘴气"，官兵早晚行走，无不感到头晕气喘。除此之外，正如勒保在奏报中所言，西宁口外皆为草原，又正值隆冬时节，冰雪较厚，马草、牛粪俱被大雪覆压，一行人每天除了要辛苦赶路之外，还必须沿路捡拾收集马草、牛粪，否则便无法满足炊用所需。

事实上，即便在现代社会的交通条件下，冬季由青藏线入藏也十分艰难危险，从当年的气候、地理环境、路况和工具设施来看，更不啻为一次极为冒险的户外行动。

福康安等人在经过玛楚喀以后，雪山层叠，驼马全都疲惫不堪，尤其背负行李的骆驼，一到夜间就趴着不动，无法放牧。星宿海等处为黄河源头，数百里内溪涧交错，泉水甚多，但此时都已结成了冰，看来看去，竟找不到路，而且这些地方多系河岸沙滩，乱石纵横，沙石与冰块相互交错，驼马走在上面，蹄足打滑，举步维艰。无奈之下，众人只能绕道而行，加上解决放牧问题，光在这一段路上就耽搁了七天。

接着要翻过巴颜喀拉山脉，那里地势更高，所谓"瘴气"也最大。从福康安等人的描述来看，这里的"瘴气"指的应该是高原反应和水土不服，虽然它不像云贵的瘴气那样直接伤人，但对人力畜力的消耗也相当大，往往只走几步就会气喘头晕，并伴有身体浮肿。福康安素来身强体壮，但在出发后即"冒寒患病"，至此又"触染瘴疠"，也就是高原反应非常强烈，随行人员亦无法速行，于是整支队伍不得不在渡河后休整两日，等到体力恢复过来再继续赶路。

一路上，不管所处环境和条件有多么恶劣，福康安都从未犹豫放弃过，有时马不能行，他便和士卒一起在冰天雪地中步行跋涉，那种既能做得人上人，又能吃得苦中苦的精神和劲头毕露无遗，正如乾隆在诗作中所赞扬的，"将军持志坚，辛苦所弗恤"。

1792年2月12日，福康安一行抵达拉萨，全程四千六百里，耗时五十天，除去前后耽搁的十一天，实行三十九天。福康安问了当地藏民，藏民说西藏喇嘛平时要完成这段行程，通常都得花上一百二三十天，能够五十天就从西宁走到拉萨，真的是非常神速了。

虽然乾隆先前限定是四十天走完全程，但他也深知此次行军有多么艰苦，因此对结果十分满意，特颁谕旨慰劳，并恩赏福康安及随行人员一万两白银。

开始了

继福康安之后，同样走青藏线的海兰察、走川藏线的参赞惠龄也都陆续到达拉萨，但乾隆为福康安挑选的另一位助手奎壮却不幸病死于来藏的途中。

奎壮病中仍以不能赴藏为憾，握着前来探望他的大臣的手，颇为难过地说："你不要再问我的病情了，大丈夫不能马革裹尸，竟然躺倒在了病床上，也够丢脸的了！"

除奎壮外，刚刚莅任不久的驻藏大臣舒濂此前也已病逝，两人都未能赶上出师，这对福康安的指挥班子而言，是一个不小的损失，亦足见高原作战之艰苦。

1792年3月，福康安、惠龄、海兰察离开拉萨，行抵后藏（日喀则）。这时包括藏兵和随他们三人入藏的少部分士兵在内，福康安所能直接指挥的兵马仅一千余人，此后福康安在后藏住了两个多月，为的就是等待大部队到齐。

在各路兵种中，最为福康安所依恃的，莫过于来自海兰察家乡的索伦兵。自第一次金川战争以来，黑龙江索伦兵俨然已成中央政府的"消防队"，每有紧急情况和重大战事，必被朝廷所调用，乾隆也认为关外八旗以索伦兵战斗力为最强，"盛京之兵亦不如索伦"。他一再手谕福康安，务必等待索伦兵到达后方可与敌交战。

索伦部乃至整个黑龙江的人口当时都很有限，朝廷历次征调，每次都只能征调一千人上下，再多就超出了极限，此次也同样是征调了一千人，外加附属人员五百，以一人两匹好马的配置赴藏参战。

索伦兵先到西宁，接着分五批出发。从西宁至拉萨有六十四站，为减少索伦兵在途中的非战斗损耗，乾隆要求各驿站人员必须提前准备好"肉汤饭"，以便部队过境时能得以饱暖前行。索伦兵耐寒能力较强，对在冰雪中行军并不感到陌生可怕，但即便如此，其先锋部队也用了两个月，其余因遇上大风雪，路上更耗时接近三个月之久。

索伦兵以下，值得福康安期待的就是金川兵。金川部落人口较多，此番一次性便调用了五千人。金川兵从小生长在高寒地域，耐寒能力比索伦兵更强，而且还擅长攀岩，从四川打箭炉至拉萨，沿途皆崎岖山岭，马匹很难穿越，只有金川兵可在这种地域实施徒步快速行军。虽然川藏线较青藏线为长，徒步也比不上骑马快，但金川兵仍赶在大多数索伦兵之前抵达了预定的集结地。

整军备战期间，乾隆特授福康安为大将军，这是罕有的崇贵军衔。在此之前，从第一次金川战争起，历次大规模战役的统帅，无论是傅恒、兆惠，还是明瑞、阿桂，都只被授为将军或经略大臣，没有被授大将军的，在福康安之后，也没有人再获此衔。

职衔之崇贵，意味着授予者寄望之殷与被授予者责任之重。廓尔喀相邻各邦都曾受其欺凌蚕食，福康安原计划约各邦一起出兵，一方面可以借此收回失地，另一方面也能对廓尔喀的军事行动予以牵制，使廓军腹背受敌，疲于奔命。不过由于清军尚未大举进击，这些小邦全都观望不前，暂时没法指望。

在福康安抵藏前，成德已在对后藏失地进行收复，并克复了聂拉木官寨，固守聂拉木的廓军仅有百人，攻下来却花了一个月时间，足见廓军抵抗之顽强。

自丢掉聂拉木后，廓军在邻接聂拉木地带及济陇官寨砌砖筑墙，添兵拒守，要想将他们完全赶出国门难度不小。福康安提出的作战方案是兵分两路，一路于大山重叠处潜兵越险，绕至济陇守敌背后，截其归路；另一路径取廓尔喀国都阳布（今加德满都）。这一方案上报后，遭到了乾隆的否决，经过对福康安上奏的藏地图样以及藏廓军情的研究分析，乾隆认为当地山路复杂，清军孤军深入，反而可能被济陇等处的守敌先行切断后路，他指示还是应以济陇为进兵正路，并力会攻。

要集中兵力攻打济陇，必须首先突破擦木要隘。1792年6月24日，在主力部队齐集，战前准备工作也基本就绪的情况下，福康安、惠龄、海兰察率部赶到距擦木仅数十里的辖布基，着手部署进攻。

擦木地势险峻，廓尔喀兵立于高处瞭望，可以看得很远，如果清军白天从正面硬攻，他们会提早予以设防。为出敌不意，福康安决定乘夜进攻，正好当晚阴雨连绵，他即于雨夜发兵，并将主力军分成五路，其中两路由东西两山进至擦木碉寨左右山梁，展开侧面攻击，另外两路由东西两山梁绕至敌后，截断其归路，海兰察等带领一路由正面攻击。

除主力军外，福康安自己负责率机动兵力往来截杀，惠龄则在后路接应。部署既定，各路官兵涉水渡河，连夜向擦木实施偷袭行动，清廓军队的真正交战开始了。

重头戏

6月25日黎明，清军进抵擦木寨。擦木寨位于山梁之上，仅一条路可通，寨前砌筑有一座高约两丈的石墙，寨内前后各有石碉一座。在福康安的督令下，各队疾速登山，在潜至寨墙外后，用踏肩膀的"人梯"方式翻过墙头，打开了寨门。官兵蜂拥冲入，枪箭齐发，在击毙廓军百余名后，攻克了前座石碉。

比之于前座石碉，后座石碉更为坚固，碉前密排木桩鹿寨，石碉本身由里外两层完全由石块堆砌的墙垣组成，墙垣上凿有枪眼，用以向外射击。福康安声东击西，命西面官兵先攻碉座，待廓军被其头目调往西面进行抵抗时，东面官兵乘虚而入，撬开墙脚石块，冲入了碉内。

经过激战，清军共擒杀敌人近百人，将擦木要隘一举拿下。次日，福康安率大军乘胜向济陇挺进，到达玛噶尔辖尔甲，廓军也自济陇前来迎战。那一带林深树密，廓军沿密林潜至山麓，与清军遭遇，山梁上的巴图鲁、侍卫、章京立即分路下压，廓军亦发起冲锋，双方搅在了一起。

廓军的武器和缅军相仿，主要是鸟枪和刀矛藤牌，弓箭很少，不过他们的鸟枪是从英国购买的"自来火"也就是燧发枪，相比清军的鸟枪杀伤力更大，这在一定程度上限制了八旗军的骑射优势。一名巴图鲁侍卫在冲锋时胸前中弹，幸亏他身上带着护身佛龛，子弹打在佛龛上，才没有被伤到。海兰察所乘战马的左腿也中了弹，还好他本人没有从马上摔下来，当即换马再战。

廓尔喀兵身强体壮、勇悍善斗，俱"壮大凶横之人"，不但能够持枪远射，也敢于近身打肉搏战。他们用廓尔喀弯刀进行搏杀，甚至连英国兵见了都害怕，后来英国通过与尼泊尔签约，获得了招募廓尔喀兵的特权，廓尔喀军团及其廓尔喀弯刀由此扬名世界。

在与清军短兵相接的交战中，廓军虽然很快就倒毙了数十人，但仍旧前仆后继，持刀猛扑。见廓军气焰正盛，福康安急令官兵绕至半山腰的石崖后面进行埋伏，"故留一路诱贼上山"。

廓军不知是计，举着红色大旗，争先恐后地进入了伏击圈。说时迟，那时快，清军伏兵四起，福康安带兵由横腰冲击，巴图鲁、侍卫、章京同时压下，枪箭并施，廓军这下终于支持不住了，部队惊惶溃退，人马自相践踏，清军在后面追了十余里路才停下来。至此，前来迎战的三百余廓军仅二十余人得以逃回济陇。

1792 年 6 月 27 日，清军抵达济陇。济陇官寨系在山冈上由石墙砌筑而成，显得高大宽广，为了加强防御，廓军在周围叠石为垒，高及两丈，并密排鹿角桩木。除官寨主体外，附近还砌有三座碉楼，与官寨互相援应，成掎角之势。

经过侦察，福康安决定由巴图鲁、侍卫、章京各督官兵，分路进攻，"使贼不能相顾"。次日午夜，随着福康安一声令下，各路官兵同时冒雨并进。

官寨东南山梁甚陡，砌有石碉一座，头等侍卫哲森保等人冲上此处山梁，对石碉进行强攻，海兰察与都统台斐英阿督率索伦兵往来突击，两边合力，得以率先占领石碉及其山梁。山下有一座与石碉斜对的喇嘛寺，也在同一时间被清军攻取。

廓军在官寨西北临河处砌有大碉一座，直通官寨，作为其取水之地。在清军发动进攻时，守碉之敌怕水道被切断，拼死进行抵御。为了攻下碉卡，福康安将山梁上的官兵也撤下来助战，并用大炮对碉卡施以猛烈轰击。廓尔喀兵承受不住，纷纷跳下大河，但他们并没能给自己找到生路，除被淹毙者外，登上河岸的全部被索伦骑兵一扫而空。

第三座大碉位于官寨东北处，砌筑于岩石之上，倚石而立。清军在向内抛入火弹后，攀缘登碉，但石块陡滑，加上廓军猛放枪炮，官兵屡登屡却。一直相持至日暮时分，清军所抛的火弹才显示出效果，火势蔓延，烧塌了下层碉座，碉内的廓尔喀兵也死亡殆尽。

官寨正面的战斗是济陇之战的重头戏，清军一连数次猛攻，仍未得手，便转而纵火焚烧寨下房屋，然后趁火势再度发动进攻。廓军被迫退守内寨，但仍放枪投石，负隅坚守。

日暮以后，雨下得更大了，清军已打了整整一天，本应略加休息，但福康安考虑到周围碉卡都已被清军控制，正应趁着官兵的这股锐气再接再厉，而不能给敌人以喘息和修复工事的空隙，于是急调各路官兵合攻官寨。

在合攻过程中，福康安下令在临河碉座及砌碉巨石上架炮，对准官寨炮眼及瞭望口轰击，同时绑巨木为梯，指挥擅长攀爬的金川兵缘梯而上，将官寨外石垒全部拆毁。战至亥时也就是晚上九点至十一点，官寨东北隅终于被清军攻破，廓尔喀兵在向西南山崖滚山逃窜时，又被截杀殆尽，济陇遂告克复。

济陇一战，廓军被擒歼八百多人，其入侵后藏的部队主力几乎被全部消灭，与此同时，清军也付出了代价，一名参将阵亡，侍卫、游击等多名战将负重伤。

济陇是后藏区域被廓军所侵占的最后一座重镇。福康安在进取济陇前，已派成德和副都统岱森保带兵三千，以偏师由聂拉木南行，用来牵制廓军。7 月 8 日，岱森保率部攻克木萨桥，这标志着廓军已被全部逐出后藏，失地全境收复。乾隆闻报大喜，"以手加额，叩谢天恩"。

出奇制胜

乾隆给福康安的谕旨，不仅是要对廓军"痛加剿戮"，驱逐这一入藏强敌，而且必须"直抵贼巢"和"生擒首恶"，消灭廓尔喀国，因此福康安第二阶段的任务就是深入敌境，直逼其都。

距济陇西南八十里的热索桥为进入廓尔喀境内的第一要隘，在克复济陇后的第三天，福康安即整顿兵力，率部启程出国，向热索桥进发。此行需翻越世界上海拔最高的喜马拉雅山，乃古今中外罕见的大规模行军，沿途山势险峻，能供人马行走的仅一线羊肠小道，可谓步步难行，有的地方两崖陡立，中间就是悬崖，便只能架独木桥攀缘而过，碰到下大雨，路上泥泞不堪，人马均有不慎就可能跌落悬崖。

1792 年 7 月 2 日黎明，经过一昼夜步行，清军在距热索桥十余里的地方扎营。热索桥是一座架设于河流之上的浮搭木板桥，廓军为了据险扼守，分别在北岸三四里外的索喇拉山上砌石卡一座，南岸临河处砌大石卡两座。

福康安集中巴图鲁、侍卫、章京及索伦兵、金川兵，猛扑索喇拉山。山上守卡之敌抵挡不住，急忙弃卡奔逃，南岸守桥士兵一看清军来势凶猛，不顾他们的安危，将桥板仓促撤去，结果导致刚登上桥的廓尔喀兵全部坠河淹死。

清军立即伐木搭桥，但桥下河面宽阔，水流湍急，加上廓尔喀兵在对岸放枪射击，木桥很难架成。北岸皆为山地，地方狭窄，清军数量一多，就没法驻足，于是福康安下令暂时撤出北岸。

作为福康安帐下第一大将，在全军急切不能得手的情况下，海兰察显示出了超人一等的军事智慧。热索桥一带大山以东是峨录大山，虽然崇山峻岭，树林茂密陡险，但海兰察推测其中总会有一线僻径可上。在他的建议下，次日凌晨，福康安一面派部分士兵至岸边，佯作欲进之势，一面暗中"别遣精兵进上游"，进入峨录大山寻找潜行路线。

按照福康安的命令，头等侍卫哲森保等人率金川兵翻越两重大山，绕至热索桥上游六七里处。在砍伐树木，扎成木筏渡过南岸后，清军对廓军临河石卡进行突袭，杀死廓尔喀兵数十人，摧毁了头层石卡。

廓军连忙出卡抵御，无法再兼顾河面，福康安乘势指挥北岸正路官兵急速搭桥，抢占了后层石卡。廓军想不到对手会通过南北夹攻的方式，令他们的石卡转眼易手，顿时军心大乱，纷纷抛弃刀枪，仓皇奔逃。清军乘胜追至色达木，而色达木已在热索桥之外三十余里。

战后，乾隆对清军出奇制胜的战术非常欣赏，特地通过上谕询问福康安和海兰察二人系何人主要谋划，并让他们今后只要一有条件，仍可加以运用。

热索桥后即廓尔喀地界，攻克热索桥也就等于冲破了廓尔喀的门户。清军继续南进，沿途乱石丛集，无路可通，必须一边修路，一边前进，又因无平地可搭营，官兵只能在石岩下露宿。令人郁闷的是，部队虽然深入廓境已达一百六七十里，但仍未能见到敌踪，福康安到协布鲁一带地方进行侦察，才发现那里有廓军碉堡集聚。

协布鲁的地形与热索桥相似，也有一条河道宽深的大河，因连日大雨，山洪涨发，原有桥座已被拆毁，廓军全部集中在南岸防御。在正面搭桥受阻的情况下，福康安、海兰察仍采用在热索桥之战中已使用过的战术，率部越过三重大山，绕至上游北岸进行抢渡。

在选择抢渡方式时，福康安看到南岸有一棵巨大的枯树倒在河中，离北岸只有近三丈的距离，便就地取材，督令官兵砍伐巨木与枯树相衔接，准备沿此"树桥"过河。

问题是这里的南岸也有廓尔喀兵，他们不断射击，使得搭桥者没法将"树桥"扎缚坚固，而河内又多巨石，横亘中流，所造成的漩涡急流对搭桥造成了严重影响，以致巨木刚刚接上就被冲走，并折断于石缝当中。清军抢渡十余次，均告失败，日暮下起大雨，行动更受阻碍，福康安便佯令官兵撤退，实际仍潜伏于岸边树林里。

候至半夜，南岸的廓尔喀兵以为清军真的已经撤退，便都返回营寨睡觉去了。福康安抓住这一空隙，赶紧率部接缚巨木并缘木过河。

清军过河后，福康安除派兵守桥外，将过桥官兵分成三路，于第二天凌晨同时发动进攻。三路人马或顺山仰攻，或绕至敌后突袭，或抢登敌侧山梁夹击，打得廓军人仰马翻，从而再次复制了智取热索桥的奇迹。

最艰难的阶段

既得协布鲁，清军继续向南推进一百三十余里，接近了廓军严密防守的东觉。

东觉地势险峻无比，两山夹河对峙，壁立数千仞，下视大河，仅如一线。廓军据险在山顶立营，半山以下筑有木城、石碉、石卡，直至河边。清军自济陇南来，所遇到的廓军卡寨及渡河处所不管如何险要，总还略有偏坡，至此则逼仄到连偏坡都没有了。

福康安依旧采用奇正结合的打法，命台斐英阿据守山梁，用大炮对敌阵地昼夜进行轰击，以作正面牵制，他和海兰察则分别执行最重要的迂回攻击任务。

东觉大河的上游山区树林茂密，可以藏身，福康安部由岩石重叠处潜入上游山区，且伏且下，绕行两日，在水浅处渡河，之后接连攻克了两三座木城。山顶军营的廓军见状急忙从高处下压，木城两侧石卡内的廓尔喀兵也都倾巢出击，因为来不及放枪射击，清军只能使用弓箭刀矛与之肉搏。

此时台斐英阿乘势从正路下山，搭桥过河，两路人马联手击溃了敌军，并将东觉的敌大小营寨、兵营、木城、石碉、石卡尽数予以攻克。与此同时，海兰察也越山摧毁了另一处的敌据点，与主力会合后追敌至雍鸦山。

东觉之役持续达八个昼夜。在此期间，六千多清军几乎日日都要登山涉险，官兵们有的鞋袜磨损，只能光着脚徒步行走，有的被石棱角擦伤或被蚂蟥咬伤，两足肿痛则是较为普遍的现象。到战役结束时，就连素来能耐高寒的索伦兵、金川兵都已显疲态，尽管如此，大家仍坚持前进，而作为主帅的福康安也与大家同甘共苦，经常露宿岩下。

虽然取得了战役的胜利，但清军亦蒙受了相当大的损失，索伦佐领多尔济等两名战将中弹阵亡，头等侍卫哲森保等负伤，其余官兵伤亡计百余人。

廓尔喀当地多阴雨天气，每天只有早上的两个时辰稍晴，到中午便云雾四合，大雨如注，山上的气温低，入夜之后雨便冻成了雪。官兵夜里登山，经常遇到高达数丈的巨石，必须攀缘树枝，跳上跳下，而地面一沾雨雪，便滑溜难行，不仅不方便携带帐篷锅碗，随身的弓箭也多致折损，后来作为口粮的糌粑也已吃完，这使清军除疲劳伤病外，部队军需亦出现困难，必须等待后方转运。

福康安不得不让部队进行休整。二十多天后，考虑秋天将至，必须在大雪封山前结束战事，他决定继续对廓军发动攻势。

自清军挺进廓境以来，他们一边要在自然条件极为恶劣的高原昼夜行军，一边还要随时与以逸待劳的廓军激战，"用兵之难，为从来之未有"。不过在雍鸦山以北，大山都是东西对峙，中夹大河，清军只要绕道登上东面山顶，自上压下，便能打垮廓军。唯在进入雍鸦以南后，山势便由东西对峙变成了南北相向，雍鸦山之南的几座大山，噶勒拉、堆补木、甲尔古拉都是这样，且层叠横亘，更加陡峭，清军无法沿用既有的成功战术，只能步步仰攻，征廓战事也开始进入了最艰难的阶段。

1792年8月19日，清军直抵噶勒拉。廓军在噶勒拉山顶建有两座木城，木城内的廓尔喀兵放枪投石，极力抗拒。福康安督率官兵分成数队，佯作觅路登山状，吸引廓尔喀兵从高处压下，这时隐蔽在树林内的清军趁机分趋敌东西两卡，使得廓军阵势大乱，然而接下来的木城争夺战仍打得非常惨烈，清军两名侍卫、一名参将在攀缘木城时中弹身亡，其余官兵前仆后继，用投掷火弹加以焚烧的方式，才得以先后攻克两座木城。

清军占领噶勒拉后，乘胜追至堆补木山口，再次登山击败廓军。在夺卡时，又有一名侍卫和都司中弹落崖阵亡，此时虽然已是半夜，但由于担心廓军由堆补木绕至自己身后进行抄袭，福康安不敢稍息，率部继续连夜向前进击。

在堆补木与甲尔古拉、集木集之间，有一条急流，清人习惯称之为横河，河上有桥，桥的南北两岸砌筑着石卡。河南岸的甲尔古拉与另一座大山集木集相连，山梁自东向西，横长七八十里，其上有廓军所排列的数十座木城碉卡。

清军分成两路，一路由横河上游搭桥过河，另一路由福康安督率，直接夺取桥座。8月20日，福康安部行抵横河北岸，福康安带兵在北岸高山上架起枪炮，从凌晨到中午，居高临下地不停地向廓军石卡射击。

廓军抵挡不住，过桥退却，并以排枪交替射击，以掩护其兵丁拆桥。副都统阿满泰奋不顾身，带领官兵冲上前去夺桥，廓军拆桥失败，清军竞相过桥并攻下了桥南石卡。这场争夺战的战况极其惨烈，阿满泰等多名将佐中弹落水，因河水较深，当时无暇打捞，最后连尸体都没能找到。

福康安部到达南岸后，横河一路也过河得手，两路会合，即由福康安总领，准备向甲尔古拉发动进攻。这时海兰察看到山上木城碉卡林立，守备森严，便劝福康安不要急于攻击，先扼河立营，休整一下再说，但自开战以来的连战连胜令福康安不免大意起来，他不肯听从海兰察的意见，依旧选择了督师出击。

清代笔记中对福康安批评得很辛辣，说他当时志得意骄，"挥扇以战，自比武侯"，然而站在福康安的角度，其急切的心情或许也不是不可以理解：清军只要越过甲尔古拉，离廓尔喀首都阳布便只有六十余里，计一日行程了！

波涛汹涌

清军攻向敌营时，适值大雨倾注，山崖湿滑，前进极为困难，在部队直上二十余里，将近木城后，山势变得更陡。廓军居高临下，枪炮齐施，清军官兵冒着枪林弹雨仰攻，却无密林大石可以藏身，只好撤回山下。

廓军趁势俯冲，集木集山梁的另一支廓军从旁接应包抄，打算夺回大桥切断清军归路，在横河与大河汇合处的大河西岸，还有一支廓军隔河放枪助攻，三支廓军加起来数量不下于七八千人。自清廓战争爆发以来，廓军从未集结和使用过如此多的兵马，可以想见已是倾举国之力，而对清军的三路合击也明显是一次有预谋的设伏用计。其实回过头来再认真想一想，就不会觉得奇怪了，因为就廓尔喀而言，清军即将围困其都城，存亡已系于一线之间，若再不拼死厮杀，决一死战，便再也没有机会了。

尽管之前廓军屡战屡败，但"未形畏惧"，尚没有被打到一蹶不振的地步，而且所部毕竟"颇谙攻战"，并非弱旅，这让陷入重围的清军损失惨重。都统台斐英阿当场中弹阵亡，成为整个清廓战争中战死的最高指挥官，其他还有多名侍卫、佐领以身殉职。

休整期间，廓尔喀慑于清军兵威，曾遣使要求停战，并特地释放了一批入侵时被其掳走的人员。南岸激战时，这些人员都还留在清营，其中有人爬上一棵巨松树顶观战，目睹了清军在败退时拥挤过桥，乃至落水被俘的情形。

福康安率部且战且退，左冲右突，但仍无法独立冲出重围。从彼时的战况来看，清军主力真的有可能全部被消灭在南岸，危急时刻，幸亏海兰察隔河接应，兼之头等侍卫额勒登保等扼桥死战，才得以力挽狂澜，击退廓军。

这是清军在高原上的唯一一次也是最后一次挫败，战后双方都不敢再贸然发动进攻，战场表面上进入了暂时的宁静状态。

廓尔喀国王拉特纳巴都尔还年幼，清人称之为王子，其实权操纵在其王叔、摄政巴都尔沙阿手中。巴都尔沙阿之所以下令入侵西藏，实际也是受到了红帽喇嘛沙玛尔巴的诱惑和挑唆。

沙玛尔巴是六世班禅的弟弟，因与其兄仲巴呼图克图在财物分配上发生矛盾而叛逃廓尔喀。他对巴都尔沙阿说，西藏虽属清廷版图，但不过是摆摆样子，实际无须向清廷上交一分钱税款，所以虽然清廷向西藏派有常驻大臣和少部分军队，但一旦发生战事，也不会大力支援西藏。

沙玛尔巴当时已病死（一说为畏罪自杀），不过他的话还是给巴都尔沙阿叔侄留下了深刻印象。在入侵西藏前，他们根本就没有料到清廷会千里迢迢向西藏乃至其境内发兵，更想不到统帅竟然还是乾隆皇帝的心腹，战功赫赫、声名卓著的福康安，这意味着清廷对西藏不是无动于衷的问题，而是会倾其所有，派最好的将帅、最精锐的部队前来增援。

自福康安率部出征起，大军一路所向披靡，先是迅速收复后藏领土，继而跨越国境线，六战六捷，歼灭廓军精锐四千余，至甲尔古拉战役时，已深入廓境达七百余里，距阳布已近在咫尺。尽管清军在甲尔古拉战役中受挫，但这显然并未影响其进击之势，与此同时，成德、岱森保作为辅攻，也与主军进行呼应。这让廓尔喀王室很是畏惧恐慌，王子拉特纳巴都尔已逃至毗邻印度的边境避难，留守国都的王叔巴都尔沙阿则胆战心惊，惶惶不可终日。

福康安发兵之初，曾以事平之后，平分廓尔喀为诱，檄谕廓尔喀邻邦等联合进攻廓尔喀，当时各邦皆观望不前。及至清军长驱直入，廓尔喀向邻邦紧急求援，结果后者佯装派兵赴援，实际却进逼其边境，有借机攻袭之意。

在大军压境、两面受敌的情况下，巴都尔沙阿被迫与英国签订商约，以门户开放为代价，请求英国送去"十门加农炮和十名欧洲炮兵"，同时他还希望英印政府能够给东印度公司的军队下达命令，派两个营的欧洲士兵以及两个营的印度士兵带着大炮赴援。

英国虽趁火打劫，以答应帮助廓尔喀为名，得以与其签约，但这时英军正忙于同南印度的迈索尔邦作战，很难分身。更重要的是，清军在清廓战争中表现出的强劲实力也让他们看得心里打鼓，包括英属印度总督康华利在内，对出兵援廓能否取胜都无把握。

英国人唯恐赢不了清军，反而激怒了中方，影响英国在广东的贸易以及即将开始的马戛尔尼使团的使华成效，因此最终并没有真正兑现出兵相助的承诺，让廓尔喀王室空欢喜了一场。

巴都尔沙阿在走投无路之际，不得不以国王的名义遣使向清军求和请降，表示同意接受福康安先前所提出的大部分受降条件，即交出从前与西藏地方私立的合同文件、抢走的扎什伦布寺财物以及沙玛尔巴的骨灰，并向清廷定期纳贡。

所谓"大部分"也就不是所有。事实上，清军本来的终极目标并不是受降，而是"捣巢擒渠"，直至灭亡其国。乾隆和福康安甚至曾想利用受降，趁王子王叔朝觐或来营时予以诱擒，这就是福康安所立的受降首要条件：王子王叔必须前往北京朝觐，至少也应前往清军军营叩头认罪。

廓尔喀王室并不知道内幕，但惧怕被拘押的心理是客观存在的。他们对首要条件拒不接受，理由是王子尚年幼，无法亲身朝觐，欲派王叔赴京，又因身旁办事无人，不能远离，同时，他们还要求廓尔喀国能够一如既往地存在。这就是说，如果福康安准降，则他既未能"捣巢擒渠"，也没能灭亡其国。

无法圆满完成皇上交付的任务，当然难御其责，但福康安此时所面临的处境却已让他没有可以回旋的余地了。

唯一能采取的上策

福康安出境时带了五千官兵，经过连续恶战，阵亡了约三百余人，尤以甲尔古拉战役损失为最大，仅将领就有台斐英阿等十人殒命。此外因在高原上水土不服，患疟疾、腹泻等疾病的人多达六百八十余人，而且每天都有人病故，前线包括伤病在外，作战人员实际仅剩约三千病愈之卒，实难以持续鏖战。

西藏山高严寒，道路崎岖，廓尔喀更是气候恶劣，行进艰难，而自济陇以后翻越喜马拉雅山那一段，则最为紧要也最难走。原拟作为补充兵员的四川兵七月就应赶到前线，但迟至九月，第一批五百名川兵才得以到营。实际上，即便他们早到，随着军营的口粮需求增多，粮食供应问题也难以解决：由济陇运到的糌粑仅为官兵例食总额的十分之三；运来供宰杀食用的牛羊中途多数坠崖，能到营者也仅为十分之一；从四川运来的军饷陆续只到银两万两，并且这两万两也已用尽。

自辖布基发兵，展开擦木之战起，清军已在行军和恶战中度过了七十多天，粮饷捉襟见肘。福康安只能采取资粮于敌的办法，或寻找山区居民点，向当地居民零买粮食，或通过占领廓军营寨，从中搜取仓谷、青稞以度日。

军机处章京杨揆时在福康安幕府中任书札，因营中缺粮，曾采集玉米、南瓜，杂以野草为食，到晚上腹中空空，饿得睡不着时，只能蒙着被子强迫自己睡觉。杨揆职位不低尚且如此，普通士卒的苦饥就更是可想而知了。

对清军而言，廓尔喀国都阳布虽已近在咫尺，但廓尔喀剩下的国土还很宽广，就算届时能够攻破阳布，廓尔喀的王子王叔也早已逃之夭夭，要想成功予以俘获绝非易事。更不用说，甲尔古拉战役的结果已经表明，在山河阻隔，廓军全力防御的情况下，清军其实很难突破甲尔古拉防线。

转瞬已届深秋，廓尔喀即将大雪封山，一旦交通为此完全断绝，粮弹无法送达前线，则前线清军必将困顿于异国，非但根本没有攻克敌都消灭其国的可能，自己也将陷入绝境。二十四年前，福康安的堂兄明瑞统军征缅，正是因为孤军深入，后方供给线被切断，才导致最后兵败，当时的情况与如今清军的境遇有很大的相似之处。

尽管明知受降乃是当前最为明智，也是唯一能采取的上策，但在没有得到皇帝的允准之前，福康安也不敢擅自言退。他所能做的就是一边与廓方继续交涉，一边与海兰察、惠龄联名密奏前线的困窘状况，请求准许及早受降。

福康安等人并不知道，其实早在甲尔古拉战役结束，廓方派人求和之际，在万里之外的京城，乾隆就已经掌握西藏和廓尔喀地区气候早寒的特点，也注意到了前线清军的粮草供应问题，他对于直捣阳布的态度亦随之改变。

在福康安的密奏尚未送达朝廷之前，乾隆已两次谕告军机大臣，谈到十月以后，藏区即将冰雪封山，若不及早撤兵，万一粮运不断，"是进不能直捣贼巢，退又为大雪所阻"。军机大臣遵谕传告福康安，授权让他通盘筹划进退之事，如果实在不能进取，巴都尔沙阿也不敢亲自来营，可以按廓方请求，另派大臣进京，"具表纳贡，悔罪投诚"。

乾隆收到福康安的密奏以及廓王子所上乞降禀文后，肯定了福康安等人的做法，表示在天时地利均不利于清军行进。前线进退两难的情况下，"朕断不肯以万难办理之事，迫人深入之理"，正式谕令福康安趁此机会纳降撤军。

清廓由此达成一致，廓尔喀先遣使到清军营中赍送贡表，继而又派大臣为使，在侍卫珠尔杭阿的陪同下赴北京入贡。据说廓尔喀贡使来到清军军营时，目睹了清军伤病满营的情景，至此才知道清军军粮不足、疾病猖獗的真实状况，也才知道福康安和他们一样，正急于休战撤兵。

还在福康安发出密奏，请求允许受降的数日后，经过努力，前方供应已暂时畅通，其中糌粑运到五万两千多斤，饷银续到一万两，所以即便廓方知道内幕，也不敢随意反悔。当然反过来，如果清军仍要继续向南推进，后方补给线也势必会相应延长，运输困难又将与日俱增，不到万不得已，乾隆和福康安更不会出此下策。

1792 年 10 月，福康安率大军凯旋班师。乾隆封赏有功人员，福康安实授武英殿大学士兼吏部尚书，他本已因平台之功受封一等嘉勇公，乾隆特谕在"嘉勇"上再加"忠锐"二字，海兰察晋封为一等公。

继平准、平回、平定金川、平台后，紫光阁第四次诏绘功臣像。参加清廓战争的三十名功臣得到了这一殊荣，并由乾隆为前十五名功臣亲制题赞，福康安已三次被绘紫光阁，不过唯有这一次他是以首功居于第一。

通过清廓战争，中方向全世界宣示了"西藏如我，犯必绞之"的决心。其间也暴露出中央政府在西藏治理方面的漏洞和弊端，战后，乾隆决定加强驻藏大臣职权，并创设和在西藏推行金瓶掣签制度，即从此以后凡达赖和班禅的转世灵童，必须在驻藏大臣的监督下，通过金瓶掣签来进行选择。

相关具体事宜仍由福康安负责落实。福康安不仅有军事才能，还有政治见识和能力，经他与八世达赖、七世班禅及其他西藏僧众反复磋商，在两年多时间里形成和颁布了著名的"西藏善后章程"。章程不但明确金瓶掣签制度，将驻藏大臣的地位提高到与达赖、班禅平等的地位，还要求在西藏设立常备兵制。

西藏原本没有自己的正规军，已有的藏兵纪律松弛，兵民不分，在两次清廓战争中，没能起到什么作用。西藏地处边陲，距内地过于遥远，当年又交通不便，不可能稍有风吹草动就从内地派军队，日常边防还是得依靠藏兵。

按照善后章程规定，全藏新设藏兵三千，其中前后藏各一千，同时开始对他们进行正规化军事训练，并由驻藏大臣负责巡查和赏罚。自此以后，藏兵的战斗力及其保卫边陲的能力明显提升，乾隆对此非常高兴，称赞说"新设番兵（即藏兵）皆成劲旅，实为卫藏所未有"。

十全老人

在两次清廓战争前，尚有安南之役。安南即今天的越南，安南自秦汉至唐末，均为中国郡县之地，从历史上看，隶属中国达千余年之久，安南之名就得自唐时在此处所设置的安南都护府。五代时期，安南借中原内乱而独立，其后宋、元、明三朝都曾欲图收复，明朝甚至还统治了二十多年，但多数情况下，中原王朝与安南诸朝建立的都是宗藩关系，清朝也是如此。

至乾隆时，清朝国力达到极盛，周边国家几乎尽为中国的藩属国。美国学者费正清把这些藩属国分成三类，其中一类称为"汉字圈"，处于"汉字圈"的都是与中国最邻近同时文化也相同的藩属国，安南和朝鲜皆在其中，由此可见当时中国与安南关系之密切。

身为宗主国，中国对藩属国内政一般都采取不干涉政策。安南自后黎政权建立后，内乱不已，其间阮文惠兄弟以土豪崛起于西山，称西山军，欲取后黎而代之，乾隆起初亦未主动干涉过问。直至阮文惠攻破安南首都黎城，安南国王黎维祁出逃，后黎政权将亡，乾隆基于"黎氏臣服天朝百有余年，最为恭顺"，才不得不承担起宗主国"兴灭继绝"的义务，宣布出兵扶黎。

应该指出的是，乾隆发起安南之役并无一丝一毫要取其领土的念头，与现代意义上的侵略也绝非一个概念。这倒不是说乾隆没有开疆拓土之志，先前征缅战争时，他也有过索性将缅甸收入版图的企图，但征缅战争已经让他认识到，缅甸、安南这些地方山林密布、瘴厉横行，连最精锐的健锐营、索伦兵去了都难以发挥其长，就算能够暂时占领一二十年，不久又将生变，得不偿失。

再者，以乾隆看来，准噶尔、回部位于边陲重地，关系紧要，花再大的代价也要予以平定，甚至大小金川都必须动兵，但安南偏处西南一隅，对清廷而言，并无那么大的战略价值。

1788 年年底，两广总督孙士毅奉命统兵出关，仅月余即长驱千里。在清军的强大攻势下，阮文惠放弃黎城南遁，孙士毅率部入城，并按照旨意，重新册封黎维祁为安南国王。不料黎维祁是个扶不起的阿斗，清军替其收复黎城前昏庸无能，胆小如鼠，在靠清军的帮助恢复王位后，他和辅佐大臣又只知残酷报复，致使在其国内人心大失。

乾隆本来已两次传谕让孙士毅及早撤兵回国，但孙士毅见黎维祁政权不稳，同时又有劝降阮文惠的不切实际想法，故而请奏再作停留。就在这个时候，阮文惠诈称投降，却趁孙士毅放松戒备之际，集中全部兵力八万余人向清军发动猛烈进攻。清军猝不及防，损失惨重，孙士毅率残部逃回镇南关，黎维祁也被迫入清避难，安南之役以清军的失败而告终。

阮文惠虽击败清军，建立了自己的政权，但这一新政权并不稳固，而且按照安南王朝的传统，必须得到中国承认与册封，方可取得正统地位。为此，阮文惠先后四次遣使谢罪，并将所俘清军送回内地。在黎灭阮兴已成事实，黎维祁又不值得扶持的情况下，乾隆冷静面对现实，决定将扶黎改为亲阮，转而接受阮文惠政权。

1790 年，被乾隆册封为安南国王的阮光平（即阮文惠）亲赴热河避暑山庄，祝贺乾隆八旬寿辰。自宋朝以来，还从未有过安南国王入华朝觐的例子，这不但妥善解决了安南问题，同时也挽回了乾隆兵败的颜面。事后，乾隆将安南之役放入"十大武功"且不显得尴尬，结局不难看出这应该是其中一个很重要的原因。

在安南之役的当年，缅甸也称臣纳贡，征缅战争后一直让乾隆为之耿耿于怀的心事终于有了着落。1792 年 11 月 16 日，乾隆作《御制十全记》，将他亲自策划和指挥的重大战争归类在一起，正式称为"十全武功"：两次平定准噶尔，一次平定回部，两次平定金川，一次平定台湾，攻打缅甸、安南各一次，两次攻打廓尔喀。

乾隆从此自称"十全老人"。在他的十全武功中，两次平定准噶尔的战争发生时间最早，武功之盛也最突出，故列为首位。两次攻打廓尔喀发生时间最晚，所以放在最后面，乾隆还特意将《御制十全记》刻碑立于布达拉宫前，以昭示后人。

第十二章

我不想活到一百岁

　　廓尔喀在请降时，除坚持王子王叔不能亲自赴京朝觐以及不能亡其国外，其余几乎都是不惜代价予以让步。廓尔喀使者在交涉过程中，屡次代表王子王叔主动表示，倘若清朝能够允许他们投降，不但西藏许银的话不敢再提，而且将自行放弃济陇向来须送给廓尔喀鹰马的特权，并归还本属于西藏的聂拉木边上的扎木地方。

　　答应的时候挺痛快，但等清廓正式达成协议，又看到乾隆对入京朝觐的廓尔喀使团极予款待，他们便后悔起来。使者们向和珅提出，希望能够就索取鹰马、归还扎木等问题进行重议，和珅当即对他们说，你们这是"恃恩干涉"，倚仗着天朝好说话，就各种讨价还价。

　　和珅拒绝向乾隆代奏此事，声明必须按乾隆此前批准的"废止索求鹰马、扎木归藏"决议执行。廓尔喀使者未能讨得便宜，只得悻悻而退。

　　从斥退廓尔喀这件事上，可以看出和珅任事并不糊涂，同时亦可见其权势之盛，即如果和珅不同意，外国使者根本就别想见到清朝皇帝的面，更不用说达成其目的了。

　　事实上，此时不光外交，就连内政亦是如此。举个例子，福康安的母亲病死，廷旨却不允许他回京致祭，经福康安竭力请求，谕旨才准他回京，然而只能在郊外祭奠，既不准进北京城，也不许觐见当时正在热河的乾隆。且不说这种命令有多么违反常理，不近人情，就以乾隆向来对福康安的态度而言，也让人觉得不可思议。历史学家因此认为，谕旨很可能不是出于乾隆的本意，而是和珅从中进行操纵的结果，为的是不让福康安留在皇帝身边，以免动摇自己的地位。

你可以向你的丈人要

　　和珅彻底堕落成一个大贪官，始于1780年，他赴云南查办李侍尧涉贪案前后。

这一年，乾隆继左耳重听之后，左眼视力也衰退，因为臂痛，一度连弯弓射箭都做不到了。自此以后，他处理政务的时间逐渐减少，对和珅的倚重和独宠则日甚一日，为其长子赐名以及将公主赐婚，更使他与和珅由君臣变成了儿女亲家。

乾隆遗传了母亲的基因，加上勤习武事，经常锻炼，故年轻时身体健康，精力过人，很少生病，但年岁不饶人，他的身体状况每况愈下。在最后一次南巡结束的当年及前一年，因气滞畏寒，乾隆不得不连续两次缺席郊祀大典，由皇六子永瑢代行，打那时起，他夜里常常失眠，记忆力明显减退。

尽管对于一切军国要务，如安南之役、平台之役、清廓战争等，乾隆仍要亲自裁断，但在缺乏必要制约，精力与体力又难以跟上的情况下，他在处理国家政务方面的兴趣和责任心，均已大不如前，反而以往固有的虚骄浮夸、好谀邀誉等性格弱点被无限放大，并为和珅所掌握并利用。

乾隆晚年，忌讳越来越多，乾清宫重修，他预先诏令奏事处，要求到了上梁的那一天，凡直隶省的奏章不得进呈。此时奏事处为和珅主管，别人接到诏令都不敢违命，唯有和珅偏偏"抗旨"，呈进直隶总督梁肯堂的一个奏折。让人惊异的是，乾隆看完奏折后，非但没有怪罪，还龙颜大悦，对和珅连同梁肯堂一并予以了嘉奖。

这其实就是和珅揣摩迎合乾隆心理的本事。他知道老皇帝不是不想看奏章，而是怕在奏章中看到有什么忌讳的话，担心触霉头，但与此同时，又暗暗企盼着有人能给他带来意外的彩头——梁肯堂的奏折内容全都是在乾隆看来非常吉祥的事，正好迎合了他的心理需要。

在乾隆面前，和珅言必自称奴才，乾隆降旨吩咐办什么事，无不曲意逢迎，就好像他不是朝廷重臣，而是衙门里的差役一般，甚至于乾隆要吐痰，他也会抢在内侍前面，乐呵呵地端着痰盂上去为皇帝服务。这些情景，都曾被在华的朝鲜使臣亲眼见到过，他们对此感到不可思议。

乾隆从和珅那里得到的不光有精神需求，还有物质"实惠"。乾隆向来大手大脚惯了，晚年更是铺张，花钱如流水，弄得内务府入不敷出，叫苦不迭。和珅时任崇文门税务监督，崇文门税务负责对北京九门进出货物征收商税，可谓是富得流油，和珅便把所得税款拿出来，供内务府开销，使得内务府摇身一变，成了一个用之不尽取之不竭的宝库。不管乾隆如何使着性子花，到了年底也仍有盈余，而且还能"充外府之用"。

　　乾隆越来越离不开和珅，两家的关系也越来越亲密，预定下嫁和家的十公主固伦和孝，在还未正式出嫁时，就管和珅叫公公。当时圆明园等处有所谓买卖街，由太监在街上开店售货。有一天乾隆父女在买卖街游玩，和珅适在军机处入值，便也一同随行。逛着逛着，和孝公主看到一件大红呢夹衣，觉得很喜欢，但这件衣服售价"二十八金"，也就是二十八两银子，相当贵。乾隆就半开玩笑地对公主说："你可以向你的公公要嘛！"

　　和珅一听赶紧上前，掏出银子，把这件价值不菲的衣服买下，奉送给未来的儿媳。

　　1786 年，和珅被授文华殿大学士，兼管吏户两部，朝臣之中，身份地位仅居阿桂之下，因为参与了对平台之役的筹划，乾隆还将他列在紫光阁功臣次席的位置，连真正在台湾指挥作战的福康安都只能居于其后。

　　和珅能如此飞黄腾达，平步青云，不是因为他有特殊的才能、政绩或军功，而仅仅是因为深得乾隆的欢心。

补子胡同

　　和珅倚乾隆为靠山，得势之后，竭力培植亲信，结党营私，连福康安的弟弟福长安也入其彀中，成了其政治集团中的重要成员。与此同时，他开始毫无顾忌地揽权索贿，官员要想升迁，就必得先对他进行贿赂，否则再有能力和政绩也无济于事。

　　兵部侍郎玉保熟读兵家典籍，且诗才敏捷，乾隆原打算任命他为山西巡抚，但有人先于玉保走了和珅的后门，结果晋抚一职与玉保失之交臂，竟被贿赂者所得。

　　自 1786 年后，和珅几乎成了官场上黑市交易的硬通货，见其手眼通天，大小官吏皆趋之若鹜，清代笔记中书云："当和珅擅权时，一时贵位无不仰其鼻息，视之如泰山之安。"

　　据闻当时想要奔走和珅门下的官员能排出好几条街，大家争先恐后，每天都早早地在和府的门前道旁等候，就怕被人抢了先。明清官员皆着补服，于是和府所在的胡同便被时人戏称为"补子胡同"，有人作诗嘲讽道："绣衣成巷接公衙，曲曲弯弯路不差。莫笑此间街道窄，有门能达相公家。"

人人都想走和珅的关系，但若银钱不够，别说办事，连见个面都难如登天。山东历城有一个知县来京，欲见和珅，以便能够夸耀于同僚，结果到了和府，光是打点看门人，就花了两千两银子。看到和珅回府，他连忙在门前长跪相迎，并呈上自己的名片，谁料和珅坐在轿中动都不动，还讥讽他说："知县是个什么东西，也配跑来叩见？"

按乾隆朝的大清律法，贪污一千两银子以上者，就要问斩，但对于和珅而言，千两银子连毛毛雨都算不上，也就只够打发一下他的看门人或者是下等仆从。宁羌人张某被罢革守备之职，陕西巡抚建议他以二十万两银子行贿和珅，张某听从其言，到和府投书求见，但介绍信递上去后，等了几天都没消息，他又用了五千多两银子，这才得以见到一个衣着华美的仆从。

仆从问张某："你送的是白的还是黄的？"得知是"白的"也就是银子，仆从露出不屑之色，命左右把张某带来的二十万两银子收入外库。原来在这个"见多识广"的仆从看来，白银不如黄金，二十万两银子也不是什么大数字。

当然，按照和珅其时的受贿标准，二十万两白银也已经达到要求，所以仆从收入贿银后交给张某一张名片，说："你拿着这个去交涉就行了，至于正式的任职文书会另发。"

未几，张某果然官复原职。他以为跟他见面的仆从既然排场和气势那么大，定是和珅的心腹无疑，但知情者却告诉他，此仆从不仅不是和珅的心腹，而且都不算和府的上等仆从，只不过是一个由其他仆从所驱使的下仆罢了。

在和府，不同的仆从接待有不同的价码，"其心腹司阍，岂数千金能见颜色"，人家的心腹或者上等仆从，可不是你花数千两银子就能见到的！

和珅弄权，使得社会上卖官鬻爵、政以贿成的习气蔚然成风。朝鲜使者根据观察，对其时的政治生态做了如下概括："纳赂谄附者，多得清要，中立不倚者，如非抵罪，亦必潦倒。"

雍乾父子曾经极为警惕的贪污腐败现象至此如同坐上了滑梯，国家机器的运转也因此受到了严重影响。以河工为例，掌握水利的官员都是走的和珅门路，他们通过重金向和珅行贿才得到了官职，上任之后不是思考如何搞好水利，而是整天盘算着怎样把用于行贿的钱捞回来，再大赚一笔，为此他们甚至希望发生水灾，以便从中捞钱。在这种情况下，河工能做到什么样子，就只有天晓得了。

隔山打牛

和珅在朝中原本有一些反对者，或曰政敌，他们对于和珅的擅权乱政颇为不满。这些人主要包括两派：一是以阿桂、福康安为代表的武官派，一是以钱沣、刘墉、王杰、范衷等为代表的御史派。武官派常年在外，御史传统上又以弹劾和监察官员为己任，因此御史派实际成为朝中与和珅分庭抗礼的主要力量。

刘墉乃名臣刘统勋之子，他是民间智斗和珅的主角，当年也正是在他的支持和协助下，铁面御史钱沣通过查办国泰一案，给予了和珅党羽以沉重打击。现实中的刘墉也确实性格诙谐，曾屡屡用各种方式挖苦和戏弄和珅，清代笔记中记载了一桩趣闻：有一年新春，刘墉得知和珅应召入宫，此时正值风雪交加，泥泞满地，于是他就有意换上一件破旧的衣服，赶到通往宫中的路上去等候和珅。

看到和珅到来，刘墉便差人拦着轿子递上名片，说："刘大人昨天亲自来府上拜年，可惜没有遇见大人，现正下轿在路边候着。"

和珅平时虽与刘墉不睦，但对方毕竟也是朝廷重臣，一般情况下总不能失礼，而且他见刘墉表现得这么客气，免不了也会猜想对方是否已随风转舵，转到了自己这边，遂只好冒着风雪下了轿子。

和珅正要和刘墉寒暄，却见刘墉跪倒在泥泞的路上，口中连称："给和大人拜年！"和珅猝不及防，不得不跪在地上回拜，他当时内穿黑色皮袍，外罩锦绣马褂，两件名贵的衣服全都被弄得污浊不堪，而刘墉身上虽然也沾了不少污泥，但那本来就是一件旧衣服，弄脏了也无所谓。

和珅知道刘墉有备而来，可又没有什么理由指责对方，一时间弄得哑巴吃黄连，有苦说不出。等到了宫中，乾隆问起他为何如此狼狈，和珅如此这般的诉说了一通。乾隆因为知道他俩素来不和，也只好一边当笑话听，一边劝慰一番，将此事不了了之。

与钱沣、刘墉一样，王杰、范衷也都是耿直御史出身。在和珅不可一世之时，王杰已出任军机大臣、上书房总师傅，亲自教授皇十五子、秘密皇储永琰读书，而且还参与了平台、平廓之役的筹划，得以两次绘像紫光阁。和珅想方设法对王杰进行拉拢，有一次特意拿出一幅水墨画，请王杰一起赏玩，谁知王杰语带双关地来了一句："贪墨之风居然到了这个地步。"和珅一听，就知道王杰表面是评论水墨画，实际是讽刺他的贪黩，顿时气得无言以对。

又有一次，和珅在议政后拉着王杰的手，半开玩笑半讨好地对他说："状元宰相手，果然好。"王杰毫不客气地将了他一军："我这手只会做状元宰相，又不会要钱，有什么好处？"王杰表现出的刚直和勇气令闻者无不敬畏，而和珅发现王杰终不会上他的贼船后，也不得不放弃了试探。

御史派很有斗争精神，尽管和珅权势熏天，但他们仍时时寻找契机，欲继国泰案后，给予和珅本人及其党羽以致命一击。1786年6月，两广总督富勒浑的家奴殷士俊因勒索他人，罪及主子，富勒浑被乾隆下令革职。御史派从中受到启发，次月，御史曹锡宝出面对和珅家人刘秃子进行弹劾，揭发刘秃子原本不过是个车夫，但自进入和家成为奴仆后，衣服住所都十分奢侈华美。他认为刘秃子不是侵占了主人家的财产，对主人克扣隐瞒，就是借主人的名义在外面招摇撞骗，否则绝不可能有这样的条件。

和家奴仆即使最下等者，也都在替和珅收受贿赂的过程中大得其利，这早已是朝野皆知的事实。显然，御史派是想套用富勒浑案，以隔山打牛的办法，通过弹劾刘秃子，牵出其背后的和珅。

曹锡宝进行参奏时，乾隆正在热河，和珅随同伴驾。曹锡宝千不该万不该，在参劾刘全儿（即刘秃子）前，曾将奏疏送给同乡朋友吴省钦看，但他不知道吴省钦及其弟吴省兰早年做过和珅的私人老师，在和珅发迹后又投靠了和珅，是和珅集团的重要成员。

吴省钦卖友求荣，立即驰赴热河通知和珅，和珅令刘全儿抓紧时间销赃匿迹，他自己打好腹稿，随时准备迎接皇帝的盘问和追查。

乾隆收到曹锡宝的奏折，果然向和珅询问究竟是怎么一回事。和珅辩解说刘全儿虽系其奴仆，但因府中家人众多，房屋不敷居住，所以一向都在府外另住，平时也不负责和府琐事，而是被派在崇文门代主人办理税务。

和珅怕刘全儿真有什么其他把柄被曹锡宝抓住，以致牵连到自己，一面口口声声说他管束家人甚严，并没有听闻刘全儿敢在外面惹是生非，一面又留了个尾巴，称刘全儿在外面的时间较长，无人管教，不小心惹出事来也不一定，请乾隆严旨查办。

和珅有意把刘全儿跟崇文门税务联系起来，潜台词其实就是告诉乾隆，内务府花钱其实离不开这个人，倘若予以追究，内务府的财源都可能会断掉。乾隆本来就不想和珅出任何事，听后马上表态，说崇文门是个富裕部门，刘全儿既然在那里办税多年，稍有积蓄也是理所当然的事，不值得大惊小怪。他让留京办事的王大臣传见曹锡宝，要求曹锡宝把事情讲清楚，如果空言无证据，将治以诬告之罪。

乾隆知道御史派与和珅有矛盾，在想了一夜之后，他突然做恍然大悟状，说据其揣测，曹锡宝参奏是项庄舞剑，意在沛公，目的是要参劾和珅，却又不敢明言，故而才从家人下手，"隐约其词，旁敲侧击"，只为了最终能够攻击和珅。

无法无天

在调查尚未有眉目之前，乾隆两次公开表态，明摆着就是在偏袒和保护和珅。和珅心领神会，连忙转守为攻，说我和珅从未见过曹御史，甚至连他的名字都没听说过，他是怎么进了刘全儿的宅子，又看到"房屋宽敞，器具华美"的呢？这些房屋器具反正不是金银，刘全儿也不可能挟之以出，孰是孰非，派人去察看一下就全都清楚了。

乾隆与和珅一唱一和，无疑为接下来的调查提前定了调，御史派的主动出击之势被瞬间逆转，曹锡宝本人也陷入被动之中。在接受留京办事王大臣传询时，曹锡宝只好承认自己并没有见过刘全儿本人，也不知道他在崇文门管理税务，参奏是因为听说刘全儿的衣服居所都甚是华美，经留心观察，发现其房屋确实很高大，进而才推断刘全儿可能在借主人的名目招摇撞骗。

乾隆了解到曹锡宝手中掌握的确凿证据不多，便放了心，认为这进一步证明自己原先的揣测没错："看来该御史欲参和珅，而又不敢明言，故为此奏。"他命令查案人员先把曹锡宝带到刘全儿家中，察看刘全儿究竟有多少房子，然后再将其带到阿桂等重臣府中，对比一下管事家人的居住条件，如果后者的房屋比刘全儿还多还大，就要当面质问曹锡宝为什么不参劾他们而独责刘全儿。

乾隆已经为开脱和珅埋下伏笔，但其实根本不用比较——按照和珅的指令，刘全儿事先早已毁其居室、衣服、车马，凡有逾制的一切器具，也全部被不留痕迹地藏匿了起来，

察看结果对曹锡宝相当不利，乾隆给予其以革职留任的处分，同时宣布："我朝纲纪肃清，大臣中也没有揽权藉势、窃弄威逼之人，对于这一点，朕是很有自信的。"

曹锡宝案对包括御史派在内的所有反和珅力量而言，都是一个重大挫折，特别是乾隆的"自信"更是无异于给和珅颁了一张钦定的护身符，意味着之后若再有人敢对和珅及其家人有异议，就等于是在怀疑皇帝的决断，跟皇帝对着干了。

从前和珅之所以不能完全为所欲为，主要是碍于乾隆的精明及朝中反对势力的牵制。如今，处于老境衰态中的乾隆别说不一定能看出破绽，就算看出，他也一定会装聋作哑，护犊子一般的护着和珅。

自曹锡宝案起，大小臣工更加不敢直接抨击或弹劾和珅，稍有涉及者，就会被乾隆认为是在用"隐约其词，旁敲侧击"的迂回方式陷害和珅，轻者遭到严斥，重者革去官职。

1788年，和珅被晋封为三等忠襄伯，赐紫缰。与此同时，和珅又将女儿嫁给康熙曾孙贝勒永鋆，将侄女嫁给乾隆的孙子绵庆，通过政治联姻的方式，将自己与皇室进一步捆绑在一起。他还广结朋党，采取各种手段，将相当一批亲信党羽安插在中央和地方的各个重要职位，从而形成了"内而公卿，外而藩阃，多出其门"的局面。

在这种情况下，反和珅力量日渐式微，钱沣素不为乾隆所喜，终其一生都未能得到重用，剩下的御史派成员与和珅集团相比，处于绝对劣势，刘墉甚至不得不装老装傻，一旦遇到政治议题，或者模棱两可，或者说笑话打擦边球。

《清史稿》载，此时的和珅权倾朝野，"宠任冠朝列矣"，乾隆之下就数"和相"最大，他也越来越肆无忌惮，几乎已到了无法无天的地步。

据闻，孙士毅任职两广总督期间，某次回京，在宫门外等候乾隆召见。恰好和珅路过，见他手里拿着一件没见过的稀罕物件，就问是什么。孙士毅回答说是一个

鼻烟壶，和珅要过来一看，发现竟是用一颗明珠所雕成的鼻烟壶，鸟蛋大小，晶莹剔透，当下赞不绝口，问孙士毅可否割爱。

孙士毅很是为难，说："若是它还属我个人所有，送给大人却也无妨，只是昨天我在奏折中已经说了鼻烟壶的事，过一会儿就要呈献给皇上，怎么办？"

和珅一听，自我解嘲地笑了笑："我跟你闹着玩而已，怎么还当真啦？"

过了几天，孙士毅受邀去和府做客，和珅颇为神秘地对他说："我昨天刚刚得到了一个鼻烟壶，你看看，跟你上次送进皇宫的那个相比，哪一个更好？"

孙士毅接过来一看，和他的那个鼻烟壶一模一样，便问到底是怎么回事，和珅这才承认其实就是孙士毅献给乾隆的原物。

孙士毅最初还以为和珅是接受了皇帝所赐，不由感叹"和相"果真深得皇宠，可是他打听了一下，并无此事，由此传入他耳中的内幕消息则堪称劲爆无比：和珅可在宫廷内自由出入，遇到自己喜欢的东西，拿着就走，连招呼都不打，鼻烟壶就是他从宫中偷偷拿回家的！

献给和中堂

从宫中偷拿宝物这种事，和珅倒也不是老干，不是他害怕，而是用不着多此一举。孙士毅送给皇帝的鼻烟壶应该不属例贡，按照规矩，如果是地方官进呈的贡品，则必须由内廷转奏，而转奏权就掌握在和珅手里。他利用这一权利，对贡品先行检视一下，价值高和看得上眼的，就据为己有，只有那些一般的才挥手放行。

据说当时的许多奇珍异宝，皇宫大内找不到，和珅家中却比比皆是。有一个广为人知的故事：皇宫中摆了一盆一尺来高的碧玉盘（相当于盆景），乃乾隆心爱之物，不料被某皇子不慎打碎。某皇子情知闯下大祸，非常惧怕父皇予以怪罪。十一皇子、成亲王永瑆比较有心计，提醒他说："为什么不去找和相讨主意呢？他一定有办法。"

于是两位皇子一同前去求助和珅，和珅开始装得面有难色，推托说："碧玉盘乃人间稀有之物，我到哪里再去给你找一盆呢？"

某皇子听了更加害怕，不由失声痛哭，永瑆则明白和珅是在欲擒故纵，便将和珅叫到偏僻处，与其耳语，大概是说你现在若能帮我们哥儿俩这个大忙，我们一定铭记在心，日后有事亦当相助之类的。

讨价还价一番后，和珅终于应允下来，对某皇子说我先回去研究一下解决办法，成败不能保证，明天我们在某某地方见面。

次日，永瑆兄弟按照约定去了会面地点，和珅已经提前到场，他将带来的一盆玉雕盆景送给了某皇子，但见其高约一尺五寸，尚在被打碎的玉盘之上，色泽的鲜艳程度更为前者所不及。兄弟俩感激不尽之余，也才知道原来最好的宝贝并不在他们皇宫，而在和府之中，"四方进物，上者入坤第，次者始入宫也"。

和珅通过贪污受贿、巧取豪夺等方式，为自己穷奢极欲的私人生活提供了条件。文献记载，他每天早上起来，都要服食珍珠粉，并曾亲口向其亲信夸耀说，他服食后心明眼亮，能够过目不忘，即便一天之中事务繁杂，该记着的东西也照样可以刻在脑海里，比用笔记在本子上还灵。

且不管服食珍珠粉是否真有和珅吹嘘的那种功效，只说其代价就足以骇人听闻。和珅对用来研磨的珍珠十分挑剔，凡是发了黄的、已经失去光泽的、穿过孔的、他一律不要，认为此类珍珠皆珍珠中的下品，就算服食其粉亦无效果，他要的珍珠全部得是海水珍珠，而且必须是其中的上乘品——南珠。

南珠产于广西合浦，由于过量捕捞，至乾隆年间时，资源已基本枯竭，正宗南珠也因此成为稀罕宝物，价格相当昂贵，非达官贵人和富商巨贾不敢问津。江苏吴县当时有一个名叫石远梅的人，以贩卖珍珠为业，他的怀里总是揣着一个小匣子，匣子里用锦绣层层包裹着一个用铜箔封着的丸子，只有剖开丸子，才能看到封在丸子中的大型南珠。南珠越大价格越昂贵，这些大型南珠最重的每颗要价两万两白银，稍轻的每颗一万两，最轻的也要八千两，但即便如此，官吏们仍争相购买，唯恐买不到手，有人问他们买来做什么，回答都是统一的："献给和中堂！"

仅仅数年之间，和珅便已经声名狼藉，上自王公，下至百姓，背地里莫不对他侧目唾骂。1789 年，和珅长子丰绅殷德正式迎娶和孝公主，和孝公主也听到了外界对于公公的各种议论，曾忧心忡忡地对新婚丈夫说："你父亲受皇父厚恩，毫无报效，受贿的胆子和胃口却一天比一天大。我真是替你感到担忧啊，就怕将来某一天你父亲因此身家不保，到时不但你要受苦，连我也一定会受到连累！"

和孝一语成谶，日后和珅垮台伏法，丰绅殷德还是沾了和孝的光，才未被连坐，但这都是后话，彼时的和珅春风得意，利令智昏，就算有人当着面劝谏，也不可能听得进去。

乾隆原本在惩贪问题上一直保持高压，规定凡贪污在一百两白银以上者，便要杖一百加流放两千里，以次递增，满一千者，处以斩监候。这些严厉条例对于除和珅外的官吏而言，多少总还有一些威慑作用，但到了1790年，随着议罪银制度的横空出世，连这道栅栏也被拆开了一个大口子。

那个人就是我

据学者研究估计，议罪银的"创意"最早可以追溯到十年前和珅任户部尚书的时候，十年后经乾隆批准，和珅在军机处成立了"密记处"，由他本人直接负责，专门负责秘密承办和追取议罪银。

所谓议罪银，就是议罪罚银。吏部本有公开的罚俸制度，用于对犯下过失但不严重的官吏进行处罚，但惩戒是目的，处罚只是手段，所以罚金其实是有限的，如当时的京官为双薪制，领正俸和恩俸，一般是只罚正俸，也就是俸禄的一半。议罪银是反过来，追取罚金变成了首要目的，其标准视官缺肥瘠及收入多寡而定，少者一万五千五百两，多者竟达到三十八万四千两。

议罪银制度的适用范围，除地方督抚大员外，还包括各省布政使、盐政织造、税关监督甚至富商等，按照制度规定，如果他们犯了罪，只要交够银两即可免罪。收取的议罪银只有少部分会留在地方作水利工程等用途，大部分都要解归内务府供皇室消费，说白了就是给皇帝用。有心者觑破了其中奥妙，他们会以效忠皇帝的名义，在密记处规定的金额上再主动添加，这样做的结果就是，他们不但不用像以往一样为他们的罪行承担责任，还可以继续任职，甚至超擢更大的官或更肥的缺儿。于是犯了罪的官吏便群起仿效，多自愿从重认罚，以此博取乾隆的欢心，保住官位甚至超擢。

有一种带有讽刺性的说法认为，乾隆、和珅君臣之间其实是在进行养猪式反腐，即当贪官刚开始贪时，他们睁一只眼闭一只眼，等到贪腐累积到一定程度，或者说小贪型"瘦猪"被培养成大贪型"肥猪"时，再由密记处出手割肉。

问题是羊毛出在羊身上，贪官们绝不会做亏本买卖，他们交了议罪银后只会把损失层层摊派下去，继续变本加厉地进行贪污和榨取，而且既然已经可以"花钱买安全"，他们在贪污时便更加有恃无恐，毫无顾忌，反正贪污越多，私囊越饱，一旦败露，也有足够的银子可用以脱罪。

议罪银制度客观上怂恿了贪污行为，至此，本已出现危机的吏治状况更是每况愈下。内阁学士兼礼部侍郎尹壮图到全国访察，发现各省督抚里面就没几个合格的，贪者自然是越贪，即便平素清廉自守者，都有了亏空营私，有以后大不了上交议罪银的念头，而在对官员进行民意调查时，接受询问的商民也大多"蹙额兴叹"，一副无话可说的样子。

尹壮图深感情况严重，特上奏请求将议罪银制度予以废止。乾隆看了奏折后却很不以为然，他倒不是说督抚们都很不错，而是说既然这些督抚平时尸位素餐，那让他们出钱赎罪也不是不可以。

乾隆显然已经完全忘记了从前掀起廉政风暴，要求从重从严惩贪的初衷。当年针对"敛财为重，惩戒为轻"的倾向，他曾予以严厉斥责，未料几十年过去，不知不觉中，他自己倒反过来成了那个他所反对乃至憎恶的对象。

如果说年轻时的乾隆像一头雄鹰，老年的乾隆则仿佛一只蜗牛，不但气宇狭小，目光短浅，而且还背着一层重重的壳。在他看来，自己执政的五十五年，绝对是政绩辉煌突出、百姓安居乐业的五十五年，这一点不容外人稍有质疑。尹壮图在奏疏中的主论点是请求废止议罪银制度，吏治败坏只是论据，但这恰恰触动了乾隆敏感的神经，他认为这就是对他五十五年治绩的彻底否定和攻击，于是两人对话的重点也随之发生了转移。

"你说商民大多蹙额兴叹，就好像生活在我朝之人，都已经快痛苦得活不下去了。"乾隆怒气冲冲地斥责道。他列举自己在五十五年临御期间，共谱免天下钱粮四次，普免各省漕粮两次，指出光这几次惠及百姓的钱粮就已不啻百万，这还不包括平时遇到旱涝，不惜代价进行补助抚恤等。

乾隆质问尹壮图，说我对百姓这么好，百姓但凡要有点良心的话，感激拥戴还来不及呢，怎么可能"蹙额兴叹"？

自此，老皇帝满脑子都钻进了相应论题，他把史册翻出来，从明朝一直翻到汉初，发现大多数皇帝都没做到像他这样大规模减免钱粮、漕粮，只有汉文帝曾将全国农民的田租减半——不过是减半嘛，汉史上还大书特书，"侈为美谈"，要知道我可是全减，而且不是一次，是"普免正供再三再四"！

乾隆犹如播放长镜头一样，重新回顾了他的御政史。当然这种回顾经过了他自己的完美过滤，出现在镜头中的他从一开始登基起就爱民如子，生怕任何一个百姓吃不饱穿不暖，五十五年里，他每一天都兢兢业业，克己克勤，其间即便对百姓施以普免等各种恩惠，都唯恐给的恩惠还不够，到现在已经快八十岁了，依然"无时无事，不以爱民为念"。

乾隆最后得出结论：如果说有史以来还有最关心百姓的好皇帝的话，那个人就是我！

有了这样的自我设定，乾隆完全无法容忍尹壮图对吏治的指责，他认为治下百姓的生活已达"小康"，也就是日子过得比较殷实了，不可能像尹壮图所说的"蹙额兴叹"。他又指出现在只有尹壮图把外面描得一团黑，好像其他大小臣工都在说假话，当面欺瞒他，而他也仿佛就是一个任人欺瞒的糊涂皇帝。"朕五十余年以来，竟系被蒙蔽，于外间一切情形，全无洞察"，言外之意，说假话、危言耸听的恰恰就是尹壮图本人。

赶鸭子

乾隆在几个月内，破天荒地连降十余道谕旨对尹壮图进行批驳，显然是较上了劲儿。不唯如此，为了从事实上证明尹壮图不过是一派胡言，他还别出心裁地下达旨意，令户部侍郎庆成带领尹壮图到各地访察，以对其调查结果进行复核。

虽然是重新调查，但乾隆可不允许中间出现任何"意外"，利用自己既是运动员又是裁判员，还是规则制定者的身份，他指示庆成在将到某地时必须提前通知当地官府，理由是避免扰民。由此产生的结果显而易见，尹壮图所过之处皆张灯结彩，他原先在民间所见到的"蹙额兴叹"也全都变成了"安居乐业"。

一行人的任务除访察民情外，就是盘验仓库，以确定当地是否有亏空情况，吏治"清明"与否。在各地政府事先早就做好准备的情况下，不管尹壮图怎么查，仓库里都"丝毫并无短少"——其实就是大家配合着老皇帝，给尹壮图演一场戏，捉弄一下他而已。

在尹壮图等人出京前，乾隆就吩咐，庆成可以沿途按品级支取俸禄，但尹壮图既是"自请盘查之员"，便只供驿马，不供俸禄，所有费用自理。乾隆的这个交代，实际就明确了尹壮图此行所能得到的待遇，他与其说是到各地访察，倒不如说是被庆成押着在到处认罪。

山西之行刚刚结束，尹壮图就已经缴械认输，上疏表示"仓库整齐，并无亏缺，业已倾心贴服"，他同时请求回京，可怜巴巴地说自己一路上昼夜兼程，就怕吃不消生病，弄出个三长两短，以致"不能平安回京，以受朝廷处治"。

乾隆却还没过够瘾，朱批道："一省查无亏缺，恐怕还不足以让你心服口服，你应该到山东及直隶正定、保定等处再去看看。"他让庆成押着尹壮图先从山西赶往山东、直隶，继而又赶往江南，总之是不把这个不识相的家伙弄个半死不活就决不罢休。

访察持续了四十多天，尹壮图就像被赶鸭子一样被赶得到处乱跑，真是生不如死，他只好每到一个地方就上奏，噼噼啪啪打自己嘴巴，说："各省均无亏空，沿途所经的各州县地方，百姓情绪平稳，随处体察，毫无兴叹事情。"

直到把尹壮图整治得差不多了，乾隆才以欺罔之罪将他予以革职，令庆成押解来京，交由刑部治罪。刑部一看这态势，二话不说便给尹壮图定了个处斩，此时的乾隆气也消了大半，便又作大度贤明君主状，提出"不妨以谤为规，不值加以重罪"，免尹壮图死罪，贬为内阁侍读，而且八年里必须没有一点过错，方允许提拔。

经此一劫，尹壮图哪里还有心思等着提拔，不久便以家里老母需要赡养为由，辞官回乡了。其他正直之士见状也都寒了心，自此再无人愿意和敢于对时政发表谏议，朝堂之上整天都是颂谀之声，而乾隆则在其中继续昏昏欲睡。

在乾隆让尹壮图到各地访察的过程中，乾隆只是作宏观指示，细节方面主要都是和珅在"安排"，当然他的"安排"也一如既往地令乾隆感到满意。

1790年9月，和珅主持了乾隆的八十大寿庆典，仅仅从庆典的筹办过程中，就可以看出他为什么能深得老皇帝欢心——为了保证规模，达到乾隆的期望值，庆典预计投入费用一百七十多万两白银，但最后结算时，只花了一百一十多万两，"节约"部分均为地方督抚、布政使、盐政织造、税关监督等筹集的补贴费用，而北京西直门至圆明园道路上的庆典装饰，则全部由两淮、长芦和浙江等富庶地区的商绅买单。

尹壮图案后，议罪银制度不但没有被取消，还被和珅转用到了其他领域，乾隆的八旬庆典即是如此。按照公开的说法，庆典的补贴费用乃是官员们为孝敬皇帝，自愿从俸禄中拨出的，但谁都知道，就像对待议罪银一样，官员们一定还会在自己的管辖范围内加倍把它们给捞回来，投入其中的商绅们同样也是无利不起早，各取所需。

看起来好像大家都在"割肉"给皇帝享用，可实际上他们又何尝不是在分食皇帝的那份家业呢！只是乾隆意骄志满，自得其乐，已根本察觉不到了。

寿典

乾隆的八旬寿典举办于圆明园，被认为是圆明园历史上最后一次真正意义上的大狂欢。

庆典当天，"万寿"二字成了最多人挂在嘴边的字眼，大约有一千名喇嘛聚集在巨大的遮篷底下，念诵佛经为乾隆祈愿。祝寿队伍排得一眼望不到边，皇室成员、文武百官、蒙回首领、安南国王，以及来自朝鲜、缅甸等各藩属国的使节，按序一一觐见乾隆并向其祝寿。中国人的传统习惯是七十九岁过八十大寿，俗称整寿，时年七十九岁的乾隆显得精神焕发，朝鲜使者觐见后，说清朝皇帝耳聪目明，步履便捷，看上去好像只有六十多岁。

在热热闹闹的表象背后，乾隆也有感到寂寥的时候，他活得太久了，一个个挚爱的亲人都先后离他而去，以致他只能在回忆中竭力搜寻那些曾经的音容笑貌。

早在决定禅位前后，乾隆就开始下令修建宁寿全宫，以为将来归政后"优游颐寿之所"，藩邸旧居重华宫并不打算去住，但他对重华宫仍很重视，一再吩咐必须保持其原有的陈设规制。究其缘由，就是重华宫的很多物件都能勾起他对亲人的回忆，如宫内有一对大柜，乃是结发妻、孝贤皇后富察氏新婚时的妆奁，如东首顶柜存放的物品为爷爷康熙所赐，又如西首顶柜之东存放着父亲雍正所赐之物，其西存放着母亲崇庆皇太后所赐之物。

乾隆不仅自己将这些物件作为永久纪念物，倍加珍视，还留下话来，要求"后世子孙随时检视，手泽口泽存焉"。

所有逝去的亲人里面，最让乾隆刻骨铭心、无法忘怀的，无疑还是孝贤皇后。死亡定格了逝去者的形象，孝贤三十七岁时离开，她在乾隆脑海中便永远是三十七岁以及之前的样子。孝贤身为一名女子，却善于骑马，年轻时常随丈夫外出狩猎，和孝公主在这一点上和孝贤很像，不仅常穿男装随乾隆外出打猎，还能力挽强弓。或许也是沾了这种相似性的光，乾隆对和孝特别钟爱，曾不无惋惜地对她说："你要是皇子的话，朕一定会立你为皇储。"

事实上，在乾隆内心深处，因为结发妻子去世而导致的情感真空，从未能够得到完全填补。别说废后那拉氏了，即便是宠妃如魏佳氏等，亦无法替代富察氏留下的位置。

包括《述悲赋》在内，乾隆写过不下一百多首悼亡孝贤的诗作，虽然他一生的诗篇多达四万余首，这些悼亡诗在其中所占的篇幅并不大，但由于饱含真情，它们几乎首首都是具有感染力、震撼力的上乘之作。孝贤死于济南，于是济南也成为乾隆一生中的伤心之地，他在第四次南巡时路过济南，便选择了绕城而走，那时距孝贤故去已有十七年，故他在诗中自云"十七年过恨未平"。

至乾隆举办寿典，即将成为八旬翁之际，又是两个十七年过去了，乾隆对亡妻的思念不但没有因时间而消退，反而变得更加浓烈，这让他有时甚至会产生已经活够了的念头。当年他赴东陵祭谒，再次亲往孝贤陵前酹酒行礼，并赋诗一首云："三秋别忽尔，一晌奠酸然。"他对着亡妻的在天之灵喃喃自语，说我不想活到一百岁啊，要是运气好的话，距与你相会的时间，再远也不会超过二十年！

可是老天爷并没有准备把乾隆就此收去。这其实还真的不是一件好事，在和珅等人的带动下，官吏贪污几乎已成为乾隆末年的一种普遍现象。自甘肃冒赈案起就已露出端倪的钱粮亏空和民间积欠问题变得愈益严重，当初国泰案发生后，乾隆在将国泰、于易简处决的同时，决定山东以及甘肃、浙江等省的亏空官员各留本任，限期一年，补齐亏空，但是十几年过去了，不但上述各省的亏空没能得到弥补，就连其他省也相继出现了数额巨大的亏空和积欠。

据统计，截至1791年，山东的未完积欠银米已达两百一十八万两，直隶有一百一十万两，连素称富庶之省的江苏也有五十万七千两。所有亏空和积欠讲穿了，都是各省官吏贪污营私的代名词，这一点连乾隆自己都清楚，他对尹壮图的批驳因此不攻自破。

乾隆被现状打脸之后，多次对各级官吏进行指斥，同时也做了一些自我检讨，承认自己数年来过于宽纵，以致吏治不彰。从1791年开始，他一再命各省对账目进行重新核对，限期一年，全数归额，但事与愿违，这一措施不仅没有能够煞住贪风，反而使得各省贪风更加横行，积欠亏空也随之越来越多，越来越普遍。

国计民生终于还是被积重难返的吏治腐败给拖向了深渊，在经济和文化发展双双停滞不前的情况下，整个社会都陷入空前深重的危机之中。此后几年，呈现在外国使团面前的已是一片衰败景象，英国使团所看到的，是"极端的贫穷、无助的困苦、连年不断的饥馑，以及由此而引发的悲惨景象"。

接踵而来的荷兰使团除留下与英国使者相仿的印象外，还十分惊讶地发现，离京城越近，中国的城乡状况居然越差，居民的生活也越显贫穷凄惨："小屋由泥土垒成，屋宇由半生不熟的砖所砌成，全都破败不堪。寺庙倾圮，泥菩萨东倒西歪，残肢四落。"

海上战略

在英国使团踏上中国土地之前，中国在欧洲人的辞典上其实是精美和辉煌的代名词，尤其是在18世纪中叶，乾隆盛世进入巅峰期时，"中国热"更是席卷欧洲，当时欧洲的主要发达国家，从法国到英国、荷兰等，上至王公贵族，下至平民百姓，几乎人人都对中国抱有兴趣。

在法国，上层社会兴起了"中国时尚"，中国人相对精致的私人生活方式以及出口的茶叶、瓷器、丝绸等让贵族们为之着迷，启蒙思想家伏尔泰则在研究来华传教士以及商人的报告后，盛赞中国的政治制度，认为中国政府是"人类精神所能够设想出的最良好的政府"。英国同样如此，人们购买中国的商品，收藏中国的器物，模仿中国的园林建筑，甚至连英国国王都喜欢穿中国式的服装，后世学者评价道：

"翻阅一下18世纪那些日益大众化的杂志、小报和期刊，就会为英国人对中国的兴趣和了解感到吃惊。"

自康熙朝取消海禁以来，中国与海外各国就一直保持着贸易往来，原本政府开放有江、浙、闽、粤四个对外贸易港口，但因为事实上不太方便，又发生了荷兰东印度公司屠杀中国旅外侨民事件，乾隆便下令"以商制夷"，关闭其中三个海关，"只许在广东收泊贸易"，这就是所谓的"一口通商"。

"一口通商"毫无疑问是一种保守的对外政策，然而就当时中西贸易水平而言，已经完全能够满足需要，中西贸易并未受到多大影响。中英贸易尤其发展迅速，据统计，从18世纪60年代至70年代，英国的对华贸易额每年达到几百万英镑，仅运输茶叶一项，每年就需十八艘大船往返，是法国、荷兰的近两倍，事实上已逐步垄断了西方的对华海上贸易。

不过英国人对中英贸易状况却并不满意。中国是自给自足的小农经济社会，用不着来自西洋的产品，这使中英两国的贸易收支长期处于不平衡状态，英国每年从中国进口大量的茶叶、丝绸、瓷器、工艺品，却甚少有产品能够进入中国市场。在一口通商制度下，英国在华的经商活动也很不自由，按照规定，广州只有十三行即中国政府指定的十三家行商可以与外国人做买卖，英商必须住在十三行里，利用夏秋两季做完买卖，之后就得到澳门去过冬。

英国人在广州既不许拥有武器，也不许携带家眷。最让他们觉得不可思议的是，还不准他们购买中国书籍和学习中文。英国传教士马礼逊请了一个中文教师，据说这位中文教师每次去给马礼逊授课的时候，身旁都必备一双鞋子和一瓶毒药，鞋子是表示他是去买鞋的，不是去教书，毒药是预备万一被政府查出，可以自尽！

中国的海关税率原本很低，连中央政府也不太看重这笔收入，但是地方上附加的陋规极其繁重，加上正税，大概要收货价的百分之二十，而且还不透明，英商每次在纳税时都要经过一番菜市场式的讨价还价，这让他们很不耐烦。

进入19世纪中叶，整个英国开始工业革命，昔日的手工业都慢慢变成了机械制造，海外市场对于英国国计民生的重要性愈加突出。如何开发中国内地市场，同时突破一口通商的限制，争取购买到更多物美价廉的中国商品，逐渐成为英国政府的当务之急。

　　由于英国东印度公司在亚洲的鸦片贸易起源较早，他们原本打算以廓尔喀为基地，通过陆路向西藏输送鸦片，但在两次清廓战争结束后，廓尔喀成为中国的藩属国，外交上倒向中国，陆路策略因而破产。在不得已的情况下，英国政府只好集中力量于其海上战略。

　　这时通过来华传教士以及商人的传播，欧洲人都把乾隆看作一个模范的开明君主，英国有一种观点认为，其实乾隆并不清楚英国在华经商中所遇到的一系列困难，倘若有办法能够与他直接打交道，他必定愿意加以改革。于是早在清廓战争前，东印度公司便有人向英国政府建议："派遣一个使节到北京面见中国皇帝，请求他下一道命令解除英国这些困难（指打开中国市场）。"英国政府采纳了这一建议，决定派出以卡斯卡特为特使的使团出使中国。

　　1787年，卡斯卡特使团从英国出发，但出发后不到两天，就遇到了很大的海上风暴，船只受损严重，同时疾病也开始在使团成员中蔓延，约有半数人中途病倒。卡斯卡特出发前就患有肺结核，至此病情加剧，并最终病死于印度尼西亚西部的邦加海峡。他一死，使团群龙无首，只得掉头返回英国。

　　有史以来的第一次使团访华就这样以中途夭折而告终，但英国并没有因此打消继续与中国政府进行直接接触的念头。五年后，英国政府又以马戛尔尼为特使，重新组织了一个庞大的使团，为了避免重蹈覆辙，他们这次将马戛尔特尼作为正使，将使团秘书斯当东作为副使，并且决定一旦马戛尔尼途中发生意外，便由斯当东替补。

　　在马戛尔尼使团出发前，东印度公司董事长培林致信两广总督，将此事通知了中国政府。广东官员揣摩圣意，极力怂恿并让使团同意以庆祝乾隆寿辰的名义访华，随后，广东方面便上奏朝廷，称英国国王将派使专程给乾隆贺寿，并且给大寿庆典带来了"贵重贡物"。

西洋观

　　据考证，中国人的"西洋"概念肇自元朝，但直到明清，中国人对于世界的认识仍相当模糊，就连知识界也还是抱持着过去"地圆天方，中国居大地之中"的地理观。圆明园里有个九州岛，乃帝后寝宫，共由九座小岛组成，实际上就是这种地理观的体现。一位明代时来华的意大利传教士曾写过一本书,提到世界有五大洲,时任《四库全书》总纂官的纪昀看后却说这位传教士在说假话,因为他认为世界实在不可能有那么大。

在西洋观上,皇帝并不比士大夫们强到哪里去。康雍乾祖孙三代,以康熙对西学的造诣最深,但康熙对西学所表现出来的兴趣,其实也只是纯属个人的一种兴趣爱好而已,并没有对他的治国理念造成多大影响。雍正、乾隆父子则均对西学兴味索然,乾隆在其他方面都以祖父为表率,唯在西学方面,远不像康熙那样热衷和精通,所以虽然外面的世界日新月异,但他在看待西洋问题上却还是过去的老一套,即自视为天朝上国,将中国以外的其他国家一律看作化外蛮夷之邦。

另外,同为精明强干的君主,康雍乾从保护边疆安全的角度出发,又都对西洋外来势力的威胁保持着一种近乎本能的警惕。康熙晚年预言:"海外如西洋等国,千百年后,中国恐受其累。"雍正也认识到:"中国北有俄罗斯是不可轻视的,南有欧西各国,更是要担心的。西有回人,朕欲阻其内入,毋使搅乱我中国。"

乾隆在即位之初就收到广东方面的奏报,得知每年都有十余艘至八九十艘不等的洋船抵粤,每艘船上有四五百名持枪士兵,火炮最多的配备三十余尊,而且"赋性强悍,蛮野无知,实非善类",当洋船停泊于岸边时,常有附近乡民被持枪洋兵所伤。这让乾隆切实感受到了西洋国家对大清帝国可能存在的威胁,但在很长一段时间里,他对英国的认识仍非常模糊,只是将其作为和荷兰等差不多的"红毛番"看待。

后来随着中英贸易逐渐频繁,清廷才对英国有了更多的了解。乾隆对英国的印象也在不断加深,但还没有马上将它列为西洋强国,直至最后一次南巡结束,在乾隆所下令修纂的官方书籍中,依然保持着明末清初以来的说法,即认为西班牙、法国、意大利等是西洋大国,英国则是连名字都没提。

真正让乾隆对英国引起注意,并开始意识到它在西洋国家中强悍地位的,恰恰是清廓战争。在第一次清廓战争中,西藏地方当局曾背着驻藏大臣,秘密向英属印度总督康华利求援,请其协助抵抗廓尔喀的入侵,至第二次清廓战争时,廓尔喀又以门户开放为条件,向康华利求援,结果康华利患得患失,哪一方都想敷衍,但对于哪一方又都没有最终答应下来。也幸好他没有答应,否则战争的结果很难预测,福康安洞悉了这一切,在与廓尔喀达成受降协议后,即立即关闭了西藏通往印度的关口，从而杜绝了英方继续从中浑水摸鱼的可能。

清廓战争期间，乾隆多次接到福康安的相应报告，对此留下了深刻印象，在他后来写给英国国王的信件中，特地说到清廓战争，并语带讥讽地提及了英国当时意图扮演的角色。

乾隆也不断接到关于英国在"外夷中最称慓悍"以及深具海盗作风的信息。有一次，英军在中国沿海俘获了两艘从马尼拉开出的法船，接着又想在广东洋面捕掳正要进口的三艘法国商船，广东当局得报后，立即调集水师，分布在附近进行防范，这才迫使英国军舰退却。乾隆对此较为关注，特地用朱笔做了记录："英吉利在西洋诸国中较为强悍，且闻其向在海洋有劫掠西洋各国商船之事。"

尽管如此，在清王朝的战略格局中，海岸线以及西洋国家始终都处于次要地位，这是因为传统上对中国的军事挑战大多来自亚洲腹地的边疆地区，而不是东南沿海，甚至满人自己都是从东北边疆起家的。换言之，清廷一直对陆路边疆保持着军事优势，在与俄罗斯以及其他中亚强国打交道时也都小心翼翼，很少想到拿朝贡体系来框范国与国之间的关系，但这种相对平等的视角却并不适用于任何一个西洋国家。

在实际操作中，所有西洋国家包括英国都被纳入了朝贡体系，即被摆在比中国低一级的地位，与周边的朝鲜、安南、廓尔喀等亚洲藩属国类同，理论上，都应匍匐在"天朝"脚下。作为已被确认的西洋强国，如果英国能够主动对"天朝"表示恭顺，这自然是乾隆求之不得的一件事，所以当得知英使要为"叩祝"自己寿辰"进贡"而来时，他显得相当高兴，不仅欣然接受，而且指示要给予"进贡团"以特别礼遇。

跪拜大礼

1792 年 10 月，马戛尔尼使团从英国朴次茅斯港起航，前往中国，他们被允许直驶天津，由大沽口登陆，然后通过内河航行进入北京。

与其他访华的西方使团相比，清廷此次为英国使团所作的路线安排属于最高规格，如荷兰使团就必须先在广州登陆，然后再由陆路步行北上。

荷兰使团进京时正值隆冬,大江小河全都冰冻了,大部分地表覆盖着冰雪,但使团常常还要连夜赶路,相当辛苦。英国使团则基本是以船代步,马戛尔尼和他的随员在途中都未感到劳累或不方便。

荷兰使团所得到的接待也很一般,北上后只能在京郊一所"马厩似的处所"下榻。英国使团住的却是花园别墅,所到之处,不须他们提出请求,便有大批免费供应的物资源源不断地送来,马戛尔尼在他的日记中详细记录了中方赠送的食物数量,赞叹地说:"东方人对待远客是这样的热情,真使人可感。"

马戛尔尼使团被称为历史上人数最多、规模最大的西方使团,使团成员加上各船船手、士兵、工役,共达七百余人,其中既包括具有海外殖民经验的人员,也有自然科学家,如此安排,除便于收集情报信息外,一个重要用意就是要彰显英国国力,从而使中国在望而生畏的情况下答应其要求。

出于同样的目的,使团还带来了数量极多的礼品,他们上岸后,因为要将礼品从陆路送往北京,一共分了装六百箱,动用了三千多名民夫以及几十辆四轮马车进行运输。这些礼品中不仅包括当时中国根本不会生产,也从来没有见过的工业科技产品,如纺织机械、望远镜、天体运行仪、地球仪、热气球等,还有枪支、大炮等武器。

历来国宾礼品很少有赠送大炮的,尤其是赠送给一个尚未正式建立官方外交关系的国家。这种旷古未有的奇事,既显示出英国政府对于此次使团访华寄望之殷,同时也可看作向中国炫耀武力的一种表现,极具挑衅意味。

英国人的炫耀和挑衅,恰与乾隆的自大和防范咬合在一起,使得双方很快就奏出了不和谐音符。使团到达天津时,首先送上八大件礼品,并声称这些礼品体积高大,恐怕就是在京城也难以找到合适的安装地点,直到他们参观圆明园宫殿,看了正大光明殿之后,才认为"这个宽广的大殿正适于陈列礼物"。乾隆闻讯很是得意,说果然不出我所料,"该贡使等从未观光上国",都不知道天朝殿宇有多么辉煌壮丽,居然还敢自夸贡品高大,这下可安分了吧!

此时乾隆已赴热河避暑山庄。1793 年 9 月 2 日,马戛尔尼率六十八名使团成员前往热河觐见乾隆,他们穿过万里长城,花六天时间抵达避暑山庄,但接下来却因为礼仪问题与中方发生争执,使得觐见环节不得不向后推迟。

在清廷看来,"贡使"向皇帝乃至皇帝的恩旨行跪拜大礼,乃理所应当之事,然而马戛尔尼一行不这么认为，早在刚刚到达天津，当接待官员向使团宣旨时，他们就只肯脱帽致意。接待官员只得用"免冠辣立"的夸张修辞手法向上报告，乾隆得报后立即指示天津方面"婉辞告知"使团，让使团"遵天朝法度"，但马戛尔尼在听了中方的"婉辞"后依旧没能够接受。

和珅亲自在热河主持接待接团。和珅固然是个奸相，不过从其斥退廓尔喀使者一事上就不难看出，他是有一些外交手腕和见识的，马戛尔尼及随员对这位相貌堂堂的"和中堂"也普遍印象不错，认为和珅不仅态度和蔼可亲，而且"直率、活跃并善谈"，同时"对问题的认识尖锐深刻"，是一个比较成熟的政治家。

然而即便如此，当涉及觐见乾隆的礼仪安排时，他和马戛尔尼之间仍难以取得一致。按清廷要求，马戛尔尼必须在皇帝面前行三跪九叩之礼，但马戛尔尼认为这意味着英国对中国"表示屈服和顺从"，故难以从命，他还同时指出，此前中方把他带来的礼品写成"贡品"字样，已经混淆了使团的角色。

在交涉过程中，马戛尔尼通过和珅向清廷提出，实在要让他三跪九叩也行，但中国皇帝也必须钦派一个和他地位身份相同的大员，身穿朝服，在英国国王的画像前三跪九叩。

对于"双方行对等礼"的替代方案，乾隆不仅断然拒绝，而且感到"极不称心"：身为贡使，不肯跪拜恩旨也就算了，居然连当着皇帝的面三跪九叩都不愿意，那你们来天朝所为何事？

在上谕中，乾隆坚持三跪九叩不能逾越，他不会容忍任何人不行此礼，英国人也不例外，他甚至强调，即使英国国王亲自来朝，亦要行此大礼。

由于认为是先前接待得太周到，才导致英国"贡使"如此傲慢无礼，乾隆按照他自己的"驾御外藩之道"，下令降低对"贡使团"的接待规格，减少免费的物质供给，并取消所有额外赏赐。热河的气氛因而变得极为紧张，但马嘎戛尔在巨大的压力下并没有轻易就范，双方围绕究竟如何行礼，展开了长时间的激烈争论。

狮子与龙的相遇

很多年后，被流放于孤岛的拿破仑认真阅读了马戛尔尼使团的访华实录，站在相对公正的角度，他认为英国使团既然出使中国，就应入乡随俗，遵守当地的规矩。所谓三跪九叩之礼，乃中国由来已久的一个单纯动作，对行礼者本身并不构成侮辱，也绝不算丢脸，"在意大利，您吻教皇的骡子，但这并不被视为卑躬屈膝"。

对于马戛尔尼只能按自己本国礼仪行礼的说法，拿破仑表示实难苟同，"你怎么能要求中国人服从英国的礼节呢？"为了使自己的推理更为明确，他甚至开了个粗俗的玩笑："如果英国的习俗不是吻国王的手，而是吻他的屁股，是否也要中国皇帝脱裤子呢？"

将当年的礼仪之争重新回放，拿破仑觉得中国人并没有做错什么，因为如果中国使节到伦敦，同样也要按英国的一套施礼，反之亦然。

"外交官拒绝叩头就是对皇帝不敬！"拿破仑进一步举例说，一名被派到土耳其的欧洲勋爵，在受到苏丹召见时，"难道可以不穿要求的皮里长袍吗？"

拿破仑在被流放前是法国皇帝，还是欧洲最显赫的皇帝，假若让他从法国遣使访华，他会怎么做呢？在经过思考之后，拿破仑也对这个假设做出了回答："我会命令他先向中国的最高官员打听，了解在中国皇帝面前应施的礼节，如果中国人提出，就让他服从中国的礼节！"

从拿破仑的态度可以看出，即便在欧洲上流社会，也并不普遍视跪拜为屈辱和贬抑的行为，亦不觉得向中国皇帝三跪九叩，就等于向中国臣服。马戛尔尼访华时，在京的欧洲传教士对其在礼仪上的执拗同样不以为然，他们来华时间日久，跪拜已成寻常事，却也没有因此动摇个人信仰及其追求。传教士们较为一致的看法是，英国人不承认中国文化具有其独特性，没有充分尊重中国的宫廷礼仪，遭到冷遇乃咎由自取。

显然，礼仪问题绝不像它表面所呈现的那样简单，说到底还是中英博弈的继续："天朝"固然自高自大，视它国为藩属，自己为"天下唯一的文明国家"，英国因为自居"世界上最强大的国家"，其实也不比中国人看西方时表现得更为豁达。

马戛尔尼虽固执己见，但毕竟使团千里迢迢来华，他也不愿因为礼仪的环节难以逾越，结果弄得连乾隆的面都没见着，就被迫打道回府。经过反复磋商，双方最终决定各退一步，即马戛尔尼在觐见时仍然要跪拜，但不是三跪九叩，只按觐见英国国王时的礼仪，单膝跪地，同时免去英国式的吻手礼。

1793 年 9 月 14 日，在礼仪问题达成协议后，乾隆终于在避暑山庄万树园接见了使团的正副使，即马戛尔尼和斯当东。这场中英间历史性的相会在大幄内举行，史书上称之为"狮子与龙的相遇"，觐见时，马戛尔尼首先向乾隆行礼致辞，继而把装在镶珠宝盒里的英国国王书信递交乾隆。

当时马戛尔尼行的究竟是什么礼，事后双方各执一词。英方记载是马戛尔尼按协议单膝跪地，未曾叩头，中方则认为马戛尔尼实际上是叩了头，"及至殿上，不觉双跪俯伏"，按和珅的说法，还是他全程引领"该贡使"向乾隆行了三跪九叩之礼。在场的中方官员也都发誓说他们亲眼见到马戛尔尼行了叩头礼，后来的嘉庆皇帝在一道诏书中写道："尔使臣（指马戛尔尼）行礼，悉跪叩如仪。"作为第三方观察者，俄罗斯口译人员则做证说："这位英国大使的确行了三跪九叩之礼。"

有人分析，这其实很可能是同一个场面，只是视角不同罢了。因为当天乾隆还同时接见了缅甸使臣以及蒙古诸王、贝勒、贝子、额驸、台吉等，后者全都行了三跪九叩之礼，不妨这样试想一下：当全体人员下跪的时候，马戛尔尼和斯当东自然也会跪下；众人站起，他们总不至于仍然跪着，势必要跟着站起来；众人再跪，他们不好兀自站着，只得又再次跪下；如是者三……

按马戛尔尼和斯当东所说，他们是单膝跪地，头不着地，但二人强调了动作的不同，却有意无意地掩饰了动作的重复。不管他们的头有没有叩着地面，给人印象就是在不知不觉中被周围的人所带动，对乾隆行了三跪九叩之礼。

乾隆的视角就是三跪九叩的视角，所以在整个接见仪式中他的心情相当之好，因礼仪问题而造成的不快似乎也已经烟消云散。斯当东的十三岁儿子陪同父亲行礼，得知他同时还是使团中唯一能讲几句中国话的人，老皇帝欣然解下挂在腰间的黄色丝织荷包，破例将其赐给孩子，并表示希望听他说话。

接见已毕，乾隆赐宴款待来宾，席间，他命人召马戛尔尼和斯当东至御座旁，各亲赐温酒一杯，接着又亲切地问及英国国王的岁数，此时英国国王为乔治三世，当年五十六岁，乾隆颇为豁达地"祝愿英王也能同他一样长寿"。

之前英使们见过乾隆的画像，感觉画像上的中国皇帝"显得严肃、沉闷"，见到真人之后，才发现对方"愉快直率，落落大方"。

谅来没有什么稀罕和新鲜的

在乾隆和整个清廷看来，觐见仪式的成功举行，就意味着已将英国置于以中国为中心的世界秩序规范当中。军机处档案收藏了一首乾隆就觐见所作的诗，诗中颇有成就感地写道："怀远薄来而厚往，衷深保泰以持盈。"

仪式活动结束后，马戛尔尼及其随员受邀游览御花园，负责陪同的都是清帝国的大人物，由于每个人都在长袍外面套着一件黄马褂，所以马戛尔尼笑称他们为"黄衣骑士"。

几个"黄衣骑士"中，居首者是马戛尔尼最熟悉的"和中堂"，此外还有福康安、福长安等。就对马戛尔尼的态度而言，福康安、福长安兄弟形成了鲜明对比，福长安看上去热情友好，而他的哥哥却始终是一副冷冰冰的面孔。

福康安当过两广总督，就在觐见仪式开始前，他还神态严肃地碰了碰马戛尔尼的帽子，意思是让他不要忘了脱帽致礼，中国人并无这样的行礼习惯，显然福康安确实知道一点英国人的习俗。

对马戛尔尼而言，福康安的举止毫无疑问是一种不友好的表示。西方人按照他们的政治运作逻辑，喜欢从官僚中区分出"鸽派"和"鹰派"，在马戛尔尼看来，如果文官身份的福长安算作鸽派，则有着军方背景的福康安便是十足的鹰派。

马戛尔尼自来华后，便对中国军队所用的武器进行了观察，结果发现中国军人特别是八旗兵还普遍爱用弓箭，"乾隆爱用的武器也是弓"。当马戛尔尼告诉这些中国军人，欧洲人已放弃了弓而只用枪打仗时，"他们显得十分吃惊"。

当然中国军队在实战中也已大量使用火器，八旗中就设有火器营、健锐营，但他们的火绳枪与英军的燧发枪相比有很大差距，即便是性能优良一些的，如赞巴拉特鸟枪，按西方标准来看也威力不足，连最薄的墙壁都无法穿透。武力是马戛尔尼此次来华所凭恃的最大优势，他因而问福康安，是否想看看使团卫队的操练，卫兵们可以当面操演火器和队形变换，就像他们在欧洲常做的那样。

马戛尔尼以为将军身份的福康安一定会喜出望外，急不可耐地提出观摩请求，之后他便可以在套近乎的同时，通过震慑性的效果令对方改变态度。未料福康安却以冷漠的口吻回答："我在前线身经百战，看看当然可以，不看也无所谓，这火器操法谅来没有什么稀罕和新鲜的。"

马戛尔尼讨了个没趣，当下便不再提观摩卫队操练了，他内心的想法则是："真蠢！他一生中从未见过连发枪，中国军队还在用火绳引爆的枪。"与之类似，副使斯当东也在私下讥讽"前广东总督"（指福康安），说他"此前还从没见过一杆火绳枪（此处应指燧发枪）"，以此来掩饰自己的不快。

马戛尔尼和斯当东认为福康安是出于自大和愚蠢，才对观摩抱无所谓的态度，但其实福康安也并非故作豪言，他是真有底气——福康安本人不仅见过燧发枪，而且可以肯定见过很多，因为清廓战场上廓军的枪支就是从英国购买或从英军手中缴获的燧发枪，当然对于相应攻击战术和阵法也绝不至于陌生。

从与福康安父兄交手的缅军，到福康安亲自对付的廓军，都配备着燧发枪。尽管缅廓两军论其枪炮的精良程度，尚不能与欧洲相比，实际和清军一样，都属于冷热兵器并用的军队，但问题是，在整个18世纪，热兵器对冷兵器尚难以构成绝对性的压倒优势。

以马戛尔尼使团卫队为例，装备燧发枪的步兵必须排成特定的纵深队形，才能保证火力的持续以及杀伤效果，这与清军使用火器时的连环枪炮战术并无本质不同。如果英军的对手善于用兵和搏杀，即便武器稍逊，还是一样有机会击败他们，缅、廓军就各自都拥有击败法军和英军的骄人纪录。

福康安大军是清军的第一流精锐部队，但凡出征，均会集结火器营、健锐营，加上将帅的智勇兼备、八旗骑兵的骑射优势，其作战能力超过廓军，之所以未能在清廓战争中取得军事上的完胜，只是受限于当地的气候和地形，而不是畏惧于对方所装备的燧发枪或者火炮。换句话说，如果英军选择和福康安大军对阵，鹿死谁手尚未可知，这也是英国在清廓战争中不得不保持中立的一个重要原因，说到底就是"对中国的惧怕束缚了英国的手脚"，有了这样的前提，福康安又岂会将一个非实战的卫队操练放在眼里。

明争暗斗

清廓战争期间，连北京都曾盛传英军要帮助廓尔喀军队入侵西藏，据说廓军阵中也出现了英军装束的欧洲人。虽然后来英军并未整编制参战，廓军阵中的英军官兵被证明非其官方行为，但廓尔喀曾向英国请求军事援助，英国也有过是否要蹚浑水的考虑，福康安对此是完全清楚的，他对马戛尔尼流露出来的敌意，实际是把对方当作了自己未来的潜在对手和敌人。

英国使者和中国将军的相互不屑很快就被延伸至其他方面。马戛尔尼等人在游览御花园时，看到园内的各个楼里都放着玩具、挂钟和地球仪，做工极其完美，相比之下，他们带来的礼品倒显得有些黯然失色。不仅如此，陪同官员还告诉他们，比起紫禁城和圆明园，这些西洋珍品都算不得什么，此言一出，马戛尔尼、斯当东尴尬得当场无言以对。

福康安察言观色，立即"傲慢地"问马戛尔尼，英国是否有这些东西。这次英国人开始发起反击，马戛尔尼告诉他，这些东西就是从英国运来的。福康安听后大为扫兴，遂也不得不闭住了嘴。

马戛尔尼对中国国情还缺乏深入的了解，他以为中国官僚可分"鸽派""鹰派"，但其实跟他接触的所有中国官僚都只属于一个派，即"皇上派"，他们不过是根据皇帝的意旨担当不同角色而已：福康安做恶人，在明里和马戛尔尼互相较劲，他弟弟福长安以及和珅等则装好人，从暗处对马戛尔尼进行试探。

事实上，这种明争暗斗贯穿着马戛尔尼使华的整个过程，甚至乾隆也参与其中。安装在圆明园内的八大件礼品，乃使团展示的重点，其中最醒目的，是六门小型加农炮以及一座装配有一百一十门重炮的战列舰模型，后者是当时英国舰队中最出色军舰"君王"号的缩小版。马戛尔尼特地在礼品说明书上写道："英国在欧洲是第一位的海军强国，素被称为海上之王。"

船炮是比较直观的，乾隆亲自观看了加农炮的试放，对火炮的威力表示惊讶，但这种现场反应英国人却无缘得见，因为英国炮兵把炮送去后，连表演的机会都没得到，就马上被打发了回去，试射时用的是清军炮手。至于"君王"号模型，乾隆虽被它吸引了片刻，但由于负责翻译的传教士缺乏船舶方面的知识，而乾隆本身也不太懂海战，所以很快就兴味索然了。

除暗中角力的因素外，其他大概就只被归结为"愚昧与孤傲"了，对于那些显示科学和工业水平的礼品，缺乏科技素养与兴趣的中国皇帝根本就看不懂，也不知道其价值所在，看完演示后丢下的一句话竟是："这些玩具只配给儿童玩！"

还有不容忽视的一点是，从顺治起，皇宫里就收藏西洋珍品，正如马戛尔尼在游览御花园时所看到的那样，使团带来的大部分宝贝，清宫里几乎都有，而且更加精美漂亮，马戛尔尼想用礼品来打动和吸引乾隆的目的自然也很难达成。

1793年9月17日是乾隆的八十三岁寿辰（实际为八十二岁），马戛尔尼和斯当东来到避暑山庄的澹泊宁静殿，向乾隆行庆贺礼。庆寿活动后，英国使团先行回京，在此期间，英国国王乔治三世致乾隆的信件被翻译成了中文。

乔治在信中一开头就称"英国的军事威力远及世界各方"，继而提出了多口通商、在舟山附近辟一小岛、在北京长驻使节等多项要求，至此，乾隆才了解到英国使团来华的真正用意。

在康雍乾三代帝王，也可以说是自古以来的中原帝王思维里，以中国为中心的世界秩序是亘古不变和不容挑战的。英王的信件不但推翻了马戛尔尼觐见中国皇帝所代表的象征意义，而且无异于是欲以一种新秩序来代替旧秩序。这在乾隆看来，是无理和根本不可能的，他在给英王的敕谕中，拒绝了对方的所有要求，并强调如果他同意这些要求，将无可避免地将变更中国的体制，因此"断不可行"。

9月30日，乾隆回銮京城，立即下令使团限期离京回国。马戛尔尼在离开热河前对此其实已有预感，有一天水手们去河里摸鱼，看着水手们笨手笨脚的样子，他就不无沮丧地想到，中国人可能也会像这些鱼一样从手指缝里滑脱。

及至必须限期回国的消息传来，意识到除中国回赠的礼品以及一封乾隆的敕谕外，使团真的将一无所得，两手空空地回国，包括马戛尔尼在内，所有使团成员都陷入了"惊慌失措和怒气冲天"之中。

10月7日，在限定的最后期限内，马戛尔尼使团被迫离京，用他们自己的话来说，使团是在经过了一番"最礼貌的迎接、最殷勤的款待"之后，在中方"最警惕的监视之下"，被以"最文明的驱逐"方式离开了中国。

一艘破败不堪的旧船

马戛尔尼使华的失败，被认为是中国与英国乃至欧洲之间"向和平告别"的开始。

在使团离京南下途中，自马戛尔尼以下，考虑的重点已全是中国有何弱点以及怎样才能让它"吃苦头"了，正如日后英国殖民者所叫嚣的："中国除了被一个文明的国家征服以外，没有任何办法使它成为一个伟大的国家。"副使斯当东的儿子，那个被乾隆赐予荷包的小斯当东，便继承了使团的这个恶毒念头，他后来当上议员，成了主张对华发动鸦片战争的强硬派分子。

马戛尔尼使团在华期间，通过实地考察发现了一个秘密，即原先在欧洲被传得神乎其神的中国其实已陷入了严重衰落，无论是政治军事，还是经济文化，远不像想象中那么强大，跟英国等欧洲发达国家相比，已出现悬殊差距。

使团的游记、报告、画册出版后，很快风行欧洲，在欧洲掀起了一股新的"中国热"。只是与老的"中国热"相反，使团所发现和捅出的秘密，却是让中国原有的美好形象遭到了彻底的颠覆，人们这才知道东方帝国原来如此落后，"中国下层人民的贫苦程度，远远超出欧洲最贫乏国民的贫穷程度"。曾经得到好评的政治制度也瞬间黯淡无光，德国哲学家黑格尔正是在读过斯当东的使华纪实后，得出了一个新的结论："中华帝国是一个神权专制政治的帝国……任何进步在那里都无法实现。"

与来华时不同，马戛尔尼使团回程时系南下由广州回国。在广州，马戛尔尼对清军水师进行了观察，结论是清军水师根本无法与英国海军匹敌，英军只需出动几艘三桅战舰就能打垮海岸边的清军水师。沿海防御设施方面，马戛尔尼认为守卫广州的两个虎门要塞防御都很薄弱，他断言只要涨潮和顺风，任何一艘英军军舰都可以毫不困难地从要塞中间通过，并用"六门侧舷炮"将两个要塞予以摧毁。

"中华帝国只是一艘破败不堪的旧船，它只能靠着庞大的身躯使人敬畏了"，这是马戛尔尼对中国的基本看法，这一看法也预示着西方在19世纪的对华态度。

不过马戛尔尼并不主张在他那个时候对中国动用武力，就是因为他知道乾隆及其手下的福康安这些人并不好惹。

"旧船在过去的一百五十年间之所以没有沉没，仅仅是因为幸运地拥有几位睿智而谨慎的船长，它那巨大的躯壳使周围的邻国见了害怕"。

说到底，英军虽有信心轻易击败清军水师，从广州登陆，但就像清廓战争时一样，他们在从未与中国进行过大规模陆路交锋的情况下，对于能否取得对华作战的最后胜利并无十足把握。马戛尔尼的这种顾虑一直延续到了鸦片战争前夕，当时英国议会经过激烈辩论，最终在女王的影响下，才以微弱多数通过了对华军事行动决议案。

就像马戛尔尼预计英国今后必将从东南沿海侵华一样，身为"船长"之一的乾隆也预计到了这种可能。早在热河的时候，想到因为拒绝英国的全部要求，将会让对方感到恼怒，甚而生事捣乱，乾隆就传旨两广总督加强防范，要求特别注意防止在澳门和广州的其他外商与英人勾结。

从热河回到北京后，得知马戛尔尼使团在离开时表现不悦，乾隆对英国的担心愈益加重，多次敕谕沿海总督，认为"各省海疆，最关紧要"，要他们多加注意和提防，以防不满的英国人借故侵扰沿海。

为了防止英国动武，乾隆甚至还打算采用合纵连横之计，联合澳门的宗教势力，"抚夷制英"。与此同时，他也让大臣们无须过于紧张，因为在他看来，英国虽是海上强国，"谙悉海道，善于驾驶"，但"便于水而不便于陆，且海船在大洋亦不能进内洋"，即是说英国海战厉害不等于陆战就行，再说海船也没法开到内陆来。

乾隆的这番论断，一方面说明他对英国军事力量的认识还远不够全面深入，然而另一方面却也在一定程度上揭示出英国不敢蠢动的真正原因所在。需要指出的是，乾隆对陆战的这种自信与他的后继者有着很大区别，"十全武功"和紫光阁内灿若繁星的功臣像可不是建在空中楼阁之上的。

一切就像没有发生过一样

随着马戛尔尼使团的离去，清廷又恢复到了原有的状态，就像乾隆所期望的那样，中国所认可的世界秩序以及其国内体制没有受到任何影响，一切就像没有发生过一样。

在马戛尔尼使华事件中，乾隆能够让人觉得尚情有可原之处，是他为了确保王朝的稳定和安全，必须竭力"限关自守"，与英国等欧洲国家保持限制性接触。后世所不能原谅他的地方，则是作为一个曾经开创盛世的有为君主，在外面的世界正处于戏剧性变化之中，东西方又即将发生激烈冲撞的前夕，没能及时认识和把握住这一几乎送上门来的历史机遇，以致最终贻害于子孙。

英王及使团所提的几项要求中，虽确有触及主权和体制的，因而无法接受的条款，但也有不少属于改善正常贸易之列，即便从当时清政府的角度来说也不是绝对不可接受。比如，宁波通商，乾隆早期就考虑过；改进广州纳税体制，乾隆自己也曾提及，后来又为两广总督长麟所承诺；允许外商到北京贸易，康熙时就曾将此项权力授予了俄国商队。

中国国内的经济当时已呈现停滞甚至倒退的状态，促进中英双边贸易不仅对英国有利，也同样能够对中国经济起到刺激和促进作用。乾隆将英方要求一律斥为"非分要求"，以致不容分说地关闭谈判大门，实在是损人亦不利己。

当然还不止这些，马戛尔尼使团带来的很多礼品都代表着英国现代科技、工业、军事的最新成就，可是乾隆和他的大臣们却对此视而不见，弃若敝屣。六十多年来后，侵入北京的英法联军闯进圆明园，结果在那里发现了马戛尔尼使团赠送的大部分礼品，各种天文仪器和火炮竟然都还原封不动地放在那里。

相当的调适能力和运作效率，本应是盛世所必备的一项功能，然而种种迹象表明，乾隆王朝已经逐渐丧失了这一功能，它的自我更新机制在不断衰竭，外交如此，内政亦然。

截至1794年，中国总人口已超过三亿，达到三亿一千三百万左右，这还不包括很多没有统计在内的少数民族人口。马戛尔尼使团也观察到"中国人口繁殖是永无止境的"，他们估计在每平方英里范围内，中国的平均人数比欧洲人口最集中的国家还要多三百人以上，使团由此断定，中国已经面临严重的人口问题，中国人"吃饭还要精打细算"。

人口膨胀和对社会造成的巨大压力，成为18世纪中国社会最引人注目的特点之一。乾隆过去对此一直闪烁其词，至此也不得不公开予以承认，并慨叹"民愈庶，富愈难"，人越来越多，要让老百姓富起来却越来越难。

多数历史学家认为，在18世纪的最后二十五年，"中国经济在现有技术条件下如果不加罗掘，就难以养活正在不断增加的人口"。马戛尔尼使华本来可以为此提供新的解决方案，要知道，中国人口得以激增的一大动力，就是对外贸易的发展以及从美洲引进了众多农业新作物，马戛尔尼、斯当东等人也都认为，中国如借鉴和引进欧洲技术，一定会取得更大的进步。可是乾隆却以"天朝物产丰盈，无所不有"为由，将其拒于门外，与此同时，他一边对内大叹苦经，一边仍用旧有的一套模式和思路来维持残局。

"在这个国家……任何改进的打算都是多余的，甚至是有罪的。"斯当东在他的使华纪实中分析道。陈陈相因和抱残守缺的意识同样反映在吏治上，制度既无革新，又不能像过去那样严厉惩治，乾隆朝的吏治状况也就只能朝着一塌糊涂的方向继续了。有人统计，这一阶段平均每隔三年便有一次大型贪污案件发生，截至1794年，全国只有六个省没有积欠，其余大部分省份的积欠数字都相当之大，且已难以弥补。乾隆黔驴技穷，不得不于次年将各省所有积欠银两一千七百余万、粮米三百七十五万余石，全部予以豁免。

由于贪污腐败之风盛行，曾经令乾隆为之自豪的赈灾措施距离其初衷也渐行渐远，中央政府拨下去的大部分赈济钱粮都被层层克扣，进入了各级官员胥吏的私人腰包。

马戛尔尼使团在华时曾打听到，就在他们来华的前一年，山东发生了大水灾，淹没民居无数。乾隆下令户部拨发库银十万两，用以赈济灾民，然而却被户部先找借口拿走了两万，以下每次转手都要雁过拔毛，多的抽走两万、一万，少的数千、数百不等的也不放过，待到手续完成，最后实际能够到达灾民手里的赈灾银两，竟然不过两万而已。

归政

乾隆和他的帝国一样在加速衰老。1794年，八十三岁的乾隆已经常出现健忘的情况，有时候明明刚吃过早饭，他却不记得，马上又催着问怎么还不供应早膳。身边侍从不敢说皇上您已经吃过了，只好重复进膳。

清宫中不同时节都要更换礼帽，礼帽分为凉帽、暖帽，一般春季开始固定戴凉帽，秋季固定戴暖帽。乾隆在天气稍凉时即将凉帽换成暖帽，几天之后，天气转暖，他又重新将暖帽换成了凉帽。大臣们见状纷纷仿效，乾隆自己换帽属于无意识行为，但看到大臣们换来换去就觉得很纳闷，后来仔细一想才明白过来，不由苦笑道："不怨众卿，是朕年老所致也。"

马戛尔尼在使华时虽然只跟乾隆见过几次面，但通过认真观察和多方了解，仍相对准确地捕捉到了乾隆的性格特点，那就是自尊心和好胜心都极强，"若少招失败，即痛恨不已，无论何事，嫌落人后"。身体精神的迅速衰竭和处理国务时的心有余而力不足，注定会让乾隆屡屡产生壮年时所不曾或很少有过的那种挫败感，自尊心和好胜心越强，这种挫败感自然也就越大。

1795 年，又添了一岁的乾隆亲往孝贤陵前酹酒三爵，并当场赋诗一首，其结句是"齐年率归室，乔寿有何欢？"

你早早地就离我而去，剩下我一个人苟活在这世上，就算活得再长，又有什么快乐可言？

乾隆一辈子以祖父为楷模，康熙幼年即位，共在位六十一年，乾隆认为自己决不能超过皇祖父在位六十一年之数。早在二十五年前，他就公开宣布在自己执政六十年之际，将提前禅位，为此已经秘密立储并为归政后准备了养老居所。

建储是归政也就是禅位的前提，1795 年恰为乾隆登基六十周年，他决定就在这一年公开建储，但此时突如其来的苗民起义却打破了他的计划，使他不得不暂时将精力集中于镇压起义上。

马戛尔尼曾断言，中国人不会长期任凭压制而不起来反抗。爆发于湘黔川交界地区的苗民起义就发端于"苗地尽为移民所占"，乾隆事后也承认了"大抵因客民，用计占其地"的事实，即当地苗人之所以揭竿而起，乃是因为被称为"客民"的汉人通过高利贷等方式，掠取他们的土地所致。

在当地官府弹压不住，清军接连被歼的情况下，乾隆命福康安、和琳等人前往"会剿"。苗疆林深竹密，路径艰险，大部分地方都需要步行，加之雨雾连绵，天气闷热，环境极其艰苦，福康安率部不分昼夜地进击，"往来跋涉不下二三百里之遥"。乾隆虽未亲临前线，但光是看奏折就已有身临其境之感，"几于不忍披阅"。

1795 年 10 月，捷报传来，清军攻破苗军大寨，苗军首领之一吴半生兵败被俘，前线露出了胜利的曙光。乾隆欣喜之下，加封福康安为固山贝子，和琳为一等宣勇伯。贝子的头衔原先只有皇室宗亲才能获得，清朝自建国以来，异姓功臣在世之时被授予贝子头衔者，唯福康安一人，乾隆还特别批示可"承袭三世"，即待三代之后再按例降爵承袭。

筹备已久的建储仪式终于能够顺顺当当地举行了。马戛尔尼在使华日记中记述他了解到的清宫秘闻，写道："有的皇子都已经四十多岁了（应是指皇八子永璇、皇十一子永瑆），还不能参与朝中机密，皇帝也不给他们以重权，至于太子究竟是谁，则不得而知。"10 月 15 日，乾隆将皇子皇孙、王公大臣召至勤政殿，当众取出存放在乾清宫"正大光明"匾额后面的建储密旨，至此，"太子谓谁"这一宫中最重大的秘密终于得以大白于天下。

按照密旨，乾隆宣布皇十五子永琰为皇太子，移居毓庆宫，次年改元嘉庆。永琰是永璇和永瑆的弟弟，时年也已经三十五岁，他姓名中的"永"在汉字里属于常见字，本来如果他还是皇子，用这样的名字无所谓，但在即位后，官民势必都要避讳，因此"永"被改成了较为生僻的"颙"，永琰也改名颙琰。

颙琰的生母、皇贵妃魏佳氏已在二十年前去世，她被追赠为孝仪皇后。这位包衣出身的女子不仅在生前执掌后宫，而且还拥有了一位皇帝儿子（虽然是在她死后），其一生亦可谓传奇。

归政仍训政

按照筹备时的规定，乾隆归政后称太上皇，新皇帝称嗣皇帝。1796 年 2 月 9 日，归政的日子到了，乾隆在太和殿亲手将"皇帝之宝"玉玺授予颙琰，使其身份由皇太子变成了嗣皇帝嘉庆，接着礼部官员登上天安门城楼，宣读了太上皇的传位诏书。

几天后，为庆祝授受大典，乾隆、嘉庆举行千叟宴。尽管盛世景象实际早已被全面衰败所取代，但正所谓瘦死的骆驼比马大，在乾隆将江山交到嘉庆手中之时，至少国库仍相当充盈，户部存银达七千余万两，接近于乾隆自己即位之初的两倍。这使乾隆父子仍有条件把千叟宴办得热热闹闹，风风光光，在和珅的主持下，文武官员六十岁以上者均被允许赴宴，赴宴者一共达到了三千人之多。

太上皇之称古已有之，康熙晚年也有过类似设想，只是因为无法选出理想的继承人才被迫放弃。太上皇之位貌似尊崇，但处于这一位置上的人，多数不是已故，就是没有实权的摆设品。乾隆不同，他在宣布归政之日时便以"归政仍训政"为由，决定继续独揽朝中大权，只将那些因年老而无法胜任的祭祀和礼仪活动交由嘉庆办理，乾隆对自己的称呼也依然是"朕"。

本来说好将宁寿宫作为乾隆归政后的退休养老之所，宁寿宫也已落成，但乾隆却连一天都没有真正去住过。为了给自己找理由，他先是说："子皇帝（嗣皇帝）初登大宝，用人理政，还需加以训诲，朕怎么忍心马上就移居宁寿宫，像宋高宗（宋高宗晚上禅位为太上皇）那样自图安逸呢？"

后来乾隆干脆彻底打消了别人让他迁居宁寿宫，把养心殿让给嘉庆的念头，说："朕即位以来，在养心殿居住六十余年，最为安心吉祥。现在既然是训政，自然还要继续居住下去，如此才能诸事适宜。"

除名义上已传位给嘉庆外，朝中的一切跟过去相比其实没有多大差别，乾隆每天召对臣工和处理国务如故，一切军国大事及用人行政等重大决策，也都必须由他亲自过问处理。嘉庆只能像个见习生一样，在一旁"敬聆训诲，随同学习"，其存在感甚至低到可以被人忽略，"当时朝廷之上，直视仁宗（嘉庆）如无物"。

尽管乾隆仍牢牢把持着实权不放，不过由于不少礼仪活动已为嘉庆所分担，因此和归政前相比，他也轻松了不少。在处理要务外的余暇时间里，重游旧地和回忆往事成了这位太上皇最爱做的一件事，他常常一个人在室外长时间地独坐沉思，童年时如何在父亲面前一字不差地背诵经书，后来祖父又如何开枪打死朝他扑过来的熊，以及对他们母子进行夸奖，所有这些情景都历历在目，如在昨日。因为在时光的长廊中流连忘返，乾隆有时甚至会忘了回到居所，"坐久不知时与刻，梵楼遥报午时钟"。

1796年春，乾隆带着嘉庆来到孝贤陵前祭奠。望着陵前高大葱郁的松林，他触景生情，用极其感伤的笔触写道："暮春中浣忆，四十八年分。"

在诗句后面，乾隆特地自注云："孝贤皇后于戊辰三月十一日大故（即1748年4月8日，孝贤忌日，距当时已相隔四十八年），偕老愿虚，不堪追忆！"

惊报大星流

有人拿汉武帝时代的故事相对照，把乾隆比作汉武帝，孝贤比作卫子夫，福康安和他的父亲傅恒则分别比作霍去病和卫青，这种比拟未必能够完全一一对应，但也确实反映出他们之间一种很奇特的缘分。

1796 年 7 月，乾隆得知了一个令他伤心不已的噩耗：福康安因劳累过度，病死于征苗军中，年仅四十二岁。

此时苗民起义尚未被完全镇压，而白莲教起义又起，这让乾隆更加痛惜福康安死得太早，"年力富强，正资倚毗"。他作诗哀悼道："近期黄阁返，惊报大星流。自叹贤臣失，难禁悲泪收。"

早在清廓战争大功告成时，乾隆就想破格给予福康安王爵封衔，以酬其功，但考虑到"福康安父子兄弟，多登显秩，富察氏一门太盛"，怕外界认为自己过于宠任外戚，故而只能故作裁抑。福康安一死，这种顾虑也就不存在了，于是乾隆下旨追赠福康安为嘉勇郡王。

有清一代，除清初吴三桂以及蒙古首领得膺王爵外，异姓被封王者仅福康安一人，但他的王爵与其所取得的功绩是紧密相连的。就像霍去病一样，福康安短促的一生几乎都处于战争环境之中，"渴饮刀头血，睡卧马鞍桥"，不包括难以计数的中小型战役战斗，仅他参与或出任统帅的大规模战役就达五次之多，即"十全武功"三次，镇压甘肃田五起义、苗民起义两次。这五次大战役可以说每一次都惊心动魄，艰巨异常，其中既有穿越风涛的跨海作战，也有丛山密林中的攻碉战，还有旷古未有的高原战，但不管对手是谁，难度有多高，福康安都是胜利的一方，这不能不让人佩服其军事天赋之高。

战争造就了福康安，然而同时也是他过早去世的一个重要原因。福康安原本身体健壮，自清廓战争率军入藏时"感寒触瘴"才埋下病根，接下来长达一年半的征苗战事则彻底摧毁了他的健康，最终导致一病不起。同样，海兰察也是在清廓战争中染疾，而且回北京后不久就死了，要不然的话，福康安征苗铁定还会带上他。

海兰察、福康安之死，其实代表着一代八旗骁将的陆续退场，正如和珅带头给乾隆盛世敲响丧钟一样，这个时代曾经全盛的武功也在一步步地走向终结。

马戛尔尼是一个洞察力极强的西方政治家，他注意到，在中国国内的一些贫穷省份，尽管政府进行严密监视和打压，但仍不能禁止秘密会社的活动，这些会社"唤起人们对失去了的独立的回忆，触痛新近的伤口，考虑报复的办法"。

白莲教就是马戛尔尼所称的秘密会社的一支，当年的王伦起义已经让世人看到了它巨大的能量及其破坏力，但那还只是刚刚开始，1796年年初，作为乾隆晚年黑暗政治的副产品，川楚陕地区又爆发了白莲教起义。

白莲教起义的规模不但超过王伦起义，亦为同时期的苗民起义所不及，呈难以遏制之势。此时身为太上皇的乾隆既继续独揽军政大权，自然也仍由他一手指挥镇压，所谓"一切军务机宜，俱朕酌指示"。苗民、白莲教起义的如火如荼以及事实上的相互呼应，令他惶惶不安，一会儿望穿秋水般地等待前线捷报，"忽忆捷章仍未到，片时哪得获心宁"，一会儿为无法迅速扑灭起义而自怨自艾，"依然书屋凭窗坐，惭愧人称太上皇"。

养心殿既是理政所也是寝宫，乾隆便干脆在内室放上一张桌案，一到晚上就叩头祷告，希望上天能够保佑他早日镇压这些起义。

马戛尔尼说，中华帝国这艘破烂不堪的旧船，"假如来个无能之辈掌舵，那船上的纪律和安全就都完了"。身为"船长"的太上皇不管有多老，指挥"十全武功"的架子仍在，为了摆脱困境，乾隆首先集中兵力，对已受到严重削弱的苗军进行镇压，并对之展开招抚攻势，经过反复"征剿"，至1796年年底，终于消灭了苗军主力（余部直到嘉庆亲政多年后才得以"剿灭"），将这场历时两年，波及三省的起义大致镇压了下去。

西域秘咒

自1797年起，乾隆除留两万清军驻守苗疆外，其余部队全数调至湖北和四川，用于剿捕白莲教起义军。这一年是嘉庆二年，即嘉庆即位的第二年，此时的乾隆因体力渐衰，精神不支，在理政、用人、办事方面都不尽如人意，但在某些场合，却仍能显示出其特有的精明强干作风和统摄全局的能力。

1797年9月，阿桂病死，由和珅继任其军机处首席之位。阿桂本为和珅的政敌，如今政敌不战自灭，自己又更上一层楼，真正成为百官之首，这自然让和珅得意忘形。在军机处给各直省将军督抚所寄出的公文中，一般都会以位次居于军机处前列的满、汉大臣共同领衔署名，阿桂生前并排署的是阿桂、和珅的名字。阿桂一死，和珅在没有向乾隆预先汇报请示的情况下，便擅自做主，单署其名。

乾隆发现后，将军机大臣召集到一起，当面对和珅说："阿桂效力多年，且战功赫赫，署名是可以的，你原来同阿桂一起署名，也没有什么错。可是现在阿桂已经病故，如果单独署上你的名字，地方官不知事情原委，一定会怀疑军机处的事情都是由你一个人拍板的，甚至把你当成阿桂，你觉得这样合适吗？"

乾隆很少对和珅疾言厉色，然而这次是例外，嗣后乾隆即取消了领衔署名的规定。此事一度让朝中正直之士为之欢欣鼓舞，认为乾隆对待和珅也不过是把他当作宫中小丑一般，平时拿来逗逗乐可以，实际上真正倚为股肱心腹的还是阿桂等朝廷柱石。

可是这些大臣都高兴得太早了。和珅久在乾隆身边，已经有了一整套欺瞒和揽权的办法。他继续擅改成章，下令各地必须将皇帝的奏折另外缮写一封，送至他所控制的军机处。这一新规定的推行，使得和珅得以掌握乾隆才能了解的信息，而由于乾隆已无精力仔细阅看所有奏折，和珅所得出的处理意见又往往令乾隆感到满意，因此乾隆对他愈加信任，委派的职务也越来越多，至1797年年底，除首席军机大臣外，和珅兼任的职务几乎已遍及中央各部。

这一时期，乾隆的注意力仍集中于对白莲教起义的镇压。由于湖北战场的清军空前增多，以王聪儿为首的襄阳义军分路进入四川，川楚两路义军实现会师，使得起义军的声势更加高涨。乾隆不得不连连换马，福康安的堂兄、同样战功卓著的明亮等悍将全都奉命移师入川，纵然如此，仍无法改变战场的被动局面。

白莲教起义给太上皇时期的乾隆带来了很大压力。1797年12月8日，乾清宫交泰殿发生火灾，乾隆寝食难安，认为这是天灾示警，说明政有缺失，不过他并没有把责任全部推给嗣皇帝，而是直言："政事有缺，皆朕之过，非皇帝之过。"

经过回顾总结，乾隆觉得南巡是自己一生的主要过错，说："朕临御天下六十年，并无失德，惟六次南巡，劳民伤财，实为作无益害有益。"

次年为嘉庆三年，已经是所谓训政的第三年，白莲教起义仍无被迅速扑灭的迹象，朝廷不得不动用大量储备以供征战所需，国库存银从嘉庆元年即1796年的五千六百万两，锐减至一千九百多万两，此后一直到鸦片战争前，国库存银从未超过三千万两。乾隆整日忧心忡忡，对于"征剿"几乎到了走火入魔的程度。有一天早朝结束，他单独召见和珅，和珅来了之后，太上皇闭着眼睛，仿佛睡着了一样，但口中仍念念有词，陪侍在旁的嘉庆即便竖直了耳朵听，也听不清一个字。

过了好久，乾隆忽然睁开眼睛，问道："这些人姓甚名谁？"嘉庆正不知如何作答，一直跪在下面的和珅应声答道："高天德、苟文明！"

嘉庆一脸懵懂，莫名所以，而这时乾隆却又闭目喃喃自语起来。过了一会儿，乾隆才挥手让和珅下去，此后再没有和嘉庆说一句话。

嘉庆很是惶恐，不知其中究竟隐藏着什么机关，几天后，他找了个机会偷偷地问和珅："你前几天受召时，太上皇到底说的是什么？你回答的那六个字又是什么意思？"

"太上皇念诵的是西域秘咒！"和珅出人意料地答道："念诵此咒能把人咒死，我估计太上皇一定是在咒白莲教的首领，我回答的'高天德、苟文明'就是两个白莲教首领的名字！"

寿则多辱

念咒大抵只能算是一种心理安慰，战争终究还是得用战争的手段加以解决。乾隆再次对前线指挥层进行调整，下令湖广总督勒保总统军务。

勒保是第二次金川战争中的主帅之一温福的儿子，温福刚愎自用，是木果木大败的首要责任者并因此而兵败身死，勒保则与乃父不同，其人不仅深具谋略，而且虚怀若谷。在对前线各路清军进行访察后，他认定清军"征剿"不力的症结，在于对付不了义军的流动作战，以致"有贼之地无兵，有兵之地无贼"，他建议用层层逼剿，严密堵截，清一路进一路的战术来对付义军。

乾隆同意了勒保的设想，自此，清军逐渐由被动转为主动。当年春天，白莲教起义军蒙受了自起义发动以来的最大一次失败，襄阳义军主力被清军重重围困于湖北西部山区，王聪儿等首领不甘被俘，投崖自尽，所部全军覆灭。

前线局势的改变，再次证明乾隆在指挥作战和选任将帅方面确有其过人之处。襄阳义军主力失败后，所余部众虽仍在湖北、四川等地活动，但对于清廷的威胁已大大减轻。1798年8月，四川义军首领王三槐被勒保诱捕，乾隆欣喜若狂，说："朕于武功十全之外，又复亲见扫除氛祲，成此巨功。"他论功行赏，除下诏晋封勒保为公爵外，又以"赞襄机宜"，将和珅由伯爵晋为公爵。

古语"寿则多辱"，镇压白莲教起义的战争耗费了乾隆大量心力，他的失眠健忘症状更加严重，常常昨天的事，今天就忘，早上做的事，到了晚上就不明白了，有专家认为，他此时可能已患有老年痴呆症。在这种情况下，身边能够和乾隆正常沟通的人寥寥无几，大臣中则只有一个和珅，因为有时只有和珅才能听懂乾隆说什么，而他又是军机处首席。

听乾隆说话，然后自己下判断和进行处理，成为和珅弄权的一个有效途径。随着权势的不断扩张，和珅不但在贪黩方面变本加厉，而且言行上也越来越肆无忌惮，常常连君臣尊卑之别都被他扔在了一边：他曾借口腿疾，逾越礼制，骑马直进皇宫左门，通过正大光明殿；乾隆因身体欠佳，所批谕旨偶有字迹不清的地方，和珅居然"口称不如撕去"，剪截后另行拟旨……

乾隆的性格"一旦震怒，不易安慰"，平时只有和珅能从中转圜，当然反过来说，如果谁得罪了和珅，他也绝对有办法制造机会，通过操纵乾隆对之进行处罚。因为这个原因，就连皇子们对和珅都很畏惧，和珅见状更加得意骄纵，有一次他在公开场合，一边把玩着身上所佩的剔牙杖，一边说今天皇上震怒于某阿哥，"当杖几十"。当时尚在世的成年皇子一共就没几个，有人估计嘉庆一定也吃过他的亏，"睿宗（嘉庆）为皇子，必屡受其侮辱"。

等到乾隆决定禅让，特别是第一个打听到皇储即为嘉庆时，和珅才有些慌了，他明白，按照老爷子的这种身体状况，随时可能说走就走，未来还是新皇帝做主，到时就由不得他一手遮天了。

和珅首先想到的，就是抢在建储仪式前给嘉庆跪送玉如意，暗示对方将是皇太子，以此讨好对方，接着又将心腹吴省兰安插在嘉庆身边，名义上是替嘉庆抄录诗稿，实际是监视他的一举一动，并试图培养和增进嘉庆与他之间的感情。

嘉庆察觉到了和珅的用意，平时写诗作文都非常谨慎，但即便如此小心，还是被和珅抓到了把柄。原来授受大典结束后，乾隆有意将两广总督朱珪召至京城，并授以协办大学士之职。朱珪是嘉庆的老师，嘉庆闻讯写诗向老师表示祝贺，谁知诗才写了一半，便被吴省兰秘密报告给了和珅。

和珅认为朱珪回京后，必然会成为嘉庆的左膀右臂，对自己而言有害无益，因此连忙向乾隆密告，并挑唆说："嗣皇帝是想私下卖好于他师傅吗？"

和珅对乾隆的心理把握得非常准确，太上皇彼时最担心的，除起义镇压不下去外，大概就是嘉庆会不会暗中集结党羽，把他给架空。和珅作如此诛心之论，无非就是要引出乾隆的心病，果然，乾隆深感事态严重，当即决定予以介入。

树倒猢狲散

如果乾隆过于较真儿，嘉庆挨罚算是轻的，更有可能被直接废黜，史书上不乏其例。幸运的是，乾隆还是采取了审慎的态度，对和珅的话也没有完全偏听偏信，而是首先找来了军机大臣董诰进行商议。

董诰是个比较正直的人，平时屡受和珅排挤，他发表意见认为"圣主无过言"。嗣皇帝写诗祝贺自己的师傅，实乃人之常情，而且诗中也没有什么过分言辞，不应该就此怀疑他对太上皇您有什么异心吧？

乾隆听后沉默良久，说："卿大臣也，善为朕以礼辅导嗣皇帝。"就是说我对嗣皇帝还是信任的，不过你们这些大臣也应该对他多加教导，免得他走上歪路邪路。

乾隆虽然没有对嘉庆予以追究，但取消了将朱珪召至京城的决定，并将其降调为安徽巡抚。从朱珪这件事开始，在所谓的三年训政期间，凡是与嘉庆接近或是不附于和珅的大吏，一概遭到和珅的打击和陷害，从暗地里保护嘉庆的董诰，到向来与和珅不对付的刘墉、王杰、范衷，无不在和珅的撺掇下，被乾隆严厉指责。曾经最敢于叫板和珅的铁面御史钱沣最后郁郁而终，其子在他的枕头底下发现了一份弹劾和珅的奏疏草稿，列举和珅罪状二十余条，当然这份奏稿也并没能够送到乾隆手上。

"仪表出众，性情温顺"，这是包括马戛尔尼在内的外国人对嘉庆留下的共同印象，还有人认为嘉庆"兼有他父亲的学识和谨慎，以及康熙的坚韧"。从后来嘉庆的执政实绩来看，此类评价委实有过誉之嫌，嘉庆绝对不能算是一个出类拔萃的人，才能上与康雍乾相去甚远，或许也可以这样说，清朝皇帝从嘉庆开始，总体就走向了平庸。不过嗣皇帝时期的嘉庆，也的确可以用"温顺""谨慎"等词汇来形容，即位后，针对太上皇至死也不肯放权的心理，他很早就识趣地表露出对插手国务毫无兴致的样子，这也可以看成写诗致贺一事发生后，乾隆没有深入追究的原因所在。

嘉庆本来就对和珅颇为憎厌，朱珪事件之后更是如此，但为了保住自己的皇位，他表面上不但不露声色，还利用一切机会对和珅进行巴结，每当有遇到要乾隆来决定的国家大事时，他都是请和珅代为陈奏。和珅有时还假意就陈奏内容请嘉庆发表意见，但嘉庆对奏折连一眼都不看："唯皇爷处分，朕何敢与焉？"身边的人不满和非议和珅，嘉庆也出面制止，对他们说："朕以后还得靠和相治理天下，你们说话怎可如此轻率？"

和珅见状，以为自己已在嘉庆心目中奠定了"定策国老"的地位，纵使乾隆去世，自己也将稳若泰山，于是便放松了警觉。直到乾隆病危之际，和珅居然还面无忧容，每次晋见和看望乾隆出来，都把这件事当成新闻一样，"向处廷人员叙说，谈笑如常"。

和珅万万不会想到，乾隆去世，自己的末日也就来临了，仅仅半个月之后，他便死在了嘉庆手中。嘉庆给和珅定的二十条大罪，据说都出自钱沣生前所拟奏稿之中。和珅费尽心机聚敛的那些赃款，连同家产一起遭到了抄没，这倒真应了他所喜爱的《红楼梦》中的两句话，一句是"树倒猢狲散"，一句是"落得个白茫茫大地真干净"。

在乾隆病危的前一年年底，嗣皇帝嘉庆率诸王、贝勒、贝子及文武大臣奏请于庚申年（即嘉庆五年，公元 1800 年），举行太上皇九旬万万寿庆典。乾隆非常高兴，答应按八旬寿典进行操办，但不久便偶感风寒，之后健康状况急速下降，不仅视听无法如常，饮食也渐少。

乾隆病重时，白莲教起义仍未被彻底镇压，乾隆一心想着的都是这件事。1799年 2 月 6 日，病中的他写下了生平最后一首诗，诗中念念不忘前线军情，在埋怨将士作战不力的同时，仍期盼着能尽快收到大功告成的捷报。

两天后，乾隆与世长辞。临死前，他犹以"军务未竣，深留遗憾"，握着嘉庆的手"频望西南"，事实上，嘉庆在掌权后也用了长达五年的时间，才最终将白莲教起义平定下去。

乾隆终究没能等到他的万万寿庆典，但对于他个人而言，这或许是件幸事，因为即将到来的 19 世纪其实是个悲剧性的漫漫长夜，马戛尔尼的预言在那里成为现实：中华帝国这条船一旦失去乾隆式的船长，终将沉没，但它"将不会立刻沉没，它将像一个残骸那样到处漂流，然后在海岸上撞得粉碎"。

举朝上下对乾隆去世早有心理准备。消息传出后，京城除各衙门的官员立即摘去帽上的红缨外，与平时相比基本没有区别，人们认为乾隆是个难得的有福天子，他的辞世乃"近百岁老人常事"。

这个生前雄心勃勃、文治武功难以胜数的东方帝王，带走了一个时代，留下的则是一幕幕精彩绝伦的人间活剧。同为雄主，拿破仑的一句名言或许能作为其墓志铭上最好的注脚："盛名无非是盛大的喧嚣而已，嚣声越大，传得越远，什么都会消失，只有喧嚣声继续存在，并在后辈儿孙中传扬。"

参考文献

［1］唐文基，罗庆泗.乾隆传［M］.北京：人民出版社，1994.

［2］戴逸.乾隆帝及其时代［M］.北京：中国人民大学出版社，1997.

［3］白新良.乾隆传［M］.沈阳：辽宁教育出版社，1990.

［4］孙文良，张杰，郑川水.清帝列传：乾隆帝［M］.长春：吉林文史出版社，1993.

［5］周远廉.乾隆皇帝评述［J］.满族研究，2003（1）：49～55.

［6］钱宗范.论乾隆治政［J］.广西师范大学学报（哲学社会科学版），1985（3）：64～72.

［7］萧一山.清代通史：第二卷［M］.上海：华东师范大学出版社，2006.

［8］赵尔巽等.清史稿（简体字本二十六史）［M］.长春：吉林人民出版社，1995.

［9］国家清史编纂委员会编译组.清史译丛：第五辑［M］.北京：中国人民大学出版社，2006.

［10］李春光.清代名人轶事辑览［M］.北京：中国社会科学出版社，2004.

［11］刘潞.乾隆皇帝与紫禁城宫殿［J］.紫禁城，2008（10）：96～105.

［12］汪荣祖.追寻失落的圆明园［M］.南京：江苏教育出版社，2005.

［13］徐广源.康雍乾三帝的两次会聚一堂：雍正帝继位的关键［J］.紫禁城，2013（3）：120～126.

［14］冯尔康.乾隆初政与乾隆帝性格［J］.天津师范大学学报（社会科学版），2007（3）：35～41.

［15］吴十洲.乾隆一日［M］.济南：山东画报出版社，2006.

［16］陈葆真.《心写治平》——乾隆帝后妃嫔图卷和相关议题的探讨［J］.美术史研究集刊，2006（21）：89～134.

［17］于善浦．乾隆帝及后妃图卷［J］．紫禁城，2003（2）：2～6.

［18］陈可冀．清宫医案研究［M］．北京：中医古籍出版社，1996.

［19］张小杰．从乾隆后妃看乾隆的多民族联姻政策［D］．烟台：烟台大学，2018.

［20］［美］韩书瑞，罗友枝．十八世纪中国社会［M］．陈仲丹，译．南京：江苏人民出版社，2008.

［21］霍玉敏．康熙、乾隆南巡异同考［J］．河南科技大学学报（社会科学版），2009（5）：26～30.

［22］余杰．乾隆为何下江南［J］．领导文萃，2000（12）：124～126.

［23］徐凯，商全．乾隆南巡与治河［J］．北京大学学报（哲学社会科学版），1990（6）：99～109.

［24］曾昭安．住持智答乾隆［J］．思维与智慧：上半月，2011（3）．

［25］马国君．论雍正朝开辟黔东南苗疆政策的演变［J］．清史研究，2007（4）：17～23.

［26］张中奎．清帝国时期的苗疆叙事考察［J］．西南民族大学学报（人文社会科学版），2010（3）：13～17.

［27］张伟．乾隆朝"瞻对事件"［J］．濮阳职业技术学院学报，2016（1）：100～103.

［28］庄吉发．清高宗十全武功研究［M］．北京：中华书局，1987.

［29］张婷．试析第一次金川战争爆发的直接原因［J］．四川大学学报（哲学社会科学版），2004（1）：48～50.

［30］张曦．乾隆朝金川之役原因背景浅析［J］．四川民族学院学报，2012（5）：44～48.

［31］文海．张广泗与西南边疆有关问题研究［D］．成都：四川师范大学，2010.

［32］文海．张广泗治理苗疆述略［J］．铜仁学院学报，2016（9）：100～103.

［33］杨正贤．张广泗评述［J］．凯里学院学报，2013（4）：63～67.

［34］王娜．论张广泗黔东南苗疆施政及其影响［D］．重庆：西南大学，2009.

［35］赵长治，石硕．第二次金川之役前后大金川土司与周边土司关系研究［J］．西南民族大学学报（人文社科版），2017（11）：193～198.

［36］彭陟焱．乾隆再定两金川战争钩沉［J］．西藏民族学院学报（哲学社会科学版），2004（2）：22～28.

［37］王惠敏．清军难以攻克大小金川之原因探析［D］．北京：中国社会科学院研究生院，2011.

［38］旦正加．金川战役中清军受挫原因探析［D］．北京：中央民族大学，2009.

［39］徐铭．苯教与大小金川战争［J］．康定民族师范高等专科学校学报，1997（1）：14～16.

［40］王惠敏．从清代档案管窥大小金川土司社会状况［J］．西南边疆民族研究，2016（1）：108～115.

［41］彭陟焱．论大小金川战争中碉楼的作用［J］．西藏民族学院学报（哲学社会科学版），2010（2）：19～22.

［42］曹启富．略论乾隆年间大小金川之役［J］．四川师范学院学报（哲学社会科学版），1999（6）：39～44.

［43］彭陟焱．乾隆朝大小金川之役研究［D］．北京：中央民族大学，2004.

［44］彭陟焱．乾隆帝对大小金川土司改土归流析［J］．西藏民族学院学报（哲学社会科学版），2007（4）：06～11.

［45］聂崇正．清平定两金川功臣像钩沉［J］．收藏家，1995（4）：48～50.

［46］倪玉平，张阅．海兰察与乾隆朝第二次金川战争［J］．石家庄学院学报，2015（4）：29～39.

［47］陈潘，叶小琴．沙济富察氏与乾隆朝大小金川之役［J］．四川民族学院学报，2016（2）：39～44.

［48］张建．火器与清朝内陆亚洲边疆之形成［D］．天津：南开大学，2012.

［49］内蒙古社科院历史所《蒙古族通史》编写组．蒙古族通史（中卷）［M］．北京：民族出版社，2001.

［50］勒内·格鲁塞．汉译世界学术名著丛书：草原帝国［M］．蓝琪，译．项英杰，审校．北京：商务印书馆，1999.

［51］李秀梅．清朝统一准噶尔史实研究——以高层决策研究为中心［D］．北京：中央民族大学，2006.

［52］赵艳玲，于多珠．乾隆帝用兵统一准噶尔蒙古的决策刍议——以乾隆帝在热河的活动为例［J］．河北民族师范学院学报，2015（4）：22～26.

［53］吕文利．十八世纪中叶准噶尔失败于清朝原因探析——以《熬茶档》、《使者档》等相关档案为中心［J］．明清论丛，2014（2）：124～140.

［54］袁森坡．乾隆进军西北失误刍议［J］．河北学刊，1989（1）：93～99.

［55］朱燕．浅析土尔扈特回归的原因［J］．中国民族博览，2016（4）：103～104.

［56］任世江．试析土尔扈特回归祖国的原因［J］．社会科学，1983（2）：107～111.

［57］牛海桢．土尔扈特蒙古回归祖国原因再分析［J］．新疆大学学报（社会科学版），2005（2）：62～66.

［58］裴杰生．准噶尔部的平定与土尔扈特部回归祖国原因探析［J］．伊犁师范学院学报（社会科学版），2007（2）：26～30.

［59］安俭．论土尔扈特回归故土事件中的文化因素［J］．西域研究，2003（2）：95～100.

［60］郑煦卓．清政府对土尔扈特部东归的态度浅析［J］．社科纵横，2014（4）：125～128.

［61］衣长春．图理琛使团出使土尔扈特部之使命探析［J］．黑龙江民族丛刊，2007（1）：125～128.

［62］陈维新．乾隆时期中俄外交争议中的土尔扈特部问［J］．中国边疆史地研究，2003（4）：28～34.

［63］吐娜．从清政府对土尔扈特部的优恤与安置看其民族政策［J］．西域研究，1997（4）：59～63.

［64］［美］J.A.米尔沃德（米华健）．嘉峪关外：1759—1864年新疆的经济、民族和清帝国［M］．贾建飞，译．张世明，审校．北京：国家清史编纂委员会编译组，2006.

［65］马汝珩．略论新疆和卓家族势力的兴衰［J］．宁夏社会科学，1984（2）：52～59.

［66］王欣，蔡宇安．新疆和卓之乱与清朝的治乱［J］．陕西师范大学学报（哲学社会科学版），2005（1）：11～19.

［67］李扬．乾隆帝的十全武功：兆惠平定大小和卓［J］．国家人文历史，2013（4）：106～107.

［68］冯锡时．清政府平定大小和卓年代考［J］．新疆大学学报（哲学人文社会科学版），1980（3）：79～81.

［69］［英］约翰·巴罗．我看乾隆盛世［M］．李国庆，欧阳少春，译．北京：北京图书馆出版社，2007.

［70］［美］孔飞力．叫魂［M］．陈兼，刘旭，译．上海：上海三联书店，1999.

［71］中国人民大学清史研究所．清史研究集：第二辑［M］．成都：四川人民出版社，1982.

［72］毛春林．清高宗与清缅关系的变化［D］．长沙：湖南师范大学，2013.

［73］任燕翔．乾隆时期清朝对缅政策述论［D］．济南：山东大学，2007.

［74］尹家正，刘卫东．边官腐败是乾隆四次征缅未胜的远源［J］．保山学院学报，2016（4）：35～50.

［75］罗庆泗东．乾隆征缅善后措施的检讨［J］．三明学院学报，2000（3）：40～43.

［76］白新良．乾隆朝文字狱述评［J］．故宫博物院院刊，1991（3）：72～80.

［77］李伟敏．彭家屏私藏明末野史案与乾隆禁书［J］．兰州学刊，2007（9）：172～174.

［78］师曾志．清代乾隆时期之禁书研究［J］．编辑之友，1993（4）：46～50.

［79］［法］魏丕信．18世纪中国的官僚制度与荒政［M］．徐建青，译．南京：江苏人民出版社，2003.

［80］晏爱红．清乾隆朝陋规案研究［D］．北京：中国人民大学清史研究所，2007.

［81］陈事美．甘肃冒赈案：乾隆朝的"塌方式腐败"［J］．各界，2015（8）：59～60.

［82］姜洪源．"甘肃冒赈案"：清代第一大贪污案［J］．档案春秋，2006（1）.

［83］刘文鹏．从甘肃冒赈案看清代集团性腐败的猖獗［J］．中国人大，2015（9）.

［84］冯正．乾隆反贪得失探［J］．江苏警官学院学报，1994（4）：82～88.

［85］段慧群．乾隆的智与昏［J］．前线，2014（12）：122.

［86］王俊良.乾隆反腐如养猪［J］.杂文月刊（原创版），2016（5）：16.

［87］［美］韩书瑞.山东叛乱：1774年王伦起义［M］.刘平，唐雁超，译.南京：江苏人民出版社，2008.

［88］王帅.康乾盛世民变研究——以王伦起义为例［J］.黑河学刊（原创版），2013（2）：43～46.

［89］刘平.林爽文起义原因新论［J］.清史研究，2000（2）：92～99.

［90］季云飞.清乾隆年间台湾林爽文事件性质辨析［J］.安徽大学学报（哲学社会科学版），2007（4）：99～102.

［91］曹凤祥.乾隆帝出兵平定台湾林爽文起义的战略［J］.陕西广播电视大学学报，2002（4）：36～40.

［92］张铁牛，高晓星.中国古代海军史［M］.北京：八一出版社，1993.

［93］谢茂发.简析乾隆年间林爽文起义时的福建绿营水师［J］.理论界，2012（7）：134～136.

［94］梁俊艳.试论英国在廓尔喀两次入侵西藏中的角色问题［J］.中国藏学（英文版），2010（1）：92～100.

［95］邓锐龄.乾隆朝第二次廓尔喀之役（1791—1792）［J］.中国藏学，2007（4）：33～50.

［96］高晓波.乾隆朝第二次廓尔喀之役兵源及军费考略（1791—1792）［J］.西藏研究，2013（2）：17～24.

［97］郭海燕.索伦兵远征廓尔喀［J］.理论观察，2017（3）：120～122.

［98］顾浙秦.清乾隆帝平定廓尔喀侵扰西藏诗作评析（1791—1792）［J］.西藏大学学报（社会科学版），2013（2）：92～98.

［99］高学益.从傅清、福康安在藏命运结局看清朝治藏政策的变化和调整［J］.景德镇学院学报，2016（1）：94～98.

［100］韩茹.略论福康安征剿廓尔喀［J］.历史档案，1994（3）：97～102.

［101］周燕.福康安征剿廓尔喀及其对西藏的治理［J］.湖南工业大学学报（社会科学版），2014（4）：100～104.

［102］卢永林.福康安在西藏［J］.甘肃高师学报，2008（6）：33～35.

［103］焦新顺.论乾隆治理西藏［J］.中南民族大学学报（人文社会科学版），2003（3）：126～128.

［104］赵荣耀.清高宗与清缅关系的变化［D］.长沙：湖南师范大学，2013.

［105］孟文文.乾嘉时期清朝与廓尔喀封贡关系研究［D］.济南：山东师范大学，2009.

［106］张明富，张颖超.清前期"安南之役"略论［J］.史学集刊，2006（6）：09～15.

［107］吕思勉.白话本国史（下）［M］.上海：上海古籍出版社，2005.

［108］［英］约·罗伯茨.十九世纪西方人眼中的中国［M］.蒋重跃，刘林海，译.北京：时事出版社，1999.

［109］［英］爱尼斯·安德逊.英国人眼中的大清王朝［M］.费振东，译.北京：群言出版社，2002.

［110］章庆生.论乾隆帝的西洋观［D］.济南：山东大学，2004.

［111］欧阳哲生.狮与龙的对话——英国马戛尔尼使团的"北京经验"：中国社会科学论坛 2010 史学——第三届近代中国与世界暨纪念近代史所成立 60 周年国际学术研讨会论文集［G］.北京：中国社科院，2011.

［112］［英］斯当东.英使谒见乾隆纪实［M］.叶笃义，译.北京：商务印书馆，1963.

［113］［法］佩雷菲特.停滞的帝国：两个世界的撞击［M］.王国卿，毛凤支等，译.北京：三联书店，1995.

［114］侯毅.英国首次遣华使团的夭折——卡斯卡特使团来华始末［J］.兰州学刊，2009（7）：217～221.

［115］蒋廷黻.中国近代史［M］.上海：上海古籍出版社，2003.

［116］［美］孔飞力.中华帝国晚期的叛乱及其敌人（1796—1864 年的中国社会军事结构）［M］.谢亮生，杨品泉，谢思炜，译.北京：中国社会科学出版社，2002.

［117］陈兼，陈之宏.孔飞力与《中国现代国家的起源》［J］.开放时代，2012（7）：140～158.